예수님 능력 갖게 하소서

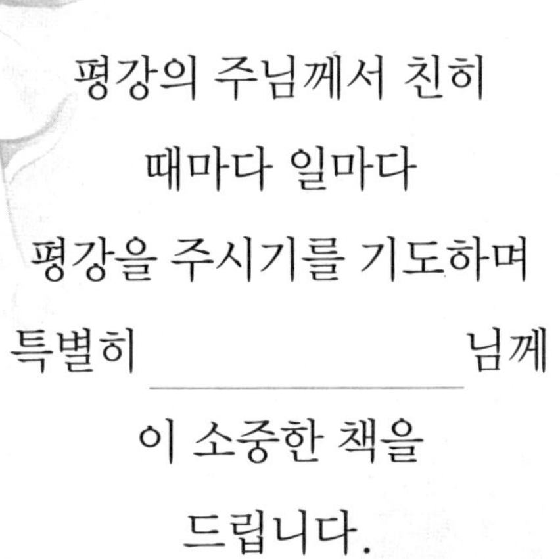

평강의 주님께서 친히

때마다 일마다

평강을 주시기를 기도하며

특별히 ＿＿＿＿＿＿＿ 님께

이 소중한 책을

드립니다.

예수님 능력 갖게 하소서

송용필 목사

나침반

날이 갈 수록 더욱 주님의 능력 갖기 원합니다.

성경 시편 62편 11절 말씀입니다.

"하나님이 한 두 번 하신 말씀을 내가 들었나니 권능은 하나님께 속하였다…."

모든 능력은 하나님께 있고, 그 능력을 쌓아둔 보물창고는 성경입니다.

그러므로 우리의 삶에 필요한 모든 능력은 성경에서 찾을 수 있습니다.

우리가 가지고 있는 구원의 확신도(요한일서5장13절),

승리의 생활도(고린도전서15장57절), 열매 맺는 생활도(요한복음15장5절),

인격의 성장도(고린도전서3장7절), 굳건한 믿음도(고린도후서4장8~10절)

주님과 주님의 심히 큰 능력에 의해서 입니다.

그런데 그럼에도 불구하고 많은 그리스도인들이 승리의 삶을 살지 못하는

이유가 무엇일까요? 간단합니다.

능력이 주님께 있다고 생각하지 않고, 자신에게 있다고 생각하기 때문입니다.

제가 십대 때 예수님을 믿고, 수 십 년을 주님과 동행하면서 깨달은 것은

주님만이 온전히 우리의 능력이 되신다는 사실 입니다.

이 책은 제가 목회할 때 성경적 신앙생활을 위해

성도들과 나누었던 것을 나침반출판사에서 편집한 것으로

"우리가 이 보배를 질그릇에 가졌으니 이는 심히 큰 능력은 하나님께 있고

우리에게 있지 아니함을 알게 하려 함이라"(고린도후서 4장 7절)는 말씀처럼

우리가 주님이 주신 능력으로 살고 있음을 나누고 싶습니다.

하나님께 영광 돌리는 능력의 삶이되길 기도 합니다.

예수님의 능력을 갖고 싶은

송 용필 목사

목차

No.	제목	본문
24	그리스도의 희생	디도서 2:11-15
25	구원을 통한 변화	디도서 3:1-15
26	성도의 감사 조건	빌레몬서 1:1-7
27	사랑과 겸손	빌레몬서 1:8-25
28	그리스도와 예언	히브리서 1:1-3
29	경배의 대상 예수님	히브리서 1:4-14
30	그리스도의 구원	히브리서 2:1-4
31	구원의 과정	히브리서 2:5-18
32	성화의 과정	히브리서 3:1-6
33	마음을 지키는 방법	히브리서 3:7-19
34	믿음의 안식	히브리서 4:1-13
35	예수님의 은혜	히브리서 4:14-5:10
36	성장하는 신앙	히브리서 5:11-6:8
37	하나님의 약속	히브리서 6:9-20
38	예수님의 사역	히브리서 7:1-10
39	율법과 언약	히브리서 7:11-28
40	예수님과의 관계	히브리서 8:1-13
41	온전한 성도의 모습	히브리서 9:1-10
42	보혈의 축복	히브리서 9:11-22
43	예수님의 임재	히브리서 9:23-28
44	새로운 약속의 완전성	히브리서 10:1-18
45	능력안의 생활	히브리서 10:19-25
46	복음의 거절	히브리서 10:26-31

목차

No.	제목	본문
70	경건생활의 지침	야고보서 5:11-20
71	소망이신 예수님	베드로전서 1:1-12
72	소망의 생활	베드로전서 1:13-25
73	거룩한 백성	베드로전서 2:1-12
74	국가에 대한 의무	베드로전서 2:13-25
75	관계를 맺는 지혜	베드로전서 3:1-12
76	최선의 선행	베드로전서 3:13-22
77	고난의 의미	베드로전서 4:1-11
78	고난을 이겨내는 법	베드로전서 4:12-19
79	관계의 본	베드로전서 5:1-6
80	고난 속의 평안	베드로전서 5:7-14
81	신앙의 성장	베드로후서 1:1-11
82	믿음의 근거	베드로후서 1:12-21
83	거짓 진리와 심판	베드로후서 2:1-9
84	이단의 특징	베드로후서 2:10-22
85	말세의 신앙	베드로후서 3:1-13
86	성경의 해석	베드로후서 3:14-18
87	말씀이신 예수님	요한복음 1:1-18
88	성도의 증언	요한복음 1:19-34
89	예수님의 제자들	요한복음 1:35-51
90	첫 번째 표적	요한복음 2:1-11
91	거룩한 성전	요한복음 2:12-25
92	구원과 거듭남	요한복음 3:1-21

목차

No.	제목	본문
93	사역과 전도	요한복음 3:22-4:19
94	사마리아 여인의 전도	요한복음 4:20-42
95	두 번째 표적	요한복음 4:43-54
96	찾아오시는 예수님	요한복음 5:1-18
97	세 가지 부활	요한복음 5:19-29
98	독생자의 증거	요한복음 5:30-47
99	오병이어의 표적	요한복음 6:1-40
100	생명의 떡	요한복음 6:41-71
101	예수님의 변론	요한복음 7:1-36
102	생수의 강	요한복음 7:37-53
103	용서받는 사람	요한복음 8:1-11
104	빛과 진리	요한복음 8:12-59
105	잘못된 편견	요한복음 9:1-34
106	영적인 소경	요한복음 9:35-41
107	선한목자	요한복음 10:1-42
108	하나님의 섭리	요한복음 11:1-12:1
109	예수님의 수난예고	요한복음 12:2-50
110	최후의 만찬	요한복음 13:1-38
111	확고한 진리	요한복음 14:1-31
112	참 포도나무	요한복음 15:1-16:3
113	성령의 사역과 약속	요한복음 16:4-33
114	예수님의 기도	요한복음 17:1-26
115	빌라도의 심문	요한복음 18:1-40

No.	제목	본문
116	십자가의 고난	요한복음 19:1-37
117	비어있는 무덤	요한복음 19:38-20:18
118	부활의 확신	요한복음 20:19-21:14
119	사명자의 자세	요한복음 21:15-25
120	하나님과의 교제	요한일서 1:1-10
121	실천하는 생활	요한일서 2:1-11
122	교제의 장애물	요한일서 2:12-17
123	교제에 대한 권고	요한일서 2:18-29
124	순결과 의	요한일서 3:1-12
125	사랑의 교훈	요한일서 3:13-24
126	진리의 분별	요한일서 4:1-6
127	사랑의 이유	요한일서 4:7-21
128	예수 안의 한가족	요한일서 5:1-13
129	참된 교제의 유익	요한일서 5:14-21
130	참된 사랑의 의미	요한이서 1:1-6
131	이단에 대한 대처	요한이서 1:7-14
132	칭찬받는 성도	요한삼서 1:1-8
133	삼가야할 행동	요한삼서 1:9-15
134	거짓교사에 대한 경고	유다서 1:1-16
135	긍휼의 삶	유다서 1:17-25
136	그리스도의 계시	요한계시록 1:1-8
137	인자의 모습	요한계시록 1:9-20
138	주님의 서신	요한계시록 2:1-11

No.	제목	본문
162	하나님께 속한 사람	요한계시록 14:1-5
163	기억해야할 교훈	요한계시록 14:6-12
164	땅의 추수	요한계시록 14:13-20
165	승리의 찬송	요한계시록 15:1-4
166	심판의 시작	요한계시록 15:5-8
167	의로운 심판	요한계시록 16:1-11
168	주님의 메시지	요한계시록 16:12-21
169	승리의 확신	요한계시록 17:1-10
170	승리의 이유	요한계시록 17:11-18
171	세상의 실체	요한계시록 18:1-10
172	영원히 사라질 것들	요한계시록 18:11-24
173	승리의 할렐루야	요한계시록 19:1-10
174	그리스도의 등장	요한계시록 19:11-21
175	첫 번째 부활	요한계시록 20:1-6
176	흰 보좌 심판	요한계시록 20:7-15
177	구원과 영생	요한계시록 21:1-8
178	새로운 예루살렘	요한계시록 21:9-27
179	영원한 즐거움	요한계시록 22:1-6
180	세 가지 소원	요한계시록 22:7-21

- 이 책은 경건의 시간, 성경 공부, 또는 가정예배, 새벽기도회, 설교자료로 폭넓게 활용할 수 있습니다. 특히 새벽기도회나 성경공부, 설교자료 활용 때는 세가지 교훈마다 끝에 나오는 참고 성구를 찾아 읽으면 더 깊이 있게 성경을 배울 수 있습니다.
- 매일 경건의 시간을 마치면서 경건의 시간중 주님이 주신 말씀이나 감사가 있으면, 각 장 끝에 있는 도표 「오늘 특별적용」 란과 「오늘 특별 감사」 란에 기록하십시오.

예수님 능력
갖게 하소서

거짓교훈과 신앙의 정통성

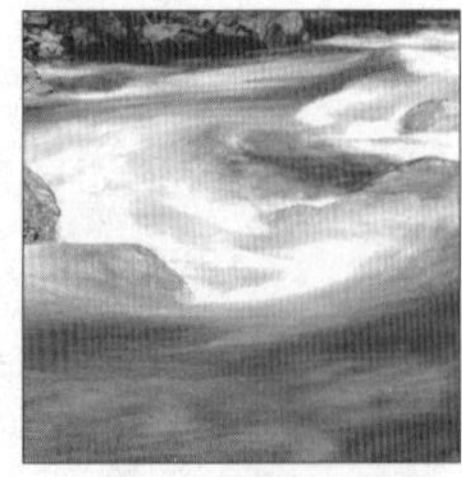

디모데전서 1장 1절부터 11절을 읽으십시오.
① 바울이 디모데에게 무엇을 부탁했는가?(3)
② 바울이 말한 다른 교훈은 무엇인가?(4)

1493년 마호메트 2세의 침공으로 콘스탄티노플이 함락 위기에 처해 있을 때였습니다.

마호메트에게 무릎을 꿇으면 발칸 반도의 모든 지역에 이슬람이 전파되는 아주 위험한 상황이었는데, 당시 여러 교회에서는 다음과 같은 쓸데없는 주제들로 논쟁이 일어났다고 합니다.

'천사는 남성일까? 여성일까?', '예수님의 어머니인 마리아는 파란 눈동자를 가졌을까? 아니면 갈색일까?', '파리가 성수에 빠지면 성수가 더러워질까? 파리가 거룩해질까?'

밖에서는 나라가 함락당하고, 신앙의 핍박이 시작될만한 큰 위기가 다가오고 있었는데, 이런 소모적인 논쟁은 끝나지 않고 나중에는 '바늘 끝에 천사가 몇이나 앉을 수 있을까? 라는 말도 안 되는 주제까지 나왔다고 합니다.

신앙에서 가장 중요한 것은 사랑과 복음의 전파입니다. 성도들을 헷갈리게 하는 많은 문제들은 대부분 밝혀낼 수도 없는 것이며 밝혀낸다 하더라도 아무런 의미가 없는 것입니다.

디모데전서 1장 1절부터 11절에는 거짓교훈에 대한 경계에 대한 말씀이 기록되어 있습니다. 바울이 디모데서를 기록한 목적은 에베소에서 목회를 하고 있던 디모데에게 '거짓 교훈을 경계하라' 는 메시지를 주기 위해서였습니다. 이것은 디모데가 거짓 교훈을 따르고 있었기 때문이 아니라, 계속해서 바른 길을 벗어나지 말라는 격려의 의미를 가진 글입니다. 우리는 오늘 본문을 통해 **신앙의 정통성에 대한 세 가지 교훈**을 알 수 있습니다.

첫째, 정통성은 바른 교훈을 줍니다.
바울의 경계의 목적은 '청결한 마음과 선한 양심과 거짓이 없는 믿음으로' 사랑을 나누게 하기 위해서였습니다. 정통성은 역사를 통해 증명된 확실한 방법입니다. 물론 앞으로도 계속해서 수정되고 발전되어 나가겠지만 복음의 정통성과 신앙생활의 큰 줄기는 결코 변하지 않아야 합니다. 바른 교훈을 주는 정통성 있는 신앙생활을 하십시오.(딤후 4:3/ 딛 1:9)

둘째, 정통성은 쓸데없는 변론을 막습니다.
잘못된 교리와 거짓 교훈들은 쓸데없는 변론거리들을 만듭니다. 에베소 교회에는 심지어 구원과 경건과는 전혀 관계가 없는 서로의 족보까지도 변론거리로 삼았습니다. 이런 변론거리에 빠지다 보면 정작 교회에서 가장 해야 할 일인 복음의 전파에는 소홀하게 됩니다. 바른 복음을 따르고, 말보다 사랑으로 표현하는 자세를 가지십시오.(요 1:13)

셋째, 정통성은 영광의 복음을 따르게 합니다.
당시 에베소 교회에는 영지주의를 따르는 유대인들이 있어서, 복음을 혼합주의적이고 율법주의적인 것으로 만들려는 시도가 있었습니다. 예수님이 오셨을 때부터 지금 우리의 시대까지 이러한 시도는 끊이지 않고 일어나고 있습니다. 그러나 구원은 오직 믿음으로 받는 것이며 모든 것이 하나님의 은혜라는 사실은 결코 바뀔 수 없습니다. 구원과 복음의 정통성을 잃지 말고 율법에 얽매이지 말고 복음을 따라 사십시오.(롬 3:20, 7:7)

오늘 본문을 통해 신앙의 정통성에 대한 세 가지 교훈을 배웠습니다. 뿌리가 얕은 나무는 바람에 흔들리듯이 신앙생활도 바른 교훈을 통한 깊은 뿌리를 내려야 합니다.
오늘도 믿음 안에서 하나님의 자녀답게 생활하십시오.

주님! 진리의 본질은 결코 변하지 않음을 알게 하소서!

오늘 특별 적용	
오늘 특별 감사	

죄와 복음

디모데전서 1장 12절부터 20절을 읽으십시오.
① 세상 모든 사람들에게 필요한 것은 무엇인가?(15)
② 예수님이 먼저 보이신 본은 무엇인가?(16)

한 때 보험 광고 중에 '묻지도 따지지도 않습니다' 라고 선전하는 광고가 있었습니다.

나이가 많거나 병약해도 보장을 해준다는 말이었는데 이 말은 순식간에 퍼져 사람들이 자주 쓰는 유행어가 되었습니다.

한 만남 주선 업체가 20,30대 여성들을 대상으로 이상형의 남성들이 가져야 할 조건들에 대해서 조사를 했습니다. 높은 순위에 뽑힌 조건 중의 하나는 '과거를 묻지 않고 포용해 줄 남자' 였습니다.

중년의 남성들을 대상으로 '중년의 때에 가장 힘든 일' 이 무엇이냐고 묻자 '과거에 저질렀던 실수에 대한 후회가 떠오를 때' 였습니다.

지나간 일은 돌이킬 수 없지만 사람들은 과거에 집착하고, 과거에 괴로워합니다. 그러면서 자신의 모든 잘못을 감싸줄 용서를 바라기도 합니다. 모든 사람에게 정말로 '묻지도 따지지도 않고' 적용되는 복음을 통해 성도들은 이런 삶을 살 수 있습니다.

디모데전서 1장 12절부터 20절에는 구원에 대한 바울의 감사가 기록되어 있습니다. 바울은 죄인인 자신을 구원해주신 주님의 사랑에 크게 감사하며 디모데에게 바른 가르침을 따를 것을 권면했습니다. 우리는 오늘 본문을 통해 **죄에 대한 복음의 세 가지 능력에 대해서 배울 수 있습니다.**

첫째, 복음은 모든 죄를 용서합니다.
하나님이 우리를 구원하기 위해 예수님을 이 땅에 보내셨다는 사실과 그 분을 믿음으로 인해 우리의 모든 죄가 용서 받게 된다는 사실을 믿는 사람들은 어떤 죄라도 용서받을 수 있습니다. 교회를 다니지 않는 사람들은 이 사실에 큰 거부감을 갖고 있습니다. 그러나 하나님의 아들인 예수님의 희생은 충분히 그러고도 남을 만한 능력이 있습니다. 복음과 죄의 올바른 관계에 대해서

기억하십시오.(행 10:43)

둘째, 복음은 과거도 묻지 않습니다.
복음은 우리의 과거의 죄를 철저히 용서하고 기억하지 않게 합니다. 하나님은 바울의 포악한 과거까지도 이해하시고 위대한 사도로 사용하셨습니다. 이것은 복음을 통해 우리가 받는 그리스도의 은혜의 크기이며 믿는 모든 사람에게 일어날 수 있는 일입니다. 그리스도의 보혈을 힘입어 죄 사함의 확신을 가지고 살아가십시오.(히 10:17)

셋째, 복음은 죄를 깨닫게 하고 감사를 줍니다.
복음을 받기 위해선 먼저 우리가 죄인이라는 사실을 깨달아야 합니다. 복음을 받은 사람들은 의의 광채이신 예수님 앞에 섬으로 자신의 죄의 모습을 바라보고 회개하게 되며 다시 태어나게 됩니다. 거짓된 의인의 모습을 버리고 우리 본연의 죄의 모습을 깨달을 때 더욱 겸손해지고 기쁨이 넘치는 감격의 삶을 살게 됩니다. 복음을 통해 죄를 깨닫고 복음을 통해 죄를 해결하십시오.(몬 1:6)

오늘 본문을 통해 죄에 대한 복음의 세 가지 능력에 대해서 배웠습니다. 복음은 하나님이 주신 인류의 유일한 구원 계획입니다. 그 계획은 모든 사람을 위한 것이며, 또한 모든 죄를 용서할 능력이 있습니다.
오늘도 모든 사람에게 임하는 놀라운 복음 안에서 살아가십시오.

주님! 복음의 기쁨이 넘치는 삶을 살게 하소서!

오늘 특별 적용	
오늘 특별 감사	

기도생활의 교훈

디모데전서 2장 1절부터 8절을 읽으십시오.
① 우리는 누구를 위해 기도해야 하는가?(1,2)
② 하나님과 인간 사이의 중보자는 누구이신가?(5)

예수님의 동생이며 예루살렘 교회의 대표 격이었던 야고보에 대한 다음과 같은 일화가 있습니다.

믿음에 따른 행위를 중시했던 야고보는 자신도 그런 삶을 살기 위해서 매우 노력했다고 합니다. 그는 거의 평생을 교회에서 머물며 말씀을 가르치고 기도를 하는 일에만 전념했습니다. 야고보는 특히 기도를 매우 큰 특권으로 알고 틈만 나면 기도에 전념했는데, 늘 무릎을 꿇고 기도해서 무릎이 굳어졌다고 합니다. 야고보의 무릎을 본 사람들은 마치 낙타 무릎과도 같다고 말했습니다. 낙타는 무릎을 자주 꿇는 동물인데 사막의 거친 모래 때문에 무릎에는 털이 하나도 없고 커다란 굳은 살만 박여 있습니다. 성경학자들은 야고보에 대해 알려진 이야기들과 야고보가 성경을 통해 강조한 내용을 봐서는 아마도 낙타 무릎에 대한 이야기는 사실일 가능성이 높다고 판단했습니다.

구약과 신약의 모든 선지자와 사도들은 하나님께 무릎으로 나아가는 사람들이었습니다. 진솔한 마음으로 주님과 대화하는 시간들을 그리스도인들은 소중히 여겨야 합니다.

디모데전서 2장 1절부터 8절에는 기도에 관한 교훈이 기록되어 있습니다. 바울은 8절에서 모든 사람을 위해 기도와 간구와 감사를 한다고 본문에서 말했습니다. 이것은 기도와 기도의 방법에 대해서 중요한 점을 알려주는데 우리는 오늘 본문을 통해서 **성도들의 기도생활에 대한 세 가지 교훈**을 알 수 있습니다.

첫째, 우리는 기도하는 시간을 내야 합니다.

기도는 시간이 날 때 하는 것이 아니라 시간을 내서 하는 것입니다. 기도는 잘해서 하는 것이 아니라 하면서 느는 것입니다. 기도는 하나님과의 개인적인 관계이며, 화려한 미사여구보다도 진솔한 마음을 아뢰는 시간입니다. 기도에 대한 마음의 부담감을 버리고 가볍게 하나님께 마음을 내어놓는 시간을 투자하십시오.(막 1:35/ 막 14:38)

둘째, 거룩한 마음으로 기도해야 합니다.
죄악을 품은 마음으로 기도하면 하나님이 듣지 않으십니다. 예수님도 하나님께 예물을 드리고 예배하기 전에는 먼저 형제와 화목하고 오라고 말씀하셨습니다. 남을 용서함을 통해 우리는 마음을 정결하게 하고 하나님께 바른 예배와 기도를 드릴 수 있는 상태가 됩니다. 마음속의 분을 모두 풀고 깨끗한 마음으로 주님께 기도하십시오.(마 5:23-24)

셋째, 다른 사람들을 위해 기도해야 합니다.
본문에서는 우리가 아는 사람들, 그리고 우리와 관련된 모든 사람들을 위해서까지 기도해야 한다고 말하고 있습니다. 주위 사람들이 성공하고 행복하게 되는 것은 우리에게도 영향을 미칩니다. 그리고 위정자들이 바로 서야 나라가 잘 돌아가고 질서가 세워집니다. 하나님의 사랑과 구원이 모든 사람에게 이르는 것처럼 모든 사람들을 위해 기도하십시오.(눅 21:36/ 롬 15:30)

오늘 본문을 통해서 성도들의 기도생활에 대한 세 가지 교훈을 배웠습니다. 기도생활은 의식적으로 더욱 가지려고 노력해야 합니다. 기도를 통해 더욱 주님과 교감하고, 더 큰 은혜를 누리십시오.
오늘도 기도를 통해 호흡하며 하나님을 만나십시오.

주님! 무릎으로 주님 앞에 나아가며 기도에 더욱 힘쓰게 하소서!

오늘 특별 적용	
오늘 특별 감사	

검소한 생활의 필요성

디모데전서 2장 9절부터 15절을 읽으십시오.
① 하나님이 받으시는 것은 어떤 모습인가?(10)
② 무엇을 통해 구원을 얻을 수 있는가?(15)

최근에 뉴욕 타임스의 한 칼럼에서는 한국의 성형 문제에 대해서 다루었습니다.

칼럼은 한국을 성형 공화국으로 소개하며 젊은 여성 뿐 아니라 남성들까지도 성형에 관심을 갖고 거부감을 가지지 않는다며, 외모를 중시하는 사회적 모습이 이런 현상을 만든 것 같다고 분석했습니다. 실제로 성형의 부작용으로 인해 의료 사고가 빈번히 일어나고 뉴스에 노출되고 있으나 성형 시술자들은 조금도 줄지 않고 계속 증가하고 있습니다.

어떤 액세서리는 도매상에서 파는 물건을 소매상이 가져가면 2배의 가격이 된다고 합니다. 그러나 대리점이 가져가면 4배, 백화점이 가져가면 10배가 된다고 합니다. 그러나 판매율을 보면 백화점에서의 매출이 가장 높다고 합니다. 실제로 한 심리 실험에서 사람들은 같은 디자인이라도 고급스런 장소에 진열된 물건의 값어치를 더욱 높게 평가하는 성향이 있었습니다.

사람의 내면보다도 외면을, 사람의 인품보다도 재산을 더욱 중요하게 여기는 시대가 되고 있습니다. 그러나 그리스도인들은 사람들에게 잘 보이는 것보다도 하나님에게 잘 보이는 것을 더욱 중요하게 생각해야 합니다.

디모데전서 2장 9절부터 15절에는 검소한 생활에 대한 교훈이 기록되어 있습니다. 본문에서는 여성을 대상으로 검소한 생활에 대한 강조를 했지만 사실 이것은 모든 성도들에게 적용되어야 할 부분입니다. 오늘 본문을 통해 **그리스도인이 검소하게 살아야 할 세 가지 이유에 대해서 생각해 보겠습니다.**

첫째, 우리는 하나님의 창조물이기 때문입니다.

우리가 가진 모든 것은 하나님의 계획을 따라 이루어졌습니다. 우리의 외모와 환경까지도 말입니다. 물론 하나님은 인간에게 뛰어난 능력과 모든 것을 행할 자유를 주셨지만, 일반적인 상황에서의 지나친 성형이나 겉모습을 꾸미는 것은 좋지 않습니다. 우리가 하나님의 창조물인 것을 깨달은 사람들은 순응하는 것이 섭리를 따르는 것입니다. 하나님의 형상을 따라 우리를 창조하신 주님의 은혜에 감사하십시오.(창 1:25)

둘째, 하나님은 중심을 보시기 때문입니다.
외모가 문제되는 것은 사람의 시선을 의식하기 때문입니다. 그러나 하나님은 우리의 겉모습이 아닌 중심을 보십니다. 다윗은 중심을 인정받아 쓰임 받았고, 잠언도 곱고 아름다운 여인보다 여호와를 경외하는 여자가 더욱 칭찬을 받는다고 말했습니다. 사람이 아닌 하나님을 의식하는 성도가 되십시오.(삼상 16:7)

셋째, 누리는 것과 사치는 다르기 때문입니다.
검소한 생활을 한다면 아낀 돈을 더욱 귀한 사역에 사용할 수 있습니다. 그러나 검소함 역시 너무 한쪽으로 편중되면 안 됩니다. 적당한 투자와 소비는 사회의 유지에 필요하며 인생의 활력소가 되며 건강한 생활을 유지시켜 주기 때문입니다. 그러나 누리는 일에 너무 집중해 하나님의 일에 조금도 신경 쓰지 못하는 것은 커다란 실수임을 기억하십시오.(마 6:24)

오늘 본문을 통해 검소하게 살아야 할 세 가지 이유에 대해서 배웠습니다. 재물과 외모로만 사람을 평가하는 시대라 하더라도 그리스도인들은 성경의 원리에 입각하여 살아야 합니다. 하나님의 은혜에 감사하고, 더욱 내실과 행동을 다지는 모습이 진정으로 아름답고 멋진 모습입니다.
오늘도 외모보다 마음과 내면과 성품을 더욱 가꾸십시오.

주님! 받은 것에 감사하며 주신 것을 지혜롭게 사용하게 하소서!

오늘 특별 적용	
오늘 특별 감사	

직분자의 자격

디모데전서 3장 1절부터 7절을 읽으십시오.
① 직분의 본래의 목적은 무엇인가?(1)
② 직분을 맡은 사람들은 세상에서 어떤 자세를 가져야 하는 가?(3)

'프랑스 혁명사'를 쓴 토마스 칼라일에 대한 이야기입니다.

칼라일이 '프랑스 혁명사'라는 대작을 거의 완성할 무렵에 그의 친구인 철학자 스튜어트 밀이 참고 자료로 원고를 모두 빌려갔습니다. 그런데 밀의 하인이 실수로 그 원고를 모두 태워버리고 말았습니다. 밀은 칼라일을 찾아가서 원고가 불타버렸다고 사실대로 말했습니다. 매우 심한 욕을 들을 것으로 기대했지만 칼라일은 의외로 '다시 쓰면 되지, 뭐'라고 말하며 털어 넘기고 다시 펜을 들어 '프랑스 혁명사'를 썼습니다. 여기까지는 매우 유명한 이야기이나 그 다음에는 이런 이야기가 이어집니다. 칼라일은 밀이 죽고 나서 이런 말을 했습니다. "프랑스 혁명사를 다시 한 번 쓸 시간에 다른 저작을 썼다면 훨씬 훌륭한 책을 남길 수 있었을 텐데…" 칼라일은 밀의 처지와 우정을 생각해서 그가 죽을 때까지 입을 다물고 태연한 척을 했던 것입니다.

남의 처지를 배려할 줄 아는 사람, 큰 고통도 감내할 줄 아는 사람이 지금 이 시대에 꼭 필요한 사람이고 리더의 자격이 있는 사람입니다.

디모데전서 3장 1절부터 7절에는 교회의 직분자들의 자격에 대해서 기록되어 있습니다. 교회에서 직분자를 세우는 일은 반드시 필요하고 영광된 일입니다. 그러나 이 일은 아무에게나 맡겨져서는 안 되고 철저한 원칙과 기준에 의해서 세워져야 합니다. 우리는 오늘 본문을 통해서 **교회의 직분자들의 자격에 대한 세 가지 조건**에 대해서 배워야 합니다.

첫째, 인격적으로 본이 되어야 합니다.

교회 내의 어떤 직분을 맡던지 가장 먼저 봐야 하는 것은 인격입니다. 믿음이 없어도 인격이 바른 사람은 남에게 상처를 주지 않습니다. 그러나 신앙의 연륜이 오래 되어도 인품이 나쁜 사람은 많은 사람을 실족하게 만들 위험이 있습니다. 남을 포용할 줄 알며 절제와 신중의 성품을 지닌 성도가 되십시오.(마

6:14/ 엡 4:32)

둘째, 사회에서도 본이 되어야 합니다.
흔히 영적으로 인정받는 그리스도인들은 사회에서는 '예수쟁이'로 낙인 찍
혀 원만한 생활을 하지 못하는 경우가 많습니다. 그러나 교회의 직분자들은
이런 상황에서도 지혜롭게 대처하며 사회적으로 원만한 관계를 유지하고 존
경을 받는 사람이 세워져야 합니다. 세상에 빠지지 않되 사회와 관계를 잘 활
용하는 성도가 되십시오.(행 20:35)

셋째, 실력이 있어야 합니다.
노래를 전혀 못하는 사람은 성가대장이 될 수 없고 악보에 대한 지식이 전혀
없는 사람이 찬양대장이 될 수 없습니다. 어떤 분야든지 맡은 자리를 감당할
수 있는 실력이 필요한데, 따라서 직분을 맡길 때에는 반드시 그 일을 잘 감당
할 수 있는 사람을 자리에 세워야 합니다. 믿음도 있고 실력도 있는 봉사가 하
나님이 기뻐하시는 봉사입니다. 실력으로도 뒤처지지 않고 인정받는 성도가
되십시오.(마 7:18)

오늘 본문을 통해 교회의 직분자들에 대한 세 가지 조건에 대해서 배웠습니
다. 교회 내에서 직분을 감당하는 것은 쉬운 일이 아닙니다. 흔히 작은 교회일
수록 인원이 부족해서 자리 메우기에 급급한 모습이 보이기도 하는데, 이 부
분에 대해서는 본문의 말씀을 묵상하며 지혜롭게 대처해야 합니다.
오늘도 주님의 모습을 닮아가며 다른 영혼들을 세우십시오.

주님! 쓰임 받는 데에 부족함이 없는 성도가 되게 하소서!

오늘 특별 적용	
오늘 특별 감사	

봉사자들의 자격

디모데전서 3장 8절부터 16절을 읽으십시오.
① 직분을 바르게 수행한 자의 이득은 무엇인가?(13)
② 경건의 비밀은 무엇인가?(16)

증축을 하는 어떤 교회가 있었습니다.

인부들로는 일손이 모자라 교인들도 쉬는 날에는 공사장을 찾아와 돕고 있었습니다. 같은 일을 하고 있는 사람들이었지만 인부들에게는 돈을 벌기 위해서 어쩔 수 없이 하는 일이었고 교인들에게는 하나님의 전을 세우는 즐거운 헌신이었습니다.

예배시간에 같은 헌금을 하는 두 사람이 있었습니다.

한 사람은 언제나 하던 대로 같은 금액의 액수를 마치 적선하듯이 넣었습니다. 그리고 다른 사람은 정성껏 준비한 예물을 감사의 제목과 함께 헌금함에 공손히 넣었습니다. 한 사람에게는 그저 돈을 내는 행위였지만 다른 사람에게는 하나님을 예배하고 감사를 표현하는 아름다운 섬김이었습니다.

같은 일을 하더라도 마음과 자세에 따라서 내포하는 의미가 달라집니다. 생각과 마음까지도 다해 주님을 섬기십시오.

디모데전서 3장 8절부터 16절에는 교회의 집사의 자격과 권면에 대해서 나와 있습니다. 바로 전에 나온 말씀은 교회의 지도자 역할을 하고 있는 직분자들에 대한 자격에 대해 나온 것이고, 본문에는 자신의 재능을 헌신하는 봉사자들의 자격에 대한 부분이 나와 있습니다. 오늘 말씀을 통해 **우리는 교회 내에서의 봉사자들의 자격에 대한 세 가지 조건을 알 수 있습니다.**

첫째, 인격적으로 결함이 없어야 합니다.

봉사라는 의미를 다시 한번 되새겨 볼 때, 최소한 남을 섬기고 자신을 겸손히 여기는 자세가 배어 있는 사람이 어떤 일에든지 적합합니다. 그러나 직분자들 보다는 기준을 조금 낮추는 것이 좋은데, 직분자의 자리보다는 영향을 덜 받는다는 이유와 봉사를 통해 더욱 신앙과 성품이 성장하는 기회도 될 수 있기 때문입니다. 하나님을 향한 마음으로 다른 지체를 섬길 줄 아는 봉사자가

되십시오.(살전 4:7/ 딤후 2:21)

둘째, 영적인 확신이 있어야 합니다.
직분자의 경우에는 보통 교회 내에서 어느 정도 신앙으로 인정받는 사람이
세워집니다. 그러나 봉사자의 경우에는 이 부분이 무시되는 경우가 많이 있
습니다. 단지 사람이 없어서, 실력이 좋아서 사람을 뽑고 여기저기 세우다가
는 여러 가지 좋지 않은 문제들이 생길 수도 있습니다. 영적으로 견고하지 않
은 사람은 여러 가지 시험에 빠지기 때문입니다. 구원의 확신을 가지고 쓰임
받는 봉사자가 되십시오.(엡 3:12)

셋째, 개인적인 문제가 원만해야 합니다.
집사의 직분과는 별로 관계가 없어 보이는 가정의 관리가 본문의 조건으로
나와 있듯이, 개인의 신변도 중요합니다. 그러나 이것은 반드시 주변인이 모
두 크리스천이야야 한다는 말은 아닙니다. 불신자 부모일지라도 말씀을 따라
섬기며 복음을 전하고 있다면 그 사람은 환경에 관계없이 말씀을 따라 사는
사람입니다. 삶 속에서 주님의 말씀을 실천하는 봉사자가 되십시오.(마 5:9/
롬 14:19)

오늘 본문을 통해 교회 내에서의 봉사자들의 자격에 대한 세 가지 조건을 배
웠습니다. 교회 내의 봉사를 하며 누리는 기쁨은 헌신을 통해서만 깨달을 수
있습니다. 하나님이 주신 재능과 은사들을 썩히지 말고 헌신함으로 연합의
기쁨에 동참하십시오.
오늘도 하나님께 쓰임 받는데 부끄럽지 않는 삶을 사십시오.

주님! 최선을 다한 삶으로 주님께 쓰임 받게 하소서!

오늘 특별 적용	
오늘 특별 감사	

거짓 교리의 위험성

디모데전서 4장 1절부터 5절을 읽으십시오.
① 성령이 말씀하신 경고는 무엇인가?(1)
② 거룩의 본질은 무엇인가?(5)

말레이시아의 보르네오 섬에는 시라세니아라는 식물이 있습니다.
이 식물은 특이하게도 벌레를 잡아 먹고 사는데, 시라세니아는 식충식물 중에서도 가장 벌레들을 잘 잡아 먹는 식물로 뽑힙니다. 보통 다른 식충 식물들은 아름다운 꽃으로 곤충을 유인합니다. 그러나 시라세니아는 잎에다 꿀을 내어 곤충을 유혹합니다. 꽃의 유혹을 이겨내는 곤충들은 많지만 꿀의 유혹을 이겨내는 곤충들은 많이 없습니다. 곤충들은 손쉽게 얻을 수 있는 꿀을 보고 바로 달려들지만 결국 시라세니아의 덫에 걸려 목숨을 잃고 맙니다.
진리를 가리는 잘못된 사상들은 꿀과 같이 달콤한 말로 사람들을 유혹합니다. 악한 유혹은 우리의 양심을 잠재우고 빛으로부터 멀어지게 합니다. 그러나 잠깐은 꽃의 꿀처럼 달콤할지 몰라도 그 길의 결국은 사망으로 이어져 있습니다.

디모데전서 4장 1절부터 5절에는 거짓 교사에 대한 경고가 기록되어 있습니다. 거짓 교사들은 자신들의 이익을 위해 하나님의 진리를 변질시킵니다. 따라서 이들의 말을 엄밀히 성경에 비추어 보면 모두 잘못된 이론이라는 것을 우리는 쉽게 알 수 있습니다. 오늘 본문을 통해 **우리는 거짓 교리를 근절시켜야 할 세 가지 이유**에 대해서 알 수 있습니다.

첫째, 모든 만물은 하나님이 창조하신 것입니다.
당시의 거짓 교사들은 멋대로 혼인을 금하고, 식물을 폐하라고 가르쳤습니다. 그러나 하나님은 아담의 독처를 위해 하와를 창조해 하나가 되게 하셨고, 각기 모두 쓰임이 있게 동물과 식물을 창조하셨습니다. 거짓된 교리는 아무리 그럴싸한 이유를 가지고 있더라도 결국은 하나님의 말씀에 반대되는 행동을 따르라고 유혹합니다. 성경을 근거로 잘못된 교리들을 구별하십시오.(마 7:15)

둘째, 허황된 교리는 잘못된 신앙관을 부릅니다.

우리나라에도 많은 이단들이 있습니다. 이들은 성경의 일부분을 억측해서 멋대로 근거를 붙여서 모르는 사람들을 현혹시킵니다. 이런 잘못된 신앙관은 가정을 파괴시키고 영혼을 파괴시킵니다. 이단의 교리에 의심이 들 때에는 혼자 판단하기보다는 먼저 믿을만한 목회자에게 상담을 받아 잘못된 이유를 들어야 합니다. 성경을 깊게 묵상함으로 참된 깨달음을 얻으십시오.(행 6:13)

셋째, 구원은 내적인 모습이 더욱 중요합니다.

거짓 교사들과 이단들은 대부분 겉으로 보이는 행위의 중요성을 강조합니다. 이것이 강조되어야 성도들의 희생을 강요하고 교파의 세력을 키울 수가 있기 때문입니다. 때로는 그리스도의 십자가가 없이도 구원받을 수 있다고 말합니다. 그러나 구원은 예수님을 통해서만 받을 수 있는 것이며, 말씀과 기도로 거룩한 경건생활을 할 수 있습니다. 성경이 말하는 복음이 무엇인지 절대로 잊지 마십시오.(마 23:37/ 벧전 1:16)

오늘 본문을 통해 거짓 교리를 근절시켜야 할 세 가지 이유에 대해서 배웠습니다. 거짓 교리는 죽은 뒤의 삶뿐만 아니라 현실 세계에서도 부정적인 역할을 합니다. 구원의 기본과 성경 지식을 확실히 익히고 배움으로써 이런 일이 일어나지 않도록 막아야 합니다.
오늘도 말씀을 기반으로 신앙을 성장시키십시오.

주님! 말씀을 바로 알아 잘못된 길에 빠지지 않게 하소서!

오늘 특별 적용	
오늘 특별 감사	

바른 신앙의 가르침

디모데전서 4장 6절부터 16절을 읽으십시오.
① 거짓 가르침은 무엇을 방해하는가?(7)
② 우리가 가르치고 전해야 할 것은 무엇인가?(10)

탈무드에는 참된 스승에 대한 다음과 같은 이야기가 나옵니다.

유대인의 선생인 랍비를 양성하는 학교가 있었습니다. 한 학생이 자신은 랍비가 될 준비가 끝났다며 자신을 가르치는 랍비를 찾아왔습니다.

"저는 제 몸을 단련해 맨 땅에서도 편하게 잠을 잘 수 있습니다. 들판의 풀을 먹으면서도 생활할 수 있고, 하루에 3번씩 채찍을 맞으며 몸의 욕정을 다스리고 있습니다. 스스로 어려움을 이겨냄으로 지혜를 갖추었다고 생각합니다."

랍비는 들판의 나귀를 가리키며 말했습니다.

"저 나귀도 들에서 자며 풀을 먹고 매일 채찍에 맞네, 그럼 저 나귀도 랍비인가? 랍비의 자격은 내면에서 나오는 것이지 겉모습에서 나오는 게 아니라네."

교회에서 남을 가르치는 자격을 갖는 사람은 그리스도의 영으로 변화된 사람입니다. 학식이 뛰어나도 신앙의 연차가 오래 되어도 그리스도의 영이 없으면 안 됩니다.

디모데전서 4장 6절부터 16절에는 참된 교사의 자세에 대해서 나와 있습니다. 바울은 디모데에게 참된 교사란 무엇을 가르쳐야 하는지에 대해서 언급했는데 이 내용은 비단 교사들 뿐 아니라 모든 그리스도인들이 복음을 모르는 사람들에게도 가르치고 전해야 할 내용입니다. 오늘 본문을 통해 **바른 교사의 세 가지 지침**에 대해서 배울 수 있습니다.

첫째, 경건한 사람이 되어야 합니다.

참된 교사는 하나님을 깎아내리거나 잘못 전하는 모든 학문과 속설에 대해서 언제든지 대답할 수 있는 지혜를 가져야 합니다. 그리고 이런 지혜는 날마다 말씀을 묵상하고 기도 생활을 하는 경건함에서 나옵니다. 외적인 지식과 모양뿐 아니라 예수님과 동행하는 삶이 이어질 때 남을 바른 길로 인도할 자격을 갖추게 됩니다. 경건함의 본을 보이는 성도가 되십시오.(딤후 1:9)

둘째, 은사를 신중히 사용해야 합니다.
하나님께서 우리에게 은사를 주신 것은 자랑하고 뽐내라는 것이 아니라 다른 사람을 유익하게 돕고 하나님께 영광을 돌리라는 이유에서입니다. 참된 교사는 자신의 은사를 바로 사용하고 다른 사람의 은사에 대해서도 권면할 수 있어야 합니다. 하나님이 주신 사명에 맞게 은사를 신중히 사용하십시오.(고전 1:7)

셋째, 말씀을 읽고, 권면하고, 가르쳐야 합니다.
먼저 자신이 말씀의 뜻을 온전히 깨달아야 다른 사람에게 전할 수 있습니다. 또한 먼저 하나님의 말씀에 합당한 삶을 살아야 이런 권면들이 실제로 힘을 가집니다. 다른 성도들을 바르게 세우고 진리를 가르치는 힘은 그 무엇보다도 하나님 말씀을 통해서 얻을 수 있습니다. 말씀을 바로 알아 사람들을 생명의 길로 이끄는 성도가 되십시오.(벧전 4:10)

오늘 본문을 통해 바른 교사의 세 가지 지침에 대해서 배웠습니다. 교회 내에서 가르치는 역할은 매우 중요합니다. 우리의 직분이 교사가 아니라 할지라도 이 지침은 우리에게 필요합니다. 아직 신앙이 약하고, 복음과 세상 사이에서 고민하는 사람들에게 도움을 줄 수 있기 때문입니다.
오늘도 세성에서 방황하는 영혼들을 주님의 길로 인노하십시오.

주님! 맡은 사명을 귀하게 여기고 충성하게 하소서!

오늘 특별 적용	
오늘 특별 감사	

성도들의 질서

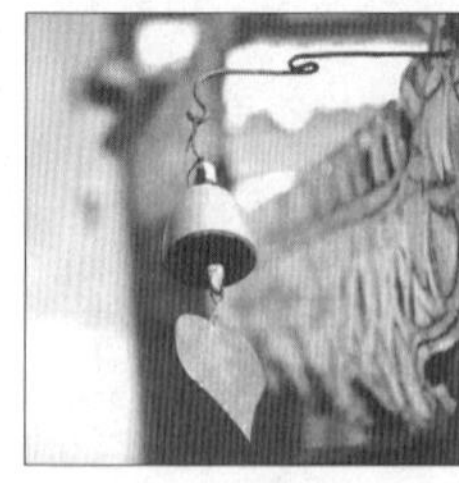

디모데전서 5장 1절부터 16절을 읽으십시오.
① 교회 내에서는 서로 어떻게 대해야 하는가?(1,2)
② 성도들은 가족들에 어떤 의무를 가져야 하는가?(8)

약 300년 전 쯤에 경기도 강화의 유명한 효자가 있었습니다.

아들은 어머니를 모시며 열심히 일을 하며 살았는데, 비록 세간은 변변치 않았지만 서로 웃으며 지내는 행복한 가정이었습니다. 그런데 연로한 어머니가 병에 걸려 쓰러지는 안타까운 일이 일어났습니다. 아들은 어머니를 보살피고 간호하는 일에 전심으로 마음을 쏟았습니다. 어머니는 특히나 이야기를 좋아하셨는데, 아들은 이야기와 관련된 책을 모두 구입해서 어머니께 읽어드렸습니다. 그러나 종이가 귀하고 이야기 책도 많지 않은 시절이라 결국 머지않아 읽어드릴 책이 모두 동나고 말았습니다. 아들은 결국 어머니를 위해 직접 소설을 쓰기 시작했습니다. '구운몽' 이라는 이름의 이 책은 어머니에게도 기쁨이 됐지만 한국 문학의 효시로 아주 중요한 역할을 감당하기도 했습니다. '나' 에 대한 중요성이 너무 커지면서 반대로 가족이란 중요한 요소에까지도 안 좋은 영향들이 많이 생기고 있습니다. 그러나 가정은 하나님이 주신 귀한 축복의 장소이며 가족 구성원들이 각자의 의무를 다해야 하는 장소입니다.

디모데전서 5장 1절부터 16절에는 여러 성도들과 관련된 교훈이 나와 있습니다. 바울은 교회의 질서를 세우기 위해서 이런 교훈들을 전했는데 사회에서 도덕적인 문제가 많이 일어나고 있는 요즘에 더욱 필요한 내용들입니다. 오늘 본문을 통해 **교인들과 사회 질서에 대한 세 가지 교훈**에 대해서 생각해봐야 합니다.

첫째, 가정의 질서를 지켜야 합니다.

성경은 가정을 매우 중요하게 다루고 있습니다. 성경 여러 부분에 가정과 구성원들에 대한 교훈이 나오지만 자녀들은 부모님께 순종하고, 부모님은 자녀들을 사랑하는 것이 결론입니다. 그리고 이런 가정은 구성원도 행복하게 하지만 하나님께서도 기쁘게 받으시는 예배가 됩니다. 부모님을 공경하고 자녀

들을 사랑함으로 하나님께 영광을 돌리십시오.(출 20:12/ 레 19:3)

둘째, 도덕적 질서를 지켜야 합니다.
본문의 교훈들은 사실 일반적인 도덕적 기준보다 과한 것을 요구하는 것이 하나도 없습니다. 바울은 자기 친족을 보살피지 않는 자들에 대해서 강하게 교훈하고 있는데 가까운 친족도 챙기지 않는 사람이 세상에 사랑과 복음을 전할 수는 없기 때문입니다. 가까운 사람들에게 부터 사랑을 전하십시오.(엡 6:12)

셋째, 주님을 향한 소망을 품어야 합니다.
이런 도덕적 교훈들이 당연한 것임에도 사람들이 이것을 지키지 않는 이유는 하나님께 소망을 두지 않기 때문입니다. 구원을 받은 성도들에게는 합당한 기준이 있고, 생활이 있는데, 정욕과 세상의 유혹을 주님에 대한 소망보다 더욱 중요하게 여기기 때문에 믿음을 져버리는 일들이 일어나게 됩니다. 세상에 낙을 두기보다는 주님을 향한 소망을 품으십시오.(사 39:7)

오늘 본문을 통해서 교인들과 사회 질서에 대한 세 가지 교훈을 배웠습니다. 그리스도인이면서 가정과 사회, 도덕적 책무를 회피하는 사람들은 바울의 말내로 불신사들보다 더욱 악한 사람들입니다. 마땅히 성도의 행할 바를 따르고, 다시 오실 주님을 바라십시오.
오늘도 사랑으로 주변을 더욱 풍성하게 만드십시오.

주님! 언제나 주님을 향한 소망이 끊어지지 않게 하소서!

오늘 특별 적용	
오늘 특별 감사	

교역자와 성도의 할 일

디모데전서 5장 17절부터 25절을 읽으십시오.
① 교회 내의 질서와 권면은 어떻게 이루어져야 하는가?(21)
② 선행과 죄의 결국은 무엇인가?(24,25)

미국에 뛰어난 미식축구 선수가 있었습니다.
그런데 프로의 명성에 걸맞지 않게 예전에 잠깐 자신을 가르쳤던 한 대학의 코치를 찾아가 훈련을 받았습니다. 프로팀에도 뛰어난 명성의 코치들이 있었지만 슬럼프가 찾아올 때면 유독 그 코치를 찾아가 훈련을 받았습니다. '탤런트 코드' 의 작가 다니엘 코일이 그 사실을 발견하고는 이유를 묻자 그는 이렇게 대답했습니다.

"뛰어난 코치라고 모든 것을 아는 것은 아닙니다. 정말 뛰어난 코치는 듣고 싶지 않은 말을 하고, 보고 싶어 하지 않는 모습을 보여주고, 내가 원하지 않는 일을 시킵니다. 그것이 성장에 도움이 되기 때문입니다. 나의 약점과 상태를 가장 잘 파악한 코치가 그 분이었고 이것이 지금도 내가 그 코치를 찾아가는 이유입니다."

비록 취향에 맞지 않더라도 함부로 교회를 옮겨선 안 되고, 함부로 목회자들과 반목해서 안 되는 이유도 이와 마찬가지입니다. 때로는 나의 생각과 다른 것들이 나의 성장을 돕고 바른 길을 가르쳐 줍니다.

디모데전서 5장 17절부터 25절에는 장로들에 대한 이야기가 기록되어 있습니다. 여기서 나오는 장로에 대한 개념은 오늘날의 목회자와 같은 것인데 교회 내에서 헌신하고 수고하는 교역자들에게까지 확대하여 본문의 교훈을 적용할 수 있습니다. 우리는 오늘 본문을 통해서 **목회자와 성도의 세 가지 역할**에 대해서 알 수 있습니다.

첫째, 목회자들의 경제적인 부분을 채워줘야 합니다.
바울 자신은 전혀 사역비를 받지 않고 스스로 일을 해서 선교비를 충당했지만 본문에서는 주님의 일을 하는 사람들에게 마땅한 대우를 하라고 가르치고 있습니다. 바울은 여러 가지 이유로 자신의 권리를 포기했지만 뿌린 대로 거두고 일한만큼 받는 것이 성경적인 원리이기 때문입니다. 따라서 성도들과 교회의 중역들은 교회에서 수고하는 목회자들의 형편에도 신경을 써야 합니다. 목회자들의 수고를 인정하고 마땅한 대우를 하십시오.(딤후 2:6)

둘째, 목회자들의 험담을 함부로 해서는 안 됩니다.
험담을 하는 것은 교회를 무너뜨리고 어지럽히는 일입니다. 물론 목회자들도 흠이 있고 중대한 실수를 할 수는 있습니다. 중대한 의혹이 있을 때는 재빨리 그것을 밝혀내고 문제를 처리해야 하지만 약간의 흠을 가지고 암암리에 흉을 보는 것은 떳떳한 자세가 아닙니다. 사랑으로 덮어줄 일과 공론화할 문제를 지혜롭게 구분하십시오.(롬 2:1)

셋째, 목회자들은 성도들의 영의 강건을 책임져야 합니다.
목회자들은 성도들의 영혼의 양식을 책임져야 합니다. 목회자들은 성도들과 함께 연합하여 교회가 세상의 빛으로 쓰임 받고 모든 영광을 주님께 돌리는 일에 대해서 전념해야 합니다. 그리고 그러기 위해서는 목회자 스스로도 말씀을 더욱 공부하고 더욱 거룩함 삶을 살아가야 합니다. 새로워진 영육으로 주님의 일은 감당하는 목회자와 성도가 되십시오.(골 2:7)

오늘 본문을 통해서 목회자와 성도의 세 가지 역할에 대해서 배웠습니다. 목회자와 성도들의 관계가 원만하고 성령으로 연합되어야 건강한 교회, 힘이 있는 교회가 될 수 있습니다. 하나님의 말씀을 따라 질서를 세우고 교훈을 지키십시오.
오늘도 사랑 안에서 아름답게 쓰임 받는 성도와 교역자가 되십시오.

주님! 각자의 역할을 이해하고 감당하게 하소서!

오늘 특별 적용	
오늘 특별 감사	

그리스도인의 세 가지 원리

디모데전서 6장 1절부터 10절을 읽으십시오.
① 교회에서 예절이 중요한 이유는 무엇인가?(1)
② 말씀을 듣고 행하지 않는 사람은 어떤 사람인가?(4)

한 청년이 어떤 유명한 수도사에게 말했습니다.
"제가 보기엔 감옥이나 수도원이나 똑같습니다."
그러자 수도사가 대답했습니다.
"물론 그렇게 보일 수도 있습니다. 하지만 한 가지 중요한 차이점이 있습니다. 감옥에는 감사가 없고 수도원에는 감사가 있습니다. 그래서 우리는 불행하지 않습니다. 오히려 더욱 행복합니다."
비슷한 생활이지만 감사의 차이가 감옥과 수도원을 구분한다면 같은 세상에서 사는 '세상 사람들'과 '그리스도인' 사이에는 어떤 차이가 있어야 하겠습니까? 세상 사람들은 핑계를 대며 자신을 합리화시키지만 그리스도인들은 약함을 인정하고 자신을 성화시켜 나가야 합니다. 이런 차이가 모든 그리스도인들에게 있어야 합니다.

디모데전서 6장 1절부터 10절에는 성도들이 지켜야 할 교훈들에 대해서 기록되어 있습니다. 많은 그리스도인이 있음에도 세상이 변화되지 않는 것은 성도들이 말씀의 교훈대로 실천하지 않기 때문입니다. 성경을 가르치는 바를 회피하지 않고 그대로 따를 때 세상 속에서 빛과 소금의 역할을 감당하게 됩니다. 오늘 본문을 통해 **세상에서 성도들이 지켜야 할 세 가지 원리**에 대해서 배울 수 있습니다.

첫째, 핑계를 대지 말아야 합니다.
믿음에 관계되지 않는 이상 그리스도인들은 세상의 모든 법과 질서를 잘 따라야 합니다. 가정과 직장, 법과 도덕의 울타리를 넘어서는 행동으로 세상 사람들의 비난을 받아서는 안 됩니다. 그러나 많은 그리스도인들은 불신자로부터 이런 부분에 지적을 받을 때, 그럴싸한 핑계들로 기독교인의 의무를 축소하고, 진리의 권위에 흠을 냅니다. 잘못한 일에 대해서는 분명히 사과하고 개

선된 모습을 보이십시오. (요 15:22)

둘째, 바른 교훈을 위해 노력해야 합니다.

바른 교훈을 지키지 않을 때, 잘못된 행동을 하게 됩니다. 하나님이 주신 말씀을 따르지 않을 때 사탄의 유혹에 빠지게 됩니다. 오늘 날 악의 세력들은 더더욱 믿는 사람들을 넘어트리기 위해서 노력하고 있습니다. 이런 유혹에 지지 않고 온전히 거룩한 삶을 살기 위해서는 바른 교훈을 따름으로 마음의 틈을 없애야 합니다. 성경이 가르치는 바른 교훈들을 삶 속에서 실천하십시오.(마 15:9)

셋째, 재물에서 마음을 지켜야 합니다.

사람들의 마음을 가장 악하게 만드는 것은 재물입니다. 이 땅에서 사는 동안 재물로부터 자유로울 수 있는 사람은 아무도 없겠지만 우리는 재물의 노예가 되는 것이 아니라 재물의 주인이 되어서 그것을 지혜롭게 사용해야 합니다. 재물은 더욱 풍족한 시대가 되었지만 사람들의 마음은 더욱 공허해지고만 있습니다. 재물만으로는 사람이 만족할 수 없음을 알고 하나님의 나라를 더욱 구하십시오. (마 6:33/ 잠 15:16-17)

오늘 본문을 통해 세상에서 성도들이 지켜야 할 세 가지 원리에 대해서 배웠습니다. 흠이 없는 사람은 아무도 없고 완벽한 사람도 없습니다. 그러나 잘못을 인정하고 주님의 발자취를 따라가는 삶이 모든 그리스도인이 살아야 할 삶입니다.
오늘도 그리스도인의 의무와 책임을 회피하지 말고 사십시오.

주님! 세상의 것을 다스리고 하나님의 것을 따르게 하소서!

오늘 특별 적용	
오늘 특별 감사	

세월을 아끼는 법

디모데전서 6장 11절부터 21절을 읽으십시오.
① 그리스도인의 바람직한 삶의 태도는 무엇인가?(14,17)
② 말씀의 교훈을 실천하는 것은 무엇을 위한 일인가?(19)

나폴레옹은 세계를 정복하려는 야망을 가졌지만 결국 워터루 전쟁에서 대패를 당하며 권좌에서 내려오게 되었습니다.

그는 새로운 황제에게 왕위를 내어주고 세인트 헬레나 섬에서 여생을 보내게 되었습니다. 외딴 섬에서 나폴레옹은 아무것도 할 것이 없었습니다. 그래서 하루는 자신의 인생을 돌아보며 그 중의 행복한 날이 몇 날이나 되나 세어보았습니다. 아무리 생각을 해봐도 겨우 엿새 밖에 되지 않았습니다. '엿새뿐이라니… 세계를 다 가진 줄 알았는데 정작 엿새뿐이라니…' 인류 역사상 가장 위대한 정복자 중 하나였던 나폴레옹은 자신의 인생은 전혀 돌보지 못했습니다. 그러나 삼중고의 장애를 가졌던 헬렌 켈러는 임종 시에 이런 말을 남겼습니다. "나의 일생은 참으로 아름답고 행복했습니다."

인생의 행복은 그 사람의 업적과 재물로 평가되는 것이 아닙니다. 세상이 아닌 하나님으로부터 오는 은혜를 느끼며 살 때 진정한 행복이 찾아오게 됩니다.

디모데전서 6장 11절부터 21절에는 디모데를 향한 바울의 당부가 기록되어 있습니다. 디모데전서의 마지막인 본문에는 지금까지 나왔던 모든 교훈들을 지키며 살 것을 간곡하게 부탁하는 바울의 모습이 나오는데, 이것은 모든 성도들이 헛된 일에 시간을 낭비하지 않고 거짓과 허탄한 진리에서 멀어지기를 바라는 바울의 간절한 마음에서 나온 것입니다. 오늘 본문을 통해 **우리는 세월을 아끼는 세 가지 법칙**에 대해서 알 수 있습니다.

첫째, 인생은 잠깐임을 알아야 합니다.
'사람들은 시간이 없다고 불평하면서도 마치 시간이 무한한 것처럼 행동한다' 라는 말이 있습니다. 우리에게 주어진 인생은 정말로 짧고 짧은 시간입니다. 우리는 먼저 인생의 유한함을 깨닫고, 그 시간 동안에 무엇을 하는 것이 정말로 값진 일인지에 대해서 스스로 생각해야 합니다. 매일 하루를 정말 값지고 귀한 일을 하는 데에 사용하십시오.(전 1:14, 2:1)

둘째, 쓸데없는 일에 에너지를 소모하지 말아야 합니다.
바울은 디모데에게 허한 말과 변론에 맞서지 말고 아예 피하라고 권고했습니다. 이런 사람들에게는 정교한 논리와 옳고 그름을 판단하고 수용할 능력이 아예 없기 때문에 어떠한 말을 한들 듣지 않습니다. 쓸데없는 것을 피하는 원리는 우리 삶의 모든 영역에 적용해야 합니다. 허황된 일에 에너지를 낭비하지 말고 귀한 일에 에너지를 투자하십시오.(겔 6:10)

셋째, 하나님의 사람답게 살아야 합니다.
진정한 행복을 얻고, 천국의 삶을 준비하기 위해선 말씀을 따르는 삶을 살아야 합니다. 복음을 위해 우리의 삶을 사용하는 것이 정말로 값진 일에 시간을 사용하는 것입니다. 참된 행복은 물질로부터 오는 것이 아니라 하나님의 은혜를 깨닫는 것부터 시작합니다. 의와 경건과 믿음과 사랑과 인내와 온유를 따르며 하나님의 선한 마음을 따라 사십시오.(시 29:2)

오늘 본문을 통해 우리는 세월을 아끼는 세 가지 법칙에 대해서 배웠습니다. 한정된 시간을 효과적으로 사용하기 위해선 우리에게 참된 기쁨을 가져다 주는 것이 무엇인지 깨달아야 합니다. 디모데전서에 나오는 교훈들을 모두 기억하고 삶속에서 실천함으로 하나님의 기쁨을 누리는 성도들이 되기를 바랍니다.
오늘도 말씀의 교훈들을 잊지 말고 실천하십시오.

주님! 주님을 위해 더욱 세월을 아끼며 살아가게 하소서!

오늘 특별 적용	
오늘 특별 감사	

신앙의 유산

디모데후서 1장 1절부터 5절을 읽으십시오.
① 예수님의 약속은 누구로부터 온 어떤 말씀인가?(1)
② 디모데의 믿음은 누구로부터 받은 것인가?(5)

시골에서 홀몸으로 아들을 잘 키워 대학까지 보낸 지혜로운 어머니가 계셨습니다.

하루는 서울에서 머무는 아들의 집에 들렀는데 선정적인 여배우의 포스터가 벽에 붙어있는 것을 보게 되었습니다. 어머니는 내심 마음이 슬펐지만 내색을 하지 않고 다시 시골로 내려와 자신의 사진을 큰 액자에 끼워 아들에게 보내주었습니다. 몇 달 뒤 다시 아들의 집을 방문하자 이번에는 포스터가 사라져 있었습니다. 어머니가 포스터를 뗀 이유에 대해서 묻자 아들이 말했습니다.

"어머니 액자와 저 포스터를 동시에 걸 수는 없겠더라고요."

아들의 권리를 존중하면서도 바른 길로 가기를 바라는 어머니의 지혜로운 가르침으로 아들은 계속해서 바르게 성장할 수 있었습니다. 지혜로운 어머니는 자녀들과 가정의 신앙의 커다란 기둥의 역할을 합니다.

디모데후서 1장 1절부터 5절에는 신앙의 유산에 대한 말씀이 기록되어 있습니다. 바울은 디모데에게 다시 한번 편지를 보내며 신앙에 대한 조언을 남겼는데 특히 본문에서는 디모데 가정의 믿음의 흐름을 언급하며 믿음의 유산에 대해서 말했습니다. 디모데후서의 처음인 오늘 본문을 통해서 **우리는 신앙의 유산에 대한 세 가지 사실**을 알 수 있습니다.

첫째, 신앙도 대대로 전해 내려옵니다.

바울은 먼저 하나님의 영광과 성도들의 거룩한 행실에 대해서 언급한 후, 디모데의 할머니와 어머니의 신앙을 칭찬했습니다. 그리고 이 믿음이 디모데에게도 있음을 확신한다고 말했습니다. 이것은 다른 재산과 마찬가지로 선조의 신앙과 믿음 역시 물려 줄 수도, 물려받을 수도 있는 것임을 뜻합니다. 물려받은 신앙이 있다면 부모님께 더욱 감사하십시오.(막 9:24)

둘째, 어머니의 가르침은 신앙의 핵심입니다.

유대인들은 자녀의 교육을 전적으로 어머니에게 맡긴다고 합니다. 이것은 전통적인 히브리식 방법이기도 했지만, 자녀들의 실생활에 더욱 중요한 역할을 어머니가 하기 때문입니다. 바울이 디모데의 믿음에 앞서서 할머니와 어머니를 분명히 언급했던 것은 디모데의 신앙에 확실한 영향을 미쳤기 때문입니다. 자녀들의 신앙의 기틀을 세워주는 어머니가 되십시오.(출 2:11-12)

셋째, 신앙의 유산은 매우 값진 선물입니다.

디모데는 에베소 교회를 이끄는 중책을 잘 소화하고 있었습니다. 이것은 디모데의 신실함과 믿음 덕분이었는데, 이것은 어머니로 받은 신앙의 유산이었습니다. 신앙의 유산은 사람의 일생을 통해 하나님께 영광이 되고 하나님 안에서 살아갈 수 있게 도움을 줍니다. 다른 무엇보다도 신앙의 유산을 물려주는 지혜로운 부모님이 되십시오.(요 1:13)

오늘 본문을 통해서 신앙의 유산에 대한 세 가지 사실을 배웠습니다. 오래 교회를 다닌 분들 중에도 자녀들이나 친족들의 신앙에 대해서는 간섭하려 하지 않고 자유롭게 생각하는 분들이 많습니다. 그러나 신앙은 반드시 교육되어야 하고, 또한 충분히 그럴만한 가치가 있습니다.
오늘도 신앙을 더욱 귀하게 여기십시오.

주님! 우리가 가진 신앙을 감사하고 소중히 여기게 하소서!

오늘 특별 적용	
오늘 특별 감사	

복음을 대하는 태도

디모데후서 1장 6절부터 18절을 읽으십시오.
① 하나님은 성도들에게 어떤 마음을 주시는가?(7)
② 바울이 전하는 복음은 어떤 복음인가?(10,11)

고 장두훈 선교사는 인디언들을 위해 한평생을 바쳤습니다.

1991년, 한국에서 미국으로 선교를 떠난다는 것 자체가 이해하기 어려웠던 시절이지만 장 선교사는 인디언들을 위한 소명을 확신하고 미국으로 떠났습니다. 장 선교사는 검은발 부족과 호피 부족, 그리고 나바호 부족을 모두 돌아다니며 선교를 했습니다. 그러나 인디언 부족들 간에도 사이가 나빠서 좀처럼 성과가 나지 않았습니다. 어느 부족을 가던지 심각한 고난이 따랐지만 그래도 포기하지 않았습니다. 심지어는 지원을 해주던 교회들도 조금씩 선교에 의문을 갖기 시작했습니다. 미국에 선교를 떠난 것도 의아한데 결과까지 좋지 않으니 당시로써는 당연히 의심할 수밖에 없는 상황이었습니다. 그러나 그런 상황 속에서도 장 선교사는 포기하지 않고 최선을 다해 복음의 사명을 감당하며 씨를 뿌렸습니다.

장 선교사님이 돌아가신 지금, 각 부족들의 관계는 더욱 화평하게 됐고, 후임 사역자들에 의해서 그 열매도 조금씩 맺어지고 있다고 합니다. 상황을 핑계로 복음전파를 그만두었다면 이런 귀한 열매도 없었을 것입니다.

디모데후서 1장 6절부터 18절에는 복음과 고난에 대해서 기록되어 있습니다. 주님을 위한 고난을 부끄러워하지 말고 당당히 감당하라는 바울의 메시지에는 또한 우리가 사명을 감당하는 순간까지 지켜주실 주님에 대한 확신이 묻어 있습니다. 우리는 오늘 본문을 통해 **복음을 대하는 세 가지 태도**에 대해서 생각해 봐야합니다.

첫째, 복음은 부끄러운 것이 아닙니다.

바울은 자신의 여러 서신을 통해 담대한 복음의 메시지를 계속해서 전하고 있습니다. 여기서 복음을 부끄러워하지 말라는 말은 복음을 전하며 당하는 고난에 대해서도 당당히 여기라는 뜻이 숨어 있습니다. 바울은 디모데에게 복음을 전하다 감옥에 갇힌 자신을 부끄럽게 여기지 말라고 말했습니다. 복음과 복음의 증거를 두려워하지 마십시오.(롬 1:16)

둘째, 복음을 통해 고난을 받을 수도 있습니다.
초대 교회의 때는 복음을 전하다가 목숨을 잃는 일도 있었습니다. 그러나 예수님의 참된 제자들은 고난을 두려워하지 않았습니다. 그러나 오늘날의 많은 성도들은 복음을 전하다 거절당하는 것조차 창피하게 여기며 전도에 나서기를 꺼려합니다. 사람을 두려워 말고 오직 하나님이 보시기에 옳은 일을 하십시오.(에 4:16)

셋째, 주님은 항상 우리를 지켜주십니다.
바울의 이런 담대함은 하나님이 우리를 지켜주실 것이라는 확고한 믿음에서 나왔습니다. 12절에서 본문은 자신의 사명은 주님께서 맡겨주신 것이며 그 사명을 다할 때까지 주님이 보호하시리라는 확신이 있었습니다. 또한 그분은 다름 아닌 만물의 창조주 하나님이십니다. 전능한 하나님이 늘 우리와 함께 하시고 또 보살펴주심을 기억하십시오.(마 28:20)

오늘 본문을 통해 복음을 대하는 세 가지 태도에 대해서 배웠습니다. 성도들은 복음에 대해서 확실한 자세를 취해야 합니다. '나만 믿으면 그만' 이라는 태도에서 이제는 벗어나서 매일 조금씩이라도 복음을 전하려고 힘써야 합니다.
오늘도 복음을 부끄러워 말고 고난조차 기쁘게 여기십시오.

주님! 그리스도의 복음을 담대히 전파하게 하소서!

오늘 특별 적용	
오늘 특별 감사	

015

하나님의 일꾼의 삶

디모데후서 2장 1절부터 13절을 읽으십시오.
① 양육이 필요한 이유는 무엇인가?(2)
② 그리스도인의 인내는 무엇을 위함인가?(10)

올림픽은 단순한 스포츠를 겨루는 것 이상의 국격이 달린 행사입니다. 그래서인지 개최 때마다 판정이 항상 문제가 되고 있는데, 예전에는 정말로 말도 안 되는 사건들이 일어났을 정도로 대회의 관리가 허술했습니다. 1904년에 미국 세인트루이스에서 열린 제 3회 올림픽은 특히나 유명했는데, 올림픽의 백미인 마라톤에서 우승자가 뒤바뀌는 사기극이 일어났습니다. 프레드 로즈라는 미국대표 선수는 경주 중간에 다리에 쥐가 났지만 택시를 타고 결승점 근처까지 도달한 후 자신이 선두인 척을 해 결승선을 넘었습니다. 그는 루스벨트 대통령의 축하 인사까지 받고, 월계관까지 머리에 썼으나, 15분 뒤 진짜 선두를 달리던 선수와 심판이 달려오면서 진실이 밝혀졌고, 프레드는 즉시 실격되고 말았습니다. 모든 경기에는 룰이 있고, 그 룰을 지키면서 승리를 따낼 때에만 인정을 받습니다. 신앙에도 하나님이 정하신 법칙이 있습니다. 그러나 경주의 승자는 한 명이지만 신앙은 믿음으로 모두가 승자가 될 수 있습니다.

디모데후서 2장 1절부터 13절에는 전도자의 삶에 대한 내용이 나와 있습니다. 바울은 복음을 전하는 사람의 자세를 경주자와 비교를 하며 디모데에게 전했습니다. 우리는 오늘 본문을 통해서 **하나님의 일꾼이 되는 세 가지 삶**의 자세에 대해서 알 수 있습니다.

첫째, 충성스럽게 일해야 합니다.
경기에 승리하는 선수들은 매일 고된 훈련을 거르지 않고 완벽히 이겨낸 사람들입니다. 하나님의 일도 이런 충성된 사람들을 통해서 지금까지 이어져 왔습니다. 믿음의 모습에는 신실함도 포함되어 있습니다. 어떤 환경에서도 하나님의 일꾼으로써의 자세를 가진 신실한 성도가 되십시오.(마 25:21)

둘째, 말씀을 따라 은혜 안에서 살아야 합니다.

운동선수들은 자신의 노력과 땀으로 승리를 이루지만 그리스도인들은 하나님의 능력을 힘입어 은혜 가운데 해야 합니다. 우리의 힘으로 하는 것이 아니라 하나님의 힘으로 해야 합니다. 이를 통해 하나님께 영광을 돌릴 수 있기 때문입니다. 우리가 받은 모든 것이 하나님의 것이라는 것을 알고 은혜 가운데 일하십시오.(고후 6:1)

셋째, 세상 일보다 하나님의 일에 집중해야 합니다.

아무리 뛰어난 재능을 가지고 있더라도, 훈련과 자신의 주 종목보다 다른 일에 더 관심이 많은 선수는 최후에 승리할 수 없습니다. 군인은 훈련에 초점을 맞추고, 학자는 연구에 초점을 맞춰야 하듯이 그리스도인은 하나님께 초점을 맞추고 살아야 합니다. 세상 일과 하나님의 일 사이에서 고민하지 않고 즉각 하나님을 따르는 칭찬받는 일꾼이 되십시오.(딤전 3:4, 12)

오늘 본문을 통해 하나님의 일꾼이 되는 세 가지 삶의 자세에 대해서 배웠습니다. 하나님의 일꾼과 잘 훈련된 경주자는 매우 비슷한 특징을 갖고 있습니다. 그러나 우리는 그런 훈련의 자세에서 하나님의 은혜를 더욱 힘입어 나아가야 합니다.

오늘도 주님의 칭찬받는 일꾼으로 헌신하십시오.

주님! 세상 속에서 그리스도의 일을 하는 신실한 일꾼이 되게 하소서!

오늘 특별 적용	
오늘 특별 감사	

복음에 부끄럽지 않은 일꾼

디모데후서 2장 14절부터 26절을 읽으십시오.
① 경건은 우리를 무엇으로부터 멀어지게 하는가?(16)
② 선한 일을 위해 어떤 준비가 필요한가?(22,23)

미국의 국회의사당에는 멋진 디자인으로 유명한 층계가 있습니다. '옴스테드' 라는 유명한 건축가가 설계한 이 층계는 매우 멋지게 건축되었지만 이상하게도 그곳에서 넘어지거나 부상을 당하는 사람이 많았습니다. 그래서 사람들은 '혹시 설계가 잘못된 것 아닌가?' 라는 의문을 품었습니다. 그리고 어떤 사람이 옴스테드에게 이것에 대해 문의하자 다음과 같은 답변이 돌아왔습니다.

"나는 그 층계를 위해 집에서 직접 실험을 하며 제작을 했습니다. 구체적인 실험을 가지고 만든 층계를 당신들의 느낌으로 인해 잘못되었다고 밀어 붙이니 뭐라고 해야 할지를 모르겠습니다. 멀쩡한 나를 탓하지 말고 더욱 조심해서 걸으십시오."

그러나 결국은 옴스테드의 잘못으로 결론이 났습니다. 옴스테드는 한쪽 다리가 살짝 짧은 장애가 있었는데 자신은 그 사실을 몰랐기 때문입니다.

남을 배려하지 않는 사람들은 자신의 실력도 사용하지 못하고 남에게도 피해를 끼칠 수가 있습니다. 항상 남을 조금 더 먼저 생각하십시오.

디모데후서 2장 14절부터 26절에는 부끄럽지 않은 주의 일꾼에 대한 말씀이 나와 있습니다. 본문의 바로 전부분에서는 복음을 부끄러워하지 말 것에 대해 권고했다면 오늘은 반대로 복음에 부끄러운 일꾼이 되지 않기 위한 지침들이 나와 있습니다. 오늘 본문을 통해 **복음에 부끄럽지 않은 일꾼이 되는 세 가지 조건**에 대해서 알 수 있습니다.

첫째, 어디서든 인정받아야 합니다.
세상에서도 인정받고 교회에서도 인정받는 사람들은 복음의 사역에 귀하게 쓰임 받을 수 있습니다. 능력이 있을 때 인정을 받고 관계의 폭이 넓어지게 됩니다. 세상의 인정을 받는 사람들의 신앙은 믿지 않는 사람들에게도 좋은 이미지를 주고 이것은 복음이 전해질 장벽이 낮아지게 도와줍니다. 하나님의 인정을 위한 세상의 인정을 위해 노력하십시오.(롬 4:8)

둘째, 언행이 일치해야 합니다.
복음을 들음으로 깨달았다면 그것을 곧바로 실천할 열정이 있어야 합니다. 아는 대로 실천하는 삶을 살게 될 때 세상 어디에서도 인정을 받고 복음을 전할 수 있습니다. 언행이 일치되는 그리스도인들의 삶은 그 자체가 주님의 말씀이며 전도의 행위가 됩니다. 굳건한 반석의 믿음을 실천하며 사십시오.(마 23:23)

셋째, 풍성한 교제가 있어야 합니다.
하나님이 우리에게 주신 재능과 달란트를 잘 활용하기 위해서는 좋은 사람들과 교제하므로 풍성한 관계의 열매를 맺어야 합니다. 마음이 깨끗한 사람들과의 교제는 신앙을 성장시키고 말씀의 깨달음을 주고 사역을 시작할 원동력이 됩니다. 온유와 인내와 본을 보이는 삶으로 풍성한 교제의 열매를 맺으십시오.(몬 1:6)

오늘 본문을 통해 복음에 부끄럽지 않은 일꾼이 되는 세 가지 조건에 대해서 배웠습니다. 하나님의 복음에는 세상의 모든 진리가 담겨 있습니다. 그것을 전하려는 막중한 임무를 지닌 우리들은 복음의 소중함을 알고, 우리 삶이라는 깨끗한 그릇에 복음을 담아 다른 이들에게 전하는 삶을 살아야 합니다. **오늘도** 복음을 온전히 감당하는 하루를 사십시오.

주님! 부끄럽지 않은 하나님의 일꾼이 되게 하소서!

오늘 특별 적용	
오늘 특별 감사	

경건생활의 주의사항

디모데후서 3장 1절부터 9절을 읽으십시오.
① 말세의 특징은 무엇인가?(1-4)
② 우리는 말세에 어떻게 행동해야 하는가?(5)

뻐꾸기에게는 매우 얌체같은 습성이 있습니다.

철새인 뻐꾸기는 둥지를 짓지 않고 떠돌아다니는데, 보통은 짝도 짓지 않고 독신으로 살아갑니다. 그러나 알을 낳을 때가 되면 자신의 둥지 대신 꾀꼬리나 까치, 종달새의 둥지로 날아가 몰래 알을 낳습니다. 둥지의 새들은 그 알이 뻐꾸기의 알인지도 모르고 열심히 품어서 부화를 시키는데 부화시기가 빠른 뻐꾸기 새끼들은 알에서 나오자마자 주변에 아직 부화되지 않은 알들을 둥지 밖으로 떨어트려 다 깨버립니다. 그래도 둥지의 어미 새는 뻐꾸기에게 먹이를 가져다줍니다. 그러나 먹이를 먹고 어느 정도 새끼가 성장하면 원래 어미인 뻐꾸기가 찾아와서 새끼를 데리고 다시 떠나버립니다.

복음을 믿으면서도 복음대로 살지 않는 사람들, 게다가 그 복음까지도 부정하는 사람들이 살펴들어야 할 예화입니다. 하나님의 나라는 상상이 아니라 사실이며, 모양이 아니라 능력에 있음을 깨달으십시오.

디모데후서 3장 1절부터 9절에는 말세의 상황에 대해서 나와 있습니다. 바울은 말세의 특징의 한 가지가 경건의 모양은 있지만 경건의 능력은 부인하는 사람들이 많아진다고 말하며 디모데에게 이런 사람들을 멀리 하라고 경고했습니다. 오늘 본문을 통해 **우리는 경건한 성도들이 주의해야 할 세 가지 현상**에 대해서 알아야 합니다.

첫째, 위선을 조심해야 합니다.

겉으로는 경건하고 멋진 신앙생활을 하는 것 같지만 그 실상은 썩어있는 성도들이 되어선 안 됩니다. 종교적 껍질만 쓰고 있는 사람들은 오히려 믿지 않는 사람들보다도 성령에서 멀어져 있는 것이고 하나님의 능력을 부인하는 사람들입니다. 머리로 알고, 허위로 나타내는 신앙이 아니라 마음으로 받고, 직

접 체험하는 신앙을 가지십시오. (마 23:27)

둘째, 물질중심, 자기중심적인 생각을 조심해야 합니다.
말세가 될수록 사람들은 '자기' 를 중심으로 생각합니다. 그리고 여기에는 반
드시 '물질' 이 중심이 되는 사고방식이 따라 붙습니다. 이 모든 잘못된 사회
적 현상들의 중심에는 물질과 자기중심적인 사고방식이 자리 잡고 있습니
다. 그리스도인들의 목표와 삶의 의미는 하나님과 말씀에 있음을 기억하십시
오. (출 32:1-4/ 롬 1:23)

셋째, 도덕적 타락의 유혹을 조심해야 합니다.
인륜을 무시하고, 부모를 거역하며, 감사를 하지 않고, 거룩을 무시하고, 용서
가 사라지고, 말초적이고 자극적인 것만을 추구하는 시대가 지금 시대입니
다. 과거에도 이런 모습이 있었겠지만 오늘 날 들어 더욱 급속도로 심해지고
있음은 분명한 사실입니다. 말씀을 의지하여 늘 깨어 있으십시오. (마 10:16)

오늘 본문을 통해 경건한 성도들이 주의해야할 세 가지 현상에 대해서 배웠
습니다. 세상이 말세를 향해 갈수록 경건은 더욱 중요합니다. 그러나 경건의
모양이 아닌 그 능력을 더욱 중요하게 생각하며 진실한 마음으로 하나님을
섬기는 성도들의 모습이 되어야 합니다.
오늘도 말씀으로 경건한 삶을 살아가는 하루가 되십시오.

주님! 마지막 때에 더욱 깨어 경건의 능력을 체험하게 하소서!

오늘 특별 적용	
오늘 특별 감사	

018

성경을 대하는 자세

디모데후서 3장 10절부터 17절을 읽으십시오.
① 예수님을 위해 사는 사람들에게는 어떤 일이 일어나는가?(12)
② 바른 교훈은 무엇으로 배울 수 있는가?(15)

'쿼바디스'로 노벨문학상을 받은 작가 센키비치의 '등대지기'의 줄거리입니다.

폴란드가 독일의 침공을 받았을 때 한 노인이 망명을 해 근처 나라의 등대지기로 지내고 있었습니다. 등대지기는 매우 외로운 직업이었으나 외국어를 전혀 하지 못했던 노인이었기 때문에 그나마 가끔 만나는 사람들과도 말 한마디 할 수가 없었습니다. 그러나 노인은 언젠가 조국에 다시 돌아갈 수 있을 것이라는 희망을 품고 10년간 성실히 등대를 지키며 밤을 밝혔습니다. 그러던 어느 날 적십자에서 노인을 위해 조국인 폴란드어로 발행된 신문과 시집을 한 묶음 보내주었습니다. 그리고 그날 밤에 10년 만에 처음으로 등대가 켜지지 않았습니다. 이를 의아하게 여긴 마을 사람들이 다음 날 아침에 등대를 찾아갔는데 노인은 가슴에 모국어로 된 책과 신문을 안은 채로 죽어 있었습니다. 10년 만에 만난 모국의 향수가 너무나 감격스러운 나머지 심장이 멎은 것이었습니다.

일반 신문과 책도 조국에 대한 그리움이 스며 들어 있을 때 감격하게 됩니다. 하나님에 대한 사랑과 이웃에 대한 사랑이 있다면 성경을 대하는 마음이 이와 같아져야 합니다.

디모데후서 3장 10절부터 17절에는 말세를 대하는 성도들의 자세에 대한 말씀이 기록되어 있습니다. 말세의 때와 복음과 성도들의 자세에 대해서 계속해서 언급하던 바울은 본문에서는 성경의 중요성을 매우 강조하고 있습니다. 오늘 본문을 통해서 우리는 성경을 대하는 성도들의 세 가지 자세에 대해서 생각해 봐야 합니다.

첫째, 감격이 있어야 합니다.
예화의 노인은 모국어로 쓰인 책에 대한 감격이 있었습니다. 그리스도인들이 성경이 하나님의 말씀이라는 사실을 진실로 믿는다면, 성경을 대할 때에 이런 감격과 떨림이 있어야 합니다. 그러나 사실 성경은 가장 많이 팔린 책이라는 타이틀이 무색하게 가장 읽히지 않는 책이기도 합니다. 예수님을 만날 때의 감격으로 성경을 대하고, 또 읽으십시오.(눅 24:32)

둘째, 구원이 있어야 합니다.
성경은 단순히 좋은 말이나 교훈이 기록되어 있는 책이 아닙니다. 성경은 예수님을 알게 하고 구원을 받게 하는 진리가 기록된 책입니다. 성경을 통해 어떤 때에도 진리를 분별할 수 있고 또한 마땅히 행할 바를 깨우칠 수 있습니다. 성경을 통해 구원에 이르는 지혜를 깨닫고 소중한 교훈을 얻으십시오.(행 4:12)

셋째, 능력이 있어야 합니다.
성경은 진리이며 능력입니다. 그러나 우리가 그 말씀대로 살며 복음을 전할 때에 우리에게는 반드시 핍박이 따릅니다. 빛의 속성인 하나님의 진리는 어둠 속의 세상과 대립되기 때문입니다. 그러나 이런 핍박과 고난을 두려워할 이유는 전혀 없습니다. 하나님의 말씀에는 이런 모든 어려움을 이기고 남을 능력이 있기 때문입니다. 말씀을 통해 진리의 반석 위에 서십시오.(고전 4:20)

오늘 본문을 통해서 우리는 성경을 대하는 성도들의 세 가지 자세에 대해서 배웠습니다. 우리는 성경을 통해 하나님의 계획과 우리를 위한 사랑, 그리고 이 땅에서의 할 일이 무엇인지에 대해서 알 수 있습니다. 성경을 더욱 가까이 두고 늘 묵상함으로 하나님과 더욱 가까워지는 신앙생활을 하십시오.
오늘도 말씀을 더욱 귀하게 여기고 사랑하십시오.

주님! 성경을 하나님의 말씀으로 인정하고 따르게 하소서!

오늘 특별 적용	
오늘 특별 감사	

019

잊지 말아야 할 사명

디모데후서 4장 1절부터 8절을 읽으십시오.
① 복음 전파는 언제 해야 하는가?(2)
② 참된 성도들에게는 어떤 상이 있는가?(8)

'상대성원리'를 발견한 아인슈타인은 뛰어난 과학자이면서 평화주의자였습니다.

아인슈타인은 '전체적 파멸을 피하는 목표는 다른 목표에 우선되어야 한다'는 원칙을 가지고 여러 나라의 정치와 평화운동에 큰 영향을 미쳤습니다. 아인슈타인이 평화운동의 일선에 나서게 된 이유에 대해서 그는 다음과 같이 말한 적이 있었습니다.

"세계 2차 대전이 일어났을 때 나는 소중한 자유가 침해되어선 안 된다고 생각했습니다. 그래서 나는 대학을 보았습니다. 그러나 대학은 침묵하고 있었습니다. 그리고 교회를 보았습니다. 그러나 역시 침묵하고 있었습니다. 마지막으로 독일의 자유에 대해서 부르짖던 작가와 저술가들을 보았지만 그들까지도 침묵하고 있었습니다. 그 모습은 자유가 소중한 것이라는 사실을 누구든 당당히 말할 수 있게 만들어야겠다는 결심을 나에게 하게 만들었습니다."

사회의 평화가 유지되고 사람들이 행복하기 위해선 각자가 맡은 일을 해야 합니다. 그리고 누군가 그 일을 하지 않을 때 나서서 해야 할 용기있는 사람들이 필요합니다.

디모데후서 4장 1절부터 8절에는 전도에 대한 당부가 기록되어 있습니다. 본문은 바울의 유언적인 성격을 띠고 있는데, 바울은 어떤 상황에서도 오직 복음을 위해 그리스도인의 책무를 다하라고 디모데에게 권면하고 있습니다. 우리는 오늘 본문을 통해 **그리스도인이 항상 잊지 말아야 할 세 가지 사실**에 대해서 알 수 있습니다.

첫째, 그리스도인의 사명을 잊지 말아야 합니다.
가장 원초적인 교회와 성도들의 목적은 복음을 전하는 것입니다. 지역의 발전과 이에 필요한 은사와 그 외의 모든 기능들은 바로 이 목적을 수행하기 위한 것입니다. 모든 그리스도인은 바로 복음의 전파에 삶의 초점이 맞추어져 있어야 합니다. 우리에게 주어진 임무를 잊지 말고 최선을 다해 감당하십시오.(행 20:24)

둘째, 우리에게 힘주시는 분이 누구인지 잊지 말아야 합니다.
하나님이 예수님을 통해 모든 사람에게 구원의 길을 열어주셨듯이, 그리스도인들이 복음 전파를 위해 필요한 모든 길도 열어주십니다. 하나님의 일을 감당하는데 필요한 인내와 능력과 은사와 온유함과 같은 모든 것들은 하나님의 일을 하는 사람들에게 모두 주어지는 것입니다. 능력이 없음으로 인해 포기하지 말고, 믿음으로 행할 때 능력이 생김을 믿으십시오.(빌 4:13)

셋째, 장차 받을 하나님의 상을 잊지 말아야 합니다.
바울은 그동안의 자신의 행적이 전쟁과도 같았다고 표현했습니다. 바울은 자신의 죽음을 직감했지만 그럼에도 하나님이 맡겨주신 사명을 감당하는 삶을 살았기에 기뻐하였고, 감사했습니다. 죽음 뒤에 준비된 의의 면류관이 있었기 때문입니다. 온전한 성도들에게 상주시는 하나님을 믿고 소망을 품고 사십시오.(히 11:6)

오늘 본문을 통해 그리스도인이 항상 잊지 말아야 할 세 가지 사실에 대해서 배웠습니다. 교회가 사회적으로 여러 일들을 감당하는 것은 매우 좋은 현상이지만 그 속에서도 교회와 성도들의 중심을 잃지 말아야 합니다.
오늘도 자신의 사명을 기억하고 감당해 나가는 삶을 사십시오.

주님! 맡기신 사명들을 용기 있게 감당하게 하소서!

오늘 특별 적용	
오늘 특별 감사	

020

외로움의 해결

디모데후서 4장 9절부터 22절을 읽으십시오.
① 은사와 표적은 무엇을 위해 일어나는 것인가?(17)
② 바울은 어떤 신앙을 마지막으로 고백했는가?(18)

역대 미국 대통령들을 저격하려는 사건은 여러 번 일어났습니다. 보통 대통령을 저격하는 것은 어떤 중대한 목적이나 정치적인 사안으로 인해 일어난다고 생각하기 쉽습니다. 그러나 1981년에 발생된 레이건 대통령 저격 사건은 단지 조디 포스터라는 유명한 영화배우의 관심을 끌기 위해 일어났습니다. 물론 조디 포스터와 당시 저격범 사이에는 일면식도 없었습니다. 그러나 이런 행동으로 인해 레이건 대통령의 경호원 한 명이 숨지고 레이건 대통령도 심장 밑에 총알을 맞아 수술을 해야 했습니다. 역대 대통령 저격범들의 공통점은 다음과 같았다고 합니다.
'백인, 학교 성적이 우수함, 한 가지 직업을 오래 못 가짐, 대인 관계에 문제가 있고 우울증 및 고독한 사람들이라는 주변의 평가'
사회적으로 소외된 사람들의 탈선은 우리에게도 책임이 있습니다. 사회적으로 소외된 사람들에게 사랑을 전하고 관심을 전하는 일에 모든 사람들은 더욱 관심을 가져야 합니다.

디모데후서 4장 9절부터 22절에는 바울이 처한 상황과 마지막 인사가 기록되어 있습니다. 디모데후서의 마지막인 본문에는 바울의 개인적인 부탁들이 나와 있는데, 당시의 바울은 고독한 상황도 잘 극복을 해내며 끝까지 자신의 사명을 감당하고 있었음을 알 수 있습니다. 오늘 본문을 통해 **외로움의 세 가지 해결책**에 대해서 우리는 생각해 봐야 합니다.

첫째, 믿음의 친구들과 교제해야 합니다.
당시의 바울은 완전한 외로움 가운데 있었습니다. 바울의 주변 사람들은 모두 사역을 감당하러 떠나거나 혹은 믿음을 저버리고 떠난 상태였습니다. 때문에 바울은 디모데와 마가에게 '속히 오라'고 한 것입니다. 믿음의 성도들과의 교제는 새 힘을 주고 하나님의 은혜를 더욱 풍성히 느끼게 합니다. 신앙

에 힘이 되는 믿음의 성도들과 풍성한 교제를 나누십시오. (행 2:42)

둘째, 건강을 유지하고 자신의 가치를 발견해야 합니다.
육체와 정신과 마음은 서로 긴밀하게 연관되어 있습니다. 몸을 잘 관리해야 쉽게 부정적인 생각들을 떨치고 이겨낼 수 있습니다. 또한 그리스도인들은 나이 대에 상관없이 자신의 가치를 계속해서 찾아야 합니다. 하나님께 영광을 돌리는 삶이 모든 그리스도인의 목적이기 때문입니다. 복음을 깨달아 자신의 가치를 발견하십시오. (행 20:24/ 빌 1:18)

셋째, 하나님의 임재를 바라고 성령님과 동행해야 합니다.
바울은 겉옷과 함께 가죽 종이에 쓴 성경과 책들을 가져오라고 부탁했습니다. 이것은 하나님의 말씀을 홀로 더욱 깊이 묵상하기 위해서였는데, 사람과의 관계는 만남과 헤어짐이 있지만 하나님의 임재는 영원하기 때문입니다. 사람의 외로움의 근본적인 해결책은 하나님의 임재를 느끼고 성령님과 동행하는 삶을 통해 극복할 수 있습니다. 하나님이 언제나 우리와 함께한다는 사실을 느끼고 용기 있게 외로움을 극복하십시오. (요 16:13)

오늘 본문을 통해 외로움의 세 가지 해결책에 대해서 배웠습니다. 사람의 마음에는 해결할 수 없는 공허함이 있고 이것이 때로는 성도들에게도 외로움이라는 모습으로 나타납니다. 그러나 그럼에도 우리의 사명을 기억하고 성도들끼리 서로 의지해 나가며 복음을 전하고 다른 사람들을 도와야 한다는 것을 지난 디모데서를 통해서 모든 성도들이 깨닫게 되기를 소망합니다.
오늘도 주님 안에서 마음의 풍요와 평안을 누리십시오.

주님! 믿음의 성도들과, 주님으로 인해 마음의 참된 평안을 얻게 하소서!

오늘 특별 적용	
오늘 특별 감사	

021

사역자의 결단

디도서 1장 1절부터 9절을 읽으십시오.
① 바울의 사명은 누구로부터 받은 것인가?(3)
② 디도는 어떤 일을 위해 그레데에 남았는가?(5)

1962년에 미국의 U-2정찰기가 소련 상공을 저공으로 비행하다가 격추된 일이 있었습니다.

당시 조종사는 무사히 탈출해 목숨은 건졌는데 소련 당국은 조종사를 잡아다가 재판에 세워 몇 가지 질문을 했습니다. 재판관은 먼저 당시에 미완성으로 알려진 U-2정찰기를 탄 이유를 물었습니다.

"U-2비행기를 타게 되면 위험수당이 지급되는데, 봉급의 2배였습니다."

조종사는 오로지 높은 수당을 받기 위한 것이 그 이유였다고 말했습니다. 그러자 재판관은 어째서 소련의 상공에서 그렇게 위험하게 저공비행을 했는지 물었습니다.

"그것이 제 임무였습니다. 돈 때문에 선택한 임무이지만 받은 만큼 확실하게 수행을 하는 것은 당연한 것이 아닙니까?"

돈 때문에 임무를 선택한 조종사도 그 일에 대한 철저한 사명감을 가지고 있었습니다. 우리가 하나님께 받은 것과 우리가 감당해야 할 일들에 대해서도 깊이 생각해봐야 합니다.

디도서 1장 1절부터 9절에는 바울의 인사와 장로의 자격에 대해서 나와 있습니다. 바울이 그레데 섬에서 사역을 하고 있는 디도에게 보낸 편지인 디도서는 짧지만 그리스도인들에게 도움이 되는 훌륭한 교훈들이 많이 기록되어 있습니다. 오늘 본문을 통해 우리는 **사역자의 길에 필요한 세 가지 결심에 대**해서 알 수 있습니다.

첫째, 사역자가 되려는 이유에 대해서 검토해야 합니다.

성령을 체험한 사람은 사역에 대해서 진지한 관점으로 접근하게 되고, 또한 주변에서는 신실한 모습을 보이는 사람들에게 사역자가 되라며 부추기는 경우가 많습니다. 그러나 스펄전이나 존 뉴튼같은 사역자들은 사역의 길에 온전히 헌신할 만큼 빨려 들어가 있지 않다면 조심해야 한다고 권면했습니다. 사역자가 되고 싶은 이유에 대해서 신중하게 생각하십시오.(롬 12:1)

둘째, 사역의 방향에 대해서 검토해야 합니다.
예전의 사역은 목회자가 되는 것이었지만 오늘 날에는 각종 전문적인 부분의 많은 사역자들이 필요합니다. 행정과 문화와 같이 여러 시스템적인 부분들에서 더욱 많은 인력들이 필요로 하게 됩니다. 목회자의 영성을 지닌 각 분야의 전문가들이 점점 더 많이 필요해질 것입니다. 사역자가 되기로 결심했다면 자신의 재능을 검토함으로 사역의 방향을 결정하십시오.(갈 5:26)

셋째, 사역자가 된 이후의 삶에 대해서 검토해야 합니다.
사역자는 모든 면에서 성도들에게나, 세상 사람들에게나 더욱 높은 기준이 요구됩니다. 하나님의 말씀에 관련된 일을 하고 있다는 특수성 때문에 작은 실수도 크게 부풀려져서 마음의 상처를 받을 수도 있습니다. 그러나 이런 것들까지도 사역의 일환으로 생각하고 참고 이겨내고 조심할 의지까지 있어야 합니다. 순수한 동기와 열정으로 사역자의 길을 감당할 수 있을지 검토해보십시오.(고전 10:13/ 벧전 4:8)

오늘 본문을 통해 우리는 사역자의 길에 필요한 세 가지 결심에 대해서 배웠습니다. 본문에서는 사역자의 기준에 매우 높은 수준을 적용했는데 이것은 그만큼 사역이 중요하며 한때의 열정으로만 감당할 수 있는 것이 아니기 때문입니다. 그러나 또한 세상에서 느낄 수 없는 커다란 즐거움이 있다는 사실도 기억해야 합니다.
오늘도 자신의 은사를 따라 하나님께 영광을 돌리는 삶을 사십시오.

주님! 순수한 모습으로 참된 헌신을 하는 성도가 되게 하소서!

오늘 특별 적용	
오늘 특별 감사	

022

이단에 대한 경계

디도서 1장 10절부터 16절을 읽으십시오.
① 어떤 행동이 가정을 무너트리는가?(10,11)
② 훈계의 목적은 무엇이 되어야 하는가?(13,14)

'두 얼굴의 야누스'는 로마 신화에 나오는 신입니다.

야누스의 얼굴 두 개 중 하나는 과거를 돌아보는 얼굴이고, 하나는 미래를 바라보는 얼굴입니다. 1월을 나타내는 단어 'January'의 어원도 야누스(Janus)에서 나왔다고 합니다. 1월은 한 해를 바라보는 시간인 동시에 지난 과거를 아쉬워하는 달이기 때문입니다. 요즘에는 이 야누스의 의미가 두 가지 의미로 사용되고 있습니다. 첫 번째는 '이중인격자'와 비슷한 의미로 앞에서는 웃고 뒤에서는 험담을 한다는 뜻으로 사용되고 있고, 둘째는 원하는 것을 얻기 위해 억지로 속마음을 숨기는 모습입니다.

둘 다 좋지 않은 모습이지만 더욱 조심해야 하는 것은 두 번째 모습입니다. 그 사람이 원하는 것이 무엇인지 진실을 알 수 없기 때문이고, 본심을 알 정도의 상황이 되었을 땐 이미 돌이킬 수 없는 큰 피해를 입기 때문입니다. 그래서 교회에서는 늘 내부의 분위기와 새로 들어온 사람들에 대해서 어느 정도의 경각심은 가지고 있어야 합니다.

디도서 1장 10절부터 16절에는 이단을 경계하라는 내용이 나와 있습니다. 바울은 이단의 특징에 대해서 하나님을 시인하지만 행위로는 부인한다고 말했는데, 이런 사람들은 모든 선한 일을 버리는 것이라고 말했습니다. 오늘 본문을 통해 **이단들을 대처하는 세 가지 방법**에 대해서 배울 수 있습니다.

첫째, 바른 진리를 가르쳐야 합니다.

그리스도인들은 진리에 대한 책임이 있는 사람들로 먼저 이단들에게 바른 복음과 진리에 대해서 제대로 말해주어야 합니다. 디도와 디모데는 매우 젊어서 사람들을 책망할 위치가 아니었음에도 바울이 이런 사람들을 책망하라고 한 것은 그런 이유에서입니다. 바른 복음과 진리를 어디에서나 전할 수 있는 성도가 되십시오.(딤후 3:5)

둘째, 말이 통하지 않을 땐 떠나야 합니다.

바울이 자신의 서신서 곳곳에 이단들에 대한 경고를 말한 것은 당시에 신비주의를 극단적으로 강조한 영지주의자들이 매우 득세했기 때문이었습니다. 이들은 때로는 권위를 내세워서, 때로는 지식이나 혈통을 내세워서 기존의 성도들을 꼬드겼습니다. 그리스도의 복음을 가진 성도들도 이들과 함께 머물다가 많은 수가 미혹되었습니다. 바른 진리를 그들이 듣지 않고 따르지 않을 때에는 관계를 단절하십시오.(눅 9:5)

셋째, 약점을 고쳐야 합니다.

이단들은 기성 교회와 성도들의 약점을 집요하게 물고 늘어집니다. '너희가 참이라면 어째서 그런 일들이 벌어지느냐?'는 질문에는 사실 마땅히 대답하기가 힘듭니다. 그러나 이런 질문으로 진리에 대한 의심을 품지 말고, 오히려 더욱 약점을 고치려는 노력을 하는 사람이 되어야 합니다. 인간은 연약하여 넘어지기 쉽습니다. 그러나 그 부족함을 통해 주님을 더욱 의지하고 다시 일어설 수 있음을 기억하십시오.(마 4:23)

오늘 본문을 통해 이단들을 대처하는 세 가지 방법에 대해서 배웠습니다. 이단들은 진리와 비슷해 보이지만 전혀 다른 길로 성도들을 이끕니다. 잘못 들어간 길은 출발하지 않은 것보다 복음에 더욱 안 좋은 영향을 미칩니다. 이단에 대해서는 경각심을 가지고 유연하게 대처하는 지혜를 가지십시오.
오늘도 말씀 위에 굳게 서서 진리를 수호하는 삶을 사십시오.

주님! 주님만 의지하는 성숙한 생활을 하게 하소서!

오늘 특별 적용	
오늘 특별 감사	

023

바람직한 성도의 모습

디도서 2장 1절부터 10절을 읽으십시오.

① 가르치는 사람은 먼저 무엇을 조심해야 하는가?(7,8)
② 우리가 사회에서도 의무를 다해야 하는 이유는 무엇인가?(10)

일본 후쿠시마의 강진이 일어났을 때의 일입니다.

방사능까지 유출되면서 사고가 일파만파로 커졌지만 그래도 일본 시민들은 침착하게 질서를 지키고 흥분하지 않았습니다. 무너져 내린 횡단보도에서도 신호등을 기다리고 편의점에서도 사재기를 하지 않는 모습은 많은 사람들에게 감동을 주었습니다.

2차 대전 때 독일이 다연장 로켓포로 영국을 공격했을 당시에도 이와 비슷한 모습이 있었습니다. 당시의 런던은 쑥대밭이 되다시피 했는데 시민들은 동요하지 않고 침착하고 줄을 맞추어 방공호로 대피했습니다. 청년과 노인 가릴 것 없이 모든 남성들은 힘을 합해 여성과 아이들을 먼저 방공호로 들여보내고 마지막으로 자신들이 들어갔습니다. 그리고 폭격이 끝난 후에는 재빨리 나와 불타고 있는 런던의 불을 끄고 수습을 하기 시작했습니다.

시민의식이 바로 잡혀 있을 때 혼란 속에서도 바람직한 행동을 하게 됩니다. 신앙이 바로 서 있을 때 성도들도 하나님이 바라보시기에 바람직한 행동을 하게 됩니다.

디도서 2장 1절부터 10절에는 성도들의 삶을 위한 교훈이 기록되어 있습니다. 바람직한 성도들과 목회자의 모습에 대한 교훈들이 쭉 나열되어 있는 본문을 요약하면 말씀을 실천함으로 솔선수범하라는 것으로 해석할 수 있습니다. 우리는 오늘 본문을 통해 각 **연령대의 성도들의 바람직한 모습들이** 무엇인지 알 수 있습니다.

첫째, 중년의 성도들은 연륜이 있는 모습을 보여야 합니다.

성경은 연륜이 있는 성도들은 존경할만한 건전한 믿음과 사랑과 인내로 생활하라고 말하고 있습니다. 나이가 들면서 보통 너무 관습에 얽매이거나 열등감에 빠져 고집을 부리는 경우가 있는데, 이런 모습을 따르지 말고 열린 마음과 부드럽게 숙성된 신앙의 모습을 보여야 합니다. 잔소리보다는 부드러운 권면, 관습과 전통보다는 배려와 절충과 같이 덕을 세우고 사랑을 세우는 지혜로운 연륜 있는 성도가 되십시오.(딤전 5:17)

둘째, 청장년 성도들은 사명을 좇아 살아야 합니다.
한창 직장을 갖고, 사업을 하며, 가정을 꾸리는 이 세대의 성도들은 자신이 맡은 사명에 충실한 모습을 보여야 합니다. 서로가 사랑하고 하나님의 영광을 위해 사회에서도 열심히 일해야 하나 세상의 허영에는 물들지 말아야 합니다. 하나님의 원리를 따라 세상과 가정에서 인정을 받고 행복을 누리는 성도가 되십시오.(롬 12:11)

셋째, 어린 학생과 자녀들은 순종할 줄 알아야 합니다.
고용된 사람들은 마땅히 윗사람들에게 순종해야 합니다. 이렇게 할 자신이 없다면 애초에 다른 일을 알아봤어야 합니다. 그리고 인생의 비전을 찾고 꿈을 키울 어린 성도들은 많은 시간의 자유만큼 교회에 더욱 헌신하고 웃어른들에게 순종할 줄도 알아야 합니다. 때로는 부당할 일을 당할지라도 하나님이 정하신 권위에 순종하고 지혜롭게 해결하는 자세는 하나님께 영광이 됩니다. 위에 보시는 하나님이 흡족하실 만큼 순종하고 봉사하십시오.(엡 6:1)

오늘 본문을 통해 각 연령대의 성도들의 바람직한 모습이 무엇인지 배웠습니다. 나이대의 맞는 역할에 대해서 고정관념을 가질 필요는 없습니다. 그러나 그 나이대의 상황에 따라서 교회 내에서 감당해야 할 역할이 있다는 사실은 기억해야 합니다.
오늘도 먼저 실천함으로 주위에 본이 되십시오.

주님! 영혼과 육체가 항상 지혜롭게 자라나게 하소서!

오늘 특별 적용	
오늘 특별 감사	

024

그리스도의 희생

디도서 2장 11절부터 15절을 읽으십시오.
① 주님을 기다리는 성도의 자세는 어떠해야 하는가?(12)
② 예수님의 희생은 무엇을 위한 것인가?(14)

아프리카의 라이베리아는 '백인의 무덤' 이라는 이름으로 불렸습니다. 19세기 이 지역의 흑인들은 이곳에 찾아오는 백인들을 극심하게 차별을 했고, 누군가 백인을 죽여도 죄를 묻지 않았습니다. 1833년 미국의 멜비 콕스는 바로 이곳을 향해 선교를 떠났습니다. 당시에 이미 다른 선교사들이 라이베리아로 떠났다가 많이 순교를 했기 때문에 사람들은 극구 반대했지만 그래도 그는 떠났습니다. 사람들은 죽을게 분명한 곳으로 어째서 떠나느냐고 했지만 콕스는 기도로 철저히 준비하고 복음을 들고 갔습니다. 그러나 떠난 지 5개월 도 되지 않아 콕스 역시 죽고 말았습니다. 콕스는 살아있을 때 자신의 묘비명 을 준비했는데, 그의 묘비에는 '천명이 죽어도… 아프리카가 돌아온다면…' 이라고 적혀 있었습니다.

콕스와 같은, 다니엘과 세 친구와 같은, 죽음까지도 극복할 수 있는 믿음과 희생의 의지가 있다면 주님께서 세상을 변화시킬 힘과 기회를 주십니다.

디도서 2장 11절부터 15절에는 하나님의 은혜와 그 목적에 대해서 기록되어 있습니다. 하나님의 은혜란 우리를 위해 돌아가신 예수 그리스도를 뜻하는데 하나님이 어째서 이런 은혜를 우리에게 주셨는지 본문의 말씀을 통해 우리는 깨달을 수 있습니다. 오늘 본문을 통해 **하나님이 우리를 구원하신 세 가지 목적**에 대해서 알아야 합니다.

첫째, 하나님의 일을 하게 하기 위해서입니다.
하나님의 일은 곧 선한 일입니다. 구원은 우리의 선한 행위로 얻을 수 있는 것 이 아니지만 구원을 얻은 성도들은 선한 일을 해야 합니다. 복음을 통해 우리 안에 하나님이 머무르고 계시므로 그분의 음성을 따라 순종할 때 참된 의미 의 선행을 하게 됩니다. 구원은 내가 죽고 예수님과 함께 다시 사는 과정이라 는 사실을 기억하십시오.(고전 3:16/ 엡 2:10)

둘째, 복음과 영광을 알리게 하기 위해서입니다.

우리는 왕과 같은 제사장이며 하나님의 백성입니다. 하나님이 우리를 이렇게 높여 주시고 귀하게 사용하시는 것은 다른 사람들을 역시 이런 복음을 받아 이런 영광을 누리게 하기 위함입니다. 어두움 속에 있던 우리가 이런 영광을 누리듯이 다른 사람들도 이런 영광에 참여할 수 있게 만드는 것이 우리의 할 일입니다. 하나님의 빛 가운데로 많은 사람들을 데려오십시오.(벧전 2:9)

셋째, 예수님의 형상을 본받게 하기 위해서입니다.

우리가 예수님을 점점 닮아나갈 수록 우리의 모든 것을 통해 선을 이루고 하나님을 찬양할 수 있게 됩니다. 하나님은 우리를 택하셔서 구원하셨고, 이제 머리된 그리스도의 지체로 우리를 사용하십니다. 그리스도와 연합된 우리들은 더욱 더 예수님을 닮아가는 것이 당연합니다. 구원받은 성도답게 말씀을 지키며 주님과 더욱 닮아가는 삶을 사십시오. (롬 8:29/ 고후 11:2)

오늘 본문을 통해 하나님이 우리를 구원하신 세 가지 목적에 대해서 배웠습니다. 하나님은 독생자도 아끼지 않고 우리를 위해 주셨습니다. 우리는 하나님의 사랑의 은혜와 구원의 목적에 대해서 깨닫고 마땅히 성도의 행할 바를 잊지 않고 살아야 합니다.

오늘도 구원받은 성도의 모습답게 하루를 사십시오.

주님! 하나님의 영광에 참여하는 구원의 큰 기쁨을 알게 하소서!

오늘 특별 적용	
오늘 특별 감사	

025

구원을 통한 변화

디도서 3장 1절부터 15절을 읽으십시오.
① 선행에는 어떤 준비가 따라야 하는가?(1,2)
② 구원은 무엇으로 이루어졌는가?(5)

해외에서 활약하고 있는 한인들에 대한 방송 중 인상 깊은 부분이 있었습니다.

한국의 귀금속 기술자들이 대량생산 시스템에 밀려 설 자리를 잃었을 때에 도쿄의 우에노로 많이 건너갔다고 합니다. 처음에는 매출이 신통치 않았으나 지금은 '한국 기술자가 없으면 일본 귀금속이 없다' 라는 말이 나올 정도로 자리를 잡고 인정을 받았다고 합니다.

1960년대에 많은 한인들이 브라질로 떠나 보따리 장사를 했다고 합니다. 브라질은 치안이 불안정하고 경제상황이 좋지 않았지만 많은 한인들이 브라질로 떠났습니다. 그런 한인들이 지금은 경험이 쌓여 직접 브라질 사람들이 좋아하는 옷을 만들어 팔고 있다고 합니다. 미국의 한 사회학자는 한인들이 세계 곳곳에서 성공하는 모습을 보고 '위험을 두려워하지 않고 계속 변화하기 때문' 이라고 얘기했습니다.

위험을 감수할 용기가 있을 때 변화하게 되고 그 변화는 우리를 더욱 좋은 상황으로 이끕니다. 용기있게 구원을 받아들일 때에 죽음 이후의 영원이 준비된 새로운 삶을 살게 됩니다.

디도서 3장 1절부터 15절에는 올바른 교리와 선한 일에 대한 독려가 기록되어 있습니다. 디도서의 마지막인 본문은 구원받기 이전과 구원받은 이후의 우리 모습에 대해 비교하며 새로워진 성도들에게 합당한 삶의 모습에 대해서 알려주고 있습니다. 오늘 본문을 통해 **구원받은 사람의 세 가지 모습의 대**해서 기억해야 합니다.

첫째, 구원받은 사람은 과거를 잊지 않습니다.
구원받은 사람은 자신의 과거의 모습을 잊지 않습니다. 물론 하나님은 우리를 정죄하지 않으시고 과거의 죄를 기억하지 않으십니다. 구원받은 사람이 잊지 않는 과거는 죄에서 건져주신 하나님의 은혜를 잊지 않는 것입니다. 아무것도 없던 일 인양 뻔뻔하게 구는 교만한 신앙이 아니라 겸손하게 하나님의 은혜를 기억하며 감사하는 성도가 되십시오.(눅 3:8)

둘째, 구원받은 사람은 변화합니다.
구원받은 성도의 삶은 어떤 형태로든 변화가 나타나야 합니다. '예수님으로 인해 나의 삶에 어떤 변화가 생겼는가?' 라는 질문은 매우 중요합니다. 먼저 영적인 변화가 일어나고 이것이 삶의 변화로 이어지게 됩니다. 양쪽 한 부분에서만 변화가 일어난다면 올바른 구원의 변화가 아닙니다. 영생의 소망을 통해 진정으로 변화된 생활을 추구하십시오.(마 7:17/ 요일 5:13)

셋째, 구원받은 사람은 악을 그리워하지 않습니다.
이 말은 악에 전혀 빠지지 않는다는 뜻이 아닙니다. 때로는 실족하고 넘어질지라도 구원 이전의 삶을 그리워하지 않고, 다시 거룩한 하나님의 빛에 거하기를 바라는 모습을 말하는 것입니다. 그러나 빛인 척 하면서 어두움에 거하는 성도들은 거짓 진리와 여러 가지 쓸데없는 변론들은 성도들의 분쟁을 일으키고 성도들을 빛에서 떠나게 합니다. 온전히 말씀을 받음으로 하나님이 진정으로 바라시는 덕을 세우는 빛의 성도가 되십시오.(벧전 3:11)

오늘 본문을 통해 구원받은 사람의 세 가지 모습에 대해서 배웠습니다. 구원받은 사람은 하나님의 은혜를 잊지 말아야 하고, 그 은혜를 통해 변화되어야 합니다. 디도서를 통해 우리는 빛에 거하는 것 같은 사람이 아니라 확실히 진리의 빛에 거하는 사람이 되어야 한다는 사실을 잘 알 수 있습니다.
오늘도 모든 삶의 영역에서 그리스도를 나타내는 하루를 사십시오.

주님! 느리더라도 멈추지 않고 주님을 닮아가게 하소서!

오늘 특별 적용	
오늘 특별 감사	

026

성도의 감사 조건

빌레몬서 1장 1절부터 7절을 읽으십시오.
① 빌레몬은 어떤 사람이었는가?(4,5)
② 바울은 빌레몬에게 어떤 위로를 받았는가?(7)

미국의 결혼상담 전문가인 캐서린 존슨 박사는 결혼 생활이 잘못되기 시작하는 분명한 신호로 '상대방의 흠을 들추는 모습'을 꼽았습니다.
남편과 아내 중에 누구든 먼저 상대방의 흠을 들추기 시작하면 그 부부는 오래가지 못한다고 합니다. 흠을 들추기 시작한 부부들은 곧 상대방을 경멸하는 어투의 말을 하기 시작하고 이 현상이 나타나기 시작하면 짧으면 3년 이내 길어도 5년 이내에 90%의 부부들이 이혼을 한다고 합니다. 반대로 행복한 부부가 되기 위해서는 서로의 흠을 보고 가르치려는 모습이 아니라 격려와 조언을 해주는 친구와 응원자가 되어야 한다고도 조언했습니다.
자신에게 충실하지 못할 때 불평과 다른 사람의 단점이 보이기 시작하고 이것은 불행한 삶으로 이어집니다. 그러나 감사를 시작할 때 다른 사람의 장점이 보이고 삶 속에서의 놀라운 행복이 시작됩니다.

빌레몬서 1장부터 7절에는 바울의 감사에 대해서 기록되어 있습니다. 빌레몬서에는 바울이 빌레몬에게 도망쳐 나온 종 오네시모를 용서하고 사랑해달라고 부탁하는 내용이 기록되어 있습니다. 바울은 먼저 빌레몬의 평판과 행위에 대해서 알 수 있는 감사 제목을 적었습니다. 우리는 오늘 본문을 통해 **성도의 감사 조건 세 가지**에 대해서 생각해봐야 합니다.

첫째, 온 가족이 주님을 믿는 일입니다.
본문에 나오는 압비아는 빌레몬의 아내이고 아킵보는 빌레몬의 아들입니다. 빌레몬의 식구들은 모두 하나님을 잘 섬기는 믿음의 집안이었습니다. 온 가족이 믿음의 울타리 안에서 서로 이해하며 산다는 것은 다른 어떤 것에도 비할 수 없는 축복입니다. 따라서 성도들은 가족들을 전도하는 일에 먼저 열심을 내야 합니다. 믿음으로 연합한 가정을 위해 주님께 기도하십시오.(갈 6:10)

둘째, 남에게 기쁨을 주는 일입니다.

바울은 골로새 교회의 성도들이 바울로 인해 평안함을 얻었다고 말했고, 또 자신에게도 기쁨과 위로가 되었다고 말했습니다. 빌레몬은 부자였고 존경을 받는 사람이었지만 다른 성도들에게 겸손하게 대하고 또 까다로울 수 있는 바울의 요청에도 일말의 망설임 없이 순종했습니다. 겸손하게 순종하는 모습으로 다른 사람의 기쁨과 평안이 되어주십시오.(삼상 15:22)

셋째, 하나님께 쓰임을 받는 일입니다.

빌레몬은 자신이 부자가 된 이유를 정확히 알고 있었습니다. 그는 자신의 넓은 집을 골로새 교회의 성도들이 모이는 성전으로 사용했고, 또한 본문의 여러 내용을 통해 다른 사람을 구제하는 일에도 힘썼다는 사실을 알 수 있습니다. 빌레몬은 하나님이 주신 복을 그대로 하나님이 바라시는 일에 사용했습니다. 가진 것을 하나님을 위해 사용하고, 또 그 사실로 인해 감사하십시오.(골 3:22)

오늘 본문을 통해 우리는 성도의 감사 조건 세 가지에 대해서 배웠습니다. 감사가 중요하다는 것은 모두가 아는 사실이지만 막상 감사의 표현에 대해서는 대부분 인색합니다. 일상의 작은 부분에서부터 감사의 조건을 찾는 연습을 통해 감사하는 법을 배워야 합니다.
오늘도 감사함으로 그리스도의 풍성함을 나누는 삶을 사십시오.

주님! 일상의 모든 것들이 감사의 조건임을 알게 하소서!

오늘 특별 적용	
오늘 특별 감사	

027

사랑과 겸손

빌레몬서 1장 8절부터 25절을 읽으십시오.
① 바울은 빌레몬에게 어떤 자세로 부탁했는가?(9,10)
② 하나님 안에서 모든 사람들은 어떤 관계를 맺는가?(16)

관상용으로 판매되는 어떤 화초는 1년 동안 싹을 틔우지 않는다고 합니다. 아무리 애지중지 하고 관리를 잘해도 새 싹이 자라지 않고 언제나 그 모습 그대로 있습니다. 그렇다고 말라 죽는 것도 아닙니다. 그러나 1년을 넘기면 이 화초는 급격하게 성장하기 시작합니다. 특별히 신경 쓰지 않아도 싹을 틔우고 줄기를 뻗으며 자라나가기 시작합니다. 다른 화초가 6개월은 걸릴 성장을 2,3 개월 안에 이루어냅니다. 이런 성장의 비결은 뿌리에 있었습니다. 겉으로는 멈춰 보였던 1년 동안 사실 화초는 뿌리를 깊게 내리고 있었던 것입니다. 빨리 뿌리를 내린 뒤에는 물과 양분을 더욱 쉽게 많이 끌어들일 수 있었기에, 더욱 빨리 성장하고 튼튼할 수 있었습니다.

화초가 뿌리를 아래로 내리듯이 우리는 겸손해야 합니다. 우리의 겸손이 충분히 성숙해질 때 주님을 우리를 높은 곳에 올려 하나님의 영광에 참여하는 축복을 내려주십니다.

빌레몬서 1장 8절부터 25절에는 오네시모를 위한 바울의 부탁이 기록되어 있습니다. 오네시모는 빌레몬의 도망친 종이었는데, 하나님의 섭리로 인해 바울을 만나 새사람이 되었습니다. 바울은 조금 어려운 말일 수도 있지만 이런 오네시모를 위해 빌레몬에게 부탁을 했습니다. 빌레몬서의 마지막인 오늘 본문을 통해 **사랑과 겸손에 대한 세 가지 사실**을 알 수 있습니다.

첫째, 사랑은 낮은 사람들에게도 임해야 합니다.
오네시모는 당시의 가장 낮은 계급인 종이었습니다. 당시에 종은 가축과도 같은 취급을 받았는데 도망치다 잡혔을 경우에는 주인은 어떤 처벌도 내릴 수 있었습니다. 그러나 바울은 그런 오네시모를 사랑과 친절로 품었고, 오네시모는 변화하여 바울의 심장과도 같은 존재가 되었습니다. 우리를 변화시킨 그리스도의 사랑은 모든 사람에게도 마찬가지로 임한다는 사실을 깨달으십

시오.(마 5:44)

둘째, 겸손한 태도를 가져야 합니다.
본문의 여러 내용을 볼 때에 빌레몬은 자신의 종들에게 심하게 대할 사람이 아니었습니다. 그러나 그럼에도 도망친 오네시모에게는 크게 화가 날 수도 있었습니다. 하지만 빌레몬은 주인의 권리를 주장하지 않고 옥에 갇힌 늙은 바울의 말을 겸손히 듣고 따랐습니다. 바울도 자신의 권위를 이용해 명령할 수 있었지만 그러지 않고 간곡히 부탁했습니다. 서로에게 허물없이 부탁할 수 있는 진실한 교제에는 반드시 겸손한 태도가 필요함을 기억하십시오.(벧전 5:3)

셋째, 말씀을 인정해야 합니다.
변화된 오네시모의 모습은 구원의 역할과 믿음에 대해서 알려줍니다. 하나님의 사랑은 때로는 모든 장애물을 극복하고 임하시는데 이것은 성도들이 겸손한 자세로 자신의 생각과 분을 내려놓고 말씀을 먼저 인정할 때에 일어납니다. 나를 내려놓음으로 말씀을 인정하고 성령을 따르십시오.(엡 6:17)

오늘 본문을 통해 사랑과 겸손에 대한 세 가지 사실을 배웠습니다. 비록 1장밖에 되지 않는 짧은 빌레몬서지만 그 안에 담긴 구원과 겸손과 사랑과 감사의 원리를 깨달아야 하고 또한 삶에 적용해야 합니다.
오늘도 용서와 사랑의 꽃을 활짝 피우는 하루를 사십시오.

주님! 겸손하게 말씀에 순종하며 사랑을 전하게 하소서!

오늘 특별 적용	
오늘 특별 감사	

028

그리스도와 예언

히브리서 1장 1절부터 3절을 읽으십시오.
① 말씀은 어느 때부터 내려온 것인가?(1)
② 예수님의 실체는 무엇인가?(3)

19세기 영국의 유명한 목회자 프레드릭 윌리엄 파라는 모든 성도들의 영혼에 대해서 다음과 같은 표현을 했습니다.

"성도들의 모든 마음은 동굴과도 같습니다. 온갖 보석이 가득한 동굴 말입니다. 현실에 이런 동굴이 있다면 모든 사람들이 보석을 찾기 위해 들어갈 것입니다. 그러나 그들은 보석을 찾을 수 없습니다. 빛이 없기 때문이지요. 마찬가지로 성도들의 마음의 보석을 발견하고 찾아내기 위해선 빛이 필요합니다. 예수 그리스도라는 빛말입니다.. 그 빛을 성도들의 영혼에 비추일 때 결코 그 누구도 생각지도 못한 광명의 영광이 나타나기 시작할 것입니다."

죄악처럼 어두운 우리의 마음 속에 그리스도를 통해 빛이 들어오게 되었기 때문에 구원받을 수 있었습니다. 우리는 그 기쁨과 감격을 늘 마음에 품고 살아가는 성도가 되어야 합니다.

히브리서 1장 1절부터 3절에는 선지자들과 예수님에 대한 비교가 나와 있습니다. 당시 히브리 성도들에게는 심각한 박해가 일어나고 있었습니다. 성도들의 집은 약탈당했고, 신체에도 많은 해를 입었습니다. 히브리서는 위험에 처한 성도들을 위로하고 그럼에도 진리는 확고하며 지켜야 한다는 사실을 전하기 위해 쓰였습니다. 오늘 본문을 통해 **그리스도와 말씀에 관련된 세 가지 사실**을 알 수 있습니다.

첫째, 하나님과 성경은 그리스도에 대해서 예언했습니다.

하나님은 태초부터 지금까지 계속해서 우리들에게 말씀하고 계십니다. 단지 그 모양과 부분에 있어서 시대별로 차이가 있을 뿐입니다. 과거에는 선지자들을 통해 말씀하셨고, 성경을 주셨고, 급기야 예수님까지 보냄으로 우리를 향한 사랑을 말씀하셨습니다. 성경과 인류의 역사는 오실 그리스도와 그분으로 인한 구원을 향한 메시지인 것입니다. 그리스도가 유일한 인류의 구원 방

법이라는 사실을 흔들림 없이 믿으십시오. (막 14:49/ 요 20:9)

둘째, 예수님은 세상의 그 무엇보다도 뛰어나십니다.
예수님은 하나님의 아들입니다. 그런 분을 우리를 위해 세상에 보내셨다는 것은 하나님이 우리를 위해 무엇이든 주실 수 있다는 사실을 뜻합니다. 모든 것보다 귀한 주님을 통해 우리를 향한 사랑이 얼마나 무한한 것인지 확증한 것입니다. 이런 사실을 잊을 때에 이 놀라운 사랑을 세상의 하찮은 것들과 바꾸게 됩니다. 누구보다 귀한 예수님이 날 위해 이 땅에 오셨다는 사실을 믿으십시오. (약 5:7)

셋째, 예수님을 대체할 수 있는 것은 없습니다.
히브리 성도들은 극심한 박해를 받고 있었습니다. 약탈을 당하며 생명의 위협까지 받았습니다. 그러나 이런 고통 속에서도 믿음을 버리지 말아야 할 이유는 예수님을 통한 구원이 우리가 누릴 수 있는 가장 귀한 것이며 이것을 대체할 수 있는 것은 어디에도 없기 때문입니다. 구원과 영생에 대한 확신으로 소망을 품으십시오. (빌 3:8)

오늘 본문을 통해 그리스도와 말씀에 관련된 세 가지 사실을 배웠습니다. 그리스도의 구원과 천국의 소망은 상황에 따라 변하는 것이 아닙니다. 주님은 십자가의 고통까지도 감내하면서 우리를 위해 돌아가셨습니다. 주님이 약속하신 말씀들을 믿고 따를 때 고통 중에도 소망을 품고 이겨낼 수 있습니다. **오늘도** 진리의 예수님을 더욱 알아가는 삶을 사십시오.

주님! 항상 예수님을 의지하고 경배하게 하소서!

오늘 특별 적용	
오늘 특별 감사	

029

경배의 대상 예수님

히브리서 1장 4절부터 14절을 읽으십시오.
① 예수님이 천사보다 뛰어난 이유는 무엇인가?(5)
② 예수님의 존재는 언제부터이며, 무엇을 행하셨는가?(10)

사회개혁가이자 유명한 화가인 존 러스킨이 어떤 파티에 참석했습니다. 러스킨이 사람들과 대화를 나누던 중에 어떤 부인이 울상을 지으며 말했습니다.

"자녀에게 선물받은 귀중한 스카프에 잉크가 묻고 말았지 뭐예요. 아이들에게도 너무 미안하고 보기도 흉해서 어찌해야 될지를 모르겠어요."

"저에게 무슨 방법이 있을 것 같습니다, 부인. 잠시만 스카프를 빌려주시겠습니까?"

그리고 연회장의 구석으로 가서 펜과 잉크를 부탁해 스카프에 그림을 그리기 시작했습니다. 스카프의 얼룩은 나무와 새의 일부분이 되었고, 러스킨의 그림으로 인해 스카프는 훨씬 더 고급스러워졌습니다.

잉크의 얼룩이 아름다운 무늬가 되듯이 우리의 약점과 실수까지도 하나님은 선한 일에 사용하십니다. 그러나 먼저 우리가 주님을 온전히 의지한다는 선행조건이 필요합니다.

히브리서 1장 4절부터 14절에는 천사들과 그리스도에 대한 비교가 나와 있습니다. 성경에서 천사에 대해서 나온 부분에 대해서는 제대로 알고 이해해야 하는데 오늘날 이런 부분을 가지고 잘못 해석하는 이단들이 많아졌기 때문입니다. 우리는 오늘 본문을 통해 **잘못된 숭배에 대한 세 가지 사실**을 배워야 합니다.

첫째, 천사는 숭배의 대상이 아닙니다.
천사는 예로부터 많은 사람들에게 신비로운 대상이었습니다. 유대인들은 천사를 매우 존경하고 받드는 자세를 보였고, 중세시대에는 천사를 섬기는 기독교인들도 있었습니다. 신약에도 천사와 교통한다고 속여 더 이상 예수님을 믿을 필요가 없다고 말하는 사람들도 있었습니다. 그러나 천사는 하나님의

종인 영적 존재이고 숭배할 대상이 아닙니다. 오직 주님께만 경배하고 영광을 돌리십시오.(마 19:17)

둘째, 예수님은 하나님의 창조물이 아닙니다.
국내에도 많이 퍼진 어떤 이단은 예수님도 하나님의 창조물이라고 가르칩니다. 그들은 예수님은 단지 하나님이 첫 번째로 창조한 피조물이며 천사와 같은 존재였다가 기름부음을 받음으로 메시아로 세움을 받았다고 이야기합니다. 그러나 예수님은 하나님을 아버지로 고백했고, 삼위와 일체의 하나님임을 분명히 말씀하셨습니다. 영원한 창조자인 예수님은 모든 권세를 가지고 있다는 사실을 기억하십시오.(마 28:18)

셋째, 하나님은 오직 한분이십니다.
하나님은 오직 한분이십니다. 삼위일체의 하나님 외에는 어떤 천사도, 어떤 사람도 경배를 받고 숭배를 받을 수 없습니다. 재림 예수, 신의 대리자를 자처하는 허황된 사람들의 가르침을 받지 말고 오직 성경이 말하는 참된 하나님을 섬기고 경배하십시오.(막 12:32/ 엡 4:6)

오늘 본문을 통해 잘못된 숭배에 대한 세 가지 사실을 배웠습니다. 성경을 부분만 알거나, 잘못 아는 것은 아예 모르는 것보다도 훨씬 위험합니다. 잘못된 교리와 사상에 사로잡히면 다시 바른 길로 돌아오기는 매우 힘이 듭니다. 성경이 말하는 바를 바로 알고 또 바로 알려고 노력하는 성도가 되어야 합니다. **오늘도** 오직 진리의 길에 서서 참된 하나님을 섬기십시오.

주님! 오직 예수님께만 모든 영광을 돌리게 하소서!

오늘 특별 적용	
오늘 특별 감사	

030

그리스도의 구원

히브리서 2장 1절부터 4절을 읽으십시오.
① 하나님의 말씀에 순종하지 않으면 어떻게 되는가?(2)
② 예수님의 구원이 확실한 이유는 무엇인가?(3)

약 100년 전에 미국 스탠퍼드를 다니던 대학생이 한 명 있었습니다.
집안이 가난했던 학생은 학비를 벌기 위해서 이벤트를 계획했는데, 폴란드의 유명한 피아니스트 파데레우스키를 초청해 음악회를 여는 것이었습니다. 페데레우스키는 학생의 계획이 맘에 들어 2천 달러의 페이를 준다면 하겠다고 했습니다. 학생은 성공할 자신이 있었기에 수락했으나 생각만큼 진행이 되지 않아 400달러의 적자가 나버렸습니다. 그러나 페데레우스키는 행사에 든 비용을 모두 빼고, 남은 돈의 20%의 돈을 학생에게 주고는 매우 적은 돈만 받고 떠났습니다. 후에 파데레우스키는 정치의 길에 들어가 폴란드의 수상까지 되었습니다. 그러나 재임 중의 극심한 기근이 찾아와 고민 끝에 미국에게 도움을 청했는데, 당시 담당을 맡고 있던 후버 국장이 의외로 흔쾌히 원조를 약속했습니다. 후버 국장은 파데레우스키가 예전에 도와주었던 스탠포드의 대학생이었는데, 과거의 은혜를 잊지 않고 자신의 자리에서 큰 도움을 주었습니다.

우리는 구원의 기쁨을 잠시 잊을지라도 주님은 언제나 우리를 잊지 않고 우리를 위해 기도하고 계십니다.

히브리서 2장 1절부터 4절에는 그리스도의 구원에 대한 말씀이 기록되어 있습니다. 구원은 죄 용서함이고, 죄로부터의 해방입니다. 예수님의 구원은 무엇과도 비교할 수 없는 고귀한 희생이지만 사람들은 그 구원을 그토록 귀하게 여기고 있지 않습니다. 우리는 오늘 본문을 통해서 **그리스도인의 세 가지 구원의 의미를** 마음속에 새겨야 합니다.

첫째, 구원은 예수님의 고통입니다.
예수님은 우리의 죄를 위해 십자가에서 돌아가셨습니다. 그리고 십자가의 고통이라는 한 마디에는 상상도 할 수 없는 고통과 처참함이 담겨 있습니다. 하나님이 예수님을 보내신 것도, 예수님이 그 고통을 감내하신 것도 모든 인간들을 구원하기 위해서였습니다. 예수님의 귀한 희생이 담긴 구원의 의미를 잊지 마십시오.(요 12:47)

둘째, 구원은 귀한 선물입니다.
하나님은 세상 무엇보다도 귀한 예수님의 생명을 통해 우리에게 구원을 주셨습니다. 그리고 어떤 조건도 없이 모두에게 선물로 주셨습니다. 누구나 믿기만 한다면 받을 수 있는 구원이란 선물은 비록 값없이 주어지지만 그 가치는 말할 수 없을 정도로 귀한 것입니다. 구원의 기쁨이 삶 속에 넘치는 성도가 되십시오.(사 53:5)

셋째, 구원은 새로운 생명입니다.
구원이 우리의 죄를 해결함으로 우리는 사망의 법을 떠나 생명의 길로 들어서게 되었습니다. 그리고 하나님은 우리가 이 생명의 복음을 되도록 많은 사람들에게 전하기를 원하십니다. 예수님이 이 땅에 오셔서 죽기까지 참으시고 제자들을 세우신 것도 이일을 위해서였습니다. 생명의 말씀을 항상 묵상하고 또 주위에 전하는 삶을 사십시오.(요 6:35)

오늘 본문을 통해 그리스도인의 세 가지 구원의 의미를 배웠습니다. 그리스도인에게 구원은 예수님의 희생을 기억하고, 내 삶의 기쁨이 되고, 구원의 원동력이 되어야 합니다. 성경을 통해 더욱 구원의 말씀을 묵상하고 깨달으십시오.
오늘도 하나님의 영광을 위하는 거룩한 하루를 사십시오.

주님! 생명의 말씀을 깨닫고 의지하며 살아가게 하소서!

오늘 특별 적용	
오늘 특별 감사	

031

구원의 과정

히브리서 2장 5절부터 18절을 읽으십시오.
① 예수님이 이 땅에서 돌아가신 것은 무엇을 위함인가?(9)
② 우리는 예수님의 이름을 어떻게 선포해야 하는가?(11)

마셜 샬린스는 원시시대부터 사람들의 문화와 삶의 양식을 연구하고 조사해 온 문화인류학자입니다. 그는 자신의 연구결과를 토대로 사람이 풍요에 이르는 방법에는 딱 두 가지가 있다고 말했습니다.

첫째는 욕심을 비우고 가진 것에 만족하며 사는 삶입니다. 욕구를 최소화해 적은 물질로 만족하며 사는 방법은 원시시대부터 우리의 가까운 선조들까지도 누린 삶의 방식인데, 자족을 통해 삶의 평안을 누리는 삶입니다.

둘째는 욕망을 채우기 위해 생산을 늘리는 것입니다. 한 마디로 가지고 싶은 것을 위해 노력하고 삶을 투자하는 것인데, 현대의 계급사회의 병폐와 빈부 격차가 바로 이런 시스템을 인간이 잘못 악용했기 때문에 일어난 일들이라고 보았습니다. 그리고 자신의 생각으로는 원시 시대의 인간이 지금보다도 더 풍요로운 삶을 살았다고 생각한다고도 말했습니다.

성도들은 구원받았다는 사실 하나만으로도 만족하며 살아야 합니다. 구원은 우리의 모든 필요를 만족하게 할 귀한 가치가 있는 소중한 하나님의 선물입니다.

히브리서 2장 5절부터 18절에는 구원의 과정과 복음의 능력에 대해서 나와 있습니다. 본문은 하나님이 사람을 얼마나 귀하게 생각하는지에 대해서 알려 주며 바로 그렇기 때문에 예수님이 이 땅에 오셨다고 말하고 있습니다. 우리는 오늘 본문을 통해 **예수님이 오심으로 일어난 구원의 세 가지 과정에** 대해서 알 수 있습니다.

첫째, 하나님과 연합하게 됩니다.
우리가 하나님으로부터 멀어진 이유는 에덴동산 때부터 시작된 죄 때문입니다. 그러나 주님으로 인해 우리는 거룩하게 되고, 하나님의 자녀가 될 수 있습니다. 예수님을 통해 구원받은 우리들은 더 이상 하나님과 분리된 존재가 아니라 창조의 모습 때처럼 하나님의 성품에 참예하게 됩니다. 우리를 거룩하게 하시고 하나님 앞으로 나아갈 수 있게 해주신 주님에게 감사하십시오.(벧후 1:4)

둘째, 죽음에서 해방됩니다.

아담 이후로 모든 인류는 죄를 가지고 태어날 수 밖에 없었고 그 결과로 죽음을 맞이할 수밖에 없었습니다. 이 죽음 뒤에는 하나님의 심판이 있기 때문에 사람들은 실제로 그것을 의식하든 하지 못하든 누구나 죽음을 두려워합니다. 그러나 예수님은 사망의 권세를 깨트리고 악으로부터 승리하셨습니다. 그리고 구원을 받은 모든 사람들도 마찬가지로 해방시키십니다. 예수님을 믿어 죄로부터의 해방되고 영생을 얻으십시오.(롬 5:12)

셋째, 대제사장으로 세워집니다.

예수님은 믿는 성도들을 거룩하게 하시고 영생을 주시고 또한 제사장으로 세우셨습니다. 제사장의 직분은 우리와 하나님의 관계를 위해 회복 시키기 위해 화목제물이 되어 돌아가신 예수님을 세상 사람들에게 전하는 일입니다. 인류의 구원을 위해 예수님이 이 땅에 오신 것처럼 이 일 또한 세상을 살아가는 육신을 가진 우리만 할 수 있는 일입니다. 우리를 위해 이 땅에 오신 예수님을 힘써 전하십시오.(벧전 2:5)

오늘 본문을 통해 예수님이 오심으로 일어나는 구원의 세 가지 과정에 대해서 배웠습니다. 거룩한 하나님과의 연합과 죽음에서의 해방, 그리고 귀한 사명을 감당할 수 있는 모든 기쁜 일들이 다 이 땅에 오신 주님으로부터 일어난 일들이라는 사실을 우리는 잊지 말아야 합니다.
오늘도 이 모든 것을 베풀어주신 주님의 은혜에 감사하며 사십시오.

주님! 구원의 과정과 하나님의 계획을 알게 하소서!

오늘 특별 적용	
오늘 특별 감사	

성화의 과정

히브리서 3장 1절부터 6절을 읽으십시오.
① 모세의 맡은 역할은 무엇인가?(5)
② 그리스도의 역할은 무엇인가?(6)

어떤 그리스도인 사업가가 새로 가게를 오픈했습니다.
그는 감사 예배를 드리고 싶다며 교회의 담임 목사님을 초청했습니다. 목사님은 예정 시간보다 조금 일찍 도착했는데, 깜짝 놀랄 일이 벌어지고 있었습니다. 사업가가 돼지머리를 올려놓고 고사를 지내며 굿을 하고 있었기 때문입니다. 목사님은 너무나 당황했습니다.
"아니, 성도가 고사를 지낸다는 게 말이나 됩니까? 게다가 고사를 지낼 것이라면 도대체 저를 부른 이유가 뭡니까?"
그러자 성도가 머리를 긁적이며 말했습니다.
"귀신도 도와주고 하나님도 도와주면 좋지 않습니까?"
이야기 속에서나 가능할 것 같은 상황이지만 실제로 30%가 넘는 기독교인들이 연말에 점을 보거나 운세를 보러 다닌다고 합니다. 그러나 어둠과 빛이 공존할 수 없듯이 하나님과 다른 것을 동시에 섬길 수는 없습니다.

히브리서 3장 1절부터 6절에는 구약의 모세보다 뛰어난 그리스도에 대해서 기록되어 있습니다. 하나님으로부터 직접 계명을 받은 모세는 유대인들에게 상징적인 존재였습니다. 그러나 그리스도는 어떤 선지자들보다 뛰어나고 의미 있는 분입니다. 오늘 본문을 통해 **주님을 닮아가는 세 가지 방법**에 대해서 배울 수 있습니다.

첫째, 예수님이 가장 귀하신 분이라는 걸 알아야 합니다.
히브리서는 본문의 처음부터 계속해서 예수님의 우월성을 강조하고 있습니다. 그리고 각각 비교의 대상은 다르지만 결론은 모두 세상에서 가장 뛰어나신 예수님을 증거하고 있습니다. 이렇게 같은 주제를 몇 번이나 반복해서 설명한 것은 사람들이 예수님보다도 더 귀하게 여기는 많은 것들이 있기 때문입니다. 세상의 그 어떤 것도 예수님을 대신 할 수 없다는 사실을 기억하십시

오.(요 1:17)

둘째, 주님을 깊이 생각해야 합니다.
예수님을 믿기 전보다 믿은 후에 우리는 더욱 주님을 깊이 생각해야 합니다.
그리스도인은 이 세상을 사는 동안에 주님을 닮아가고, 주님의 말씀을 실천
해야 하는데, 주님에 대해서 주님의 말씀에 대해서 깊은 묵상이 있지 않고서
는 이런 일이 가능하지 않습니다. 예수님의 말씀과 예수님의 행적을 깊이 묵
상하십시오.(눅 22:19)

셋째, 주님의 성품을 배워야 합니다.
예수님을 깊이 묵상하고 그분의 생애를 되새겨 볼 때 우리는 주님의 마음과
행동을 알 수 있습니다. 하나님의 계획을 완전히 알고 신실하게 그 사명을 감
당하셨던 예수님을 생각함으로 우리는 예수님의 성품을 이해하게 되고 그 성
품을 닮아가게 됩니다. 예수님을 닮아가므로 하나님께 더욱 순종하고 쓰임
받으십시오.(히 12:3)

오늘 본문을 통해 주님을 닮아가는 세 가지 방법에 대해서 배웠습니다. 정말
로 예수님을 세상에서 가장 귀하게 생각할 때, 주님의 행적과 말씀들을 깊이
묵상할 때 우리는 더욱 주님의 성품을 배우고 닮아가고 하나님께 귀하게 쓰
임 받을 수 있습니다.
오늘도 말과 행동이 예수님을 더욱 닮아가는 하루를 사십시오.

주님! 예수님의 향기를 나타내는 아름다운 삶을 살게 하소서!

오늘 특별 적용	
오늘 특별 감사	

033

마음을 지키는 방법

히브리서 3장 7절부터 19절을 읽으십시오.
① 성령의 음성을 무시할 때 어떤 일이 일어나는가?(8,9)
② 죄의 유혹에 어떻게 대처해야 하는가?(13)

동남아의 한 지역에서 원주민에게 복음을 전하는 선교사가 있었습니다. 선교사는 먼저 누가복음을 10절씩 매일 번역하여 원주민들에게 가르쳤습니다. 그러나 6장 30절은 그냥 넘어가 버렸습니다.

"무릇 네게 구하는 자에게 주며 네 것을 가져가는 자에게 다시 달라 하지 말며"라는 말씀이었는데 이 말씀을 전했다가는 원주민들이 자신의 모든 물건들을 가져갈 것 같았기 때문입니다. 그러나 그 말씀을 빼먹은 이후로 큰 양심의 가책을 느낀 선교사는 결국 전에 빼먹은 말씀이 있다며 그 말씀을 가르쳐 주었습니다. 그리고 약속이나 한 듯이 다음날 원주민들이 몰려와 선교사의 여러 물건을 달라고 요구했습니다. 선교사는 말씀에 책임을 져야 했기에 모두 주었습니다. 다음 날 원주민들은 자신들이 가져간 물건들을 다시 가져온 뒤 말했습니다. "당신이 가르친 말씀이 참이라는 것을 이제는 믿겠습니다. 복음에 대해서 이제는 정말로 배우겠습니다."

말씀대로 사는 것은 세상 사람들에게는 미련해 보이지만 자신과 타인의 삶을 변화시킬 능력이 있는 삶입니다.

히브리서 3장 7절부터 19절에는 강퍅한 마음에 대한 경고가 나와 있습니다. 말씀을 지켜야할 상황에서 순종하지 않는 것과 죄의 유혹에 빠져 거룩한 행동을 져버리는 것은 모두 마음이 강퍅하기 때문입니다. 오늘 본문을 통해 마음을 지키는 세 가지 방법에 대해서 배워야 합니다.

첫째, 하나님의 말씀을 들어야 합니다.

하나님께서는 지금도 우리에게 말씀하고 계십니다. 그러나 우리는 마음에 욕망이 쌓여, 욕심에 눈이 멀어 그 소리를 무시하고 듣지 않습니다. 하나님의 음성은 우리의 모든 상황을 통해서 우리가 그것을 듣기 원할 때든 원하지 않을 때든 우리에게 임하고 있습니다. 매 순간 임하시는 하나님의 음성에 귀를 기

울이십시오.(사 50:10 / 삼상 15:19)

둘째, 지금 순종해야 합니다.
변화의 시기는 바로 지금입니다. 지금 순종하지 않고 지금 실천하지 않으면 후회가 남게 됩니다. 파종의 때가 지나면 아무리 좋은 씨를 뿌리고 열심히 관리를 해도 추수의 때에 거둘 수가 없습니다. 하나님이 바라시는 순종은 우리의 작은 일상에서의 즉각적인 순종입니다. 하나님의 음성에 지금 반응하십시오.(마 13:18-21)

셋째, 하루를 반성해야 합니다.
그날의 삶을 반성하는 모습을 통해 우리는 하루 중의 실수와 잘못들을 다시 떠올리게 됩니다. 그리고 그런 실수를 통해 나의 성격과 자주 빠지는 유혹, 관계의 문제점들에 대해서 더욱 잘 파악하게 되고 이를 통해 하나님께 더욱 의지하게 되고 진실하게 기도할 수 있게 됩니다. 하나님의 말씀을 따르는 삶이었는지 매일 하루를 반성하십시오.(잠 1:24)

오늘 본문을 통해 마음을 지키는 세 가지 방법에 대해서 배웠습니다. 마음은 우리의 생각과 행동에도 영향을 줍니다. 하나님의 말씀과 모든 거룩함으로 마음을 가득 채울 때에 우리의 삶과 행동은 더욱 주님을 닮아가게 됩니다.
오늘도 말씀을 실천함으로 하나님을 따르는 삶을 사십시오.

주님! 작은 것부터 실천하는 순종의 모습을 갖게 하소서!

오늘 특별 적용	
오늘 특별 감사	

034

믿음의 안식

히브리서 4장 1절부터 13절을 읽으십시오.
① 우리가 진정으로 두려워해야 할 것은 무엇인가?(1)
② 말씀의 능력은 무엇인가?(12)

하이젠베르크라는 독일의 물리학자는 '불확정성의 원리'로 노벨상을 받았습니다.

기존의 물리학은 사물의 속도와 무게와 같은 정보를 안다면 미래의 움직임을 예측할 수 있다는 것이 정설이었으나 하이젠베르크는 우리의 눈에 보이지 않는 세계에서는 그것이 통용되지 않는다고 말했습니다. 원자, 전자보다도 작은 양자는 우리의 관찰이라는 작은 행동에도 영향을 받기 때문에 관찰하는 사람의 시선에 따라 다르게 움직이고 그 미래의 움직임을 아무도 정확히 예측할 수 없다는 것입니다. 그리고 실험으로도 이 이론이 옳은 것으로 밝혀졌습니다. 그리고 이 이론을 통해 상황 윤리학자들은 세상의 보편적 진리가 없다는 사실을 주장하기도 합니다. 양자의 움직임처럼 진리도 태생과 환경, 생활양식에 따라 달라질 수 있다는 생각 때문입니다.

세상의 모든 것이 무질서하게 보일지라도 죽음은 피할 수가 없습니다. 변하지 않는 것은 분명히 존재합니다. 하나님의 존재와 예수님을 통한 구원의 사실은 절대로 변하지 않는 사실입니다.

히브리서 4장 1절부터 13절에는 믿음으로 얻은 안식에 대해서 나와 있습니다. 여호수아는 이스라엘 백성을 잠깐의 안식인 가나안 땅으로 인도했지만 예수님은 모든 사람을 영원한 안식인 천국으로 인도하셨습니다. 우리는 오늘 본문을 통해 **그리스도를 통한 세 가지 안식**에 대해서 알아야 합니다.

첫째, 마음의 안식입니다.

참된 그리스도인들은 마음이 먼저 평안합니다. 하나님이 우리의 모든 의식주를 책임지고 계신다는 사실을 믿기 때문에 세상의 어떤 일로도 고민하고 슬퍼할 필요가 없기 때문입니다. 우리를 온전케 하시는 예수님을 바라볼 때에 세상의 모든 근심에서 해방된 평안한 마음을 가질 수 있습니다. 온전한 마음

의 안식을 얻으십시오.(요 14:27)

둘째, 생활의 안식입니다.
예수님께서는 '수고하고 무거운 짐진 자들아 다 내게로 오라'고 말씀하셨습니다. 또한 '내 멍에는 쉽고 내 짐은 가볍다'라고 말씀하셨습니다. 그리스도인들은 세상의 짐을 내려놓고 거룩한 짐을 나누어 져야 합니다. 우리에게 필요한 모든 것을 주님께서는 예비해 놓으셨습니다. 세상의 짐을 내려놓고 주님의 평안을 누리십시오.(살후 1:7)

셋째, 천국의 안식입니다.
예수님없이도 부를 소유하고 마음의 평안을 얻을 수는 있습니다. 그러나 천국의 안식은 오직 예수님을 통해서만 얻을 수 있습니다. 죄와 죽음의 문제를 해결할 수 있는 유일한 방법은 예수님을 통한 구원밖에 없기 때문입니다. 구원의 사실로 인해 천국의 평안을 이 땅에서 누리십시오.(요 6:51)

오늘 본문을 통해 그리스도를 통한 세 가지 안식에 대해서 배웠습니다. 구원의 기쁨을 누리는 사람들은 안식을 누릴 수밖에 없습니다. 우리를 옭아매던 모든 무서운 죄와 사망의 법을 물리쳤기 때문입니다. 새로운 삶으로 다시 과거의 죄에 얽매이지 말고 자유함을 찾으십시오.
오늘도 주님의 평안을 삶 속에서 누리십시오.

주님! 운동력 있는 말씀을 따라 살게 하소서!

오늘 특별 적용	
오늘 특별 감사	

035

예수님의 은혜

히브리서 4장 14절부터 5장 10절을 읽으십시오.
① 우리에게는 어떤 대제사장이 있는가?(14)
② 하나님의 보좌 앞에 나아갈 때 우리에게 무엇이 임하는 가?(16)

어두운 밤길, 가로등 아래에서 무언가를 열심히 찾는 남자가 있었습니다. 지나가던 사람이 혹시나 도울 일이 있을까 싶어서 물었습니다.

"실례지만 지금 무엇을 찾고 계십니까?", "5만 원짜리 지폐를 떨어트렸습니다. 그런데 잘 안보입니다."

그러나 함께 아무리 찾아도 지폐는 보이지 않았습니다.

"여기엔 지폐가 없습니다. 지폐를 떨어트린 곳이 정확히 여기입니까?", "아닙니다. 저쪽 어두운 곳이었습니다."

지나가던 남자가 화를 내며 말했습니다.

"뭐라고요? 그렇다면 왜 여기서 찾고 있는 겁니까?", "그거야 이쪽이 훨씬 밝으니까요."

비록 짧은 유머 속의 이야기지만 자기가 아는 범위에서만 모든 것을 찾으려고 할 때 우리도 이야기의 남자처럼 어리석어질 수가 있습니다.

히브리서 4장 14절부터 5장 10절에는 대제사장이신 그리스도의 자격에 대해서 나와 있습니다. 우리가 예수님으로 인해 평안과 안식을 얻을 수 있는 것은 주님이 우리의 죄를 해결하는 대제사장의 역할을 해주셨기 때문입니다. 우리는 오늘 본문을 통해 **예수님을 통해 얻은 세 가지 은혜**에 대해서 알 수 있습니다.

첫째, 기름부음의 은혜입니다.

메시아 혹은 그리스도라는 단어의 뜻은 '기름부음을 받은 사람' 입니다. 당연히 예수님을 따르는 모든 그리스도인들도 동일한 기름부음을 받은 사람들입니다. 하나님은 모든 사람을 사랑하시고 동일한 은혜로 부르셨습니다. 성도들은 성령의 기름 부으심을 받은 특별한 사람이라는 사실을 기억하십시오.(요일 2:27)

둘째, 직분 수행의 은혜입니다.

예수님은 사람과 하나님의 관계를 화해하는 중보자의 역할로 오셨습니다. 또한 이 땅의 성도들에게 어떻게 살아야 하는지에 대한 본을 보이기 위해 오셨습니다. 사람을 하나님께로 인도하는 제사장의 역할을 예수님에 이어 이제는 우리가 해야 합니다. 하나님과의 관계가 회복된 기쁨을 다른 사람들에게도 전하십시오.(갈 4:18)

셋째, 하나님께 나아갈 수 있는 은혜입니다.

예수님께서는 하나님의 모든 뜻을 이루셨습니다. 이것은 믿는 성도들의 죄의 문제가 완전히 해결되었음을 뜻합니다. 따라서 우리는 담대히 하나님의 은혜의 보좌 앞에 나가야 합니다. 우리가 이런 결심으로 거룩한 삶을 실천할 때에 하나님은 우리를 도우시고 우리를 초청하십니다. 믿음의 은혜로 담대히 하나님께 나아가십시오.(딛 2:14)

오늘 본문을 통해 예수님을 통해 얻은 세 가지 은혜에 대해서 배웠습니다. 예수님의 희생으로 인해 우리가 얻은 은혜는 이루 셀 수가 없습니다. 늘 그 은혜를 잊지 말고 항상 감사하는 마음으로 주님을 기념하고 또한 닮아가야 합니다.
오늘도 예수님의 귀한 은혜에 감사하십시오.

주님! 하나님께 담대히 나아가는 용기와 신앙을 주소서!

오늘 특별 적용	
오늘 특별 감사	

036

성장하는 신앙

히브리서 5장 11절부터 6장 8절을 읽으십시오.
① 말씀을 바르게 알 때 무엇이 가능해지는가?(14)
② 신앙의 성장을 위해 무엇을 해야 하는가?(2)

토론토 동물원의 대형 수족관을 만들 때의 일입니다.

세계적으로 거대한 규모의 수족관은 아니었지만, 그래도 몇 안 되는 토론토의 수족관 중에서는 가장 커다란 수족관이었기에 세계의 여러 곳에서 많은 어종이 옮겨 오고 있었습니다. 그러나 너무 먼 거리의 어종들은 태반이 죽어서 도착하거나 매우 병약해 수족관에서 곧 죽고 말았습니다. 수족관측은 운송시스템에 산소 공급 장치와 해수 교환 장치까지 완비를 했지만 그래도 물고기들의 사망률은 같았습니다. 고심 끝에 수족관측은 천적을 함께 담아보라는 어부의 조언을 듣고 시험삼아 작은 어류들을 문어와 함께 넣어 왔습니다. 그랬더니 대부분의 물고기들이 아주 건강한 상태로 토론토까지 올 수 있었습니다.

문어로부터 도망가기 위한 물고기의 움직임은 도리어 좋은 약이 되었습니다. 안일한 삶은 건강한 삶에 오히려 독이 될 수 있음을 알아야 합니다.

히브리서 5장 11절부터 6장 8절에는 성숙한 신앙의 모습에 대해서 기록되어 있습니다. 신앙을 오래 가질수록 남을 가르치고 바른 길로 인도하는 성숙한 모습을 보여야 하는데, 이런 성도들이 많아지는 것이 진정한 교회의 성장입니다. 우리는 오늘 본문을 통해 **성장하는 신앙에 대한 세 가지 교훈**을 알 수 있습니다.

첫째, 성장이 멈춰 있나 점검해야 합니다.

신앙도 우리의 몸과 같이 성장합니다. 믿음을 가진 직후에 우리의 신앙은 갓난아기이지만 시간이 계속될수록 점점 자라나야 합니다. 아이의 성장이 멈추는 것은 몸에 이상이 있기 때문인 것처럼 신앙이 멈춘 것은 믿음에 이상이 있는 것입니다. 주기적으로 신앙의 성장을 점검해보십시오. (빌 1:27-28)

둘째, 신앙의 성장은 끝이 없습니다.

육체는 어느 정도 성장을 한 뒤에 다시 노화가 되지만 신앙의 성장에는 끝이 없습니다. 우리의 신앙은 영원한 하늘나라에 가기까지 이어지는 것이며 우리의 목표는 완전하신 예수님이기 때문에 신앙의 성장은 만족도 없고 중도도 없습니다. 예수님을 닮아가는 신앙을 위해 더욱 힘쓰십시오.(롬 12:2)

셋째, 신앙이 성장한 만큼 양육해야 합니다.

아이가 자라서 성인이 되면 다시 가정을 꾸리고 아이를 낳듯이, 신앙이 성장한 성도들은 다른 믿음이 연약한 성도들을 양육하고 섬겨야 합니다. 이런 순환구조가 바르게 이루어질 때 믿음의 군사들이 더욱 늘어나고, 주님을 아는 영혼들이 더욱 늘어납니다. 신앙의 정도에 맞는 책임을 지는 성도가 되십시오.(갈 6:6)

오늘 본문을 통해 성장하는 신앙에 대한 세 가지 교훈을 배웠습니다. 종교 행위에 익숙해질수록 신앙의 성장은 멈추지만 하나님의 사랑에 다가갈수록 신앙은 성장합니다. 신앙의 성장과 함께 하나님과 이웃에 대한 사랑도 더욱 자라나야 합니다.
오늘도 성령님의 도우심으로 신앙을 성장시키십시오.

주님! 겸손하게 배우며 남을 섬기게 하소서!

오늘 특별 적용	
오늘 특별 감사	

037

하나님의 약속

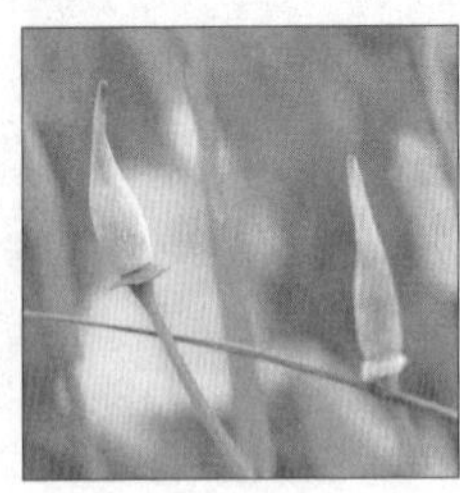

히브리서 6장 9절부터 20절을 읽으십시오.
① 우리의 행위를 기억하시는 분은 누구인가?(10)
② 하나님의 약속이 반드시 이루어지는 이유는 무엇인가?(13,17)

크리스 스필만이라는 미식축구 선수가 있었습니다.

그는 거친 몸싸움을 소화해내야 하는 라인백 포지션을 맡았는데, 몸싸움을 두려워하지 않는 용기와 열정 그리고 현란한 동작으로 인해 큰 인기를 끌었습니다. 그런 그가 시즌이 시작하기 바로 직전에 돌연 1년 간 선수 생활을 접을 것을 선언했습니다. 암에 걸린 아내를 돌본다는 것이 그 이유였습니다. 미식축구는 워낙 체력소모가 큰 경기라 경기 수가 많지 않고 리그가 보통 4달에서 5달 사이에 모두 끝납니다. 기자들은 시즌을 뛰면서도 충분히 아내를 돌볼 수 있지 않겠냐고 물었습니다.

"아내는 시즌 직전에 암을 선고 받았습니다. 그녀는 매우 슬퍼했고 저의 위로가 필요합니다. 저는 그녀의 손을 잡고 약속했습니다. 치료가 시작되는 앞으로의 1년 동안 그녀 옆에 있을 것이며 아이들을 돌볼 것이라고요. 저는 그 약속을 지켜야 합니다."

사랑은 약속을 의심하지 않습니다. 진정한 사랑은 믿음 위에 세워져 있고, 완전한 신뢰를 형성합니다.

히브리서 6장 9절부터 20절에는 하나님의 약속과 아브라함에 대한 말씀이 나와 있습니다. 신앙의 성장은 단지 교훈적인 이유뿐만 아니라 아브라함에게 약속하신 하나님의 약속의 기업을 받는 자격을 위해 필요합니다. 우리는 오늘 본문을 통해 **하나님의 약속을 받을 사람들의 세 가지 자격**에 대해서 알 수 있습니다.

첫째, 부지런해야 합니다.

성령님의 인도에 순종하는 사람은 게으를 수 없습니다. 하나님의 영광을 위해서 해야 할 일이 이 땅에는 너무나 많이 있습니다. 하나님의 약속은 하나님을 믿을 뿐 아니라 하나님을 위해 수고하는 사람들에게 임합니다. 우리의 모

든 수고를 기억하시고 더욱 크게 갚아 주실 주님을 믿으십시오. (눅 15:8)

둘째, 인내해야 합니다.
시련은 우리를 더욱 성숙하게 합니다. 아브라함은 오래 참음으로 하나님의 유업을 받았고, 하나님의 약속이 변하지 않는다는 사실을 알았습니다. 하나님의 선하심과 주님안의 모든 것이 합력하여 선을 이룬다는 것을 믿고 어떤 상황에서도 하나님을 믿음으로 끝까지 인내해야 합니다. 하나님을 바라보며 모든 고난을 이겨내십시오. (눅 8:15)

셋째, 약속을 소망해야 합니다.
하나님의 약속에 대한 소망의 닻을 마음에 내린 사람들은 고난이나 폭풍우가 아무리 몰아쳐도 요동하지 않습니다. 그리고 하나님의 약속이 반드시 이루어진다는 사실을 깨닫고 체험하고 더욱 굳건히 나아갈 수 있게 됩니다. 반드시 하나님의 약속이 이루어짐을 기억 하십시오. (딤전 4:8)

오늘 본문을 통해 하나님의 약속을 받을 사람들의 세 가지 자격에 대해서 배웠습니다. 하나님의 약속은 신실한 그리스도인들의 삶을 통해서 이루어집니다. 주님을 믿고 주님을 위해 살 때 우리도 주님이 우리를 위해 일하심을 체험할 수 있습니다.
오늘도 하나님의 영광을 위해 살아가십시오.

주님! 하나님의 약속을 위해 성실하게 살아가게 하소서!

오늘 특별 적용	
오늘 특별 감사	

예수님의 사역

히브리서 7장 1절부터 10절을 읽으십시오.
① 멜기세덱은 어떤 사람인가?(1,2)
② 멜기세덱의 높음을 무엇으로 알 수 있는가?(6,7)

찰리 채플린의 '위대한 독재자'는 2차 대전을 주제로 다루고 있습니다. 당시의 히틀러를 나타내는 독재자는 정복을 위해 전쟁을 일으킵니다. 그런데 독재자와 아주 똑같이 생긴 이발사가 어쩌다 독재자 대신에 통치자 자리에 서게 됩니다. 당황한 이발사는 처음에는 독재자와 비슷한 명령과 연기로 위기를 모면하지만 전 세계로 방영되는 연설을 하는 자리에 나가 누가복음 17장 21절을 말하며 전쟁이 아닌 사랑과 평화에 대한 연설을 합니다. 당시 이 영화의 개봉을 놓고 많은 외압과 위협이 있었지만 채플린은 굴하지 않고 당당하게 이 영화를 개봉했습니다.

공부를 많이 하고 사회적으로 높은 위치에 오른 사람만이 뛰어나고 인정을 받는 사회가 아니라 정말 사회에 필요한 일을 용기 있게 실천한 사람이 인정을 받는 사회가 세워져야 합니다.

히브리서 7장 1절부터 10절에는 예수님의 모형인 멜기세덱에 대한 이야기가 나옵니다. 아브라함 시대의 사람으로 구약에서 잠깐 등장하는 멜기세덱은 하나님의 제사장이자 왕이었는데 이런 멜기세덱을 통해서 예수님의 모습에 대해 더 잘 알 수가 있습니다. 우리는 오늘 본문을 통해 **예수님의 사역과 관련된 세 가지 사실**을 알 수 있습니다.

첫째, 예수님은 어떤 사람들보다도 위대합니다.
히브리서의 기자는 처음부터 계속해서 구약의 위인들보다도 우월한 예수님을 강조하고 있습니다. 본문의 멜기세덱 역시 이런 예수님과 사역을 강조하기 위해서 등장한 것인데 예수님을 높이기 위해 멜기세덱을 훌륭하게 표현한 것을 잘못 오해해서 멜기세덱을 높이는 실수를 하는 사람들이 있습니다. 구원의 통로는 오직 예수님뿐이라는 사실을 확실히 기억하십시오. (벧후 1:16)

둘째, 예수님은 왕이자 제사장이십니다.

구약 시대에는 왕과 제사장이 구분된 시대였습니다. 그러나 이런 시대에 멜기세덱은 왕과 제사장이라는 두 가지 직분을 가지고 있었습니다. 이것은 장차 올 예수님의 행적을 나타내기 위한 모습입니다. 우리를 위한 대제사장이신 주님을 왕처럼 섬기십시오.(딤전 6:15)

셋째, 예수님의 구원은 율법을 초월합니다.

장차 올 예수님을 상징한 멜기세덱이 평강의 왕이라는 사실에는 놀라운 깨달음이 있습니다. 인간이 죄로 인해 하나님과 분리된 참혹한 현실이 예수님을 통해 다시 회복될 수 있다는 메시지가 담겨 있는 것이기 때문입니다. 멜기세덱의 시대는 모세가 율법을 받기 이전의 시대이므로 이것은 곧 율법 이상의 구원이 존재한다는 것을 말하고 있습니다. 율법을 초월하는 예수님의 구원을 믿으십시오.(롬 7:4)

오늘 본문을 통해 예수님의 사역과 관련된 세 가지 사실을 배웠습니다. 예수님의 탄생과 사역은 하나님이 태초부터 계획하고 또한 인류의 역사를 통해 준비하신 일들입니다. 그러므로 우리는 모든 것을 주관하시는 하나님을 믿고 예수님의 구원을 은혜로 받음으로 하나님께 순종하며 예수님만을 높이는 삶을 살아야 합니다.

오늘도 예수님을 가장 귀한 자리에 모시며 사십시오.

주님! 마음 속에 항상 주님을 모시며 살아가게 하소서!

오늘 특별 적용	
오늘 특별 감사	

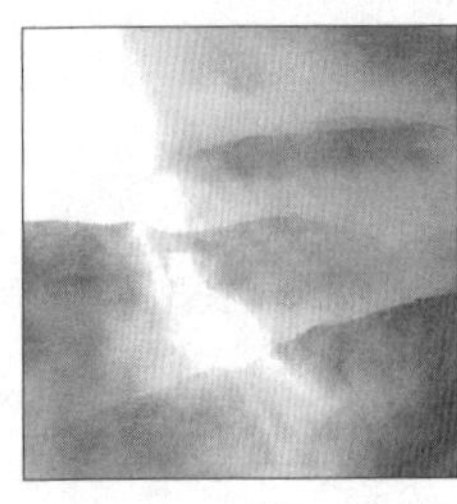

039

율법과 언약

히브리서 7장 11절부터 28절을 읽으십시오.
① 율법의 한계는 무엇인가?(19)
② 예수님의 구원이 영원한 이유는 무엇인가?(25)

알렉산더 포프는 자신의 수필 '비평'에서 세상에서 가장 어리석은 일곱 사람에 대해서 말했습니다.
1.어제의 실수를 오늘 또 저지르는 사람.
2.성공한 모든 사람에게는 반드시 배경이 있다고 믿는 사람.
3.생각을 바꿀 용기가 없는 사람.
4.항상 변화를 가져올 행운을 기다리는 사람.
5."저건 될 리가 없어"라는 말을 입에 달고 다니는 사람.
6.필요없는 물건에 돈을 낭비하는 사람,
7.하나님없이 잘 지낼 수 있다고 믿는 사람.
어리석은 사람들은 현실에만 안주하고, 변화를 인정하지 않습니다. 내가 모르는 사실도 참이라면 받아들일 노력을 하는 사람에게만이 하나님의 진리가 임하게 됩니다.

히브리서 7장 11절부터 28절에는 율법과 언약의 비교가 기록되어 있습니다. 히브리서의 지금까지의 내용이 계속해서 예수님의 우월함을 나타내고 있는 것처럼 본문의 비교 역시 예수님의 우월함을 설명하고 있습니다. 우리는 오늘 본문을 통해 **율법의 목적과 예수님이 오신 이유에 대한 세 가지 사실**을 알 수 있습니다.

첫째, 사람은 불완전하고 예수님은 완전합니다.
성경에 수많은 위인들이 나오지만 어느 누구도 완전한 사람은 없었습니다. 죄에서 자유로운 사람이 없었기 때문에 어느 누구도 인류의 죄의 문제를 해결할 수 없었고, 그렇기 때문에 율법이 필요했고, 예수님이 오셔야 했습니다. 우리의 약함을 인정하고 하나님을 의지하십시오.(빌 2:6-8)

둘째, 율법은 불완전합니다.

율법은 하나님으로부터 나온 것이기에 거룩한 것입니다. 율법의 목적은 예수님이 오실 때까지 사람들에게 죄를 깨우치고 양심을 지키기 위한 것이었습니다. 그러나 이제는 구세주이신 예수님이 이 땅에 오셨고, 율법으로 인해 깨달은 죄를 극복하고 하나님께로 나아갈 수 있게 되었습니다. 율법을 통해 선한 일을 알고 하나님을 통해 일을 행할 힘을 얻으십시오.(갈 3:19-25)

셋째, 하나님의 언약은 완전합니다.

불완전한 사람들을 위해 여러 선지자들이 받은 율법과는 달리 완전한 예수님은 완전한 하나님의 언약을 이 땅에서 이루셨습니다. 따라서 구원에는 어떠한 허점이나 불완전함이 없습니다. 따라서 더 이상 제사장을 통한 어떤 의식적인 틀을 행할 필요가 없이 주님만으로 만족하고 죄를 용서받게 되었습니다. 그리스도의 은혜의 법 안에서 자유를 누리십시오.(마 5:17)

오늘 본문을 통해 율법의 목적과 예수님이 오신 이유에 대한 세 가지 사실을 배웠습니다. 예고편은 영화를 알려주기 위한 것이지 영화 그 자체가 아닙니다. 마찬가지로 율법은 예수님에게 우리를 향하게 하기 위한 방편이라는 것을 잘 알고, 의식적인 율법보다 하나님을 통한 은혜의 약속을 믿고 따라야 합니다.

오늘도 예수님을 더욱 깨닫고 의지하십시오.

주님! 구원의 계획과 하나님의 약속을 깨닫게 하소서!

오늘 특별 적용	
오늘 특별 감사	

040

예수님과의 관계

히브리서 8장 1절부터 13절을 읽으십시오.
① 예수님이 세우신 새로운 언약은 무엇인가?(9,12)
② 율법의 언약은 이제 어떻게 되는가?(13)

조선 후기를 대표하는 지식인 다산 정약용 선생이 유배를 당했을 때의 일입니다.

전남 강진에서 18년 동안 유배 생활을 하는 동안 많은 선비들이 가르침을 구하러 정약용 선생을 찾아 왔다고 합니다.

많은 사람이 가르침을 받고 떠났지만 그 중에서 가장 크게 성공한 것은 황상이라는 사람이었습니다. 평민 출신에 둔하고, 고지식하고, 답답한 행동으로 유명했던 15살의 황상은 정약용을 만난 후 큰 출세는 하지 못했지만 스승의 뒤를 잇는 대학자로 성장했습니다. 그런데 이런 황산을 키운 정약용의 가르침은 '부지런하라, 부지런하라, 부지런하라' 는 의미를 담은 '삼근계' 단 하나였다고 합니다. 많은 사람들이 지혜를 얻기 위해 찾아왔지만 그 가르침은 '부지런하라' 는 하나의 가르침이었습니다.

단 하나의 가르침이라도 온전히 실천할 때에 큰 성취를 이룰 수 있습니다. 이처럼 영생을 얻고 구원을 받는 일에도 단 하나의 이름이면 충분합니다.

히브리서 8장 1절부터 13절에는 중보하시는 예수님에 대한 말씀이 나와 있습니다. 우리를 구원하시고 부활승천하신 예수님은 이제는 하늘에서 우리를 위해 기도하고 계십니다. 또한 예수님은 구원받은 자신의 백성들에게 새로운 언약을 약속하셨습니다. 우리는 오늘 본문을 통해 **예수님과 우리의 관계에 대한 세 가지 교훈을** 알아야 합니다.

첫째, 예수님과의 관계는 일대일 관계입니다.

신앙생활은 나와 예수님의 관계를 통해 중점적으로 이루어져야 합니다. 교회와 여러 단체에서 신앙생활을 하다보면 처음 느낀 구원의 감격이 점차 '나' 에서 '우리' 라는 개념으로 퍼져 가는데, 이것은 신앙생활을 수동적으로 만들고 직접 행동하기보다는 바라보게 만듭니다. 나를 위해 돌아가시고 지금도

중보하고 계신 예수님을 믿으십시오. (마 9:18 / 요 11:26-27)

둘째, 예수님은 우리의 중보자 되십니다.
예수님이 하늘로 승천하신 것은 안식을 얻기 위함이 아닙니다. 예수님은 우리의 죄의 문제를 해결하고 하늘로 승천하신 뒤에도 여전히 우리를 위해 중보하고 계십니다. 주님은 자신의 자녀를 잊지 않으시고, 버려두지 않으십니다. 고난 중에도 세상 끝날까지 함께하실 예수님을 바라보십시오. (딤전 2:5)

셋째, 예수님과 우리는 새로운 언약을 맺었습니다.
예수님은 우리의 불의를 긍휼히 여기시고 우리의 죄를 다시는 기억하지 않으십니다. 이것이 구원받은 자녀들과 하나님 사이에 예수님을 통해 새로 맺어진 언약입니다. 그리스도인에게 정죄함이 없는 것은 우리에게 이러한 새 언약이 영향을 미치고 있기 때문입니다. 그러나 죄의 용서가 죄의 허락을 뜻하는 것이 아니라는 사실을 잊지 않도록 조심하십시오. (고후 3:6)

오늘 본문을 통해 예수님과 우리의 관계에 대한 세 가지 교훈을 배웠습니다. 예수님은 언제나 우리와 함께 계시고 또한 우리를 위해 일하시고 계십니다. 우리가 말씀을 묵상하고 기도로 주님께 다가간다면 언제나 주님의 손길을 느끼며 살아가는 은혜의 복을 누릴 수 있게 됩니다.
오늘도 주님과 함께 호흡하며 동행하십시오.

주님! 더욱 감사하고 헌신하며 살게 하소서!

오늘 특별 적용	
오늘 특별 감사	

041

온전한 성도의 모습

히브리서 9장 1절부터 10절을 읽으십시오.
① 예법과 성소는 무엇을 위한 비유였는가?(9)
② 율법은 무엇을 위한 법인가?(10)

미국 탈봇 신학교의 학장인 마이크 윌킨스 박사는 자신의 부정한 과거에 대해서 솔직히 고백했습니다.

마이크 박사는 어린 시절부터 도벽을 하는 버릇이 있었습니다. 그리고 가게에서 사탕을 몇 봉지씩 훔쳤고, 발각되어 경찰서에 불려 간 적도 있지만 버릇이 고쳐지지는 않았습니다. 좀 더 자라 회사에 다니면서도 기회만 있으면 문서를 위조해 횡령을 하고 회사 비품을 챙기기 시작했습니다.

그는 그리스도인이었지만 여전히 도둑질을 멈추지 못했습니다. 그러던 그가 성경을 읽으면서 변화되기 시작했습니다. 그는 성경 말씀을 통해 자신을 향해 가르치는 것이 무엇이고 세상에서 어떤 모습으로 살아야 하는지에 대해서 깨달았습니다. 이후에 그는 도둑질을 완벽하게 그만두고 자신의 잘못을 고백하고 보상할 수 있는 모든 보상을 한 뒤에 새로운 삶을 시작했습니다.

말씀의 의미를 깨달을 때 마음과 삶이 변화됩니다. 하나님의 사랑을 깨달을 때 진리를 깨닫게 됩니다.

히브리서 9장 1절부터 10절에는 구약의 제사에 대한 말씀이 나와 있습니다. 구약의 제사는 속죄를 위해 반드시 필요한 것이었지만 제사 자체는 매우 불완전한 것이었습니다. 따라서 제사를 통한 속죄와 정결은 사람을 완전히 온전하게 만들지는 못했습니다. 우리는 오늘 본문을 통해 **성도를 온전하게 만드는 세 가지 모습**에 대해서 알아야 합니다.

첫째, 외적인 것에 머물지 말아야 합니다.

광야생활동안 성막을 세웠고, 때에 따라 제사를 드렸던 이스라엘 백성들은 겉으로 보이는 거룩함과 화려함에 마음이 빼앗겨 있었습니다. 그래서 그들은 모세가 눈에 보이지 않을 때 금을 녹인 송아지를 신상으로 세우고 경배를 하는 잘못을 범했습니다. 외형의 숭배를 넘어 마음으로 경배하는 신앙생활을

하십시오.(대하 16:9)

둘째, 담긴 의미를 깨달아야 합니다.
성막과 제사는 눈에 보이는 행위 이상의 의미를 담고 있었습니다. 그것이 세워진 이유는 하나님을 경배하기 위함이며 우리의 죄를 씻기 위함이었습니다. 그러나 그 안에 담겨진 의미를 깨닫지 못할 때에 하나님의 더 큰 은혜의 선물을 받지 못하게 됩니다. 율법의 문자에만 얽매였던 바리새인처럼 되지 말고 말씀 안에 담긴 하나님의 마음과 사랑을 깨달으십시오.(마 23:23-26)

셋째, 더 좋은 성소로 나아가야 합니다.
구약시대에 행해졌던 모든 거룩한 의식들은 예수님의 모형이자 그림자입니다. 따라서 이제 예수님이 오셨기 때문에 과거의 그림자는 모두 접어두고 진짜를 받아들이고 변화되어야 합니다. 외적인 것에 머무르고, 허례가 가득한 신앙은 율법에 메여 예수님을 배척했던 사람들처럼 더 좋은 성소로 나아가는 것을 방해합니다. 우리를 완전하게 하는 더 좋은 성소이신 예수님께로 나아오십시오.(요 4:23)

오늘 본문을 통해 성도를 온전하게 만드는 세 가지 모습에 대해서 배웠습니다. 우리는 오직 주님만을 동해 변화뇌고 온선해실 수 있습니다. 하나님의 말씀과 율법의 본래의 뜻을 깨달아 더욱 하나님과 친밀함을 유지하는 신앙생활이 이어져야 합니다.
오늘도 예수님을 통해서 기쁨을 누리십시오.

주님! 하나님의 말씀을 통해 온전하게 변화시켜주소서!

오늘 특별 적용	
오늘 특별 감사	

042

보혈의 축복

히브리서 9장 11절부터 22절을 읽으십시오.
① 구약의 제사가 더 이상 필요 없는 이유는 무엇인가?(12)
② 예수님으로만 구원 받을 수 있는 이유는 무엇인가?(22)

세계 3대 초콜릿인 '고디바'는 영국 중세 시대 여인의 이름에서 따온 것입니다.

약 11세기에 영국 중부 코벤트리의 영주가 백성들에게 무거운 세금을 매기고 있었습니다. 고디바는 이 영주의 부인이었는데 백성들이 매우 괴로워하고 있다는 사실을 알고는 세금을 내려 달라고 말하자 영주는 말했습니다.

"당신이 알몸으로 마을을 한 바퀴 돈다면 그렇게 하지."

고디바는 영주의 허락을 받기 위해 알몸으로 마을을 돌기로 했습니다. 이 소식을 들은 마을 사람들은 고디바가 마을을 돌기로 한 시간에는 모두 집에 들어가 커튼을 치고 아무도 보지 않기로 약속했습니다. 자신들을 향한 고디바의 헌신에 감격했기 때문입니다. 고디바는 약속된 시간에 실제로 마을을 돌았고 마을 사람들은 모두 약속을 지켰습니다.

때로는 한 사람의 희생이 많은 사람들에게 도움이 됩니다. 희생당하는 사람의 가치가 크고 귀할수록 도움도 크고 귀해집니다.

히브리서 9장 11절부터 22절에는 그리스도의 보혈에 대해서 기록되어 있습니다. 하나님의 독생자이신 그리스도의 보혈에는 모든 사람을 깨끗케 하고 변화시킬만한 능력이 있습니다. 그리스도인들은 예수님의 보혈의 은혜를 항상 생각하고 또 감격해야 합니다. 오늘 본문을 통해 우리는 **그리스도의 보혈로 인한 세 가지 축복**에 대해서 알 수 있습니다.

첫째, 보혈은 완전한 해결을 줍니다.

구약시대에 반복해서 제사를 드렸던 것은 죄의 문제를 해결하지 못해서였습니다. 죄의 대가는 죽음이기 때문에 대신 짐승이 피를 흘림으로써 하나님께 속죄했습니다. 그러나 그리스도가 우리를 위해 피 흘려 돌아가심으로 모든 사람의 죄를 덮고도 남을 능력이 우리에게 임했습니다. 우리의 죄를 해결하

신 그리스도의 은혜에 감사하십시오. (요 8:51)

둘째, 보혈은 새 언약의 보증이 됩니다.
예수님은 우리를 위해 피 흘려 죽으시고, 새로운 언약의 보증이 되셨습니다. 그 언약은 더 이상 죄가 우리에게 아무런 영향을 미치지 못하게 하는 완전한 자유의 언약입니다. 성찬의 떡과 포도주는 바로 이런 예수님을 기념하기 위한 의식입니다. 그리스도의 희생과 보혈을 믿는 사람들에게는 새로운 언약이 주어짐을 잊지 마십시오. (눅 22:20)

셋째, 보혈은 새로운 삶을 살게 합니다.
보혈로 인해 우리는 깨끗케 되었고, 변화되었습니다. 이전의 모습에서 완전히 새로워진 우리는 하나님의 자녀가 되었고, 예수님의 형제가 되었습니다. 이 모든 것이 예수님의 보혈의 능력에서 나온 것입니다. 하나님의 자녀로써, 영생과 충만한 복을 허락하신 주님께 감사하며 더욱 깨끗하고 거룩한 마음으로 주님을 섬기십시오. (엡 2:12-13)

오늘 본문을 통해 우리는 그리스도의 보혈로 인한 세 가지 축복에 대해서 배웠습니다. 예수님이 십자가에서 돌아가신 지는 2천 년이 넘었지만 주님의 십자가와 보혈의 능력은 앞으로도 영원까지 모든 사람들에게 적용되는 형언할 수 없는 은혜입니다.
오늘도 보혈을 힘입어 승리하십시오.

주님! 그리스도의 보혈의 의미를 마음속에 깨닫게 하소서!

오늘 특별 적용	
오늘 특별 감사	

043

예수님의 임재

히브리서 9장 23절부터 28절을 읽으십시오.
① 하나님의 구원의 계획은 언제를 위함인가?(26)
② 예수님의 재림은 누구를 위함인가?(28)

사랑에는 A, B, C, D, E, F, G가 있습니다.

A - Accept, 사랑은 상대방을 받아들여야 합니다.

B - Believe, 사랑은 상대방을 믿어야 합니다.

C - Care, 사랑은 상대방을 돌봐야 합니다.

D - Desire, 사랑은 상대방을 향한 소망이 있어야 합니다.

E - Erase, 사랑은 상대방의 허물을 지워야 합니다.

F - Forgive, 사랑은 상대방의 모든 잘못을 용서해야 합니다.

G - Give, 사랑은 자신의 귀한 것을 상대에게 주어야 합니다.

하나님의 구원과 예수님의 희생의 모든 이유는 바로 우리를 향한 사랑 때문입니다.

히브리서 9장 23절부터 28절에는 값진 제물에 대해서 기록되어 있습니다. 구약에 제사의 제물 된 짐승과 우리를 위해 화목제물이 되신 예수님과는 비교할 수 없는 무한한 차이가 있습니다. 예수님은 우리를 위해 돌아가실 이유가 전혀 없었지만 우리를 향한 사랑 때문에 그 일을 감당하셨습니다. 오늘 본문을 통해 **세상에 나타난 예수님의 세 가지 임재**에 대해서 배울 수 있습니다.

첫째, 우리의 죄를 위해 과거에 오셨습니다.

2천 년 전 이 땅에 오신 예수님의 임재는 화목 제물로써의 임재였습니다. 우리의 죄를 위해 예수님은 사람의 몸을 입고 오셨고, 십자가에 못 박혀 돌아가심으로 기꺼이 희생하셨습니다. 그리고 주님의 희생으로 인해 믿는 모든 사람들은 누구나 구원 받을 수 있게 되었습니다. 이미 예수님이 오셨기에 믿음으로 우리의 죄가 깨끗게 되었음을 기억하십시오. (요 16:28)

둘째, 우리의 중보를 위해 지금 와계십니다.

십자가에서 돌아가신 뒤 부활하시고 하늘로 승천하신 예수님은 하늘의 거룩한 성소에서 우리를 위해 기도하고 계십니다. 예수님을 믿고 영접하는 순간 우리의 이름은 생명책에 기록되어 있지만 이 땅에서의 사명을 잘 감당하고 방종하지 않기 위해서 지금도 성령님을 통해 우리를 인도하고 계십니다. 성령님의 인도하심을 따름으로 주님과 동행하십시오.(롬 6:1-2/ 요일 2:1-2)

셋째, 우리의 영생을 위해 미래에 다시 오십니다.

세상의 마지막 날에 주님은 진정한 주님으로써 세상에 다시 오십니다. 예수님은 세상의 모든 악을 멸하고, 모든 피조물에 대한 하나님의 통치권을 회복하시고, 주님을 믿는 성도들을 구원하시러 다시 오십니다. 예수님의 재림을 통해 구원이 완성되고 성화가 완전하게 이루어집니다. 다시 오실 주님을 기다리며 신앙을 바르게 세우십시오.(고전 11:26)

오늘 본문을 통해 세상에 나타난 예수님의 세 가지 임재에 대해서 배웠습니다. 예수님은 이미 오셨고, 지금도 와서 계시며, 미래에 분명히 오실 것입니다. 주님의 세 가지 임재가 있지 않고서는 모든 믿음과 신앙생활은 아무런 의미도 없다는 것을 진리인 성경은 분명히 전하고 있습니다.
오늘도 주님을 맞이하는 자세로 살아가십시오.

주님! 부끄럽지 않은 하나님의 자녀로 살아가게 하소서!

오늘 특별 적용	
오늘 특별 감사	

044

새로운 약속의 완전성

히브리서 10장 1절부터 18절을 읽으십시오.
① 율법을 폐한 것은 무엇을 위한 것인가?(9)
② 새로운 언약은 언제부터 효력이 발휘되는가?(14,16)

세계의 명작으로 꼽히는 '독일인의 사랑' 의 저자 막스 뮐러는 자신이 체험한 구원의 순간을 다음과 같이 표현했습니다.

"부활절 날 아침, 교회 탑의 십자가를 바라보는 저에게 한 줄기 광선이 비추이기 시작했습니다. 태양보다 밝은 그 빛을 저는 쳐다볼 수가 없었습니다. 그 빛은 점점 저에게로 내려와 온몸을 감싸고 영혼 깊숙이까지 스며 들어왔습니다. 잠시 시간이 멈춘 듯한 느낌이 들었고, 내 안의 모든 것이 빛나고 향기로워지기 시작했습니다. 새로운 생명이 다시 내 안에서 피어난 느낌이 들었고, 내가 변화되었다는 사실을 분명히 느낄 수가 있었습니다. 지금도 저는 그 때의 순간이 단순한 감정의 변화가 아니라 하나님을 통해 받은 구원의 순간이었다는 사실을 확신할 수 있습니다."

구원은 우리가 바라고 상상하는 좋은 것 이상의 것입니다. 구원은 예수님을 향한 믿음을 가진 모든 성도들에게 일어나는 체험이자 변화입니다.

히브리서 10장 1절부터 18절에는 신약의 완전성에 대해서 나와 있습니다. 예수님이 오시기 전의 성경은 구약(오래된 약속)이지만, 예수님이 오신 뒤로부터의 성도들은 완전한 신약(새로운 약속)에 의해서 살아가게 됩니다. 우리는 오늘 본문을 통해 **구약과 신약에서 드려지는 제사의 세 가지 차이**에 대해서 알 수 있습니다.

첫째, 구약은 죄의 임시방편이고, 신약은 죄의 해결책입니다.

구약의 제사는 제사를 드릴 때에만 그 효력이 유효했고, 이것은 죄를 해결한 것이 아니라 잠시 죄를 덮어둔 것과 같았습니다. 그러나 예수님이 십자가에 달려 '다 이루었다' 고 하신 말씀에는 구약의 임시방편을 넘어서 완전한 해결책을 제시한 의미가 담겨있습니다. 우리 죄를 완전히 용서하기 위해 죽음 당하신 주님을 기억하십시오. (요 19:20)

둘째, 구약은 반복해야 하나, 신약은 한 번에 끝납니다.

구약의 제사와 바쳐지는 제물은 모두 불완전한 것이었습니다. 따라서 죄를 덮기 위해 계속해서 반복해야 했습니다. 그러나 하나님의 아들이신 예수님이 화목제가 되심으로 이 모든 문제를 단번에 끝내셨습니다. 고행과 노력으로 인해 자신을 구원하려고 노력하지 말고 믿는 순간에 구원이 이미 이루어졌음을 깨달으십시오.(롬 3:25)

셋째, 구약의 효력은 잠시지만, 신약의 효력은 영원합니다.

구약의 제사는 임시방편이었기 때문에 효력도 잠시였고, 반복해야 했습니다. 그러나 신약의 제사는 고귀한 예수님의 희생으로 완전히 드려졌기 때문에 더 이상 하나님은 번제와 속제죄를 필요로 하지 않으시게 되었습니다. 이미 모든 죄를 용서하신 하나님의 은혜를 믿음으로 받기만 하십시오.(골 1:20)

오늘 본문을 통해 구약과 신약에서 드려지는 제사의 세 가지 차이에 대해서 배웠습니다. 구약의 율법은 하나님의 구원의 계획과 과정을 이해하기 위해 필요한 것이지 오늘날에도 똑같이 지키기 위해서 있는 것이 아닙니다. 죄의 문제와 하나님의 방법에 대해서 이해함으로 온전히 주님의 은혜 안에 거하십시오.

오늘도 하나님의 은혜로 인한 자유를 누리십시오.

주님! 하나님을 향한 마음의 모든 죄책감을 버리게 하소서!

오늘 특별 적용	
오늘 특별 감사	

045

능력안의 생활

히브리서 10장 19절부터 25절을 읽으십시오.
① 우리가 하나님의 성소에 나아갈 수 있는 이유는 무엇인가?(19)
② 성도들은 서로를 어떻게 대해야 하는가?(24,25)

미국에 헨리 터너라는 변호사가 있었습니다.

헨리는 자신이 맡은 사건은 수단과 방법을 가리지 않고 승소 판결을 받아냈습니다. 그의 실력은 매우 유명해서 아주 비싼 수임료에도 불구하고 많은 사람들이 그를 찾았습니다. 그러다 하루는 집으로 가는 길에 강도를 만나 총에 맞는 일이 일어났습니다. 다행히 생명은 건졌지만 그는 기억상실증에 걸렸고, 이후에 기억을 찾기 위해 자신에 대한 기록과 맡았던 사건들을 찾아보면서 자신이 어떤 사람이었는지를 떠올리기 시작했습니다. 하지만 사건 관련 기록을 찾아보던 중 자신이 지금까지 승소를 위해 많은 증거들을 조작했다는 사실을 알게 되고는 더 이상 자신의 기억을 찾지 않고 피해자들을 찾아다니며 용서를 구했습니다. 죽을 고비로 인해 회심의 기회가 주어졌고, 헨리는 그 기회를 놓치지 않았습니다.

헨리가 기억상실증을 통해 자신의 잘못을 깨닫고 새로운 삶을 살게 되었듯이 모든 사람들은 주님의 사랑과 죽음을 통해 죄를 깨닫고 새로 태어나게 됩니다.

히브리서 10장 19절부터 25절에는 그리스도의 능력 속에서의 생활에 대해 나와 있습니다. 히브리서의 처음부터 10장 18절까지는 히브리서의 전반전인 예수님의 중보자적인 사명에 대해서 나와 있고 이제 본문 19절부터는 후반전으로 그리스도를 통한 믿음의 생활에 대한 부분들이 나옵니다. 오늘 본문을 통해 **그리스도의 능력으로 변화되는 세 가지 삶의 모습**에 대해서 알 수 있습니다.

첫째, 하나님의 약속을 믿고, 흔들리지 않습니다.

하나님은 어제나 오늘이나 동일하신 분입니다. 하나님의 약속은 천지가 개벽해도 변하지 않고 언제나 그대로 이루어집니다. 이런 하나님을 믿는 성도들은 어떤 상황에서도 믿음이 흔들리지 않고 의연해야 합니다. 흔들림없는 마음과 온전한 믿음으로 하나님의 약속의 성취를 받으십시오.(약 5:8)

둘째, 이웃을 챙기며 사랑과 선행을 실천합니다.
사랑이 중요한 이유는 사랑은 모든 선한 행동의 실천이기 때문입니다. 물론 남에게 인정받고 칭찬을 듣기 위해 선행을 할 수도 있지만 진정한 선행은 보답을 바라지 않는 사랑으로 인해 나옵니다. 주님의 사랑이 우리 마음에 가득할 때 저절로 이웃을 챙기며 선행을 베풀게 됩니다. 사랑이 율법의 완성이라는 말씀을 기억하십시오.(살후 2:17)

셋째, 하나님의 나라를 구하며 모이기를 힘씁니다.
마귀는 말세가 다가올수록 사회를 분열시키고 성도와 교회들을 이간하여 서로 멀어지게 합니다. 혼란한 시대일수록 하나님의 성도들은 서로 모이기를 힘쓰며 지혜롭게 권면하며 마지막 때를 슬기롭게 준비해야 합니다. 개인주의와 이기주의를 넘어서 서로 믿어주고 이끌어주며 세워주는 성도들이 되십시오.(마 6:33/ 딤후 3:1-5)

오늘 본문을 통해 그리스도의 능력으로 변화되는 세 가지 삶의 모습에 대해서 배웠습니다. 사람은 자신의 능력으로도 성공할 수 있고 변화될 수도 있습니다. 그러나 기쁨이 언제나 넘치는 진정한 내면의 변화는 오직 주님의 능력을 통해서만 일어날 수 있습니다.
오늘도 주님의 능력이 넘치는 삶을 경험하십시오.

주님! 언제나 주의 발자취를 따라가게 하소서!

오늘 특별 적용	
오늘 특별 감사	

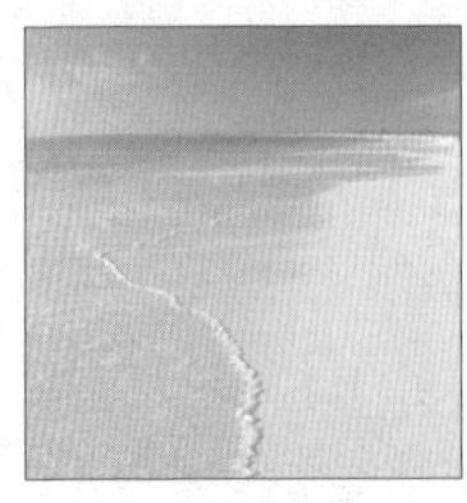

046

복음의 거절

히브리서 10장 26절부터 31절을 읽으십시오.
① 인류의 마지막 구원의 기회는 무엇인가?(26)
② 지옥의 형벌이 존재하는 이유는 무엇인가?(29)

랜디 포시 교수는 시한부 인생을 선고받고 학생들에게 해주고 싶은 말을 마지막 강의를 통해 전했는데, 그 중 기초에 대해서 다음과 같이 말했습니다.

"저는 대학교수로 있으면서 많은 학생들이 당장의 성과를 위해 기초를 무시하는 일을 수도 없이 보아 왔습니다. 그러나 여러분은 반드시 기초부터 익혀야 합니다. 기초, 기초를 익히지 않으면 그 어떤 화려한 것도 제대로 해낼 수가 없습니다."

미국 대학 농구 사상 최고의 코치로 꼽히는 존 우든은 자신의 성공비결에 대해 말했습니다.

"어떤 선수들을 만나든지 저는 먼저 신발과 양말을 제대로 신으라고 가르칩니다. 경기를 시작하기에 앞서 가장 중요하고 기본적인 일이 바로 신발과 양말을 신는 일입니다."

기초가 튼튼하지 않으면 무엇이든지 바로 설 수가 없습니다. 모든 신앙과 믿음의 기초인 복음도 튼튼히 바로 세워야 합니다.

히브리서 10장 26절부터 31절에는 복음의 거절에 대한 말씀이 기록되어 있습니다. 율법을 어긴 사람도 때에 따라서는 사형이랑 중형을 받아야 했지만, 예수님의 복음을 거절한 사람에게는 영원한 형벌을 받게 되는 더욱 무서운 일이 일어납니다. 우리는 본문을 통해 **복음을 벗어나지 않는 삶의 세 가지 교훈**을 알아야 합니다.

첫째, 복음은 반드시 필요한 것입니다.

복음은 믿으면 좋고, 아니어도 그만인 선택사항이 아닙니다. 우리가 살아 있는 동안에는 복음을 거절한 결과가 나타나지 않기 때문에 이런 나태한 생각을 가지는 것은 큰 잘못입니다. 하나님이 우리가 죽을 때까지 복음을 거절한 형벌을 나타내지 않으시는 것은 영생이 걸린 중요한 문제이고 마지막까지 우

리를 포기하지 않으시기 때문입니다. 복음의 중요성을 깨닫고 언제나 복음 안에 거하십시오.(갈 2:5)

둘째, 죄에 빠지지 않도록 조심해야 합니다.
죄는 성도들을 복음에서 멀어지게 만듭니다. 죄에 빠진 성도들은 무엇과도 비교할 수 없을 만큼의 비참함을 느끼는데, 이런 현상이 반복될수록 죄에 대한 감정이 점점 무뎌져서 점점 죄를 습관적으로 짓게 됩니다. 또한 진리를 가리는 잘못된 교리들도 죄만큼 심각한 문제들입니다. 진리를 떠나지 말고 마음과 영혼을 깨끗하게 관리하십시오.(시 32:3-4)

셋째, 죄를 자백해야 합니다.
그리스도인도 물론 죄를 지을 수는 있습니다. 그러나 우리가 죄를 자백하면 곧 하나님과의 관계가 회복 되지만, 하나님을 두려워하지 않는 죄의 반복은 하나님을 기만하는 것입니다. 이런 사람에게는 삶에 어려운 일들이 일어 날 수 있습니다. 잘못이 깨달아 졌을 때 하나님께 바로 자백해 하나님과 평화하십시오.(요일1:9)

오늘 본문을 통해 복음을 벗어나지 않는 삶의 세 가지 교훈을 배웠습니다. 구원을 받은 그리스도인이라도 진리에서 빗어나거나 하나님을 두려워하지 않을 때 다시 잘못된 타락의 길로 빠질 수가 있게 됩니다.
오늘도 죄와 멀어지고 죄에 물들지 마십시오.

주님! 죄에 대해서 민감하게 반응하는 성도가 되게 하소서!

오늘 특별 적용	
오늘 특별 감사	

047

멸망에서 벗어나는 지혜

히브리서 10장 32절부터 39절을 읽으십시오.
① 고난 중에 잊지 말아야 할 것은 무엇인가?(35)
② 어떤 확신으로 인해 실족을 막을 수가 있는가?(38,39)

탈무드에 나오는 지혜 있는 사람의 7가지 특징입니다.

1. 자기보다 지혜로운 사람 앞에서는 말하지 않는다.
2. 다른 사람의 말을 가로채 끼어들지 않는다.
3. 다른 사람의 말에 귀를 기울여 경청한다.
4. 적절한 질문을 하고 적절한 대답을 한다.
5. 쉽게 이해할 수 있도록 조리있게 말한다.
6. 모르는 것에 대해서는 모른다고 말한다.
7. 자신의 생각과 다를지라도 적당한 근거가 있다면 인정한다.

그러나 무엇보다도 지혜로운 사람은 하나님을 인정하고 하나님의 계획에 순종하는 사람입니다.

히브리서 10장 32절부터 39절에는 믿음에 대한 권면이 기록되어 있습니다. 하나님이 기뻐하시는 것은 우리의 믿음이고, 의인의 모든 박해를 이길 힘 또한 믿음에서 오는 것입니다. 우리는 오늘 본문을 통해 **멸망의 길에서 벗어나는 세 가지 지혜**에 대해서 배워야 합니다.

첫째, 과거의 승리를 기억해야 합니다.

구약의 선지자 엘리야는 이세벨의 위협에 도망치다 지쳐 로뎀나무 아래서 하나님께 죽기를 구했습니다. 그러나 방금 전 엘리야는 갈멜산에서 아세라 선지자들을 상대로 승리를 거두고 온 상태였습니다. 극심한 어려움 속에서 지금까지의 하나님의 손길을 잊을 수도 있습니다. 그러나 앞으로도 인도하실 하나님을 바라보십시오.(왕상 18:20-19:7)

둘째, 담대하고 인내해야 합니다.

주님에 대한 확신이 있을 때 우리는 의기소침하지 않고 담대한 정신을 가질 수 있습니다. 또한 주님의 약속에 대한 소망이 있을 때 잠깐의 어려움과 고난이 아무리 강할지라도 요동하지 않고 참아낼 수 있습니다. 우리의 모든 것을 아시고 가장 좋은 길로 인도하실 하나님을 믿으십시오.(롬 5:4)

셋째, 더욱 더 믿음을 붙들어야 합니다.

'의인은 믿음으로 살리라' 는 본문의 말씀은 구약의 하박국서에서 인용된 것입니다. 로마서는 의인에 대해서 말했고, 갈라디아서는 성도의 삶을 말했습니다. 그리고 히브리서는 믿음에 대해서 말하고 있습니다. 결론적으로 우리는 구원을 받았을 때에도 고난이 찾아올 때에도 언제나 믿음으로 살아가야 합니다. 힘들 때일수록 더욱 더 믿음을 붙드십시오.(딤전 6:11)

오늘 본문을 통해 멸망의 길에서 벗어나는 세 가지 지혜에 대해서 배웠습니다. 하나님 안에 거하고 있는 성도들에게는 사실 멸망의 길이란 없습니다. 단지 잠시 스쳐가는 고난에 실족하지 말고 고난 뒤에 더 환한 길을 비춰주실 주님을 의지하십시오.

오늘도 믿음과 인내로 모든 고난을 이겨내십시오.

주님! 바른 결승점을 향해 달려가는 삶이 되게 하소서!

오늘 특별 적용	
오늘 특별 감사	

048

진정한 믿음

히브리서 11장 1절부터 3절을 읽으십시오.
① 믿음이 뜻하는 것은 무엇인가?(1)
② 믿음의 능력은 무엇을 통해 알 수 있는가?(2,3)

아돌프 루프라는 미국의 농구 감독이 있었습니다.

그는 자신의 손을 거치면 누구라도 훌륭한 선수가 될 수 있다고 늘 말을 하고 다녔습니다. 그의 자신감과 기고만장함을 꺾고 싶었던 한 기자가 그 말이 사실이라면 어떤 후보 선수를 전 국민이 알 수 있는 스타로 만들 수도 있냐고 물었고, 아돌프는 흔쾌히 가능하다고 말했습니다.

아돌프는 다음날 아침 스포츠 기자가 말한 후보 선수를 불러서 "앞으로 자네의 별명은 국가대표 센터라네."라고 말한 뒤 다른 모든 코치와 선수들에게도 그를 같은 별명으로 부를 것을 명령했습니다. 그 선수는 점점 자신감을 가지고 실력이 일취월장했고, 언론과의 인터뷰에서도 아돌프는 그 선수의 이름 대신 '국가대표 센터' 라고 별명을 말했습니다. 곧 모든 언론과 국민들도 그 선수를 '국가대표 센터' 라고 말하기 시작했습니다. 그리고 새로운 별명으로 불린 지 2년이 지나자 그는 진짜 국가대표 센터로 선발이 되었습니다.

흔들림없는 믿음과 신념이 사람의 마음에 심겨진다면 그 어떤 일이라도 이룰 수 있습니다. 그러나 그 무엇보다도 값진 믿음은 바로 하나님을 향해 성장하고 소망하는 믿음입니다.

히브리서 11장 1절부터 3절에는 믿음의 정의에 대해서 나옵니다. 히브리서 11장은 '믿음의 장' 이라고도 불리는데 먼저 믿음이 무엇인지에 대해서 정확히 정의가 되어 있습니다. 우리는 오늘 본문을 통해 **믿음의 세 가지 성격**에 대해서 살펴볼 수 있습니다.

첫째, 바라는 것들의 실상입니다.

'실상' 이라는 말의 뜻은 '아래로부터 받혀준다' 는 뜻입니다. 믿음은 바라는 것들의 기초로써 그 바라는 것들을 실제로 이루어지게 만들어줍니다. 마가복음 11장에서 예수님이 말씀하셨던 '구하는 것은 받은 줄로 믿으라' 는 말씀과

도 일맥상통합니다. 믿음을 통해 구하는 것을 받으십시오. (막 11:24)

둘째, 보지 못하는 것들의 증거입니다.
신실한 친구의 말은 우리에게 믿음을 줍니다. 우리가 가보지 못한 곳이 있더라도 신실한 친구가 그곳에 대해서 말해준다면 우리는 그 친구로 인해 그곳에 대해서 알게 됩니다. 그리고 우리 역시 그곳에 가보지 않았지만 다른 사람들에게 그곳이 어떤 곳인지 전할 수 있게 됩니다. 성경을 통해 우리가 진리를 아는 것과 또한 전할 수 있는 원리도 이와 같습니다. 잘못된 관념을 깨고 믿음을 통해 진리를 깨우치십시오. (롬 3:21)

셋째, 믿음의 대상은 하나님입니다.
믿음은 그 자체만으로도 강력한 힘을 냅니다. 플라시보 효과로 병이 치료되듯이, 강력한 믿음은 한 사람의 인생을 바꾸기도 하고, 세상을 바꾸기도 합니다. 그러나 영혼을 구원하는 능력은 오직 하나님을 향한 믿음으로부터만 옵니다. 부와 성공을 위한 믿음이 아니라 나를 위해 희생하신 예수님을 향한 믿음을 가지십시오. (고후 1:9)

오늘 본문을 통해 믿음의 세 가지 성격에 대해서 배웠습니다. 믿음의 성격과 능력, 대상에 대해서 확실히 알아야 올바른 믿음을 가질 수 있고 올바른 신앙을 가질 수 있습니다. 오늘 본문을 통해 자신의 믿음을 확실히 점검해보는 시간을 가지십시오.
오늘도 날 구원하신 하나님을 위해 믿음의 삶을 살아가십시오.

주님! 믿음으로 하나님을 올바로 깨닫게 하소서!

오늘 특별 적용	
오늘 특별 감사	

049

믿음의 위인들

히브리서 11장 4절부터 7절을 읽으십시오.
① 아벨의 제사가 가인보다 나은 이유는 무엇인가?(4)
② 믿음이 신앙에 필요한 이유는 무엇인가?(6)

'한국 기독교 순교자 기념관' 입구에는 주 기철 목사님의 유언 설교인 '고난의 명상' 이 비에 기록되어 있습니다.

"주님을 위해 오는 고난 내가 이제 피하였다가, 이 다음에 무슨 낯으로 주님을 대하오리까? 주님을 위하여 이제 당하는 수욕을 내가 피하였다가 이 다음 주님이 '너는 평안과 즐거움만 누리고 고난의 잔은 어찌하고 왔느냐? 고 물으시면 나는 무슨 말로 대답하리오! 주님을 위하여 오는 십자가를 내가 이제 피하였다가 이 다음 주님이 '너는 나의 십자가를 어디에 두고 왔는고? 라고 물으시면 나는 무슨 말로 대답하리오!'

하나님을 위해 순교한 사람들은 미련하고 고지식한 사람들이 아니라, 주님을 향한 믿음과 사랑을 세상의 즐거움과 평안보다도 더욱 귀하게 여겼던 사람들이었습니다.

히브리서 11장 4절부터 7절에는 믿음의 사람인 아벨과 에녹과 노아에 대해서 기록되어 있습니다. 믿음의 위인들은 모두 어려운 세태에도 하나님을 기쁘시게 했다는 공통점이 있었는데, 오늘 날의 성도들에게도 마찬가지의 자세가 필요합니다. 오늘 본문을 통해 **올바른 믿음을 지닌 신앙의 위인 세 명에** 대해서 알 수 있습니다.

첫째, 믿음으로 예배를 드린 아벨입니다.
아벨이 가인의 제사보다 인정을 받은 것은 믿음때문이었습니다. 창세기 4장 4절에는 하나님이 아벨의 제물이 아니라 아벨과 그 제물을 기쁘게 받으셨다고 나와 있습니다. 아벨은 가장 귀한 양의 첫 새끼를 하나님께 드렸는데 이것은 아벨의 예배 자세에 대해서 알려줍니다. 아벨처럼 항상 최선을 다한 예배를 하나님께 드리십시오.(창 4:4/ 롬 12:1)

둘째, 믿음으로 하나님과 동행한 에녹입니다.
에녹은 죽음을 경험하지 않고 승천하여 하늘나라에 갔습니다. 에녹은 65세에 '그가 죽으면 심판이 있으리라' 는 예언적 이름의 무드셀라를 낳고는 하나님의 경고의 메시지를 깨닫게 된 뒤에, 믿음의 삶을 살기 시작했고, 하나님과 동행하였습니다. 믿음으로 살며 하나님과 동행하는 삶을 체험하십시오.(창 5:24)

셋째, 믿음으로 순종한 노아입니다.
노아는 '비' 를 본 적도 없었고, 무엇인지 알지도 못했지만 믿음으로 하나님께 순종해 큰 배인 방주를 지었습니다. 사람들은 있지도 않은 비를 대비하는 노아를 어리석다고 욕하고 즐기는 데에만 정신이 팔렸지만 사람들은 멸망했고, 노아와 식구들은 구원을 받았습니다. 누가 뭐라해도 하나님의 부르심에 순종으로 응답하십시오.(창 5:32, 6:18, 7:11)

오늘 본문을 통해 올바른 믿음을 지닌 신앙의 위인 세 명에 대해서 배웠습니다. 성경에 나온 신앙의 위인들을 통해 우리는 감탄할 뿐만 아니라 도전받아야 하고, 동화되어야 합니다. 성경의 위인들을 깊이 묵상하고 그로 인해 하나님을 더욱 깨달아야 합니다.
오늘도 하나님의 선하심을 깨달음으로 충만한 믿음을 가지십시오.

주님! 믿음의 위인들처럼 하나님을 기쁘시게 하는 삶을 살게 하소서!

오늘 특별 적용	
오늘 특별 감사	

050

그리스도인의 본향

히브리서 11장 8절부터 19절을 읽으십시오.
① 아브라함은 무엇을 믿고 본토를 떠났는가?(10)
② 아브라함이 이삭을 바칠 수 있었던 믿음은 무엇인가?(19)

몇 십 년 전 시베리아 지역에 솔제스키라는 청년이 군 입대를 하게 되었습니다.

당시 공산주의체제였던 러시아에서는 기독교를 믿는 것이 허락되지 않았는데, 독실한 기독교인이었던 솔제스키는 암암리에 자신의 동료들에게 복음을 전하고 밤에 몰래 성경을 읽었습니다. 그러나 동료의 밀고로 기독교인이라는 사실이 발각되었고, 상부로부터 복음을 전하지 말고, 종교행위도 하지 말라고 명령을 받았습니다. 그러나 그는 아랑곳하지 않고 계속해서 복음을 전했습니다. 구타와 가혹행위에도 끄떡없었습니다. 그러자 결국 러시아 군부는 솔제스키에게 고문을 하기 시작했습니다. 성경을 볼 수 없게 손을 자르고, 귀도 자르고 눈도 멀게 만들었습니다. 그래도 복음을 전하자 나중에는 혀를 잘라 말을 못하게 만들었습니다. 결국 참담한 몰골로 솔제스키는 죽음을 맞았지만 임종 시 그의 모습은 마치 천사와도 같은 미소를 짓고 있었다고 합니다. 우리의 본향은 천국이고, 이 땅에서는 잠시 머물 뿐이라는 사실을 알 때, 고난 중에도 담대함으로 생의 마지막까지 정말로 기뻐할 수 있습니다.

히브리서 11장 8절부터 19절에는 아브라함과 사라에 대한 말씀이 기록되어 있습니다. 성경을 대표하는 믿음의 사람인 아브라함은 본향보다도 좋은 곳을 보내주실 하나님을 믿고 외국인과 나그네의 삶을 살았습니다. 우리는 오늘 본문을 통해 **하늘 본향을 바라보며 사는** 그리스도인의 세 가지 특징에 대해서 알 수 있습니다.

첫째, 듣는 귀를 가지고 있습니다.
성도의 이 땅에서의 삶은 순례자의 삶입니다. 우리는 본향을 향해가고 있는 사람들이기 때문에 그곳으로 우리를 인도하시는 하나님의 말씀을 들을 줄 알아야 합니다. 아브라함이 적지 않은 나이에 안정된 고향을 떠나 하나님의 축복을 받을 수 있었던 것도 하나님의 말씀을 들을 줄 아는 귀를 가졌기 때문입니다. 하나님의 말씀으로 믿음을 가지십시오.(롬 10:17)

둘째, 순종하는 발을 가지고 있습니다.
성도들의 시민권은 이 땅의 나라에 있지 않고 하늘에 있습니다. 순례자는 목적지를 찾아가기 위해서 끊임없이 움직여야 하고, 한 곳에 정착해서는 안 됩니다. 세상에서 영원히 살 것처럼 부를 축적하고, 현실에 안주하며 욕심을 부리는 사람들은 잘못된 신앙생활을 하는 것입니다. 세상의 것에 집착하지 말고 천성을 향해 나아가는 순례자가 되십시오.(롬 10:15)

셋째, 준비된 입과 마음을 가지고 있습니다.
경건한 삶을 위해서는 하나님을 바라보며 집중해야 합니다. 하늘의 영광을 바라보고 사모할 때 세상의 영광과 쾌락에서 눈을 돌려 경건한 삶을 살 수 있습니다. 또한 우리가 삶속에서 느낀 하나님의 임재를 다른 사람에게 전해야 합니다. 뒤를 생각하지 않고 떠났던 아브라함처럼 주님의 말씀을 따르십시오.(고전 9:16)

오늘 본문을 통해 하늘 본향을 바라보며 사는 그리스도인의 세 가지 특징에 대해서 배웠습니다. 세상이 잠깐 지나가는 곳임을 알고 하늘나라를 위한 삶을 살 때에 이 땅에서의 인생도 더욱 귀하고 값지고 즐겁게 살 수 있습니다. **오늘도** 믿음의 행진을 하는 순례자가 되십시오.

주님! 하나님을 의지함으로 믿음의 기적을 보게 하소서!

오늘 특별 적용	
오늘 특별 감사	

051

믿음의 위인들

히브리서 11장 20절부터 22절을 읽으십시오.
① 믿음은 미래에 대해 어떤 역할을 하는가?(20)
② 믿음은 죽음의 순간에 어떤 역할을 하는가?(22)

이스라엘의 행정수도에는 이스라엘 박물관이 있습니다.
이스라엘에 대한 여러 유물과 자료들이 모여 있는 이 박물관의 입구에는 누구나 볼 수 있게 세 줄의 큰 글씨가 새겨져 있습니다.
「- 과거를 기억하라.(To remember the past)
 - 현재를 살라.(To live the present)
 - 미래를 확신하라.(To trust the future)」
성도들이 성경을 통해 알아야 할 것도 이와 같습니다. 하나님의 계획이 임한 과거를 기억하고, 성령님이 인도하시는 현재를 살아가고, 주님이 다시 오실 미래를 확신하는 것입니다.

히브리서 11장 20절부터 22절에는 죽음의 위협을 극복한 신앙의 위인들이 나옵니다. 이삭과 야곱과 요셉은 죽음에 직면하면서도 흔들림 없는 믿음으로 하나님께 순종했습니다. 그리고 그 결과 이들 모두는 하나님으로부터 넘치는 축복을 받았습니다. 우리는 오늘 본문에 나오는 위인들을 통해 **믿음에 대한 실제적인 세 가지 교훈**을 얻을 수 있습니다.

첫째, 평범한 사람도 믿음의 사람이 될 수 있습니다.
이삭은 자신의 아버지와 아들에 비해서 성경에 훨씬 적게 기록되어 있습니다. 게다가 어수룩하게 야곱에게 속아서 장자의 축복까지 잘못하는 실수를 저질렀지만 그런 모든 상황 속에서도 자기 후손을 통해 어떻게든 하나님의 약속이 성취될 것이라는 사실을 믿었습니다. 능력이 아니라 믿음으로 하나님의 약속을 받으십시오.(창 47:9)

둘째, 신실하지 못한 사람도 믿음의 사람이 될 수 있습니다.
야곱의 어린 시절은 약삭빠르고 전략적이었습니다. 야곱은 물론 에서의 동의 하에 축복권을 샀지만 그것을 쟁취하기 위한 수단과 방법을 가리지 않았습니다. 그리고 그 영향으로 세파에 휩쓸려 무상한 세월을 보냈지만 그 과정을 통해 하나님의 약속을 깨닫고, 그것을 죽을 때까지 잊지 않았습니다. 때에 맞게 우리를 변화시킬 하나님의 은혜를 구하십시오.(창 27:36)

셋째, 약속을 보지 못한 사람도 믿음의 사람이 될 수 있습니다.
요셉이 이집트에서 임종을 맞던 때에는 아브라함 때로부터 200년이란 시간이 지난 후였습니다. 요셉 역시 하나님의 약속이 성취되는 것을 보지 못하고 죽기 직전이었으나 그는 의심하지 않고 자신의 무덤을 출애굽 한 뒤 이장해달라고 부탁했습니다. 하나님을 향해 평생 흔들림 없는 믿음을 가지십시오.(창 15:12-16/ 출 13:19)

오늘 본문을 통해 믿음에 대한 실제적인 세 가지 교훈을 배웠습니다. 하나님의 계획은 모든 시대를 통해 지속적으로 이루어지고 있습니다. 약속의 성취를 의심하지 않는다면 우리는 하나님의 계획의 소중한 도구로 사용되어지고, 또한 그로 인해 성취되는 기쁨에도 참예할 수가 있습니다.
오늘도 변치 않는 믿음으로 주님을 신뢰하십시오.

주님! 한결같은 믿음과 소망으로 주님을 위해 살아가게 하소서!

오늘 특별 적용	
오늘 특별 감사	

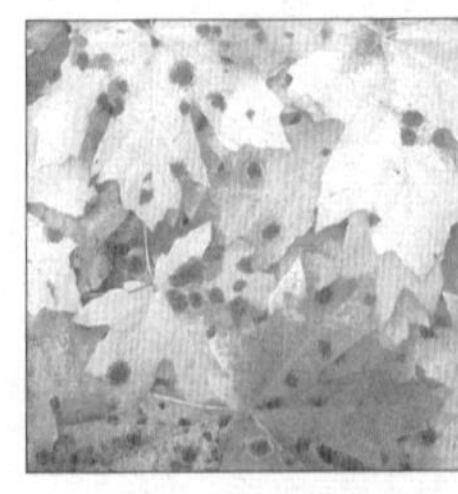

052

모세의 믿음

히브리서 11장 23절부터 29절을 읽으십시오.
① 모세의 선택은 무엇에 의지한 것인가?(24-26)
② 하나님을 시험하는 자의 최후는 어떠한가?(29)

스펄전 목사님의 교회에서 돌보는 고아들이 있었습니다.

목사님은 다른 지역의 성도들에게 고아들을 위한 300파운드의 기금을 기부 받았는데, 받은 다음 날 기도 중에 그 돈을 조지 뮬러에게 가져다 주라는 성령님의 감동을 받았습니다. 목사님은 바로 되물었습니다.

'주님, 하지만 저희가 돌보는 고아들도 보살핌이 필요한데요?'

그러나 어떤 감동도 오지 않았습니다. 아이들을 위해 당장 필요한 돈이었지만 목사님은 순종하기로 하고 조지 뮬러를 찾아가 300파운드를 주었습니다. 그런데 조지 뮬러가 돈을 받으며 놀라운 고백을 했습니다.

"목사님, 제가 300파운드를 위해 기도하고 있는 줄 어떻게 아셨습니까?"

그리고 집에 돌아온 스펄전 목사님은 더욱 놀라운 경험을 했습니다. 사무실의 책상에는 300파운드가 들어있는 편지가 놓여 있었습니다.

하나님의 음성에 순종할 때에 하나님의 방법과 기적이 임합니다. 우리의 이성과 현실에 대한 두려움을 이겨낼 때 하나님의 섭리를 체험하게 됩니다.

히브리서 11장 23절부터 29절에는 모세와 가족들에 대한 말씀이 기록되어 있습니다. 모세는 믿음으로 자라 왕자의 자리도 거절하고 하나님의 부름을 따랐는데, 그를 낳은 부모 역시 믿음의 사람이었다고 성경은 말하고 있습니다. 우리는 오늘 본문을 통해 **모세의 가정에서 알 수 있는 믿음에 대한 세 가지 교훈**을 배울 수 있습니다.

첫째, 믿음은 두려움을 이겨냅니다.

모세의 부모는 담대한 믿음의 사람들이었습니다. 이집트에서 노예 생활을 하며 왕명을 어긴다는 것은 목숨을 내놓은 것이나 마찬가지였습니다. 이런 위험을 감수하며 하나님의 뜻을 따라 모세를 낳고 또한 위험해질 상황까지 길렀다는 사실은 모세의 부모였던 아므람과 요게벳의 담대함을 말해줍니다. 믿

음으로 모든 두려움을 이겨내십시오. (시 56:3)

둘째, 믿음은 참된 것을 위해 결단하게 합니다.
이집트 공주의 양자로 길러진 모세는 무엇 하나 모자랄 것이 없는 최고의 환경에 있었습니다. 그대로 보장된 권리만 누리며 더 이상 어떤 노력을 하지 않아도 인생의 끝까지 사치와 향락을 누릴 수 있었습니다. 그러나 세상의 모든 보화라 할지라도 하나님께 쓰임 받는 기쁨과는 비할 바가 안 됩니다. 진정 값진 것을 위해 결단할 줄 아는 성도가 되십시오. (잠 14:16)

셋째, 믿음은 인생을 낭비하지 않게 합니다.
인생이란 한정된 시간을 값지게 사용하기 위해서는 하나님을 위한 일을 해야 합니다. 한 사람의 인생의 가치는 얼마나 많은 사람을 행복하게 하고, 얼마나 많은 영혼을 하나님께로 인도했는가에 의해서 평가받아야 합니다. 인생의 귀한 시간을 낭비하지 말고 하나님을 위한, 이웃을 위한 일에 소중히 사용하십시오. (신 6:7/ 잠 21:5)

오늘 본문을 통해 모세의 가정에서 볼 수 있는 믿음의 세 가지 교훈을 배웠습니다. 믿음이 충만할 때 우리는 세상의 모든 위협과 고난을 넘어서 하나님의 방법을 따라 살 수 있게 됩니다.
오늘도 주님을 위한 믿음의 결단을 실천하십시오.

주님! 하나님을 향한 철저한 믿음을 갖게 하소서!

오늘 특별 적용	
오늘 특별 감사	

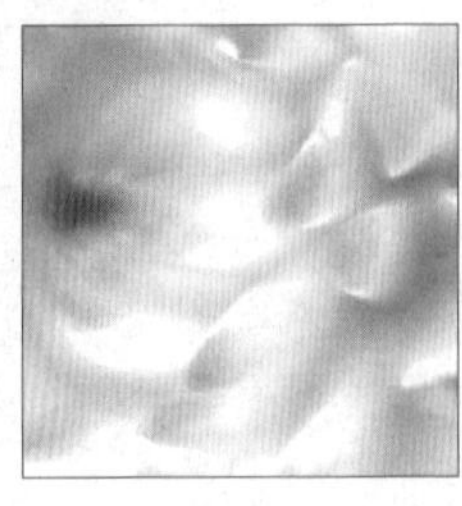

053

여호수아와 라합

히브리서 11장 30절부터 31절을 읽으십시오.
① 여리고를 무너트린 것은 무엇인가?(30)
② 라합이 멸망하지 않은 이유는 무엇인가?(31)

로마의 유명한 정치가인 키케로는 예수님과 기독교에 대해서 다음과 같이 말했습니다.

"십자가라는 이름을 로마 시민들로부터 사라지게 해야 한다. 생각과 눈과 귀, 어느 것 하나에서도 그 이름이 떠올라서는 안 된다."

프랑스의 대표 지성인 볼테르는 성경에 대해서 이렇게 말했습니다.

"성경은 백년 안에 사라질 책이다. 앞으로는 성경을 박물관에서나 볼 수 있게 될 것이다."

그러나 예수님의 십자가의 복음은 아직도 점점 널리 퍼져 나가고, 성경은 세상에서 가장 많이 팔리는 책이 되었습니다. 하나님의 능력은 어떤 방해에도 멈추지 않고 점점 더 강하게 퍼져나가고 있습니다.

히브리서 11장 30절과 31절에는 여호수아와 라합의 믿음에 대해서 나와 있습니다. 본문에서는 여호수아와 라합이 같이 등장하는데, 위대한 지도자인 여호수아와 기생인 라합 사이에는 믿음이라는 공통점이 있었습니다. 우리는 오늘 본문을 통해 **믿음의 세 가지 모습**에 대해서 배워야 합니다.

첫째, 순종하는 모습입니다.

여호수아는 여리고성을 일곱 바퀴 돌라는 명령에 순종했고, 라합은 정탐꾼인 여호수아 일행을 숨겨주는 일에 순종했습니다. 긴박한 전쟁에서 성을 돌기만 하는 것은 정말로 바보같은 일이었고, 철옹성인 여리고성이 무너질 것이라고 생각하고 목숨을 걸고 정탐꾼을 숨겨준 것도 어리석은 일이었으나 사실 그것은 참으로 지혜로운 일이었습니다. 어리석어 보이는 일이라도 하나님의 음성이라면 순종하는 지혜를 보이십시오. (행 5:29)

둘째, 승리하는 모습입니다.

여호수아와 라합의 어리석어 보이는 순종은 결국 승리와 생명을 가져다주었습니다. 철옹성인 여리고성은 별다른 노력 없이 무너졌고, 라합과 라합의 집안은 구원을 받았습니다. 하나님에 대한 신뢰가 있을 때 세상 사람들의 시선보다도 하나님의 음성에 따르게 됩니다. 하나님의 음성을 바르게 분별하고 따름으로 세상에서 승리하십시오.(롬 6:13)

셋째, 심판하는 모습입니다.

본문에서는 라합이 믿음으로 인해 순종함으로 구원받았음을 언급하며, 또한 순종하지 않은 다른 사람들은 멸망했다는 사실을 부각시키고 있습니다. 이처럼 하나님을 향한 믿음을 갖지 않고 초대도 거부하며 순종하지 않는 사람들은 인생의 결국이 멸망으로 이르게 됩니다. 온전한 믿음으로 멸망의 심판을 피하십시오.(마 19:28)

오늘 본문을 통해 믿음의 세 가지 모습에 대해서 배웠습니다. 믿음은 특정한 사람들만이 가질 수 있는 것이 아니라 하나님의 음성을 듣기 위한 겸손한 마음과 순종할 준비가 된 모든 사람들에게 임하는 것입니다.
오늘도 순종을 통한 믿음으로 승리하십시오.

주님! 믿음으로 생명책에 이름이 기록된 사람답게 살게 하소서!

오늘 특별 적용	
오늘 특별 감사	

054

믿음의 특징

히브리서 11장 32절부터 40절을 읽으십시오.
① 믿음은 어떤 일들을 행하는가?(33–38)
② 세상이 감당하지 못하는 사람들의 특징은 무엇인가?(39)

자동차 왕 헨리 포드가 80세 생일을 맞아 파티를 벌였습니다.

포드는 파티의 중간에 참석자들을 불러 모아 놓고 오늘의 자신을 있게 한 사람에 대해서 감사를 전하고 싶다고 말했습니다.

"지금까지 제가 살아오면서 실현이 불가능한 꿈을 가졌다는 이야기를 가장 많이 들었습니다. 그리고 지금의 제가 생각해도 말도 안 될 정도의 허황된 계획을 세운 적도 있었습니다. 그러나 그중의 얼마라도 이루게 되어서 지금의 성공을 이룰 수 있었던 것은 바로 어떤 상황에서도 언제나 날 믿어주던 아내 덕분이었습니다. 내가 어떤 계획을 세우고 꿈을 꾸든지 간에 아내만은 날 믿어주고 불평조차 하지 않았습니다. 나의 기쁨인 아내에게 나의 모든 성공의 영광을 돌리고 싶습니다."

믿음은 용기를 주고, 믿음은 인내하게 하고, 믿음은 모두가 놀랄만한 깜짝 놀랄만한 일을 이루게 할 원동력이 됩니다.

히브리서 11장 32절부터 40절에는 그 밖의 수많은 믿음의 사람들에 대한 이야기가 나와 있습니다. 믿음으로 세상이 감당하지 못할 일들을 한 수많은 사람들의 이야기가 성경에는 이미 차고 넘치도록 기록되어 있습니다. 우리는 오늘 본문에 나온 **인물들을 통해 믿음의 세 가지 특징**에 대해서 살펴볼 수 있습니다.

첫째, 믿음은 미래를 내다봅니다.

사람은 당장 처한 현실을 생각하지만 하나님은 미래의 영광을 생각하십니다. 믿음의 사람들은 현실에 안주하지 않고 하나님이 주신 목표와 방향을 따라 삶을 살아가는데, 시간이 흐를수록 어떤 삶이 더욱 지혜롭고 값진 삶인지 분명하게 밝혀집니다. 믿음을 갖고 하나님이 지시한 곳, 또는 지시할 곳으로 떠나십시오.(벧후 3:12)

둘째, 믿음은 시간을 초월합니다.

아브라함은 2천 년이라는 시간을 뛰어넘어 그리스도를 보았고, 요셉은 350년 뒤의 미래를 보며 자신의 무덤의 이장을 부탁했습니다. 성도의 믿음은 하나님의 약속에 대한 것이고, 그것은 100% 일어나는 일이기 때문에 아무리 오랜 시간이 지나도 퇴색되지 않고 분명하게 일어납니다. 언제나 동일하신 하나님을 온전히 의지하십시오.(요일 4:17)

셋째, 믿음은 담대하게 인내합니다.

믿음의 사람은 환경에 좌절하지 않고 담대하게 뚫고 나갑니다. 요셉은 죽음의 순간까지 하나님의 약속을 의심하지 않고 믿음의 유언을 남겼습니다. 본문에 나온 모든 믿음의 위인들은 다 숱한 어려움과 태생의 한계를 이겨내고서 하나님 앞에 크게 쓰임받은 사람들입니다. 합당하신 뜻대로 우리를 사용하실 하나님을 기대하며 굳건히 인내하십시오.(롬 12:12)

오늘 본문을 통해 믿음의 세 가지 특징에 대해서 배웠습니다. 성경 속 위인들의 믿음은 지금 우리가 품어야 할 믿음입니다. 하나님을 기쁘시게 하는 믿음을 품는 사람들이 점점 사라지는 지금 시대에 믿음을 통한 담대한 인내와 순종은 더욱 필요한 덕목입니다.
오늘도 주님을 따라 끝까지 믿음을 갖고 인내하십시오.

주님! 하나님의 소망을 따라 활기차게 걸어가게 하소서!

오늘 특별 적용	
오늘 특별 감사	

055

성도의 주의사항

히브리서 12장 1절부터 3절을 읽으십시오.
① 믿음의 보이는 증거들은 무엇인가?(1)
② 믿음을 가진 뒤에 무엇을 해야 하는가?(2)

세계적인 대형 마트 월 마트는 샘 월튼이 세웠습니다.

창업자 샘 월튼은 '근면과 성실' 이라는 철학을 가지고 기업을 운영했습니다. 그는 몇 백 원을 절약하기 위해서 남이 버린 신문을 주웠습니다. 사업이 성공한 뒤에도 비행기를 탈 때 절대로 1등석을 타지 않고 이코노미 클래스만 이용했습니다. 그는 '가정'과 '직장'을 인생의 최우선 순위로 놓고 그 외에 방해가 되는 것은 모두 멀리했습니다. 그러나 그는 자신을 위해서는 몇 백 원도 아끼는 구두쇠였지만 소외받는 이웃을 위해서는 거액을 내놓는 자선가였고, 세계 전역의 매장을 돌면서 직원들을 위한 복지에 신경을 써주는 자상한 사업가였습니다. 많은 돈을 벌고 난 뒤에도 그는 자신의 점포에서만 모든 물건을 구입하며 주위 사람들에게 직접 홍보하며 자랑을 했습니다.

인생의 마지막까지 관철해야할 목표는 매우 중요합니다. 그 어떤 유혹과 욕심도 이겨낼 수 있는 강한 인생의 목표가 있어야 합니다.

히브리서 12장 1절부터 3절에는 그리스도를 바라는 사람들에 대한 조언이 기록되어 있습니다. 그전까지 계속해서 나오던 성경의 인물들은 고난없이 순탄한 삶을 살았던 사람들이 아니라 고난을 이겨내고 영광의 길을 걸었던 사람들입니다. 우리는 오늘 본문을 통해 **예수님을 따르는 성도들의 세 가지 주의사항**에 대해서 알 수 있습니다.

첫째, 주님의 고난을 생각해야 합니다.

신앙을 가지면서 성도들이 하는 가장 큰 착각은 이제는 더 이상의 고난이 없고, 오로지 축복만 넘치는 삶이 시작될 것이라는 생각입니다. 그러나 때로는 성도들에게 더 심한 고난이 찾아옵니다. 그러나 예수님이 먼저 우리를 위해 십자가에 달려서 부끄러움을 상관치 않고 돌아가신 모습을 생각하면서 인내하며 승리하는 모습을 배우십시오. (막 8:38)

둘째, 모든 무거운 것을 버려야 합니다.

오랜 경주를 하기 위해선 짐이 최대한 가벼워야 합니다. 마라톤 선수는 얇은 옷 외에는 어떤 것도 걸치지 않습니다. 가벼운 시계, 목걸이, 반지라고 해도 오랜 경주에는 짐이 되고 방해가 됩니다. 하나님을 위해 사는 인생도 이처럼 가벼워야 합니다. 인생의 자랑과 명예, 욕심 등은 내려놓고 겸손하게 주님을 바라보십시오.(마 18:9/ 살전 4:3)

셋째, 얽매이기 쉬운 죄를 버려야 합니다.

세상에는 죄의 유혹이 넘치도록 많이 있습니다. 죄의 유혹은 믿음의 경주를 포기하게 만들고 많은 성도들을 실족하게 만듭니다. 이런 죄의 유혹은 우리의 일상 속에서 매우 깊게 파고 들고 있어서 우리의 일상과 대중매체, 문화 등에서 쉽게 접하고, 또 빠질 수 있는 환경이 되었습니다. 영육을 얽맬 죄에서 벗어나 주님께로 달려가십시오.(살전 5:22)

오늘 본문을 통해 예수님을 따르는 성도들의 세 가지 주의사항에 대해서 배웠습니다. 성도들은 예수님이 최우선인 가치관의 인생을 사는 사람들입니다. 따라서 그 외에 방해가 되는 것들에는 어느 정도 거리를 두고 예수님만 바라보고 살아가야 합니다.
오늘도 성도들끼리 서로 격려하며 예수님을 위해 사십시오.

주님! 오직 하나님만을 위한 삶을 살게 하소서!

오늘 특별 적용	
오늘 특별 감사	

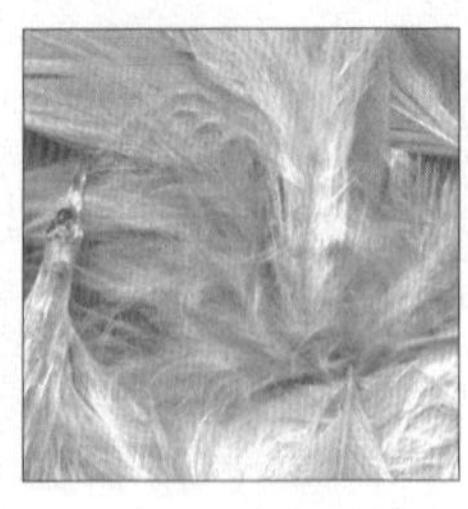

056

유익한 징계

히브리서 12장 4절부터 13절을 읽으십시오.
① 고난으로 인해 낙심하지 않아야 되는 이유는 무엇인가?(7)
② 고난을 이겨낸 성도들의 열매는 무엇인가?(11)

구세군의 창시자인 월리엄 부스는 어머니의 지혜로운 양육을 통해 성장했습니다.

어머니인 캐서린 부스는 월리엄 부스를 비롯해 8명의 자녀들을 모두 여러 방면에서 자신의 능력을 발휘하는 인물로 키웠는데, 이들은 사회적으로도 성공을 하고 신앙과 믿음도 바르게 자라서 아버지와 월리엄 부스의 전도 사업에 많은 도움을 주었습니다. 어머니인 캐서린 부스는 자녀들을 성공적으로 양육시킨 비결에 대해서 다음과 같이 말했습니다.

"언제나 나쁜 습관을 배우기 전에 좋은 습관을 가르치고, 나쁜 생각을 가르치기 전에 좋은 생각을 가르치고, 요령과 핑계를 배우기 전에 하나님의 지혜를 가르치고, 거짓과 위선을 배우기 전에 하나님을 가르치기 때문입니다."

악한 것보다 선한 것을 먼저 배우는 것이 지혜입니다. 그러나 누군가 이 길을 벗어나 잘못된 길을 가고 있을 때에는 그것을 알려주고 바로 잡아 줄 사람들이 필요합니다.

히브리서 12장 4절부터 13절에는 징계의 필요성에 대해 기록되어 있습니다. 징계는 전혀 즐거운 일이 아니고, 징계를 좋아하는 사람도 전혀 없지만 올바른 징계로 연단 받은 사람들은 의에 합당한 평강의 열매를 맺게 됩니다. 우리는 오늘 본문을 통해 **유익한 징계를 위한 세 가지 교훈**을 배울 수 있습니다.

첫째, 징계는 잘못을 가르쳐줘야 합니다.

징계는 당연히 잘못을 가르쳐 알게 하고, 더 나아지길 바라는 마음으로 하는 것입니다. 그러나 많은 사람들이 그냥 분노와 맹목적인 비난으로 징계하곤 합니다. 그러나 이런 징계는 하는 사람에게도 받는 사람에게도 아무런 유익이 없고 오히려 해가 될 뿐입니다. 화풀이가 목적이 아닌 교훈하는 바른 징계를 하십시오.(고전 11:32)

둘째, 징계에는 사랑이 담겨져 있어야 합니다.

사랑하는 사람의 불행을 보는 듯한 안타까움이 징계에는 담겨 있어야 합니다. 물론 아무리 옳은 방법이라고 해도 타인의 자유를 마음대로 제한할 수는 없지만 그래도 때와 상황, 적절한 방법에 따라서 때로는 부드럽게 권면하고, 때로는 매섭게 책망해야 합니다. 사랑하는 마음이 담긴 징계와 훈육으로 다른 사람들을 죄에서 건져내십시오.(롬 1:24-32/ 딤후 3:16)

셋째, 징계는 유익한 결과를 가져다 줄 때가 있습니다.

징계 자체는 사람들의 마음을 힘들게 하고 상처를 줍니다. 이것은 가족과 친구와 같이 가까운 사이를 통해 일어날 때 더욱 쓰리고 아픕니다. 그러나 이 모든 것은 일시적일 뿐이며, 징계를 통해 더 유익한 결과가 일어난다는 사실을 알아야 합니다. 징계는 미워하고 망가트리기 위한 것이 아니라 고치고 자라게 하기 위한 것임을 잊지 마십시오.(고후 6:9)

오늘 본문을 통해 유익한 징계를 위한 세 가지 교훈에 대해서 배웠습니다. 올바른 징계는 하는 입장에서 더욱 어려운 일입니다. 그러나 징계 역시 이웃을 사랑하는 책임의 행위 가운데 하나입니다. 또한 징계는 사람을 우리의 마음대로 하기 위한 것이 아니라 악에서 벗어나고 하나님의 편으로 오게 하기 위한 것임을 잊지 말아야 합니다.

오늘도 어려움을 극복하는 과정을 통해 하나님의 뜻을 깨달아 가십시오.

주님! 서로의 잘못을 돌아보고 덮어주게 하소서!

오늘 특별 적용	
오늘 특별 감사	

057

새로운 삶의 모습

히브리서 12장 14절부터 29절을 읽으십시오.
① 무엇을 따를 때 주님을 볼 수 있는가?(14)
② 천국의 소망은 무엇으로 이어지는가?(28)

절대로 어떤 상황에서도 남의 험담을 하지 않는 사람이 있었습니다. 어쩌다 자리에서 그런 이야기가 나오면 항상 "그래요? 하지만 그 사람에겐 이러이러한 장점도 분명 있었습니다."라고 이야기를 하며 화제를 돌렸습니다. 그러나 너무 심할 정도로 남의 험담에 민감하게 반응을 하자 하루는 어떤 사람이 말했습니다.

"그 사람의 장점도 확실히 있습니다. 그러나 단점 역시 사실입니다. 당신이 장점만 보는 것도 별로 좋은 일은 아니라고 생각하는데, 왜 자꾸 그러는 겁니까?"

"흙탕물을 뿌리기는 쉽습니다. 그러나 저는 흙탕물을 씻어주는 사람이 되고 싶습니다. 다른 사람의 험담이 좋은 경우로 발전되는 경우를 저는 지금까지 본 적이 없습니다."

험담이 좋지 않은 이유는, 그것이 가져다주는 유익이 없기 때문입니다. 잠깐은 속이 시원하고 수준 낮은 즐거움을 가져다주긴 하지만 그 즐거움은 다른 사람을 상처 입히고, 무시하는 일에서 나온 잘못된 쾌락입니다.

히브리서 12장 14절부터 29절에는 새로운 언약 안에서의 삶에 대해서 나와 있습니다. 사람과의 원만한 관계는 하나님과의 관계에서도 매우 중요한 것으로 구원 받은 성도들이라면 다른 사람과의 관계에서도 거룩하고 화평해야 합니다. 오늘 본문을 통해 **새로워진 성도가 가져야 할 세 가지 태도**에 대해서 알 수 있습니다.

첫째, 관계에 화평과 거룩함이 있어야 합니다.
예수님은 화평케 하시고 거룩하신 분이십니다. 그런 예수님을 영접한 우리들도 그와 같은 마음을 가져야 합니다. 다른 사람과의 관계를 통해 하나님의 말씀과 사랑을 실천할 때 우리는 더욱 하나님을 바라보고 경험할 수 있게 됩니

다. 하나님의 말씀에 순종하여 사람들과의 관계에서도 존중하며 행동하십시오.(롬 12:1)

둘째, 하나님을 두려워할 줄 알아야 합니다.
누군가는 지금의 시대를 '권위가 무너진 시대' 라고도 표현했습니다. 오직 나 자신과 쾌락만이 모든 것의 이유가 되는 지금 시대에서 성도들은 더욱 창조주 하나님을 기억하고 두려워해야 합니다. 나의 행동이 누군가에게 안 좋은 영향을 미치지는 않았는지, 내가 하나님의 복을 가볍게 여기고 근시안적인 선택을 하지 않았는지 주의 깊게 돌아보십시오.(엡 5:21)

셋째, 하나님을 기쁘시게 할 줄 알아야 합니다.
시내산은 율법을 상징하고 시온산은 은혜를 상징합니다. 우리의 죄를 씻는 예수님의 은혜 안에 거하는 우리들은 이제 은혜의 법을 적용받습니다. 경건함과 두려움으로 하나님의 영광에 참여할 수 있는 특권을 가진 성도들은 이제는 하나님을 기쁘시게 하는 것을 삶의 목표로 삼아야 합니다. 하나님의 영광을 위한 삶의 목적을 가지십시오.(고전 10:31)

오늘 본문을 통해 새로워진 성도가 가져야 할 세 가지 태도에 대해서 배웠습니다. 성도의 변화는 삶의 모든 영역에서 일어나야 합니다. 따라서 하나님과 사람에게 인정받고 기쁨이 되는 삶의 변화가 우리의 삶에서 일어나야 합니다.
오늘도 그리스도인의 삶에 걸맞은 행동을 하십시오.

주님! 떳떳하게 그리스도인이라고 밝힐 수 있는 삶이 되게 하소서!

오늘 특별 적용	
오늘 특별 감사	

058

올바른 본보기

히브리서 13장 1절부터 6절을 읽으십시오.
① 선행은 결국 누구에게 도움이 되는가?(1,2)
② 돈보다 더욱 중요한 것은 무엇인가?(5)

바퀴가 개발된 것은 약 기원전 3000년대이지만 18세기까지도 원시적인 상태 그대로 사용되고 있었습니다.

바퀴의 가장 큰 단점 중 하나는 안전문제였는데, 나무는 너무 쉽게 망가지고 또 망가질 때마다 사고가 크게 나서 사람이 다치는 경우가 많았습니다.

굿이어라는 사람은 이런 바퀴를 조금 더 안전하게 개량하기 위해서 고무타이어라는 것을 만들려고 노력했습니다. 이것은 순수하게 더 많은 사람들에게 도움을 주려는 생각에서 시작된 행동이었지만 오히려 사람들은 '이미 있는 바퀴를 뭐 하러 만드느냐?', '고무로 바퀴가 만들어지겠느냐? 라는 냉소적인 반응을 보였습니다. 그러나 굿이어는 1839년 마침내 가황처리법이라는 것을 발견해 타이어를 만들어냈고, 그 타이어로 인해 많은 사람들이 더 안전하게 바퀴를 이용하게 되었고 산업 시설에도 큰 발전을 이루게 되었습니다.

굿이어의 신조는 "포기하지 않고 노력하면 선한 결과가 온다"였습니다. 그리고 자신의 인생을 통해서 그것을 증명했습니다. 그리스도인들도 말씀을 자신의 삶으로 증명하며 살아야 합니다.

히브리서 13장 1절부터 6절에는 그리스도인의 생활에 대한 권면이 기록되어 있습니다. 개인적인 생활과 사회적인 생활에 대해 성도들은 사랑이 핵심인 바른 권면을 따라야 합니다. 우리는 오늘 본문을 통해 **성도의 올바른 세 가지 본보기**에 대해서 알 수 있습니다.

첫째, 개인생활에 본이 되어야 합니다.

사회적이나 종교적으로 큰 존경을 받고 업적을 이룬 사람들 중에도 사생활이나 가정생활의 잘못으로 한 순간에 모든 것이 무너지는 경우가 많습니다. 이런 안타까운 일들을 예방하기 위해서 먼저 무엇보다도 개인 생활에 신경을 써서 본이 되기 위해 노력해야 합니다. 사생활을 잘 다스려 성도답게 사생활

의 본을 보이십시오. (눅 12:56-57, 눅 21:34)

둘째, 사회생활에 본이 되어야 합니다.
하늘에 속한 그리스도인이라도 이 땅에서 사는 동안은 사회활동을 열심히 해야 합니다. 아브라함과 롯이 자기도 모르는 사이에 천사를 대접했다는 사실을 기억하고 되도록 모든 사람들을 섬기는 마음으로 만나야 합니다. 하나님을 대접하는 마음으로 형제를 사랑하고 할 수 있는데로 모든 사람들에게 친절히 대접하십시오. (창 18:3, 19:2/ 골 1:2)

셋째, 신앙생활의 본이 되어야 합니다.
개인생활과 사회생활처럼 신앙생활도 중요합니다. 우리가 모든 생활의 영역에 있어서 노력하고 힘쓰는 것은 하나님의 영광을 위해서인데, 정작 다른 부분에 열중한 나머지 이 부분을 소홀히 하는 것은 주객이 전도된 상황이 되어 버립니다. 영적인 부분도 소홀히 하지 말고, 믿음 약한 성도들에게 도움이 되는 모습으로 교회에서도 본을 보이십시오. (롬 15:14)

오늘 본문을 통해 성도의 올바른 세 가지 본보기에 대해서 배웠습니다. 삶의 균형을 잘 유지하지 못할 때 세 가지 생활 중 어떤 부분에 대해서는 소홀히 하기가 쉬워집니다. 지혜롭게 각 영역을 조절하며 우리의 삶을 하나님께 아름다운 모습으로 드릴 수 있게 됩니다.
오늘도 먼저 스스로를 살펴보고 바로 잡으십시오.

주님! 하나님이 보시기에 부끄럼이 없는 삶을 살게 하소서!

오늘 특별 적용	
오늘 특별 감사	

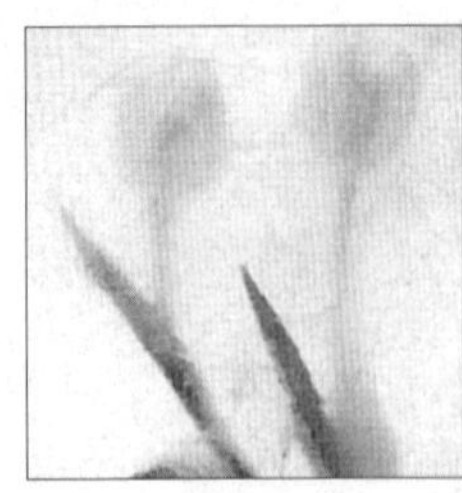

059

풍성한 신앙생활

히브리서 13장 7절부터 17절을 읽으십시오.
① 먼저 누구의 믿음을 본받아야 하는가?(7)
② 하나님이 기뻐하시는 모습은 어떤 것인가?(16)

'너무나 먼 다리', '가장 길었던 날' 등의 전쟁 다큐멘터리를 썼던 코넬리어스 라이언은 생의 마지막 5년 간을 암과 투병생활을 하다가 사망했습니다. 그러나 투병 중에도 아침마다 "주님, 오늘도 좋은 날을 주셔서 감사합니다." 라고 말했던 라이언에게 하루는 그의 아내가 도대체 무엇이 그렇게도 감사하냐고 물어보았습니다.

"매일 아침 느끼는 다섯 가지 기쁨이 있소. 첫째, 당신을 볼 수 있기 때문이고, 둘째, 우리 가족이 함께 있기 때문이고, 셋째, 투병 생활 전에 맘먹은 작품을 모두 썼기 때문이고, 넷째, 아직도 병마와 싸울 힘을 주셨기 때문이오. 그리고 다섯 번째, 언제나 나와 함께하는 주님이 계신다는 사실 때문이오."
무사 안일한 상황에서는 모두가 참된 신앙인처럼 보입니다. 그러나 고난이 찾아올 때 진정한 믿음이 가려집니다.

히브리서 13장 7절부터 17절에는 그리스도인의 신앙생활에 대한 권면이 기록되어 있습니다. 왜 성도들이 믿음에 신경을 써야 하고 하나님께 영광이 되는 삶을 살아야 하는지에 대해서 본문은 구체적인 이유를 들어 설명하고 있습니다. 우리는 오늘 본문을 통해 **신앙생활을 풍성하게 하는 세 가지 지침**에 대해서 살펴봐야 합니다.

첫째, 믿음의 선배들을 본받아야 합니다.
우리가 지금 믿는 복음과 신앙에는 수많은 성도들의 희생과 수고와 사랑이 깃들어 있습니다. 수많은 믿음의 선배들이 고난을 극복하고 믿음을 지킨 모습들을 통해 우리는 귀한 교훈과 깨달음을 얻을 수 있습니다. 참된 믿음의 선배들의 삶은 예수님의 길로 인도해주는 좋은 이정표가 됩니다. 신실하신 예수님의 발자취를 따라가십시오.(마 5:16)

둘째, 하나님을 찬양하는 삶을 살아야 합니다.

예수님은 우리를 구원한 뒤에도 영원토록 우리와 함께 하시며, 우리를 위해 기도해주십니다. 그러나 우리는 이런 은혜를 너무나 쉽게 잊고 주님께 감사와 찬양을 잊고 삽니다. 주님께 향한 우리의 감사와 찬양은 너무나 당연한 것인데도 말입니다. 하나님의 은혜를 잊지 말고 늘 찬양으로 입술의 열매를 맺으십시오.(시 34:1)

셋째, 믿음과 사랑을 표현해야 합니다.

우리는 입술을 통한 찬미의 제사를 하나님께 드릴 뿐만 아니라 행위를 통한 삶의 제사도 드려야 합니다. 세상 사람들은 우리의 전도 대상자이며 성도들은 우리의 동역자이며 목회자들은 우리의 영혼을 양육해주는 사람들입니다. 세상 사람들과 교역자들을 향해 즐거운 마음을 갖고 믿음과 사랑을 표현하십시오.(요일 3:18)

오늘 본문을 통해 신앙생활을 풍성하게 하는 세 가지 지침에 대해서 배웠습니다. 신앙생활이 풍성해지기 위해선 사랑을 실천해야 하고 희생이 필요합니다. 그러나 결국은 우리가 잃은 것보다 더욱 커다란 기쁨과 축복이 우리의 삶에 임하게 됩니다.

오늘도 서로를 축복하며 지역교회가 더 강건해지길 기도하십시오.

주님! 즐거운 마음으로 하나님의 즐거움이 되게 하소서!

오늘 특별 적용	
오늘 특별 감사	

성도들의 연합

히브리서 13장 18절부터 25절을 읽으십시오.
① 어떤 사람들을 위해 기도해야 하는가?(18)
② 하나님이 우리에게 바라시는 것은 무엇인가?(21)

한 성경학자가 깊은 고민에 빠졌습니다.

'성경에는 항상 기도하라는 말씀이 있다. 그러나 어떻게 항상 기도할 수 있단 말인가? 이것은 너무 힘든 일이다'

그러나 학자의 어린 딸을 통해 이 고민의 답을 찾을 수 있었습니다. 나이가 어린 딸은 아침에 눈을 떠서 일어난 뒤 하나님께 감사의 인사를 드리고 이후의 무슨 일을 할 때마다 '하나님'에 대한 '감사의 말'을 빼먹지 않았습니다. 그리고 밤에 잠이 들기 전에도 하나님께 평안한 밤을 부탁한 뒤에 잠자리에 들었습니다. 어린 딸의 모습을 본 학자는 생각했습니다.

'그래, 내가 기도라는 의식적인 행위에 너무 집중했구나. 손을 모으고 눈을 감고, 심각한 주제에 대해서 말을 하는 것이 기도는 아니다. 하나님에 대한 찬양과 감사와 사랑, 요청을 나타내는 모든 말이 기도가 될 수 있다'

우리의 모든 말과 행동이 의식적으로 하나님과 연결되어 있을 때 우리는 주님과 동행하며 언제나 주님과 연합된 기쁨을 누릴 수가 있습니다.

히브리서 13장 18절부터 25절에는 성도들을 향한 마지막 권면과 축복이 기록되어 있습니다. 성도의 삶에는 여러 굴곡이 있지만 결국 하나님만 놓지 않는다면 모든 것을 주님께서 온전케 하신다는 사실을 전하며 히브리서는 끝을 맺고 있습니다. 히브리서의 마지막인 오늘 본문을 통해 **우리는 성도들이 힘써야 할 세 가지 연합**에 대해서 알 수 있습니다.

첫째, 기도를 위해 연합해야 합니다.
히브리서 기자는 마지막인 본문에서 자신을 위한 기도를 부탁했습니다. 신앙의 연차에 상관없이 믿음의 깊이에 상관없이 성도들은 서로에게 관심을 갖고 서로를 위해 기도해야 할 의무가 있습니다. 서로의 삶과 신앙을 위해, 교회를 위해, 나라를 위해 연합하여 기도하십시오. (시 66:18)

둘째, 선한 일을 위해 연합해야 합니다.

예수님은 우리를 온전케 하셨습니다. 예수님의 은혜와 축복을 받은 우리들은 이제 세상을 향해 시선을 돌려야 합니다. 예수님이 우리를 위해 조건 없는 사랑을 주셨듯이 우리도 세상의 소외된 사람과 여러 사회적 문제 해결을 위해서 함께 연합하고 행동해야 합니다. 하나님이 주신 거룩한 소원을 가지고 세상을 향해 연합하십시오.(골 2:2)

셋째, 전도를 위해 연합해야 합니다.

하나님의 능력을 체험하는 가장 좋은 방법은 전도입니다. 전도를 열심히 하는 사람들은 하나님이 오늘날에도 어떻게 역사하시는지, 그 능력이 얼마나 강력한지 매일 느낄 수 있습니다. 내가 아닌 하나님의 음성과 성령님의 감동에 따라 순종해야 진정한 전도를 할 수 있게 됩니다. 전도로 승리하는 성도들을 위해 함께 연합하고 격려하십시오.(빌 2:13)

오늘 본문을 통해 성도들이 힘써야 할 세 가지 연합에 대해서 배웠습니다. 히브리서를 통해 우리는 믿음은 누구나 가질 수 있는 것이며, 그로 인해 어떤 일들이 일어나는지 배웠습니다. 믿음이 가장 중요한 것이며 우리의 믿음이 굳건할 때에 모든 변화와 전도가 일어난다는 사실을 히브리서를 통해 깨닫고 적용할 수 있기를 간절히 소망합니다.

오늘도 믿음으로 말씀에 순종하므로 능력을 체험하십시오.

주님! 예수님의 언약의 피에 의지해 늘 승리하게 하소서!

오늘 특별 적용	
오늘 특별 감사	

061

성도의 시련

야고보서 1장 1절부터 18절을 읽으십시오.
① 시험을 기쁘게 여겨야 할 이유는 무엇인가?(3)
② 어떤 믿음을 가진 사람이 응답받는가?(5.6)

미국여자프로골프(LPGA)의 대회를 우승한 스테이시 루이스는 인생의 역경을 이겨낸 인물입니다.

8살 때 골프를 시작한 스테이시는 척추 축만증으로 정상적인 훈련을 소화할 수가 없었습니다. 증세는 점점 심해져서 하루에 18시간 동안 척추지지대를 차고 있지 않으면 버틸 수가 없는 상태까지 이르렀습니다. 2004년도에는 척추 주변에 철심을 박고 고정하는 대수술을 받았고, 그 뒤 1년여를 병상 위에 누워서 휴식을 취한 뒤 2005년이 되어서야 훈련을 시작할 수 있었습니다. 누가 봐도 전문적으로 운동을 할 수 있는 상태가 아니었지만 그녀는 포기하지 않고 모든 재활과정을 독하게 소화했고, 세계 최고의 골퍼들이 모이는 대회에서 당당하게 우승컵을 들어 올릴 수 있었습니다. 다른 것에 시선을 조금도 빼앗기지 않고 오직 골프만을 바라보고 생각했기에 가능했던 기적이었습니다.

성도들이 하나님만을 바라보고 생각할 때에, 죄에 대한 유혹도 이처럼 이겨낼 수 있게 됩니다.

야고보서 1장 1절부터 18절에는 시련과 유혹에 대해서 기록되어 있습니다. 야고보서의 저자인 야고보는 예수님의 동생으로 예수님의 부활하시기 전에는 예수님을 믿지 않았으나 부활의 예수님을 만난 뒤 믿음으로 영접하고, 훗날 예루살렘 교회의 지도자 역할까지 담당했던 사람입니다. 야고보는 오늘 본문의 서문을 통해 그리스도인들에게 시련과 고난을 오히려 기쁘게 여기라고 말하고 있습니다. 우리는 오늘 본문을 통해 **죄의 유혹과 고난에 대처하는 세 가지 자세**에 대해서 배울 수 있습니다.

첫째, 시련과 유혹을 구분해야 합니다.
그리스도인에게 닥치는 고난은 두 가지 종류가 있습니다. 첫째는 하나님이 우리를 성숙하게 하기 위해 허락하시는, 우리의 힘으로는 어쩔 수 없는 시련인데, 이런 시험을 극복함으로 성도들은 더욱 성숙해지게 됩니다. 다른 하나는 우리의 욕심과 잘못으로 죄의 유혹에 빠져서 생기는 고난입니다. 이런 종류의 고난은 조심함으로 얼마든지 피할 수가 있습니다. 유혹에 미혹되지 말고 욕심을 버리십시오.(막 4:19)

둘째, 시련은 기쁘게 여겨야 합니다.
시련은 그리스도인들을 더욱 성숙하게 만들어줍니다. 온실 속의 화초가 겉보기에는 아름답지만 안의 생명력은 약한 것처럼 시련을 극복한 경험이 없는 신앙은 작은 유혹에도 쉽게 무너집니다. 하나님이 성도들에게 시험을 감당할 만큼 주시는 이유가 바로 이것 때문입니다. 어떤 시련이든 극복할 힘을 주시는 하나님을 믿으십시오.(고전 10:13)

셋째, 유혹으로부터는 멀어져야 합니다.
마귀는 세상의 여러 가지 것들로 우리를 유혹합니다. 육신의 정욕과 때로는 영혼의 만족까지도 줄 것 같은 세상의 모든 것들은 사실 우리를 죄악의 구렁텅이로 빠트리기 위한 마귀의 도구입니다. 성도들은 유혹을 쫓아내고 진정 좋은 것을 주시는 하나님을 따라야 합니다. 욕심에 이끌려 물질에 지배당하지 말고 말씀에 바로 서서 물질을 지배하십시오.(행 5:41)

오늘 본문을 통해 죄의 유혹과 고난에 대처하는 세 가지 자세에 대해서 배웠습니다. 고난이 우리를 성숙하게 만든다는 사실은 머리로는 이해하기 쉬우나 막상 닥칠 때에 실천하기는 어렵습니다. 그러나 하나님에 대한 신뢰가 있을 때 모든 것이 가능하게 됩니다.
오늘도 시련에 감사하며 시련을 통해 성장하십시오.

주님! 말씀을 통해 죄의 유혹을 물리치게 하소서!

오늘 특별 적용	
오늘 특별 감사	

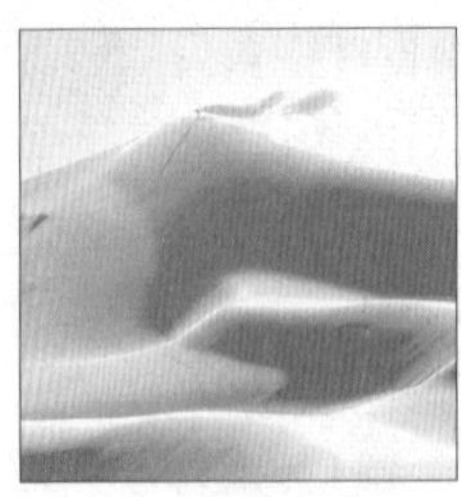

062

언행의 일치

야고보서 1장 19절부터 27절을 읽으십시오.
① 경청과 인내는 무엇을 이루게 하는가?(19,20)
② 말씀을 들은 뒤에는 어떻게 해야 하는가?(25)

케냐의 독립운동을 이끈 초대 대통령인 케냐타는 재임 중인 1978년에 이런 말을 했습니다.

"100년 전 백인 선교사들은 손에 성경책 하나를 들고 우리 땅에 건너왔습니다. 그리고 100년이 지난 지금 우리에게는 성경책 하나만이 남아 있고 다른 모든 것들은 백인들이 가져갔습니다."

또한 미국이라는 나라가 세워지는 과정에서도 많은 인디언들이 무자비하게 희생당하고 삶의 터전을 빼앗겼습니다. 과거 기독교의 중심이었던 영국도 인도를 무자비하게 통치했습니다. 하나님의 복과 축복을 받아 성장했다고 볼 수 있는 이면에는 사랑을 실천하지 않고 욕심과 탐욕으로 얼룩진 역사의 한 부분이 피할 수 없는 사실로 자리 잡고 있습니다.

모든 그리스도인들은 하나님의 말씀에 대한 책임을 자신의 삶으로 져야 합니다. 복음의 사명을 완수하지 못하고, 자신들의 욕심과 다른 위정자들의 계획을 위해서 이용당해서는 하나님의 말씀이 바르게 전해질 수가 없습니다.

야고보서 1장 19절부터 27절에는 그리스도의 행함에 대해서 기록되어 있습니다. 말씀을 듣기만 하고 실천하지 않는 사람은 자기 자신까지도 속이는 사람이라는 본문이 말씀을 통해서 **우리는 행위에 대한 세 가지 교훈**에 대해서 알아야 합니다.

첫째, 말을 앞세워서는 안 됩니다.
율법에 정통하고 남을 가르쳤던 서기관과 바리새인들은 자신들의 지식을 권위의 수단으로 사용했습니다. 예수님은 이들이 남의 어깨에 무거운 짐을 지우고 자신들은 손가락 하나도 까딱하지 않는 자들이라고 책망하셨습니다. 남의 상황을 쉽게 평가하지 말고 항상 신중하게 말하십시오.(마 23:2-4)

둘째, 기회를 놓쳐서는 안 됩니다.

말씀을 실천할 수 있는 기회들은 계속해서 우리 삶에 찾아옵니다. 그러나 정작 그런 기회들이 찾아올 때 우리는 어떤 핑계와 다른 이유들을 들어서 쉽게 외면하고 회피를 합리화시켜 버립니다. 그리스도인들의 이런 모습을 볼 때 세상 사람들은 가장 크게 실망합니다. 말씀을 실천할 기회를 부담이 아니라 기쁨으로 여기십시오.(마 26:35,56)

셋째, 말씀을 목표로 삼아야 합니다.

그리스도인들의 삶 속에는 말씀을 실천해 나가는 목표가 있어야 합니다. 물론 평생을 노력해도 완벽해질 수는 없겠지만 매일 조금씩 사랑이 충만해지고, 인내를 배워가고, 기쁨이 커져가는 삶을 통해서 그리스도의 향기가 세상에 충만하게 퍼져나가게 됩니다. 말씀을 매일 실천함을 통해 성장하십시오.(빌 1:14)

오늘 본문을 통해서 행위에 대한 세 가지 교훈에 대해서 배웠습니다. 믿음은 들음으로 나며 또한 행동으로써 증명되고 전파됩니다. 세상의 모든 근원이 하나님께로부터 나오는 것이며 이것이 참 진리라는 것을 우리는 말뿐 아니라 행동을 통해서도 증명해야 합니다.

오늘도 선한 일꾼으로 말씀의 본을 보이십시오.

주님! 행함과 일치되는 지식과 믿음을 주소서!

오늘 특별 적용	
오늘 특별 감사	

063

믿음의 말과 행동

야고보서 2장 1절부터 13절을 읽으십시오.
① 성도들은 차별에 대해서 어떤 자세를 가져야 하는가?(1)
② 긍휼을 베풀어야 하는 이유는 무엇인가?(13)

아인슈타인에게 어떤 학생이 뛰어난 물리학자가 되는 비결을 물었습니다.
"입을 적게 움직이고 그만큼 머리를 많이 쓰게."
미국의 미시간대학 총장을 가장 오래 연임한 인물은 제임스 앙겔인데 38년이나 재임했습니다. 그는 롱런의 비결을 묻는 질문에 이렇게 대답했습니다.
"나팔을 울리기보다 안테나를 세웠을 뿐입니다."
말보다 듣는 것을 중요하게 생각했던 그는 아들에게도 같은 교육을 시켰는데 유명한 심리학자로 자란 그의 아들은 훗날 예일 대학의 총장으로 16년을 재임했습니다.
말하기보다 먼저 들으려 할 때, 말을 조금 더 아낄 때, 조금 더 신중하게 할 때, 말의 가치는 더욱 더 귀해집니다.

야고보서 2장 1절부터 13절에는 믿음이 넘치는 생활에 대해서 기록되어 있습니다. 특히 사랑의 법과 성도들의 언행 문제에 대해서 크게 강조되어 있어서, 성도들은 매일 하는 말과 행동에 대해서 매우 조심해야 함을 가르치고 있습니다. 오늘 본문을 통해 **우리는 바람직한 언어와 행동에 대한 세 가지 교**훈을 깨달아야 합니다.

첫째, 다른 사람을 외모로 판단해서는 안 됩니다.
사람이 지우기 가장 힘든 편견이 외모와 인종에 대한 것입니다. 어릴 때의 환경, 사회적으로 형성되는 이런 편견은 체계적인 노력으로도 극복하기가 쉽지 않다고 합니다. 보이는 모습만 가지고 한 사람의 가능성과 인생이 평가되어서는 안 됩니다. 쉽지 않은 일이지만 그래도 사람들의 외모와 인종에 대한 편견을 지우기 위해 노력하십시오. (삼상 16:7)

둘째, 기도하는 마음으로 말을 해야 합니다.

신선하고 차가운 물은 화초에게 생명이 되지만 오염되고 뜨거운 물은 뿌리를 죽게 만듭니다. 말도 사람을 살리고 힘이 되어 주는 말이 있고, 사람을 질책하고 넘어지게 하는 말이 있습니다. 기도하는 마음으로 다른 사람을 축복하는 마음으로 사람을 살리고 영혼을 세우는 말을 하십시오.(엡 1:13)

셋째, 사랑의 법을 실천해야 합니다.

성도들은 율법에 의해서 선행을 실천하는 것이 아니라 최고의 법인 사랑의 복음에 의해서 선행을 실천하는 사람들입니다. 구원받은 모든 성도들은 이 사랑의 법에 의해서 살아가야 하는데, 모든 것의 중심이 사랑 안에 거하고 있을 때 이 법을 지키며 살아가게 됩니다. 구원의 기쁨으로 사랑의 법을 실천하십시오.(눅 6:35)

오늘 본문을 통해 바람직한 언어와 행동에 대한 세 가지 교훈을 배웠습니다. 성도들의 언어와 행동은 다른 사람들에게 직접적으로 영향을 미치는 것이기에 아주 중요합니다. 말과 행동이 하나님의 사랑과 복음을 전하는 중요한 수단이라는 사실을 깨닫고 섬김의 도구로 사용하십시오.
오늘도 최고의 법인 사랑의 법을 따라 생활하십시오.

주님! 사랑을 행하고 전하는 기쁨이 마음속에 가득하게 하소서!

오늘 특별 적용	
오늘 특별 감사	

064

믿음의 바른 이해

야고보서 2장 14절부터 26절을 읽으십시오.
① 믿음의 다음 단계는 무엇인가?(14)
② 행함이 없는 믿음의 상태는 어떠한가?(26)

J. 옥스남 목사님이 쓴 「믿음」이라는 시입니다.

「주여, 제게 믿음을 주소서
매일 하루의 사명을 다할 수 있도록
제 손을 붙잡아 주소서
어떤 상황 속에서도 당신을 찾을 수 있는
고요한 마음을 주소서

저의 미래는 주께서 주신 선물입니다.
당신의 완전한 사랑을 믿기에
어떤 두려움 없이 미래를 향해 나아갑니다.」

믿음은 순종입니다. 순종은 행함입니다. 올바로 믿는다면 믿음과 행함, 그리고 순종의 관계에 대해서 성도들은 고민한 필요도 이유도 없습니다.

야고보서 2장 14절부터 26절에는 믿음과 행함의 관계에 대해서 기록되어 있습니다. 믿음으로 인한 구원만을 강조하며 행동에 아무런 책임을 지지 않는 사람들은 믿음을 이용하려는 것이지 진실한 믿음을 가진 것이 아닙니다. 우리는 오늘 본문을 통해 **믿음의 바른 이해에 대한 세 가지 사실**을 알 수 있습니다.

첫째, 믿음과 행동은 상호보완적입니다.
로마서가 믿음으로 인한 구원에 대해서 강조했다면, 야고보서는 믿음의 행함에 대해서 말하고 있습니다. 어떤 신학자들은 이 둘이 서로 상반된 내용을 다루고 있다고 말하며, 바울과 야고보를 대립시키기도 하지만 두 권 모두 강조하는 것이 다를 뿐 같은 내용을 다루고 있습니다. 그러나 믿음이 먼저 있은 후에 행동이 따라야 한다는 사실은 반드시 기억하십시오.(마 6:1)

둘째, 믿음은 진리를 이해하는 것이 아닙니다.
귀신들도 예수님이 하나님의 아들이라는 것을 알았습니다. 귀신들이 예수님을 두려워하고 하나님의 아들로 고백하는 모습은 공관복음의 여러 곳에서 등장합니다. 그러나 이처럼 예수님의 존재를 알고 인정한다고 해서 믿음이 있고 구원받는 것은 아닙니다. 하나님을 아는데서 그치는 것이 아니라 믿고 체험하는 신앙을 가지십시오.(막 10:21)

셋째, 믿음은 하나님께 나를 맡기는 것입니다.
구원의 근거는 오직 믿음입니다. 그리고 믿음은 나의 모든 죄와 인생을 하나님께 맡긴다는 동의이자 서약입니다. 물론 우리는 완벽히 행할 수 없고 너무나도 부족하지만 그럼에도 하나님은 우리의 믿음으로 인해 부족한 행동도 의롭다고 칭해주시는 것입니다. 하나님께 온전히 맡김으로 믿음의 행함을 실천하십시오.(롬 4:3)

오늘 본문을 통해 믿음의 바른 이해에 대한 세 가지 사실을 배웠습니다. 믿음은 지식이나 행위의 결과가 아닙니다. 그러나 믿음이 선행될 때 하나님을 아는 지식이 생기고 하나님의 뜻에 따르는 선행이 생기게 됩니다.
오늘도 성령님의 능력으로 행함이 가득한 삶을 사십시오.

주님! 믿음을 따라 하나님과 사람들을 기쁘게 하게 하소서!

오늘 특별 적용	
오늘 특별 감사	

065

지혜로운 언어생활

야고보서 3장 1절부터 12절을 읽으십시오.
① 실수를 막기 위해 가장 중요한 것이 무엇인가?(3)
② 말에는 얼마나 큰 권세가 있는가?(5)

'청구영언'이라는 옛 시조 모음집에는 작자 미상의 시조가 한 편 있습니다.
「말하기 좋다 하고 남의 말을 말을 것이
남의 말 내가 하면 남도 내 말 하는 것이
말로써 말이 많으니 차라리 말을 말까 하노라」
스마트폰의 보급으로 짧은 의견을 실시간으로 올리는 트위터와 같은 SNS서
비스들이 더욱 인기를 얻고 있습니다. 하루에만 2억 건의 트위터 메시지가 온
라인에 올라 온다고 합니다. 그리고 이 140자의 짧은 말로 인해 한 순간에 유
명인이 되는가 하면 한 순간에 매장당하는 사람도 있습니다. '말을 잘하는 사
람'이 성공하는 사회라고 하지만, 과연 그 말이 사람을 살리고 세상을 더욱 아
름답게 하는 말인지, 아니면 다른 사람을 희생시키고 흉보면서 세상을 분열
시키는 말인지에 대해서 그리스도인들은 더욱 생각해 봐야 합니다.

야고보서 3장 1절부터 12절에는 그리스도인의 말에 대해서 기록되어 있습니
다. 야고보는 먼저 사람의 실수는 당연한 것이라고 인정하고 있으나, 그럼에
도 말을 조심하며 남을 가르치려는 쉬운 말을 특히 조심해야 한다고 말하고
있습니다. 우리는 오늘 본문을 통해 **그리스도인의 언어생활의 세 가지 지혜**
에 대해서 다시 한번 생각해봐야 합니다.

첫째, 남에게 하는 말에는 책임이 따릅니다.
시간을 다시 되돌릴 수 없듯이 한번 뱉은 말도 다시 주을 수는 없습니다. 사람
의 몸에 난 상처는 시간이 지나면 회복이 되지만 마음의 상처는 평생 가기도
합니다. 말은 책임이 따르는 행동이지만 사람들은 너무나 말을 쉽게 하고 또
한 쉽게 잊습니다. 아무 생각없이 말을 뱉는 사람이 아니라 신중하게 말을 골
라서 하는 지혜로운 사람이 되십시오.(눅 11:46)

둘째, 한 입으로 두 말을 해서는 안 됩니다.

'도둑질을 하지 말라'고 남들 앞에서 이야기했다면 자신에게도 똑같이 적용시켜야 합니다. 그러나 많은 그리스도인들이 다른 사람들에 대해서는 엄격한 도덕적 잣대를 들이대고 정작 자신도 같은 실수를 저질렀을 때는 핑계를 대는 표리부동한 행동을 하고 있습니다. 언행이 일치하도록 노력하는 사람이 되십시오.(롬 11:29)

셋째, 되도록 유익한 말을 해야 합니다.

사랑이 담긴 슬기로운 말은 사람의 분노를 쉬게 하고, 사람의 마음을 안정시켜 줍니다. 따뜻한 격려의 말 한마디가 금전적인 도움보다도 훨씬 도움이 되기도 합니다. 역경을 극복한 위인들의 주변에는 항상 따뜻한 격려를 해주던 멘토들이 대부분 있었습니다. 남에게 좋은 영향을 주는 방향으로 모든 말과 언어의 방향을 설정하십시오.(잠 15:1/ 사 50:4)

오늘 본문을 통해 언어생활의 세 가지 지혜에 대해서 배웠습니다. 언어생활은 우리의 삶과 매우 밀접하게 관계가 있습니다. 따라서 언어생활의 순화를 위한 노력으로 일상의 작은 부분들을 먼저 하나님의 말씀에 따라 하나씩 맞춰나가는 삶을 살 수가 있습니다.
오늘도 입 안에 파수꾼을 세워 말을 시키십시오.

주님! 복된 말로 서로를 세우는 언어생활을 하게 하소서!

오늘 특별 적용	
오늘 특별 감사	

066

지혜의 구분과 사용

야고보서 3장 13절부터 18절을 읽으십시오.
① 지혜와 총명은 무엇으로 알 수 있는가/(13)
② 나쁜 정욕들은 어디에 속한 것인가?(15)

동물들의 세상에서 전쟁이 일어났습니다.

지휘관인 사자는 즉각 병사들을 소집했습니다. 병사들은 당나귀와 토끼와 개미와 코끼리였는데, 이들은 지휘관을 기다리면서 서로 헐뜯기 시작했습니다. 당나귀는 멍청해서 쓸데가 없다고 흉을 보았고, 토끼는 겁이 많아서 전쟁에선 소용이 없다고 돌아가라고 말했습니다. 개미는 힘이 약해서 적을 이길 수가 없고, 코끼리는 커다란 덩치 때문에 적에게 걸리기 십상이라고 생각했습니다. 그러던 중 지휘관인 사자가 와서 즉각 명령을 내렸습니다.

"체력이 좋은 당나귀는 식량 보급을 맡는다. 토끼는 걸음이 빠르니 첨병과 전령의 역할을 담당하고, 개미는 작아서 눈에 띄지 않으니 첩보를 담당한다. 코끼리는 힘이 강하니 적과의 전면전에 중심이 된다!"

필요한 일을 필요한 때에 맞게 사용하는 것이 지혜입니다. 하나님은 우리의 모든 것과 세상의 모든 것을 쓰임에 맞게 지으셨습니다.

야고보서 3장 13절부터 18절에는 지혜의 구분에 대해서 나와 있습니다. 지혜가 나쁜 일에 쓰일 때에 꾀가 되고 편법이 되지만 좋은 일에 쓰일 때는 선행과 나눔이 됩니다. 우리는 오늘 본문을 통해 **지혜를 바르게 사용하는 세 가지 방법**에 대해서 배워야 합니다.

첫째, 거짓 지혜를 구분해야 합니다.

지혜는 이치를 깨닫고 빠르게 처리를 하는 능력을 뜻합니다. 우리를 세상의 정욕으로 이끄는 잘못된 지혜들을 경계해야 합니다. 잘못을 저지르는 사람들은 대부분 사회적으로 성공한 엘리트들이 많습니다. 그들은 지혜가 부족해서 악을 행하는 것이 아닙니다. 세상에서 말하는 거짓 지혜를 구분하고 하나님의 지혜로 돌아오십시오. (벧후 2:18)

둘째, 참된 지혜를 구분해야 합니다.

참된 지혜는 성경에 나온 하나님의 지혜입니다. 하나님의 지혜는 세상에서 손해를 보는 것 같고, 빠른 길을 돌아가는 어리석음 같이 보일수도 있지만 결국 나에게도, 세상에서도, 그리고 하나님이 보시기에도 가장 옳게 행하는 성공의 길입니다. 나의 지혜도 세상의 지혜도 내려놓고 오직 성경이 말하는 하나님의 지혜를 구분하고 따르십시오.(딛 1:9)

셋째, 참된 지혜를 실천해야 합니다.

참된 지혜는 하늘로부터 온 것입니다. 또한 참된 지혜는 드러난 삶의 행동으로 알 수 있습니다. 성결하고, 평화를 사랑하고, 실수에 너그럽고, 하나님과 세상의 권위에 순종하고, 믿음을 온전히 지키며 복음을 전하는 사람들은 모두 참된 지혜를 알고 행하는 사람들입니다. 악을 떠나고 하나님을 경외함으로 지혜를 실천하십시오.(욥 28:28)

오늘 본문을 통해 지혜를 바르게 사용하는 세 가지 방법에 대해서 배웠습니다. 세상의 지혜는 사람을 교만하게 하고, 하나님으로부터 멀어지게 하지만 하나님의 지혜는 사람을 겸손하게 하고 타인을 섬기게 합니다.
오늘도 믿는 대로 행동하는 지혜로운 사람의 길을 걸으십시오.

주님! 참된 지혜로 선한 열매 맺는 삶이 되게 하소서!

오늘 특별 적용	
오늘 특별 감사	

067

죄의 대적

야고보서 4장 1절부터 10절을 읽으십시오.
① 기도의 응답이 없는 두 가지 이유는 무엇인가?(2,3)
② 하나님의 은혜는 어떤 사람에게 임하는가?(6)

영국의 한 귀족이 카나리아를 기르고 있었습니다.

카나리아를 세상의 어떤 것보다도 소중하게 생각했던 귀족은 애지중지하며 모든 관심을 카나리아에만 쏟았습니다. 카나리아의 머리에는 꽃으로 만든 왕관이 쓰여 있었고, 부리와 다리에는 온갖 금붙이들로 장식되어 있었습니다. 비록 새장에 갇혀 있긴 했지만 매우 넓은 화원이었고, 사료 역시 최고급이었습니다.

그렇게 애지중지 키우던 도중 화원에 불이 나는 사고가 일어났고, 화재로 새장이 열려 카나리아는 하늘로 날아가고 말았습니다. 귀족은 수단과 방법을 가리지 않고 카나리아를 찾기 시작했습니다. 약 3개월이 지난 뒤 카나리아를 드디어 찾았는데, 카나리아는 영국으로부터 4000km 이상 떨어진 아프리카의 키네아 지방에서 발견되었습니다. 그곳은 카나리아의 고향이었습니다.

아무리 좋은 시설에, 왕같은 대접을 받고 살아도, 고향의 그리움은 잊을 수가 없습니다. 카나리아는 고향을 한 순간도 잊지 않았습니다. 우리들도 인생의 마지막까지 늘 천국의 본향을 그리며 살아가야 합니다.

야고보서 4장 1절부터 10절에는 세상을 대적하는 그리스도인의 삶에 대해서 기록되어 있습니다. 세상을 이기는 힘은 하나님으로부터 나오기 때문에 더욱 하나님과 가까워질 때 자연스럽게 세상과 관련된 모든 문제들은 해결되게 됩니다. 우리는 오늘 본문을 통해 **하나님께 나아가는 세 가지 삶의 자세**에 대해서 생각해 봐야 합니다.

첫째, 두 마음을 품어선 안 됩니다.

하나님을 향한 마음에 틈이 생기고 악한 생각이 끼어들 때 두 개로 나뉘게 됩니다. 겉으로 보기에는 비슷해 보일지라도 두 마음을 품은 사람은 자신의 신앙과 믿음까지도 다른 것을 위해 이용하는 모습으로 변하게 됩니다. 성결한 삶을 위해서 두 마음을 버려야 할 이유가 여기에 있습니다. 하나님께 정한 마음을 가지고 성결하게 나아가십시오.(마 16:23)

둘째, 눈 앞의 죄를 조심해야 합니다.
아직 다가오지 않은 미래의 일을 두고 얘기하는 것은 정말 쉬운 일이나 눈 앞의 작은 유혹을 물리치는 것은 때로는 너무나 어려운 일입니다. 많은 성도들은 작은 것을 신경쓰지 않으나 눈 앞의 이익 때문에 얼마나 많은 성도들이 믿음을 떠나고 덕을 보이지 못하는지 우리는 알 수 있습니다. 눈 앞에 보이는 작은 것들을 먼저 조심하십시오.(마 5:19)

셋째, 죄에 대해선 대적해야 합니다.
죄는 단순히 피하고 멀리해야 할 대상을 넘어서 대적하고 승리해야할 대상입니다. 유혹을 이길 수 없을 것 같을 때는 멀리하는 것이 상책이지만, 믿음이 강건해지면 모든 성도들은 죄를 대적하여 물리칠 힘을 얻게 됩니다. 이미 마귀의 모든 유혹을 물리쳐 죄로부터 승리하신 주님을 믿고 따르십시오.(잠 28:13)

오늘 본문을 통해 하나님께 나아가는 세 가지 삶의 자세에 대해서 배웠습니다. 하나님께 나아가기 위해서는 먼저 우리의 삶을 거룩하고 성결하게 하려는 노력이 필요합니다. 이런 노력을 통해 매일 같이 하나님께 나아감으로 죄를 대적하고 승리할 수 있게 됩니다.
오늘도 하나님만으로 만족하며 기뻐하십시오.

주님! 예수님처럼 마귀의 유혹을 대적하게 하소서!

오늘 특별 적용	
오늘 특별 감사	

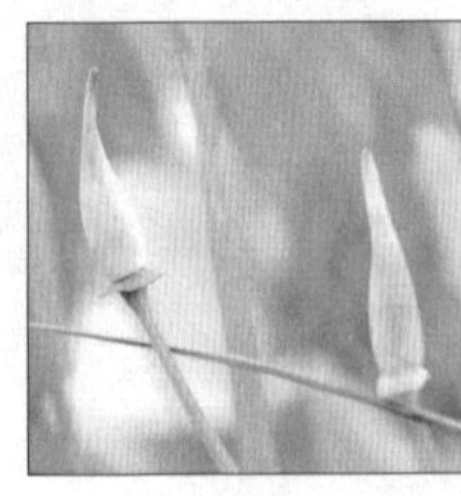

068

교만과 겸손

야고보서 4장 11절부터 17절을 읽으십시오.
① 모든 잘못을 가릴 수 있는 유일한 분은 누구인가?(12)
② 그리스도인들은 미래에 대해 어떻게 생각해야 하는가?(15)

공자는 논어에서 정치에 대해서 이렇게 말했습니다.
「위에 있는 사람이 바른 도리로 아랫사람을 거느리면
아랫사람은 자연히 바른 일을 하게 된다. 이것이 정치의 근본이다
- 논어 , 안연 편 -」
계강자라는 귀족이 공자에게 정치에 대해서 물었을 때도 공자는 이렇게 말했습니다.
"바르게 하는 것이 바로 정치이다. 그대가 사람들을 바르게 거느린다면 누가 감히 바르지 않을 수 있겠는가?"
한 사람이 바르게 행동할 때 따르는 사람들도 모두 바르게 됩니다. 우리가 따르는 분은 누구입니까? 우리의 행동은 어떻게 변화되어야 합니까? 완전하고 신실하신 주님을 바라보고 닮아 가십시오.

야고보서 4장 11절부터 17절에는 자신을 높이는 죄에 대해서 기록되어 있습니다. 겸손은 하나님께 순종하는 아름다운 모습이지만 교만은 하나님께 직접 대적하는 죄이며 은혜를 거부하는 큰 죄입니다. 우리는 오늘 본문을 통해 **교만을 피하는 세 가지 방법**에 대해서 깨달아야 합니다.

첫째, 허리를 낮추어야 합니다.
예수님은 직접 제자들의 발을 씻어주심으로 겸손의 본을 보이셨습니다. 다른 사람의 발을 씻어주기 위해선 직접 허리를 숙이고 무릎을 꿇어야 합니다. 먼저 마음이 낮아지지 않으면 겸손할 수 없습니다. 예수님은 직접 겸손의 본을 보이시고, 제자들에게 '이와 같이 하라' 고 말씀하셨습니다. 죄의 뿌리인 교만에서 벗어나 겸손함으로 허리를 낮추십시오.(잠 16:19)

둘째, 은혜를 생각해야 합니다.

교만은 나의 능력과 업적을 과신하는 데에서부터 생겨납니다. 우리의 모든 것을 주신 주님의 은혜를 잊었을 때에, 하나님께 영광을 돌리지 않고 자신의 이름과 명예를 높이는 삶으로 살아가게 됩니다. 그러나 하나님의 은혜가 없이는 우리는 한 순간도 살아갈 수 없다는 사실을 잊어서는 안 됩니다. 우리에게 생명을 주신 분을 기억하고 그 은혜를 잊지 마십시오.(시 44:17)

셋째, 모든 것을 주님의 뜻에 맡겨야 합니다.

삶의 주도권을 하나님의 뜻과 말씀이 아닌 자신의 욕심에 맡길 때 교만하게 됩니다. 성경은 이러한 자랑은 모두 허탄한 것이며 악한 것이라고 말씀하고 있습니다. 하나님께 순종하는 것은 그리스도인에게 당연한 것이지만 실제로 헌신하는 많은 사람들도 마지못해 하는 경우가 많습니다. 행동뿐 아니라 마음까지도 주님을 위해 헌신하십시오.(엡 5:17)

오늘 본문을 통해 교만을 피하는 세 가지 방법에 대해서 배웠습니다. 교만은 큰 죄입니다. 스스로를 낮추고, 하나님의 은혜를 깨달음으로 교만에서 멀어져야 합니다.
오늘도 주님을 본받아 겸손을 실천하십시오.

주님! 말뿐인 겸손으로 죄를 짓지 않게 하소서!

오늘 특별 적용	
오늘 특별 감사	

069

말세의 사명

야고보서 5장 1절부터 10절을 읽으십시오.
① 잘못된 재물의 부작용은 무엇인가?(4,6)
② 성경의 위인들에게 무엇을 배워야 하는가?(10)

오소리는 산 속에서 가장 위험한 동물 중 하나입니다.

길어야 1m 남짓한 체구에 날렵한 몸매이지만, 늑대와 곰같은 맹수들도 오소리를 만나면 함부로 하지 못합니다. 오소리는 일단 날렵해서 적의 공격에 쉽게 당하지 않고, 강철같은 이빨과 발톱이 있어서 치명적인 공격을 가할 수도 있습니다. 게다가 겁이 없고 맷집이 강해서 아무리 덩치가 큰 맹수가 와도 전혀 물러서지 않고 맞서 싸웁니다. 그래서 맹수들은 오소리와 이런 소득없는 싸움을 하지 않고, 먹이를 먹다가도 오소리가 나타나면 슬금슬금 자리를 뜹니다.

험한 세상 속의 그리스도인들은 너무나도 작은 존재처럼 보이지만, 말씀을 마음에 품고 비전을 펼쳐 나갈 때 세상의 악을 몰아내고 기쁨과 선함이 가득한 곳으로 변화시킬 수 있는 힘을 갖게 됩니다.

야고보서 5장 1절부터 11절에는 부에 대한 경고와 재림의 준비에 대해서 기록되어 있습니다. 부를 잘못 사용하면, 욕심에 사로 잡혀 영혼까지도 잃게 되기 때문에 늘 다시 오실 주님을 생각하며 우리의 행실을 돌아봐야 합니다. 우리는 오늘 본문을 통해 **세상을 변화시키는 그리스도인의 세 가지 특징**에 대해서 알 수 있습니다.

첫째, 청지기의 사명을 감당합니다.

부를 옳게 사용하면 하나님에게 영광이 되고, 사람들에게도 큰 도움과 행복을 줄 수 있지만 부를 통해 욕심에 사로잡혔을 때에는 영혼까지도 잃게 되는 큰 일이 일어납니다. 우리의 모든 것은 하나님이 허락하신 은혜라는 생각으로 가진 재물뿐 아니라 재능과 시간까지도 지혜롭게 사용해야 합니다. 풍성히 주신 하나님께 감사한 마음으로 다시 드리십시오.(눅 12:42)

둘째, 풍성한 결실을 맺습니다.

하나님이 주신 비전을 향해 성도들의 삶이 풍성한 결실을 맺을 때 그로인해 하나님의 능력과 영광이 드러나고 세상의 영향력을 미치게 됩니다. 그리스도 인에게 성공이 필요한 것은 오직 하나님의 영광을 위해서입니다. 모든 성도 들이 부자가 되고 성공을 해야 하는 것은 아니지만 열매 맺게 해주시는 분이 하나님이시라는 걸 기억하십시오.(막 4:19)

셋째, 다시 오실 주님을 기다려야 합니다.

마음 속에 유혹과 욕심이 들어올 때 말씀이 떠나가고 결실을 맺지 못하게 됩니다. 다시 오실 하나님을 생각하며 우리의 사명을 감당해 나갈 때, 유혹에 빠지지 않고 우리에게 주어진 십자가도 감당할 수 있게 됩니다. 그러므로 고 난을 회피하려 하지 말고, 마음을 성결하게 관리하며 결실을 맺으십시오.(마 16:24)

오늘 본문을 통해 세상을 변화시키는 그리스도인의 세 가지 특징에 대해서 배웠습니다. 그리스도인들은 자신의 위치에서 능동적이고 유기적으로 연합 하여 일하며 이 땅을 향한 하나님의 커다란 계획의 밑그림을 그려나가야 합 니다.

오늘도 주님께 칭찬을 받을 만한 청지기가 되십시오.

주님! 마지막 때가 다가올수록 커다란 소망을 품게 하소서!

오늘 특별 적용	
오늘 특별 감사	

070

경건생활의 지침

야고보서 5장 11절부터 20절을 읽으십시오.
① 이 땅에서의 희로애락에 우리는 어떻게 반응해야 하는가?(13)
② 교인들의 모임에는 어떤 일들이 일어나야 하는가?(16)

미국의 하버드 대학교는 1636년에 세워졌습니다.

하버드 대학의 설립자 존 하버드는 영국에서 이민을 온 뒤에, 목회자들을 위해서 이 대학교를 세웠습니다. 학문을 발전시켜 대대손손 전해주고, 지성과 신앙을 겸비한 목회자들이 배출되기를 바라는 마음이었습니다. 그러나 이 일의 시작은 700파운드의 돈과 책 300여권의 초라한 재원으로 시작되었습니다. 사실 학교를 세우겠다는 시도 자체가 무리한 준비 조건이었습니다. 게다가 학교를 세운지 1년 만에 하버드는 죽고 말았습니다. 그러나 존 하버드는 자신이 해야 할 일을 알았고, 상황에 전혀 여의치 않고 그 일을 했습니다. 그리고 그의 용기 있는 작은 시작이 없었다면지금의 세계 최고의 대학교도 없었을 것입니다.

그리스도인들은 성경을 통해 진리를 배우고, 기도로 실천할 원동력을 얻으며 그로 인해 세상에 참된 사랑을 전하고 복음을 전하게 됩니다.

야고보서 5장 12절부터 20절에는 성도들의 경건생활과 사명에 대한 말씀이 기록되어 있습니다. 특히 서로 기도하며 권면할 때에 놀라운 일들이 나타나는데, 이를 위해선 먼저 죄를 고백해야 한다고 말씀하고 있습니다. 우리는 야고보서의 마지막인 오늘 본문을 통해 **평생 잊지 말아야 할 세 가지 경건생활**에 대해서 되새겨 보아야 합니다.

첫째, 기도하는 삶입니다.

기쁠 때도, 슬플 때도, 즐거울 때도, 환란을 당할 때에도 우리는 호흡을 멈추지 않습니다. 마찬가지로 어떤 상황에서도 우리의 기도는 멈춰서는 안 됩니다. 생활 속에서 자연스럽게 주님의 뜻을 묻고, 다른 사람들을 위해서 기도하고 축복의 말을 하는 삶을 통해서 우리는 하나님의 은혜에 더욱 가까이 나아갈 수 있습니다. 기도로 주님과 함께하십시오.(마 6:6)

둘째, 말씀 읽는 삶입니다.

말씀은 하나님의 음성을 들을 수 있는 가장 확실한 방법입니다. 하나님은 성경을 통해 우리 모두에게 하나님의 계획과 우리를 얼마나 사랑하시는지, 그리고 우리가 이 세상에서 무엇을 하고 어떤 상을 받게 될 것인지 말씀하고 계십니다. 하나님의 음성을 듣는 즐거움은 세상의 어떤 것과도 바꿀 수 없는 기쁨입니다. 언제나 하나님의 말씀에 귀를 기울이고 순종하십시오.(요일 2:5)

셋째, 전도하는 삶입니다.

예수님이 제자들에게, 그리고 우리들에게 마지막으로 하신 말씀은 전도입니다. 구원을 통해 우리는 진정한 자유를 얻고, 참된 인생을 살아갈 수 있듯이, 모든 사람들에게도 구원이 필요합니다. 또한 복음을 말로 전하는 것처럼 우리의 삶을 통해 모범이 되는 것 역시 중요합니다. 말과 행동으로 언제나 주님의 복음을 전하십시오.(막 1:15)

오늘 본문을 통해 평생 잊지 말아야 할 세 가지 경건생활에 대해서 배웠습니다. 기도는 우리의 호흡이고, 말씀은 우리의 양식이며, 전도는 우리의 사명입니다. 야고보서를 통해 그리스도인들에게 가장 중요한 것이 무엇인지 깨닫고 믿음대로 실천하기를 바랍니다.

오늘도 선행과 입술의 증거로 복음을 증거하십시오.

주님! 주님을 닮아가는 것을 평생의 목표로 살게 하소서!

오늘 특별 적용	
오늘 특별 감사	

071

소망이신 예수님

베드로전서 1장 1절부터 12절을 읽으십시오.
① 베드로가 편지를 쓴 이유는 무엇인가?(2)
② 무엇이 우리를 보호하고 있는가?(5)

빅터 프랭클린이라는 심리학자가 있습니다.

그는 유대인으로 아우슈비츠 수용소에도 끌려갔는데, 마지막까지 목숨을 잃지 않고 무사히 살아나왔습니다. 그는 이후 출판된 자신의 책을 통해 생존의 비법에 대해서 밝혔습니다.

"말할 수 없을 정도로 잔인한 고문과 가스실 처형의 두려움 사이에서 끝까지 나를 생존하게 만든 것은 희망이었습니다."

그리고 한 가지 이유가 더 있었습니다. 바로 한 가닥 소망을 붙잡아 이 위기를 벗어난 뒤에 세상 어딘가에 있을 절망에 빠진 사람들에게도 한 줄기 희망이 되는 것이었습니다. 바로 그 꿈을 위해 빅터 박사는 모진 고문도 견뎌내고 마지막까지 견딜 수가 있었습니다.

소망으로 역경을 극복한 사람은 다른 사람의 희망이 됩니다. 모든 그리스도인들이 절망에서 힘을 얻을 수 있는 것은 예수님이 먼저 오셔서 모든 것을 극복하고 우리의 소망이 되셨기 때문입니다.

베드로전서 1장 1절부터 12절까지는 성도들의 소망과 구원에 대해서 기록되어 있습니다. 베드로전서는 각지에 흩어진 유대인 성도들을 위해 베드로가 적은 편지입니다. 베드로는 이 편지로 그리스도의 은혜와 고난에 대해서 설명하며 소망으로 거룩하고 성결한 삶을 살 것을 계속해서 권면하고 있습니다. 오늘 본문을 통해 **예수님을 통해 받은 세 가지 소망**에 대해서 알아야 합니다.

첫째, 선지자들이 말하던 소망입니다.

구약의 선지자들은 전 시대를 통틀어 그리스도의 임재를 예언하고 또 기다렸습니다. 죄에 물든 세상을 구원할 유일한 구원자는 예수 그리스도밖에 없기 때문입니다. 특히나 이스라엘이 암흑 속에 빠진 시대에 선지자들은 더욱 메시아를 소망했습니다. 가장 힘들고 절박한 시기에 필요한 것이 그리스도의 소망입니다. 암흑의 수렁에서 우리를 구원할 예수님의 소망을 품으십시오.(마 8:17, 13:17)

둘째, 예수님이 말씀하신 소망입니다.
예수님은 자신의 십자가 죽음과 함께 부활의 소망도 말씀하셨습니다. 십자가가 고난과 시련을 의미한다면 부활은 기쁨과 죄에서의 회복과 소망을 의미합니다. 부활의 소망이 있기 위해서는 고난의 십자가가 반드시 있을 수밖에 없습니다. 그리고 예수님께서 죄에서 승리하셨기 때문에 실제로 부활의 소망이 우리에게도 주어졌고, 믿음으로 따라갈 수가 있게 되었습니다. 승리의 확신인 부활의 산 소망을 품으십시오.(롬 15:12/ 엡 4:4)

셋째, 시련을 이겨낼 소망입니다.
성경에 쓰여 있는 '산 소망'이라는 단어는 단순히 '살아있는 희망'을 뜻하는 것이 아닙니다. 원어를 살펴보면 이 단어에는 '일으켜 세움, 힘을 불어줌'이라는 뜻도 담겨 있습니다. 따라서 '그리스도의 산 소망'을 품은 사람은 어떤 시련을 당해도 다시 일어서고 또한 승리할 수 있습니다. 우리를 일으키고, 변화시킬 새로운 소망을 품으십시오.(욥 23:10/ 고후 4:17)

오늘 본문을 통해 예수님을 통해 받은 세 가지 소망에 대해서 배웠습니다. 예수님이 바로 모든 인류가 바라던 구원의 소망입니다. 구원의 소망은 과거로부터 예언되었고, 실제로 이루어졌고, 새로운 소망을 바라보게 해주었습니다.
오늘도 살아있는 소망을 품고 살아가십시오.

주님! 구원을 이루신 주님을 기뻐하며 살게 하소서!

오늘 특별 적용	
오늘 특별 감사	

소망의 생활

베드로전서 1장 13절부터 25절을 읽으십시오.
① 우리의 구원이 영원한 이유는 무엇인가?(18,19)
② 진리를 따르는 사람은 어떻게 행동해야 하는가?(22)

데넥커라는 조각가가 있었습니다.

최고의 조각가를 꿈꾸었던 그는 그리스 신화에 나오는 여러 신상들을 정교하게 조각해 명성을 얻고 실력을 인정받았습니다. 자신의 실력에 자신감이 붙은 그는 많은 사람들에게 상징적 의미를 가지는 '그리스도'를 조각하기로 결심했습니다. 그러나 한 달도 되지 않아 실패하고 말았습니다. 예수님에 대해서 전혀 알지 못했던 그는 도저히 예수님을 조각으로 표현할 수 없었습니다. 그래서 그는 직접 복음서를 읽고 교회에 나가며 예수님을 알아가기 시작했습니다. 그리고 신앙이 성장할수록 그의 그리스도 상도 조금씩 완성되었습니다. 그리고 마침내 거의 완벽에 가까운 그리스도 상을 만들어내었습니다. 이모습을 보고 경탄한 나폴레옹은 그에게 비너스 조각상을 하나 만들어주지 않겠냐고 물었으나 그는 거절했습니다.

"아무리 황제의 명령이라 할지라도, 그리스도를 조각한 이 손으로 더 이상 다른 신은 조각할 수 없습니다."라는 것이 그 이유였습니다.

구원으로 몸과 마음을 깨끗하게 만든 사람들은 다시 더럽히지 않기 위해 조심해야 합니다.

베드로전서 1장 13절부터 25절에는 산 소망을 가진 성도의 삶에 대해서 나와 있습니다. 본문은 진리를 깨달을 때 어떤 일이 일어나고, 어떤 행동을 하게 되는지에 대해서 설명하며 진리에 순종할 것을 권유하고 있습니다. 우리는 오늘 본문을 통해 **산 소망을 가진 성도의 세 가지 모습**에 대해서 알 수 있습니다.

첫째, 믿음으로 산 소망을 품어야 합니다.

베드로전서 1장의 시작을 통해서 우리는 선지자들과 예수님이 말한 소망이 무엇인지, 그리고 모든 그리스도인에게 어떤 작용을 하는지에 대해서 배웠습니다. 이제 남은 것은 믿음으로 구원을 받고 그 소망이 가득한 삶을 살아가며 직접 체험하는 것입니다. 믿음으로 먼저 살아있는 소망을 품으십시오.(갈 5:5)

둘째, 행실이 거룩해져야 합니다.
우리가 구원받은 것은 흠없는 어린양이신 예수 그리스도의 희생 때문입니다. 하나님은 구원받은 우리들도 이처럼 거룩해지기를 바라십니다. 불순종의 자녀로서 죄에 속해 있던 과거를 완전히 벗어버리고 순종의 자녀로 성령을 따라 거룩한 삶을 사는 것이 성도들의 마땅한 일입니다. 모든 것을 살피시는 하나님 앞에서 마음까지 거룩해지십시오.(엡 4:24)

셋째, 서로 뜨겁게 사랑해야 합니다.
어둠이 빛을 싫어하듯이 세상 사람들도 하나님의 자녀들을 미워합니다. 그러나 성도들은 더욱 사랑의 마음으로 세상을 품어야 합니다. 그리고 믿는 성도들끼리도 더욱 뜨겁게 사랑하며 격려함으로 세워 나가야 합니다. 천국에서 영원히 함께 살 성도들끼리도 서로 사랑하지 않는다면 세상의 누구를 사랑할 수 있겠습니까? 뜨거운 사랑으로 성도끼리 교제하십시오.(요 15:20)

오늘 본문을 통해 산 소망을 가진 성도의 세 가지 모습에 대해서 배웠습니다. 산 소망을 품게 될 때 우리의 모든 생각과 행동이 바뀌고, 관계에 사랑이 넘치게 됩니다.
오늘도 사랑이 넘치는 성도의 삶을 사십시오.

주님! 오늘도 교제와 사랑과 행함이 풍성해지게 하소서!

오늘 특별 적용	
오늘 특별 감사	

073

거룩한 백성

베드로전서 2장 1절부터 12절을 읽으십시오.
① 신앙의 성장을 위해서는 어떤 일들이 필요한가?(1,2)
② 이 땅의 모든 그리스도인들의 사명과 정체성은 무엇인가?(9)

2차 대전 중에 미군의 병사 몇 명이 태평양의 외딴 섬에 표류되었습니다. 만신창이가 되어 간신히 목숨만 건진 병사들은 섬의 원주민들의 도움으로 겨우 목숨을 건졌습니다. 다행히 원주민들은 병사들에게 우호적이어서 병사들을 잘 돌봐주었습니다. 어느 정도 회복이 된 병사들은 섬을 산책하다가 원주민들이 낡은 책을 읽고 있는 모습을 보았습니다. 원주민들은 어떤 선교사가 예전에 전해준 책이라며, 자신들의 제일가는 보물이라고 말했습니다. 병사들은 그 책이 성경인 것을 알고는 말했습니다.

"그렇게 낡은 책이 보물이라니 불쌍하군요. 우리 집 책장에는 그런 책이 몇 권이나 꽂혀 있지만 전혀 보고 있지 않습니다."

"하지만 이 낡은 책이 아니었으면 당신들은 벌써 죽었을 것입니다. 그 선교사가 우리에게 이 책에 대해서 알려주기 전에 우리 모두는 식인종이었으니까요."

진리를 알고도 실천하지 않는 것은 진리를 알려고 하지 않는 것보다도 더 큰 죄입니다.

베드로전서 2장 1절부터 12절에는 하나님의 백성의 삶에 대해서 나와 있습니다. 우리가 구원받은 이유와 목적이 무엇인지, 그리고 무엇을 잃고 무엇을 얻었는지에 대해서 베드로는 본문을 통해 확실히 얘기하고 있습니다. 우리는 오늘 본문을 통해 **하나님의 자녀가 사모해야 할 세 가지 모습**에 대해서 배워야 합니다.

첫째, 신령한 말씀을 사모해야 합니다.
아이가 이가 없을 때는 젖을 먹고 자라고, 장성해서는 좋은 음식을 통해 성장하듯이, 성도들은 그리스도의 말씀을 통해 계속해서 자라야 합니다. 말씀을 사모할 때 죄를 버리게 되고 긍휼을 얻게 됩니다. 쾌락이 주는 유혹에 넘어가는 어린아이의 어리석음을 버리고 하나님 안에만 거하는 장성한 청년의 신앙으로 자라십시오. (행 4:19, 6:7)

둘째, 신령한 제사장의 모습을 사모해야 합니다.
성경은 특별한 사람과 목회자뿐 아니라 구원받은 모든 성도가 제사장이라고 말씀하고 있습니다. 목사님은 성도들을 가르치고 이끌기 위해서 부름 받은 것은 맞지만, 하나님 대신 군림하는 존재는 아닙니다. 또한 성도들도 이런 제사장 의식을 가지고 하나님과 사람을 화목하게 하는 의무를 가볍게 여겨서는 안 됩니다. 사랑으로 제사장의 역할을 지혜롭게 감당하십시오. (벧전 2:5)

셋째, 선한 모습으로 하나님께 영광 돌리는 모습을 사모해야 합니다.
구원받은 하나님의 자녀들은 아름다운 덕을 세우는 하나님의 목적을 알아야 합니다. 무엇을 하든지 하나님의 영광을 드러내기 위해서는 육체의 정욕을 이기고, 마음의 욕심을 버리고, 하나님을 나타내고 세상을 아름답게 하는 일에 마음을 두고 행해야 합니다. 성령님의 인도하심과 능력으로 하나님께 영광을 돌리십시오. (고전 10:31)

오늘 본문을 통해 하나님의 백성이 사모해야 할 세 가지 모습에 대해서 배웠습니다. 하나님의 자녀라는 특권과 권리에만 너무 집중하지 말고 그 자격에 맞는 행동의 실천에 집중해야 합니다.
오늘도 성령의 인도하심을 따라 하나님의 선하심을 널리 알리십시오.

주님! 삶의 모든 영역에서 성령이 충만하게 하소서!

오늘 특별 적용	
오늘 특별 감사	

074

국가에 대한 의무

베드로전서 2장 13절부터 25절을 읽으십시오.
① 선행에는 어떤 위력이 있는가?(15)
② 선행은 어떤 사람들에게도 해야 하는가?(18)

한국의 명견 진돗개가 미국의 경찰견 테스트를 받으러 갔습니다. 대한이와 민국이를 포함해 총 4마리의 개가 미국 LA의 경찰견 시험을 받으러 갔지만 최종 테스트 결과 모두 탈락되었습니다. 진돗개들은 시험과정에서는 모두 훌륭한 성적을 거두었지만, 기분 변화가 심하고, 다른 개들과 협력하지 못해 팀워크가 부족한 부분 등이 부적절한 요인으로 꼽혔기 때문입니다. 그러나 가장 중요한 이유 중의 하나는 진돗개의 충성심이었습니다. 진돗개는 한번 주인으로 인지를 하면, 다른 주인을 따르지 않고 자신의 주인을 위해서만 일을 하기 때문에, 수시로 담당 경찰관이 바뀌는 경찰견의 임무에는 부적합했기 때문입니다.

그리스도인들도 하나님에 대해서 절대적인 충성심을 가져야 합니다. 그리스도인들이 세상의 지위와 체계에 순종하는 이유는 하나님의 말씀과 명령에 따른 것이기 때문입니다.

베드로전서 2장 13절부터 25절에는 국가에 대한 권면이 기록되어 있습니다. 그리스도인들은 현실 속의 사회와 국가에 대해서도 바른 태도와 성실한 모습을 보여야 합니다. 베드로는 특히 사람을 가리지 말고, 그 사람의 지위를 인정하라고까지 말하고 있습니다. 우리는 오늘 본문을 통해 **세상을 향한 그리스도인의 세 가지 태도**에 대해서 알아야 합니다.

첫째, 하나님의 종이라는 사실을 나타내야 합니다.
믿음을 부끄러워하지 않는 성도들은 당당히 세상 속에서 자신이 그리스도인이라는 사실을 나타내야 합니다. 세상 사람들에게 당당히 그리스도인이라는 사실을 나타내지 못하는 사람들은 삶이 충분히 거룩하지 않거나, 믿음의 가치를 제대로 알지 못하는 사람들입니다. 세상적 가치에 집착하며 하나님의 큰 뜻을 거스르지 말고 세상에 하나님의 사랑을 나타내는 당당한 그리스도인

이 되십시오.(빌 3:20)

둘째, 선행과 인내로 비난과 궤변을 막아야 합니다.

그리스도인들이 많은 선행으로 사랑을 실천하면 세상 사람들도 얕은 지식으로 더 이상 교회를 공격하지 못하고 조금 더 유익한 관심을 갖게 됩니다. 요즘의 기독교의 안 좋은 이미지는 일부의 책임이 아닌 우리 모든 성도들의 책임입니다. 특별히 까다로운 자들에게도 순종하고 선을 행하라는 본문의 말씀을 기억하고 인내함으로 선을 행하십시오.(딤전 2:10)

셋째, 때로는 억울한 고난도 감내해야 합니다.

하나님의 종으로 살면서 본문의 말씀을 실천하는 데에는 큰 노력과 고난이 따릅니다. 이런 것을 매우 억울하다고 생각할 수도 있으나, 예수님의 고난을 생각하며 우리는 감내하며 또한 분을 품지 말아야 합니다. 억울한 고난도 주님으로 인하여 참으면 그것은 아름다운 일입니다. 예수님이 보여주신 희생의 본을 따라 고난을 감내하십시오.(골 1:24)

오늘 본문을 통해 세상을 향한 그리스도인의 세 가지 태도에 대해서 배웠습니다. 그리스도인은 다른 세상 사람들과 다른 점이 분명히 있어야 합니다. 높은 도덕적 수준과 깊은 인내심, 그리고 넓은 배려로 세상 사람들을 탄복시키고 하나님의 덕을 세우십시오.

오늘도 주님의 십자가를 지고 주님을 따르십시오.

주님! 변명을 그치고 믿음으로 인내하게 하소서!

오늘 특별 적용	
오늘 특별 감사	

075

관계를 맺는 지혜

베드로전서 3장 1절부터 12절을 읽으십시오.
① 남편과 아내는 서로를 어떻게 섬겨야 하는가?(1,7)
② 그리스도인은 세상에서 어떻게 살아가야 하는가?(9)

거북이는 사람의 몸무게에 약 1/5 밖에 나가지 않습니다.
그러나 거북이의 목 힘은 너무나 강해서, 껍질 안에 들어간 거북이의 목을 힘으로 잡아 빼는 일은 불가능하다고 합니다. 아무리 힘이 세고, 덩치가 큰 사람이 와도 절대로 거북이의 목을 뺄 수는 없습니다. 그러나 이 거북이의 껍질을 따뜻한 불빛 근처에 두면 몇 분도 지나기 전에 거북이가 목을 뺀다고 합니다. 무례하고 강력한 말보다도 부드럽고 따스한 말이 사람을 더욱 움직입니다. 사람과의 관계가 가까워질수록 상대방을 내 맘대로 하려는 성향이 생기지만, 그럴 때에 거북이 목을 강제로 빼는 것과 같은 문제가 생기고 상처를 입게 됩니다. 온유한 말로 상대방을 존중하며 인정해주는 자세를 취하는 것이 건강한 관계의 첫걸음입니다.

베드로전서 3장 1절부터 12절에는 부부와 이웃에 대한 그리스도인의 자세에 대해서 나와 있습니다. 성경의 여러 곳에 그리스도인의 가족관계와 사회생활에 대한 지침들이 여러 번 나와 있는 것은 신앙생활을 할 때 지혜롭게 균형을 맞추는 것이 중요하기 때문입니다. 우리는 오늘 본문을 통해 **관계를 더욱 아름답게 하는 세 가지 교훈**에 대해서 배워야 합니다.

첫째, 서로 존중해야 합니다.
자신에게 가까운 사람에게는 함부로 대하는 성향이 우리 모두에게는 있습니다. 본문에서는 특히 부부관계를 지칭해서 말을 하고 있지만, 사실 모든 관계는 가깝고 멀고를 떠나서 일정 수준의 존중이 반드시 필요합니다. 가장 가까운 사이라고 볼 수 있는 부부 간에도 생명의 은혜를 함께 나누기 위해선 존중이 필요합니다. 남을 존중하지 않음으로 불화가 생길 때 하나님께도 기도할 수 없게 됨을 깨달으십시오.(요 15:12)

둘째, 불쌍히 여기는 마음이 있어야 합니다.

우리 주변에는 관심이 필요하고 사랑이 필요한 많은 영혼들이 있습니다. 그런 사람들의 모습을 못마땅하게 생각해 더욱 매몰차게 대하는 사람들도 있지만 이런 사람들을 불쌍히 여기는 것 또한 사랑하는 것은 하나님의 뜻이며 겸손한 마음을 가지게 되는 훈련입니다. 주위의 딱한 사람들을 향해 관심을 가지고 불쌍히 여기십시오.(마 14:14)

셋째, 악을 선으로 이겨야 합니다.

신앙을 가졌다는 이유만으로도 때로는 따돌림을 당하거나 불이익을 당하는 경우들이 있습니다. 그러나 그런 사람들까지도 사랑하고 그런 상황까지도 포용하는 것이 진정한 그리스도인입니다. 오히려 불쌍한 마음으로 복을 빌어주어야 합니다. 악한 언행을 그치고 성령님의 능력으로 선을 행함으로 사랑의 행동을 감당하십시오.(눅 6:28/ 롬 12:14/ 고전 4:12)

오늘 본문을 통해 관계를 더욱 아름답게 하는 세 가지 교훈에 대해서 배웠습니다. 세상에서 가장 중요한 것 중 하나가 사람 사이의 관계입니다. 따라서 우리는 성경이 가르치는 대로 관계에 있어서도 지혜롭게 실천해 나가야 합니다.

오늘도 세상을 화평케 하는 성도의 사명을 잘 감당하십시오.

주님! 선한 행동으로 말씀을 전하는 하루가 되게 하소서!

오늘 특별 적용	
오늘 특별 감사	

076

최선의 선행

베드로전서 3장 13절부터 22절을 읽으십시오.
① 성도들은 항상 어떤 준비가 되어 있어야 하는가?(15)
② 우리가 구원받았다는 증거는 무엇인가?(21)

경제학자 에단 캡스타인은 자신의 책 '부의 분배' 에서 이렇게 말했습니다. "1979년부터 1994년 사이에 미국 가정의 상류층 5%가 전체 재정의 99%를 차지하게 되는 일이 일어났습니다. 선진국인 호주, 캐나다, 영국도 미국과 별 다를 바가 없었습니다. 이런 구조의 나라에서는 경제는 성장하면서도 오히려 빈곤층이 늘어나는 이상한 일이 벌어졌는데, 심한 경우에 20%가까이 빈곤층이 증가하기도 했습니다."

부의 불평등은 더욱 심해져 지금은 상위 1%가 99%의 부를 차지하고 있습니다. 미국의 금융가는 돈 욕심을 부리다가 부도 위기에 몰리면서도 자신들의 연봉과 보너스를 올렸습니다. 이런 사람들을 위해 세금을 낼 수 없다는 평범한 많은 사람들은 '탐욕' 이라는 피켓을 들고 월가에서 데모를 하였습니다. 어떤 계층이든, 어떤 사람이든, 자신들의 욕심만을 배불리 채우려고 할 때 많은 잘못들이 일어납니다. 그리스도인들은 세상 속에서의 자신들의 역할을 깨닫고 언제나 합당한 선행을 베풀어야 합니다.

베드로전서 3장 13절부터 22절에는 고난 속의 선행에 대해서 기록되어 있습니다. 그리스도인은 어떠한 상황 속에서도 선을 행하려고 노력해야 하며, 이것은 세상 사람들의 시선에 상관없이 언제나 우리가 할 수 있는 최선의 행동입니다. 우리는 오늘 본문을 통해 **선행이 가져다 주는 세 가지 유익에 대해**서 생각해 볼 수 있습니다.

첫째, 선행은 최선의 결과를 가져다줍니다.

선행을 보고 욕을 하는 사람은 없습니다. 설령 욕을 한다 해도 욕을 하는 사람이 이상해지지 선을 행하는 사람이 이상해지지는 않습니다. 따라서 선행에 따른 부당한 대우라도 참고 감수할 수만 있다면 최악의 상황에서도 선행은 최선의 결과를 가져다줍니다. 두려움없이 선을 행하며 하나님의 의를 행하십

시오.(갈 6:9)

둘째, 선행은 고난 속에서도 하나님을 나타내게 합니다.
세상 사람들은 고난을 당할 때 낙담하고 두려워하지만 그리스도인들은 감사하며 기뻐해야 합니다. 고난 속에서도 기뻐하며 선을 행하기를 그치지 않는 모습을 통해서 우리는 하나님의 진리를 세상에 알리고 그리스도의 소망을 알릴 수 있습니다. 선행을 통해 하나님을 나타냄으로 다른 영혼들을 주님께로 인도하십시오.(엡 3:13)

셋째, 선행은 하나님을 세상에 나타내는 것입니다.
예수님은 십자가의 고난과 부활을 통해 하나님의 사랑을 세상에 나타내고 하나님의 뜻과 계획을 나타내셨습니다. 따라서 세상에서 나타내는 우리의 믿음과 선행도 곧 예수님과 하나님을 세상에 나타내는 일이라고 할 수 있습니다. 선한 양심으로 많은 영혼들에게 하나님의 사랑과 뜻을 나타내십시오.(롬 2:15/ 고후 2:8)

오늘 본문을 통해 선행이 가져다 주는 세 가지 유익에 대해서 배웠습니다. 선행은 겉으로 보기에는 손해처럼 보일지도 모르지만, 사실 베푸는 사람에게 큰 유익을 가져다줍니다. 선행을 통해 하나님을 나타내고 마음에 쌓이는 큰 기쁨은 그 무엇과도 비할 수 없는 큰 유익입니다.
오늘도 어떤 상황에서나 하나님을 더욱 바라보십시오.

주님! 언제나 합력하여 선을 이루게 하소서!

오늘 특별 적용	
오늘 특별 감사	

077

고난의 의미

베드로전서 4장 1절부터 11절을 읽으십시오.
① 육체의 고난이 가져다주는 유익 중 하나는 무엇인가?(2)
② 말세를 살아가기 위해서 필요한 성품은 무엇인가?(8)

미국에 윌리스 존슨이라는 목공이 있었습니다.

작은 목공소에서 일을 하던 그는 마흔이 되던 해에 돌연 해고를 당했습니다. 미국의 경기가 좋지 않아 정리해고를 당한 것입니다. 나이 마흔이 되어서 새로운 직장을 구하기란 여간 어려운 일이 아니었습니다. 불황이 너무나 심해서 도저히 다른 회사에는 취직을 할 수가 없었습니다.

윌리스는 이왕 이렇게 된 거 모험을 해보기로 결심하고, 자신의 집을 담보로 잡아 건축업을 시작했습니다. 그의 우려와 달리 사업은 나날이 번창해 5년 만에 '홀리데이 인 호텔' 이라는 사업을 시작할 기반을 닦을 수 있게 되었습니다. 훗날 존슨은 '과거에 나를 해고시켜 준 목공소 사장님에게 진심으로 감사한다' 는 말을 여러 번 했습니다.

용기있는 사람에게 고난과 위기는 새로운 기회입니다. 고난을 통해 우리는 새로운 가능성을 보고 새로운 시작을 할 수 있게 됩니다.

베드로전서 4장 1절부터 11절에는 고난의 의미와 성도들의 태도에 대해서 나와 있습니다. 육체의 고난을 통해 우리는 그리스도의 고난에 참예할 수 있고, 때로는 죄에서 멀어지게 하는 유익도 누릴 수 있습니다. 우리는 오늘 본문을 통해 **신앙생활에 찾아 오는 고난의 세 가지 의미**에 대해서 배워야 합니다.

첫째, 고난은 그리스도의 사랑입니다.

예수님은 인간의 몸을 입고 세상에 오셔서 모든 고난과 감정을 겪으셨습니다. 따라서 예수님은 우리가 경험하는 모든 고난과 고통에 대해서 알고 계시고 이해하고 계십니다. 우리는 고난을 통해 그리스도가 받은 고난을 깨닫고 또한 우리를 향한 사랑의 크기를 조금이나마 짐작할 수 있습니다. 동일한 고난을 받으시고 인내하신 주님의 사랑을 깨달으십시오. (롬 5:8)

둘째, 고난은 성결한 삶을 도울 때도 있습니다.

근육이 성장하기 위해서는 근섬유가 파괴되는 아픔을 겪어야 합니다. 그러나 이 아픔을 통해 근육은 더욱 강해지고 더욱 우람해집니다. 마찬가지로 고난은 때로는 자신을 돌아보게 하고, 다른 사람의 고통을 이해하게 하고, 죄에 대한 두려움을 일깨워주는 역할을 하기도 합니다. 고난이 오히려 유익한 것이라는 다윗의 고백은 바로 이런 이유에서 나온 것입니다. 고난이 가져다주는 유익 또한 있음을 기억하십시오.(시 119:71)

셋째, 고난은 사랑을 나타낼 기회입니다.

고난을 통해 성도들은 더욱 사랑할 수 있고, 하나님을 알지 못하는 영혼들에게 사랑을 베풀 수도 있습니다. 따라서 다른 사람의 어려움과 허물을 대할 때에는 그것을 폭로하거나 놀림거리로 삼는 것이 아니라 사랑으로 덮어주고 대접해야 합니다. 각자의 은사와 사랑으로 선한 청지기의 마음을 가지고 봉사하십시오.(요일 3:16)

오늘 본문을 통해 신앙생활에 찾아오는 고난의 세 가지 의미에 대해서 배웠습니다. 고난은 결코 즐거운 일이 아니지만 고난이 주는 유익 또한 분명히 있습니다. 따라서 고난의 유익한 면에 더욱 신경을 쓰고 신앙에 더 큰 도움을 주는 디딤돌의 역할로 삼아야 합니다.
오늘도 환경에 관계없이 더욱 주님을 찬양하십시오.

주님! 고난을 덮는 사랑으로 인해 주님께 영광 돌리게 하소서!

오늘 특별 적용	
오늘 특별 감사	

078

고난을 이겨내는 법

베드로전서 4장 12절부터 19절을 읽으십시오.
① 시험과 환란이 찾아오는 것은 어떤 이유인가?(13)
② 고난을 당할 때 어떻게 행동해야 하는가?(16,19)

온실 안의 화초를 튼튼하게 키우는 방법입니다.

온실은 사시사철이 따뜻하고 조광 상태가 좋기 때문에 꽃과 화초들이 계절을 타지 않고 자라납니다. 그런데 때로는 이런 환경때문에 화초들이 뿌리를 깊게 내리지 못한다고 합니다. 화초들이 오래 튼튼히 자라기 위해서는 겉모습 뿐 아니라 밑에 내려지는 뿌리도 중요하기 때문에 이럴 때는 화초의 주위를 어둡게 해서 빛이 들어오지 못하게 막는다고 합니다. 그러면 화초는 부족한 양분을 땅으로부터 흡수하기 위해서 더욱 깊이 뿌리를 내리고 이후에 다시 빛을 쐬어주고 물을 주면 뿌리를 깊게 내린 덕에 더욱 빨리 상태가 회복되고 더욱 튼튼해진다고 합니다.

그리스도인의 고난은 하나님에게 더욱 튼튼히 뿌리 내리기 위한 숙성의 과정입니다. 고난을 성숙하게 극복하는 그리스도인들은 더욱 하나님과 연합한 신앙을 갖게 됩니다.

베드로전서 4장 12절부터 19절에는 고난에 대한 성도들의 태도에 대해서 말씀하고 있습니다. 당시 그리스도를 믿는 유대인들은 고난을 피해 여러 지역에 흩어져 숨어 있었습니다. 베드로는 비록 힘든 상황 속에서도 더욱 주님을 의지하기를 바라는 마음으로 특히나 고난에 대해서 더욱 강조하였습니다. 우리는 본문을 통해 **고난을 이겨내는 세 가지 태도**에 대해서 알 수 있습니다.

첫째, 즐거워해야 합니다.

이미 닥친 고난은 피할 수 없습니다. 그러나 고난이 우리를 성장시킨다는 사실을 알 때에 우리는 견디는 것을 넘어 즐거워할 수 있게 됩니다. 그러나 고난을 당할 때 중요한 것은 이것이 성장을 위한 고난인지 아니면 나의 실수나 죄로 인한 고난인지를 먼저 파악해야 한다는 점입니다. 고난을 회개와 성장의 값진 기회로 삼으십시오.(마 5:12)

둘째, 영광을 돌려야 합니다.

나를 성장하게 하는 고난은 또한 그리스도인으로서 합당한 고난입니다. 성경의 선지자들과 예수님의 제자들은 모두 이런 고난을 받았습니다. 그러나 그들은 고난을 부끄럽게 여기지 않았고, 오히려 그것을 복으로 여기며 자랑했습니다. 예수님의 이름을 위하여 받는 고난으로 예수님께 영광을 돌리십시오.(행 5:41)

셋째, 의지해야 합니다.

고난에 빠질 때 가장 선택하기 쉬운 행동은 낙심하고 절망하는 것입니다. 그러나 하나님이 언제나 우리와 함께 한다는 사실을 깨달을 때 다시 일어서서 선한 길을 갈 수 있습니다. 지치지 않고 행하는 선행은 모두 언젠가는 보상을 받게 됩니다. 고난 속에서의 선행이 유익한 결과를 가져옴을 믿고 굳건히 하나님을 의지하십시오.(갈 6:9)

오늘 본문을 통해 고난을 이겨내는 세 가지 태도에 대해서 배웠습니다. 사실 성경의 모든 부분은 고난과 성도들의 참된 삶에 대해서 같은 이야기를 하고 있습니다. 그것은 기독교의 역사 속에 고난이 끊이지 않았다는 사실과 또한 같은 방법으로 고난을 이겨냈다는 사실의 반증이기도 합니다.
오늘도 고난을 통해 하나님을 향해 도약하는 하루를 사십시오.

주님! 하나님만 의지하며 더욱 선한 일에 힘쓰게 하소서!

오늘 특별 적용	
오늘 특별 감사	

079

관계의 본

베드로전서 5장 1절부터 6절을 읽으십시오.
① 교회 내의 직분은 어떻게 주어져야 하는가?(2)
② 직분을 맡은 사람들은 어떻게 행해야 하는가?(3,4)

10월 28일은 'OXI DAY' 라는 그리스의 국경일입니다.

1940년 이탈리아의 무솔리니가 이웃 나라와의 전쟁을 위해 그리스에 협력을 요구했는데, 그리스 정부와 국민들은 일말의 고민도 없이 'OXI' 라고 답변했습니다. 이것은 '아니오' 라는 뜻의 헬라어입니다. 무솔리니는 요구를 거절한 그리스를 무참히 침공했고, 초토화시켰습니다. 그리스 정부와 국민들은 이탈리아 군대를 막을 수 없다는 사실을 알았지만 자신들의 국가적, 도덕적 양심을 지키기 위해서 용기있는 결단을 내렸습니다.

우리의 인생과 여러 관계에서도 하나님의 뜻을 좇지 않고 자신의 욕심을 따를 때에 성경의 가르침을 저버리고 세상과 타협하게 됩니다. 그러나 철저히 성경을 따르고 실천하려는 삶이 지혜를 따르는 삶이고, 하나님을 기쁘시게 하는 삶입니다.

베드로전서 5장 1절부터 6절에는 그리스도인의 직분에 합당한 삶에 대해서 기록되어 있습니다. 교회의 여러 직분은 모두 은사와 믿음에 따라서 적절히 주어져야 하고, 서로 마찰하는 것이 아니라 합력해야 합니다. 우리는 오늘 본문을 통해 **성도들 간의 바람직한 관계를 맺는 세 가지 지혜**를 배울 수 있습니다.

첫째, 목회자와 교역자들은 본이 되어야 합니다.

교회가 하나님의 뜻을 따라 잘 성장하기 위해서는 먼저 교회의 윗사람들이 본을 보여야 합니다. 특히나 성도들을 존중하여 강요하지 말고 자원하게 하며 먼저 본을 보이는 자세를 취하는 것이 참된 목자의 자세라는 점을 깨달아야 합니다. 어떤 상황에서도 자신의 이익이 아닌 하나님의 뜻으로 행동하고 결정하는 책임있는 성도가 되십시오. (요 21:15-17/ 딤전 3:1-7)

둘째, 아랫사람들은 겸손하게 순종해야 합니다.

윗사람들이 하나님의 원리에 따라 올바르게 교회를 이끌어가고 있다면 아랫사람들은 순종하고 더욱 겸손한 자세를 취해야 합니다. 그러나 본문이 말하는 장로와 아랫사람들은 직분의 높고 낮음을 말하는 것이 아니라 연배를 말하는 것이며, 본질적으로 성경이 말하는 직분은 모두 수평적 관계라는 사실에 대해서 알아야 본문을 올바로 이해할 수 있습니다. 하나님의 뜻에 기쁘게 순종하고 자원하여 실천하는 성도가 되십시오.(고전 16:15-16)

셋째, 결국은 하나님을 높여야 합니다.

먼저 본을 보이는 것과 순종하며 따르는 것은 어느 한 쪽의 권리를 지키거나 이익을 구하기 위한 것이 아니라 모두 하나님께 영광을 돌리기 위한 것입니다. 본문이 말하는 바를 지켜 행함으로 교회에 유익이 되고 신앙의 유익이 될 뿐만 아니라 하나님께 영광까지 돌리게 됩니다. 적당한 때에 우리를 높여주실 주님을 믿으며 늘 겸손함으로 하나님께 영광 돌리십시오.(마 23:12/ 행 19:17)

오늘 본문을 통해 성도들 간의 바람직한 관계를 맺는 세 가지 지혜에 대해서 배웠습니다. 교회 내에서는 모든 것이 하나님의 원리를 따라 행해져야 합니다. 또한 그 원리를 따를 때 질서가 바로 세워지고, 하나님께 영광이 올려십니다.

오늘도 허리를 동이고 더욱 겸손히 행하십시오.

주님! 하나님의 나라를 세워가는 교회와 성도가 되게 하소서!

오늘 특별 적용	
오늘 특별 감사	

080

고난속의 평안

베드로전서 5장 7절부터 14절을 읽으십시오.
① 걱정과 근심을 하지 않을 수 있는 이유는 무엇인가?(7)
② 하나님은 우리를 위한 어떤 계획을 가지고 계신가?(10)

로마가 이스라엘을 지배하고 있을 때에는 성경을 금서로 지정했습니다. 성경은 가르치는 것은 물론이고 보는 것조차 금지되어 있었습니다. 이 명령을 어기는 사람은 사형이었지만 그래도 당시 이스라엘에서는 성경을 가르치는 선생님이 있었습니다. 사람들이 목숨이 아깝지 않느냐고 말할 때에 그 선생님은 이런 우화를 말해주었습니다.

"어부를 피하기 위해서 물고기가 육지로 올라갈 수 있겠습니까? 물고기에게 가장 안전한 곳은 물 속입니다. 어부가 두렵다고 물 밖으로 나갔다가는 5분도 버티지 못할 것입니다. 저에게 진정한 피난처는 바로 하나님이십니다."

우리의 모든 것을 만족시키고 평안을 주실 수 있는 분은 오직 하나님뿐입니다. 하나님과 함께 할 때에는 고난과 시련들도 모두 유익하게 되고 더 큰 평안을 누릴 수 있게 됩니다.

베드로전서 5장 7절부터 14절에는 바람직한 성도의 삶과 문안 인사가 기록되어 있습니다. 베드로전서의 마지막인 본문에는 고난은 잠시일 뿐이며 동일한 이유로 고난을 당하는 다른 형제들을 기억하며 온전하게 만드는 하나님을 인내하며 기다리라는 권면과 마지막 축복의 문안인사가 기록되어 있습니다. 오늘 본문을 통해 **우리는 세 가지 평안의 이유**에 대해서 알 수 있습니다.

첫째, 하나님이 우리를 돌보시기 때문입니다.

지금보다도 성도들에 대한 핍박이 훨씬 심했던 당시에는 자칫하면 믿음을 이유로 목숨까지 잃을 수도 있었습니다. 그러나 이런 상황에서도 베드로는 염려를 모두 주님께 맡기라고 했습니다. 들에 핀 백합화도 돌보시는 주님은 우리의 모든 것 또한 돌보시기 때문입니다. 마귀의 유혹과 세상의 시험보다도 하나님의 돌보아주심을 더욱 믿으십시오.(히 2:6)

둘째, 믿음의 성도들이 많이 있기 때문입니다.

성도들은 서로를 위해 기도하며 중보로 힘이 되어 주어야 합니다. 우리는 이미 동일한 고난을 믿음으로 극복한 많은 성도들의 이야기를 통해 살아계신 하나님을 체험하고 마침내 온전하게 하실 하나님을 바라볼 수 있게 됩니다. 다른 성도들을 위해 기도하고 사랑의 교제를 함으로 환란을 이겨낼 힘을 얻으십시오.(빌 1:27-28)

셋째, 체험한 은혜가 있기 때문입니다.

본문의 마지막 문안에서는 하나님의 참된 은혜에 대해서 나와 있습니다. 베드로는 본서의 내용이 비록 짧지만 하나님의 은혜를 나타내고 있음을 말하고 있는데, 이 은혜 위에 굳게 서라고 다시 권면하고 있습니다. 우리가 체험하고 믿는 하나님의 구원의 은혜가 결국은 모든 고난과 역경을 극복하게 할 수 있는 능력이라는 사실을 기억하십시오.(요 1:16/ 롬 6:14)

오늘 본문을 통해 세 가지 평안의 이유에 대해서 배웠습니다. 베드로전서는 고난과 어려움에 대해서 말하고 있지만, 그것을 능히 이겨낼 수 있는 이유를 설명했습니다. 하나님께 영광 돌리고 평안을 얻을 수 있는 방법을 우리는 베드로전서를 통해 깨닫고 적용해야 합니다.

오늘도 주님 안에서 평안을 얻고 승리하십시오.

주님! 고난을 통해 더욱 강건하여짐을 깨닫게 하소서!

오늘 특별 적용	
오늘 특별 감사	

081

신앙의 성장

베드로후서 1장 1절부터 11절을 읽으십시오.
① 예수님을 알수록 어떤 일이 일어나야 하는가?(2)
② 성도들은 어떤 일에 힘써야 하는가?(5,6,7)

미국 캘리포니아 주의 좌우명은 '유레카(Eureka)' 입니다.
그리스의 아르키메데스가 부력을 발견한 뒤 외쳤던 '유레카' 는 '내가 찾았다' 라는 뜻입니다. 17세기 서부 개척시대에 미국 캘리포니아는 금광이 많기로 유명했습니다. 사람들은 금을 찾기 위해서 골드러시를 했고, 여기저기서 '내가 찾았다', '나도 찾았다' 라는 소리가 들리기 시작했습니다. 금으로 인해 캘리포니아 주에는 사람들이 매년 2배가 넘게 증가하기 시작했고, 황금의 주라는 별명이 생기기도 했습니다.
날마다 신앙이 성장하고 믿음이 자랄 때 우리들의 일상에서 주님이 주신 귀한 지혜와 은사를 끊임없이 발견하게 됩니다. 모든 것을 하나님께 맞춤으로 귀한 지혜를 날마다 찾아내는 삶을 사십시오.

베드로후서 1장 1절부터 11절에는 그리스도인의 성장에 대해서 기록되어 있습니다. 베드로전서는 고난과 시련에 대한 인내를 가르치는 것이 주목적이었다면 베드로후서는 잘못된 가르침에 빠지지 않고 주님의 재림을 가르치는 것이 목적입니다. 우리는 오늘 본문을 통해 **신앙의 성장을 위해 필요한 세 가지 지식**에 대해서 알 수 있습니다.

첫째, 하나님은 우리에게 필요한 모든 것을 주셨습니다.
우리는 기도로 필요한 것을 달라고 구하지만, 사실 하나님은 이미 우리에게 필요한 모든 것을 주셨습니다. 세상의 썩어질 것이 아니라 생명과 경건의 모든 것이 우리에게 이미 임했습니다. 베드로는 이것이야말로 신기한 능력이라고 표현했습니다. 필요한 것을 달라고 매달리는 기도가 아니라 가진 것을 바로 사용하기 위해 기도하십시오.(마 6:8)

둘째, 성품으로 열매를 맺어야 합니다.

구원을 받고, 하나님의 약속을 받은 사람들은 그 자리에 멈춰서 있는 것이 아니라 계속해서 성장해 나가야 합니다. 믿음 위에 덕과 지식과 절제와 인내와 경건과 우애와 사랑을 더해야 합니다. 구원은 믿음으로 생기지만 이런 성품들이 계속해서 더해지지 않을 때 열매맺는 삶이 되지 못합니다. 경건의 훈련으로 아름다운 열매를 맺으십시오. (마 7:17/ 골 1:6)

셋째, 훈련과 연단을 통해 신앙이 성장합니다.

진리 안에 믿음의 뿌리가 깊숙하게 박혀 있다면 어떤 강한 시련이 와도 우리를 뽑아낼 수는 없습니다. 그리고 이렇게 믿음의 뿌리가 깊이 박혀 있을 때에 훈련과 연단을 통해 시험에 드는 것이 아니라 하나님의 살아 계심과 믿음 위에 더할 하나님의 성품들을 계발해 나갈 수가 있습니다. 거짓에 미혹되지 말고 진리 안에 더욱 거하십시오. (고전 9:27)

오늘 본문을 통해 신앙의 성장을 위해 필요한 세 가지 지식에 대해서 배웠습니다. 신앙생활은 믿음으로 구원받은 이후에 시작되는 것으로, 말씀을 알고 실천해 나감으로 계속해서 성장해 나가야 합니다.
오늘도 말씀을 적용하는 삶으로 풍성한 열매를 맺으십시오.

주님! 진리를 통해 더욱 성숙해지게 하소서!

오늘 특별 적용	
오늘 특별 감사	

082

믿음의 근거

베드로후서 1장 12절부터 21절을 읽으십시오.
① 성경의 예언은 어떤 자세로 다가가야 하는가?(20)
② 성경의 예언은 누구로부터 나온 것인가?(21)

하웰 포드라는 신학자가 이단을 믿는 사람과 대화를 한 적이 있었습니다. 하웰은 어째서 하나님께 기도를 하는 데에 예수님의 이름이 아닌 교주의 이름을 넣어서 기도를 하는지 물었습니다.

"대통령을 만나기 위해선 먼저 대통령의 일을 처리하는 장관이나 비서를 통해 만나는 것이 맞지 않습니까? 따라서 우리 인간 중에 가장 하나님과 가까운 분인 교주님의 이름을 넣어서 기도하는 것입니다."

"설령 당신 말대로 그분이 가장 하나님과 가까운 사람이라고 칩시다. 그러나 대통령의 아들이 아빠를 만나는데 비서나 장관을 거치는 일이 필요합니까?" 성경을 바르게 해석하면 결코 이단이 세워질 수 없습니다. 헛된 궤변에 진리를 왜곡시키는 이단을 따르지 말고 바른 지식을 통해 바른 믿음을 가지십시오.

베드로후서 1장 12절부터 21절에는 진리 가운데 거하는 그리스도인에 대해서 기록되어 있습니다. 베드로는 우리의 믿음의 근거이신 예수님을 항상 잊지 말고 기억하라고 간곡히 부탁을 하고 있습니다. 우리는 오늘 본문을 통해 **세 가지 믿음의 근거**에 대해서 생각해 봐야 합니다.

첫째, 예수님의 탄생입니다.
예수님이 이 땅에 오시지 않았다면, 우리가 구원과 관련되어 믿을 수 있는 것은 아무 것도 없습니다. 예수님이 이 땅에 분명히 오셨고, 우리의 죄를 용서해주고 우리를 위해 십자가에서 돌아가셨다는 사실을 먼저 확실히 믿어야 합니다. 믿음의 뿌리를 흔들려는 거짓 교사들의 목적을 알고 믿음의 반석 위에 서십시오.(마 7:24/ 고전 10:4)

둘째, 예수님의 재림입니다.

예수님의 탄생과 십자가를 통해 우리의 죄가 해결되었다면 다시 오실 주님을 통해 영원한 천국의 소망을 품게 됩니다. 베드로는 변화산에서 놀라운 이적을 직접 체험한 사람으로 다시 오실 예수님은 비유나 숨겨진 뜻이 아닌 분명한 사실이라는 사실을 전했습니다. 다시 오실 예수님을 통해 인생의 새로운 소망을 품으십시오.(계 21:2-4)

셋째, 성경의 존재입니다.

성경은 하나님의 말씀입니다. 물론 역본 별로 차이가 있고, 또한 해석에 있어서도 의견이 갈리고 실수가 있는 부분은 있으나, 이것은 역본 자체의 실수이고 바로 잡아야 하는 부분이지 이로 인해 본래의 의미가 퇴색되는 것은 아닙니다. 비록 여러 시대에 거쳐 수많은 기자들에 의해 쓰였지만 흐름과 뜻이 일맥상통하는 것은 성령님의 감동에 의해 쓰였기 때문입니다. 성령님을 의지해 바르게 성경을 깨닫고 하나님의 마음을 깨달으십시오.(갈 3:22)

오늘 본문을 통해 세 가지 믿음의 근거에 대해서 배웠습니다. 이 세 가지 사실을 확실히 믿지 못하고서는 구원을 올바로 받을 수가 없습니다. 따라서 믿음의 바탕이 되는 예수님과 성경에 대해서 먼저 확실한 믿음을 가져야 합니다.

오늘도 진리의 토양에 믿음의 뿌리를 더욱 깊이 내리십시오.

주님! 언제나 말씀을 묵상하며 깨달아가게 하소서!

오늘 특별 적용	
오늘 특별 감사	

083

거짓 진리와 심판

베드로후서 2장 1절부터 9절을 읽으십시오.
① 이단들의 본래 목적은 무엇인가?(2,3)
② 혼탁한 세상에서 주님은 성도들을 어떻게 구하시는가?(9)

뉴에이지 문화의 태생은 신지학에 뿌리를 두고 있습니다.
힌두교 지도자들이 미국으로 건너가 기존의 동양 미신 철학을 자연주의에 접합시켜서 만든 것이 바로 뉴에이지 문화입니다. 절대자를 부정하며 인간을 초월적 존재로써 보고, 기존의 모든 사회와 종교의 체계를 부정하면서 새로운 시대를 위한 문화운동을 한다는 것이 뉴에이지의 실체입니다. 사실 뉴에이지도 윤회와 업보를 받아들이고 믿는 쪽과 점성학에 뿌리를 두는 쪽처럼 미신과 철학의 차이에 따라 여러 갈래로 나눠지지만, 대부분 한국에서는 클래식과 팝뮤직의 조화를 이루는 편안한 음악 정도로만 받아 들여지고 있습니다. 물론 뉴에이지의 정신과 상관없이 단지 하나의 장르로 그것을 받아들이고 활용하는 많은 예술가들도 있습니다. 그러나 뉴에이지의 뿌리는 우주적 인본주의에 있고, 수많은 미신, 철학들과 결합한 문화에 있다는 사실은 분명히 알아야 합니다.
사회적으로 아무리 인기가 많고, 대중이 편안하게 받아 들이고 있다 하더라도 잘못된 가르침에 대해서는 절대로 물러서서 안 되고 타협해도 안 됩니다.

베드로후서 2장 1절부터 9절에는 거짓 선생과 심판에 대해서 기록되어 있습니다. 거짓 선생들은 자신 뿐 아니라 많은 사람들을 잘못된 길로 인도해 하나님을 부인하게 만들고 멸망하게 만들기 때문에 절대적인 주의가 필요합니다. 우리는 오늘 본문을 통해 **주의해야 할 이단의 세 가지 가르침**에 대해서 배워야 합니다.

첫째, 교리적인 가르침입니다.
이단들의 가장 큰 잘못된 가르침은 예수님을 부인하거나 다른 사람을 대신 내세우는 교리입니다. 교주를 예수님이나 그의 대리자로 신격화시키는 많은 종교들은 참된 구원을 표방하면서 성경을 왜곡하고 구원의 바른 사실을 망가트리고 있습니다. 그러나 모든 이단들의 교리는 성경을 통해 해체되고 사라질 수밖에 없는 것임을 기억하십시오.(딤전 4:7)

둘째, 문화적인 가르침입니다.
이단들은 때로는 문화적인 접근을 통해 잘못된 가르침을 전합니다. 처음에는 하나의 문화현상으로 시작될지는 몰라도 결국은 잘못된 교리를 가르치고, 기성 교회를 무너트리고 전복시키기 위한 많은 노력들이 시도되고 있습니다. 새로 생겨나는 문화들을 철저히 검토해보고 그에 대한 성경적 입장을 확실히 지키십시오.(벧후 2:18)

셋째, 상업적인 가르침입니다.
많은 이단들은 사업 단체도 함께 운영하고 있습니다. 사회적으로 알게 모르게 이미 들어온 업체들도 있고, 아예 대놓고 포교를 목적으로 운영되는 곳도 있습니다. 그러나 이런 업체를 이용하거나, 이런 사업에 손을 대는 것은 세상의 유혹에 빠지는 것과 조금도 다를 것이 없다는 사실을 잊지 마십시오.(요 14:6/ 딤후 3:5-7)

오늘 본문을 통해 주의해야 할 이단의 세 가지 가르침에 대해서 배웠습니다. 잘못된 이단들의 수는 점점 늘어만 가고, 그들을 따르는 사람들의 수도 점점 늘어만 갑니다. 이럴 때일수록 정신을 차리고 바른 진리를 수호하는 빛의 사자로의 역할을 성도들이 감당해야 합니다.
오늘도 거짓을 분별하고 진리를 좇으며 사십시오.

주님! 참된 구원은 예수님을 통해서만 가능하다는 사실을 알게 하소서!

오늘 특별 적용	
오늘 특별 감사	

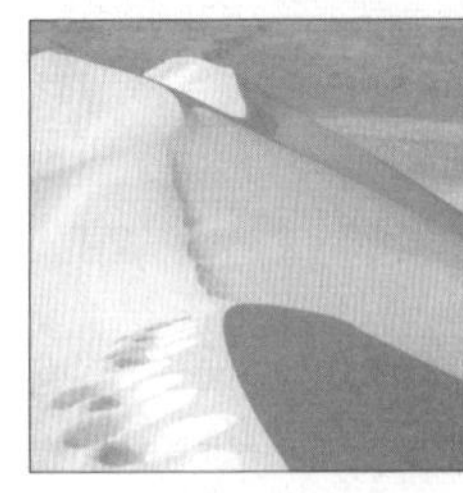

084

이단의 특징

베드로후서 2장 10절부터 22절을 읽으십시오.
① 이단들이 중요하게 생각하는 것들은 무엇인가?(13,14)
② 배교를 한 성도들의 상태는 어떤 모습과도 같은가?(20)

지난 1990년대에 일본에서는 옴진리교라는 사이비 단체의 테러가 있었습니다.

옴진리교는 아사하라사코라는 교주가 1984년에 설립한 종교로 힌두교의 파괴의 신인 시바를 주신으로 섬기는 단체입니다. 이 단체는 1995년 지구가 종말하고 자신들을 중심으로 새로운 시대가 열린다고 주장했다가 아무 일도 일어나지 않자, 위험한 분위기를 조성하려고 신도들을 시켜 지하철에서 독가스로 테러를 해 수 많은 사람들의 목숨을 잃게 만들었습니다. 이들은 애초에 핵무기를 확보하려고 노력했으나 여의치 않자 사린가스라는 유독가스를 살포하려는 계획으로 변경했습니다. 이 일로 교주와 모든 수뇌부들은 체포되어 사형을 선고받았으나 10년이 지난 뒤에야 원심인 사형이 확정되어 형 집행일정이 잡혔다고 합니다.

이단의 역사를 보면 이들이 얼마나 사회의 불안을 조장하고, 불의한 짓을 많이 하는지 알 수 있습니다. 잘못된 이단에서 벗어나기 위해 우리는 이단에 대해서 잘 알고 대비해야 합니다.

베드로후서 2장 10절부터 22절에는 거짓 교사와 이단의 특성에 대해서 기록되어 있습니다. 이단은 단순히 교리적으로 잘못되었을 뿐 아니라 사회와 일반 성도들의 가정에도 큰 물의를 일으킵니다. 우리는 오늘 본문을 통해 **이단의 세 가지 특징**에 대해서 알 수 있습니다.

첫째, 이단은 사람의 욕심을 따릅니다.
이단들은 지나친 헌금이나 성도들의 헌신을 강요하며 욕심을 냅니다. 그리고 심지어는 성적인 유혹과 쾌락을 중심에 놓는 이단들도 있습니다. 이들은 대부분 교주나 수뇌부의 만족을 채우기 위해서 다른 사람들을 호리고 범죄를 저지르기도 합니다. 사람의 욕심을 따르지 말고 하나님의 뜻에 순종하십시

오. (엡 4:22-23)

둘째, 이단은 하나님을 따르지 않습니다.
이단은 하나님과 성경을 따르지 않고 그들이 만든 잘못된 가르침을 따릅니다. 하나님의 자리에는 교주나 이단의 창시자가 들어 서 있고, 성경 대신에 다른 경이 들어가 있습니다. 때로는 이단들도 하나님을 믿는다고 하고 성경을 본다고 하지만 이것은 결국 교주의 권위를 인정하기 위한 수단으로만 사용됩니다. 성경을 바르게 앎으로 잘못된 교리에 빠지지 마십시오. (약 4:7)

셋째, 이단은 허탄한 자랑으로 위장합니다.
이단들은 몇몇 사람의 간증을 통해 마치 자신들의 종교를 믿으면 모든 문제가 해결되는 것같이 포장을 합니다. 또한 드러나는 봉사와 여러 선행을 통해 세상 사람들의 환심을 사려고 합니다. 그러나 이단들이 설령 도덕적으로 완벽하다고 해도 거기에는 하나님의 생명이 없습니다. 예수님을 믿음으로만 구원받는다는 사실을 항상 잊지 마십시오. (벧전 5:8)

오늘 본문을 통해 이단의 세 가지 특징에 대해서 배웠습니다. 이단들이 난립하고 번성할 때에 반드시 사회적으로 커다란 문제들이 생기곤 합니다. 우리는 스스로의 신앙뿐 아니라 주위 사람들도 잘못된 길에 빠지지 않도록 신성을 쓰고 관리해야 합니다.
오늘도 성령으로 옳고 그름을 명확히 구분하십시오.

주님! 예수님의 진리 안에서만 행하며 살게 하소서!

오늘 특별 적용	
오늘 특별 감사	

085

말세의 신앙

베드로후서 3장 1절부터 13절을 읽으십시오.
① 베드로가 두 번째 편지를 기록한 이유는 무엇인가?(1,2)
② 하나님의 심판이 이르지 않고 있는 이유는 무엇인가?(9)

1941년 일본은 미국 하와이의 진주만을 공습했습니다.
갑작스러운 기습을 당한 미국은 12척의 함선과, 200여 대의 비행기을 잃고, 2천 명의 사상자를 내는 큰 피해를 입었습니다. 그러나 어이없는 것은 미국이 사전 첩보를 통해 일본의 공격 움직임에 대해서 알고 있었지만 무방비였고, 일본군의 비행기가 다가오고 있는 도중에 레이더로 확인을 한 후에야 믿었다는 사실입니다. '설마 그 날이 오늘이겠어?' 라는 안이한 사람들의 태도가 상상조차 할 수 없는 큰 피해를 입게 만들었습니다.
지금의 평화가 영원할 것이라고 생각할 때 마음이 안이해지고 생각이 게을러집니다. 항상 깨어 있음으로 마지막 때와 위기의 때를 준비할 때에 지금의 삶도 더욱 값지게 살 수 있게 됩니다.

베드로후서 3장 1절부터 13절에는 예수님의 재림에 대해서 기록되어 있습니다. 거짓 교사들에 대해서 언급한 뒤 바로 예수님의 재림에 대해서 언급한 것은 이단들이 예수님의 재림까지도 잘못 전파하며 이용했기 때문입니다. 우리는 오늘 본문을 통해 **종말론의 세 가지 주의사항**에 대해서 알아야 합니다.

첫째, 심판을 부정하는 사람을 조심해야 합니다.
'성경이 말하는 말세의 때가 도대체 언제냐?' , '성경대로라면 벌써 말세가 왔어야 하는 것 아니냐?' 라고 묻는 사람들이 많이 있습니다. 베드로후서가 기록되던 당시에도 이런 말들이 많이 있었으나, 말세는 오지 않는 것이 아니라 하나님의 오래 참으심과 한명이라도 더 많은 영혼들이 돌아오기를 바라는 마음으로 늦춰지고 있는 것입니다. 노아의 방주 교훈을 기억하며 말세의 때를 준비하십시오.(롬 2:3/ 벧후 1:10)

둘째, 말세를 잊지 않도록 조심해야 합니다.

베드로는 사람들이 마지막 심판의 때와 예수님의 재림에 대해서 스스로 잊는다고 표현하고 있습니다. 심판과 재림에 대한 생각을 하지 않을 때 우리 보기에 좋은 대로 행하며 살 수 있는 근거가 마련되기 때문입니다. 이런 유혹에 빠져 성경을 부정하지 말고 오직 진리를 좇아 행하십시오.(요일 4:17)

셋째, 마라나타의 신앙을 가져야 합니다.

마라나타는 '예수님이 곧 오신다' 는 뜻입니다. 박해를 받던 초대 교회의 성도들은 마라나타라고 서로 인사하며 재림의 소망을 품고 또 증거했습니다. 주님이 돌아오시기를 바라며 준비하는 성도들은 하나님께 온전히 영광 돌리는 삶을 살게 됩니다. 세상의 밤이 깊어 갈수록 어둠을 물리칠 빛을 맞을 준비를 하십시오.(롬 13:11-14)

오늘 본문을 통해 종말론의 세 가지 주의사항에 대해서 배웠습니다. 예수님의 재림과 종말에 대해서 제대로 알지 못할 때 성도들도 안이한 신앙생활을 하며 세상 사람들처럼 방탕한 삶을 살게 됩니다.
오늘도 예수님의 재림을 기다리며 복음을 증거하십시오.

주님! 재림의 소망 속에서 기쁨과 영광을 누리게 하소서!

오늘 특별 적용	
오늘 특별 감사	

086

성경의 해석

베드로후서 3장 14절부터 18절을 읽으십시오.
① 성경을 잘못 해석하면 어떤 화가 임하는가?(16)
② 세상에서 가장 귀한 지식은 무엇인가?(18)

크리스천을 대상으로 하는 농담 중에 '거북이 교인' 이라는 말이 있습니다. 미국에서 처음 생긴 이 농담은 음식을 먹지 않고도 오래 살 수 있는 거북이의 특성때문에 생겼습니다. 보통 식음을 완전히 전폐할 때 사람은 7일 정도 버틸 수 있고, 새는 9일을 살고 개는 20일을 살 수가 있다고 합니다. 그런데 거북이는 500일을 버틸 수가 있습니다. 거북이 교인이라는 농담의 뜻은 그리스도인의 양식인 말씀을 이처럼 오랜 기간 동안 보지 않고도 신앙생활을 하는 성도들을 나타내는 단어입니다.

믿음으로 구원받았다는 사실을 믿는다면, 말씀이 영의 양식이고, 기도가 하나님과의 대화라는 사실도 믿어야 합니다. 영의 양식을 매일 잊지 말고 챙겨 드십시오.

베드로후서 3장 14절부터 18절에는 예수님의 재림을 기다리는 성도의 삶에 대해서 나와 있습니다. 예수님의 오래 참으심이 사람들의 구원으로 이어지기 위해서는 성도들의 역할은 더욱 중요합니다. 베드로후서의 마지막인 오늘 본문을 통해 **우리는 말씀을 대하는 올바른 세 가지 자세에 대해서 배울 수 있습니다.**

첫째, 성경을 억지로 해석해서는 안 됩니다.

예수님의 말을 직접 들은 제자들도 그 뜻을 온전히 이해하지 못했던 경우가 많았던 것처럼 글로만 접하는 우리들에게는 올바른 해석이 더욱 어려운 일이 될 수도 있습니다. 그래서 베드로도 본문의 마지막에서 성경의 어려운 부분들을 억지로 풀지 말라고 말한 것입니다. 성경을 나에게 맞추어 해석하지 말고, 어려운 부분은 억지로 해석하지 마십시오. (벧후 3:16)

둘째, 하나님이 주시는 지혜로 이해해야 합니다.

성경은 이처럼 어려운 것이지만, 반대로 성경이 전하는 가장 중요한 메시지인 구원에 대해서는 누구나 이해할 수 있게 나와 있습니다. 또한 하나님이 주시는 지혜와 감동으로 성경을 통한 하나님의 뜻을 제대로 이해할 수 있습니다. 성경을 문자와 지식으로만 받지 말고 하나님이 주신 지혜와 감동으로 받으십시오.(벧전 1:12)

셋째, 아는 말씀을 실천하는 생활을 살아야 합니다.

아무리 지식이 뛰어나고 평생 성경만 연구했다 하더라도 성경의 모든 말씀과 구절을 해석할 수 없고, 이해할 수 없습니다. 그러나 매일 성경을 묵상하는 일을 멈추지 않고, 그것을 통해 깨달아지는 말씀들을 실천하려는 노력이 있어야 합니다. 실천하지 않는 뛰어난 말씀에 대한 지식보다 작은 깨달음이라도 한 번의 실천을 위해 노력하십시오.(약 1:25)

오늘 본문을 통해 우리는 말씀을 대하는 올바른 세 가지 자세에 대해서 배웠습니다. 베드로후서를 통해 우리는 잘못된 교리에 대한 주의사항과 종말에 대한 바른 성경관 그리고, 성경에 대한 바른 이해에 대해서 조금 더 깊이 생각해보는 시간을 가졌습니다. 우리는 바른 깨달음으로 옳은 행동을 실천하는 성도가 되어야 합니다.

오늘도 말씀의 꼴을 통해 영육을 더욱 풍성하게 하십시오.

주님! 성령님을 통해 말씀을 읽고, 깨닫고, 지키게 하소서!

오늘 특별 적용	
오늘 특별 감사	

087

말씀이신 예수님

요한복음 1장 1절부터 18절을 읽으십시오.
① 말씀의 실체는 무엇인가?(1)
② 성도에겐 어떤 일이 일어나는가?(12)

고아들의 아버지인 조지 뮬러는 회심을 한 뒤 평생 동안 성경을 손에서 놓지 않았습니다.

그는 성경을 깊게 묵상했기에 그렇게 많이 통독을 하진 못했지만 성경을 보지 않았던 시간들을 '잃어버린 시간'으로 표현할 정도로 하나님의 말씀을 사랑했습니다. 조지 뮬러는 말씀에 대한 사랑을 다음과 같이 표현했습니다. "나는 평생 동안 성경을 읽었습니다. 그러나 단 한 번도 싫증을 느낀 적이 없습니다. 하루라도 말씀을 읽지 않으면 영적인 활력이 사라져버리고 맙니다." 영의 양식인 성경은 하나님과 예수님에 대해서 가르치며 세상의 모든 지혜를 가르칩니다. 말씀 그대로의 즐거움을 느끼는 신앙이 말씀을 바르게 섭취하는 신앙입니다.

요한복음 1장 1절부터 18절에는 하나님의 아들이신 예수 그리스도에 대한 말씀이 기록되어 있습니다. 사도 요한이 기록했을 것으로 추정되는 요한복음은 공관복음(마태,마가,누가복음)과는 다르게 사실적인 기록 중심의 시선이 아니라 영적 중심의 하나님의 사역에 초점이 맞추어져 기록되어 있습니다. 따라서 요한복음을 올바로 이해함으로 통해 우리는 구원자이자 인격체이신 예수 그리스도의 모습에 대해서 더욱 바로 알 수 있습니다. 우리는 오늘 본문을 통해 세 가지 말씀의 모습이신 예수님에 대해서 알아야 합니다.

첫째, 영원하신 말씀입니다.
말씀이신 예수님은 영원 전의 태초부터 계신 분입니다. 하나님과 동등한 위치이신 예수님은 죄에 빠져 하나님께 등을 돌린 인간들에게 하나님의 뜻과 생각과 사랑과 계획을 보여주기 위해서 우리에게 오셨습니다. 영원에서 오신 예수님의 은혜에 깊이 감사하십시오. (행 3:21)

둘째, 창조의 말씀입니다.

창세기 1장에는 하나님이 만물을 말씀으로 창조하셨다고 나와 있습니다. 그리고 그 말씀은 곧 그리스도이신 것을 우리는 신약을 통해서 알 수 있습니다. 따라서 예수님에게는 죄에 물든 우리의 옛 모습을 사라지게 하고 새로운 피조물로 창조하실 수 있는 능력 또한 있습니다. 구원의 복음을 믿음으로 새로운 피조물이 되십시오.(골 1:16/ 벧후 3:5)

셋째, 성육신의 말씀입니다.

예수님이 이 땅에 오실 때에는 말씀이 육신이 된 성육신 모습으로 오셨습니다. 우리는 이 성육신을 통해서 우리를 향한 하나님의 사랑과 놀라운 은혜의 극치를 깨달을 수 있습니다. 우리를 향한 놀라운 사랑을 잠시도 거두지 않으시는 예수님을 믿고 그의 자녀가 되십시오. (롬 8:6/ 요일 2:25)

오늘 본문을 통해 세 가지 말씀의 모습이신 예수님에 대해서 배웠습니다. 요한복음의 목적과 주제는 온전히 예수님에 맞추어져 있습니다. 우리는 요한복음을 읽음으로 예수님의 사역과 하나님의 사랑에 대해서 깨달아야 합니다. **오늘도** 말씀이신 예수님을 따르십시오.

주님! 새로운 피조물로써의 삶을 살게 하소서!

오늘 특별 적용	
오늘 특별 감사	

088

성도의 증언

요한복음 1장 19절부터 34절을 읽으십시오.
① 요한은 자신이 누구라고 했는가?(23)
② 요한은 예수님을 어떻게 표현했는가?(29)

미국에 공부를 하러 유학을 떠난 목사님이 있었습니다.
학비가 워낙 비쌌기에 목사님은 공부하는 시간 외에는 돈을 벌어야 했습니다. 그래서 이른 새벽부터 일어나 신문을 돌리기 시작했는데, 하루는 일을 하며 복음도 전하는 좋은 방법이 떠올랐습니다. 목사님은 '저는 유학을 온 목사로 신문을 돌리고 있습니다. 당신의 집을 방문하며 항상 당신과 가정을 위해 기도하고 있습니다. 오늘도 하나님의 축복이 임하길 바랍니다' 라고 적은 전단지를 매일 신문 사이에 끼워서 돌렸습니다. 축복을 빌어주고 기도를 해준다는데 싫어할 사람은 아무도 없었고, 그 중에 어떤 사람들은 정말로 예수님을 영접하기도 했고, 또한 딱한 사정을 알고 학비를 보태주며 도와주는 사람도 있었습니다.
복음은 전하는 사람과 받는 사람, 그리고 하늘의 하나님에게까지 모두에게 유익이 되는 일입니다. 성도들은 더욱 지혜롭고 슬기롭게, 그리고 담대하게 복음을 전해야 합니다.

요한복음 1장 19절부터 34절에는 요한의 증언이 기록되어 있습니다. 요한은 세례(침례)를 받기 위해 자신에게 나아오는 예수님을 보고 그분이 누구이며 어떤 일을 하실지 만인 앞에서 증언했습니다. 우리는 오늘 본문을 통해 **모든 성도들이 세상에 전해야 할 세 가지 증언이 무엇인지** 깨달아야 합니다.

첫째, 죄를 해결하신 예수님입니다.
요한은 예수님을 어린 양에 비유했습니다. 이것은 예수님의 순결함을 나타내는 말임과 동시에 주님이 사람들의 죄를 대신해서 희생당하실 것을 예고한 것입니다. 이것은 당시로부터 800여 년 전에 이사야가 이미 예언한 것이며, 지금으로부터 2천 년 전에 실제로 일어난 일이기도 합니다. 예수님의 오심은 온 인류를 위한 사실임을 기억하십시오.(사 53:7/ 요일 2:2)

둘째, 태초부터 계셨던 예수님입니다.

예수님은 모든 것의 시작과 끝이십니다. 요한이 예수님을 '먼저 오신 분'이라고 표현한 것은 자신보다 6개월 먼저 태어났기 때문이 아니라 태초부터 계신 하나님의 아들이심을 표현한 것입니다. 단순한 위인의 한 사람이 아닌 만유의 주인이시고 창조주이신 예수님이라는 사실을 깊이 깨달으십시오.(창 1:1/ 잠 8:22/ 사 20:21)

셋째, 하나님의 아들인 예수님입니다.

예수님은 육신을 입어 마리아를 통해 태어나셨지만 그 본체는 하나님이십니다. 요한복음에는 예수님이 하나님이심임을 증거하는 일곱 사람이 나오는데 그중 가장 먼저 증거한 것은 요한입니다. 예수님이 모든 사람이 아버지인 하나님을 믿고 영생을 얻게 하려고 오셨듯이, 다른 사람들에게도 기쁜 복음을 전하십시오.(빌 2:6-7)

오늘 본문을 통해 모든 성도들이 세상에 전해야 할 세 가지 증언에 대해서 배웠습니다. 요한은 당시에 큰 영향력을 가진 선지자였지만 자신의 본분을 잊지 않고 주님 앞에 최대한 낮게 몸을 숙였습니다. 예수님만을 높이는 겸손의 자세를 우리 모두는 가져야 합니다.

오늘도 예수님만을 전하고 또 높이십시오.

주님! 예수님을 구세주와 주님으로 섬기게 하소서!

오늘 특별 적용	
오늘 특별 감사	

089

예수님의 제자들

요한복음 1장 35절부터 51절을 읽으십시오.
① 안드레는 시몬에게 어떤 말을 전했는가?(41)
② 나다니엘은 무엇 때문에 칭찬을 받았는가?(50)

'코카콜라가 들어오면 미국 대사관이 들어온다' 라는 말이 있습니다. 유엔 가입국 수보다 코카콜라가 판매되고 있는 나라가 더 많고, 미국과 수교하고 있는 나라보다 코카콜라 지사가 있는 나라가 더욱 많습니다. 코카콜라가 세계로 뻗어나가는 파급력의 중심에는 '세계의 코카콜라화(化)' 라는 전략이 있습니다. 코카콜라의 모든 직원들은 세상의 모든 사람들이 코카콜라를 마시게 만드는 것을 그들의 사명이자 목표로 삼고 있습니다.

코카콜라가 나온 지는 100년 정도 밖에 되지 않았으나 복음이 전파된 지는 2천 년이 넘었습니다. 사업을 위한 사람들의 열정보다도 복음을 향한 성도들의 열정이 작다면 과연 얼마나 많은 사람들이 복음을 접하고 받을 수 있겠습니까? 삶 속에서의 복음의 실천과 전파를 위한 성도들의 큰 결심이 필요합니다.

요한복음 1장 35절부터 51절에는 예수님을 따르는 제자들의 모습이 나옵니다. 예수님의 부르심을 받은 제자들은 즉시 따르며 예수님이 어떤 분인지를 주위에 알리기 시작했습니다. 우리는 오늘 본문을 통해 **복음이 가져다주는 세 가지 교훈**에 대해서 배울 수 있습니다.

첫째, 모든 사람들은 예수님을 만나야 합니다.
안드레는 예수님이 그토록 바라던 메시아라는 사실을 깨닫자마자 곧바로 형제인 시몬에게 달려갔습니다. 그리고 어부였던 이 두 사람은 예수님을 만남으로 많은 사람들의 영혼을 구원하는 일에 크게 쓰임을 받았습니다. 예수님은 모든 사람에게 필요합니다. 모든 사람들은 예수님을 만나야 합니다. 오늘도 우리의 주님을 다른 사람에게 전하십시오.(마 4:19/ 막 13:20)

둘째, 예수님을 하나님의 아들이라고 고백해야 합니다.
나다니엘은 예수님이 자신을 보았다는 말만 듣고서 '당신은 하나님의 아들
이십니다' 라는 복된 고백을 했습니다. 이제 우리는 스스로의 신앙과 삶의 모
습 속에 바로 이런 나다니엘의 고백이 있는지 점검해야 합니다. 의식과 허례
로 나오는 믿음의 고백이 아니라 진심과 감사에서 나오는 신앙의 고백을 하
십시오.(막 8:29)

셋째, 자신의 사명을 깨닫고 감당해야 합니다.
세례 요한은 선지자로써의 자신의 사명을 깨닫고 감당했습니다. 그는 예수님
의 길을 예비했으며, 광야에 살며 사람들에게 회개를 외쳤습니다. 예수님을
따르던 제자들도 그 복음을 전하기 위해 자신들의 모든 것을 바쳐 헌신했습
니다. 우리의 모든 생활과 환경을 통해 비전과 사역을 감당함으로 주님께 영
광을 돌리십시오.(고전 10:31/ 히 12:2)

오늘 본문을 통해 복음이 가져다주는 세 가지 교훈에 대해서 배웠습니다. 복
음은 우리의 내면과 외면에 커다란 변화를 가져다줍니다. 복음으로 인한 기
쁨의 은혜는 시간이 지나도 사라지지 않으며 우리 안에 영원히 거합니다.
오늘도 예수님의 사랑을 깨달음으로 사명을 감당해 나가십시오.

주님! 모든 사람이 주님을 볼 때까지 전도를 쉬지 않게 하소서!

오늘 특별 적용	
오늘 특별 감사	

첫 번째 표적

요한복음 2장 1절부터 11절을 읽으십시오.
① 어떤 말이 있은 뒤에 표적이 일어났는가?(5)
② 표적을 본 제자들은 어떤 반응을 보였는가?(11)

뉴욕의 어떤 부부가 성탄절을 맞아 빈민가에 봉사를 하려고 많은 선물을 준비했습니다. 그러나 양이 너무 많아 작은 소형 트럭이 필요했습니다.

그러나 렌터카 업체의 소형 트럭이 이미 동난 상태였습니다. 부부는 준비한 선물이 너무 아까워 어쩔 줄 모르다가 길가에 서서 주님께 제발 소형 트럭 한 대만 보내달라고 기도했습니다. 기도를 마치자마자 거짓말처럼 소형 트럭 한 대가 나타났습니다. 부부가 소형 트럭을 세워 자신들의 처지를 설명하며 자신들을 도와주면 충분히 사례를 하겠다고 말했습니다. 트럭의 운전사는 흔쾌히 도와주겠다고 말한 뒤에 부부를 도와 짐을 모두 싣고 말했습니다.

"사례는 필요 없습니다. 대신에 이 지역에서 가장 가난한 마을로 두 분을 모시지요."

그 길을 지나가던 트럭의 운전사는 구세군의 대장 윌리엄 부스였습니다.

기적은 하나님을 위한 아름다운 마음을 가진 사람들을 통해 하나님이 자신의 뜻을 나타내시려는 분명한 목적이 있을 때 일어납니다. 그리스도인들은 기적이 아닌 기적을 받을만한 사랑과 선행의 실천에 더욱 집중해야 합니다.

요한복음 2장 1절부터 11절에는 가나 혼인잔치에서의 표적이 기록되어 있습니다. 물이 포도주로 변하는 놀라운 기적은 구세주 예수님에 대한 제자들의 믿음을 굳건하게 만들어주었습니다. 우리는 오늘 본문을 통해 **표적이 나타내는 세 가지 교훈**에 대해서 살펴볼 수 있습니다.

첫째, 표적은 분명한 목적을 가지고 있습니다.

예수님은 절대로 사람들의 호기심을 충족시키거나 자신을 세우기 위해서 기적을 행하시지 않았습니다. 예수님의 모든 이적은 중요한 영적의미를 가르치기 위한 도구로 사용되었습니다. 예수님은 자신을 따른 지 3일 밖에 안 되는 제자들의 믿음을 굳건하게 하시려고 혼인잔치의 표적을 행하셨습니다. 표적

은 수단일 뿐 목적이 될 수 없음을 기억하십시오. (마 12:39/ 행 2:22)

둘째, 표적은 하나님의 때에 일어납니다.
포도주가 없다는 말에 예수님은 '아직 때가 이르지 않았다' 고 말씀하셨습니다. 예수님이 말씀하신 때는 사람들의 필요를 채워주고 기적을 더욱 극적으로 만드는 순간이 아니라 하나님의 뜻이 임하는 순간이었습니다. 그리고 '무슨 말씀이든지 따르라' 는 명을 하인들이 받은 순간 하나님 중심으로 사건이 변하였습니다. 온전히 하나님을 의뢰함으로 하나님의 때를 기다리십시오. (벧후 3:8)

셋째, 성경은 가장 놀라운 표적입니다.
요한복음의 기록 목적은 '하나님의 아들 그리스도를 믿게' 하고 '생명을 얻게' 하는 것입니다. 그리스도를 믿고 영생을 얻은 사람에게는 세상의 어떤 놀라운 기적도 의미가 없습니다. 영원한 천국의 기쁨과 소망을 얻었기 때문입니다. 모든 사람을 구원에 이르게 할 능력이 있는 성경이 우리에게 임한 가장 큰 표적이며 사랑임을 잊지 마십시오. (막 13:20/ 딤전 1:15)

오늘 본문을 통해 표적이 나타내는 세 가지 교훈에 대해서 배웠습니다. 하나님의 표적은 하나님의 때에 분명한 목적을 갖고 일어나는 것이지 우리의 필요를 채우려고 기적처럼 일어나는 것이 아닙니다. 그리고 신앙에서 가장 중요한 것은 영을 살리는 생명의 복음입니다.
오늘도 범사에 하나님을 인정하십시오.

주님! 주님의 인도하심을 따라 능력을 체험하게 하소서!

오늘 특별 적용	
오늘 특별 감사	

091

거룩한 성전

요한복음 2장 12절부터 25절을 읽으십시오.
① 성전을 더럽히는 사람들을 본 예수님은 어떻하셨는가?(15)
② 예수님이 사람들에게 의탁하지 않으셨던 이유는 무엇인가?(25)

무디 목사님은 **거룩함에** 대해서 다음과 같은 말을 했습니다.

"거룩한 삶에 대해서 말을 하고 가르치는 것보다 그러한 삶을 직접 사십시오. 이것이 훨씬 좋은 일입니다. 등대들은 자신이 빛을 비추고 있다는 사실을 알리기 위해서 소란을 떨거나 시끄럽게 하지 않습니다. 다만 빛을 비추일 뿐입니다."

파스칼 역시 '팡세' 에서 다음과 같은 말을 했습니다.

"거룩한 삶에는 고요한 아름다움이 있다. 하나님의 성령과 권능 다음으로 세상에서 가장 큰 힘을 발휘하는 것이 바로 거룩한 삶이다."

매일 하루를 거룩하게 사는 것이 세상의 빛과 소금으로써의 역할을 온전히 하는 성도의 삶의 모습입니다.

요한복음 2장 12절부터 25절에는 성전을 정화시킨 예수님에 대해서 기록되어 있습니다. 공관복음에서는 성전정화의 내용을 십자가 죽음 직전에 설명했지만, 요한복음에서는 사역의 초기에 설명한 것이 큰 차이점입니다. 우리는 오늘 본문에서 **성전 정화를 하시는 예수님의 모습을 통해 거룩함에 대한 세 가지 교훈을 알 수 있습니다.**

첫째, 예수님은 거룩한 심판자이십니다.

성전을 정화하시는 모습은 재림 후에 임하실 거룩한 심판자로써의 예수님의 모습을 암시해줍니다. 예수님은 구원을 목적으로 세상에 오셨을 때에도 성전의 참뜻이 왜곡되어 사람들에게 이용당하는 모습을 그냥 넘어가지 않으셨습니다. 진리를 속이고 빛을 어둡게 하는 일에서 떠나 거룩한 심판을 피하십시오.(마 10:15, 12:36)

둘째, 예수님이 수단이 되어선 안 됩니다.

성전을 관리하는 사람들은 본래의 목적을 잃어버리고, 폭리를 취하고 성전을 장사하는 곳으로 변질시켰습니다. 교회에서 사역이 아닌 사업을 하는 것이 얼마나 큰 죄인지 우리는 깨달아야 합니다. 신앙을 통해 사리사욕을 채우려 하지 말고 오직 주님만을 구하고 주님만을 예배하십시오.(시 39:7)

셋째, 성전과 관련된 모든 것은 깨끗해야 합니다.

깨끗한 성전은 청소 상태와 기물 관리와 같은 외형적인 모습을 일컫는 것이 아닙니다. 교회는 투명하고 깨끗하게 운영되어야 하며 참으로 하나님을 예배하는 곳이 되어야 합니다. 사람들은 헤롯이 지은 크고 멋진 성전에 눈이 현혹되어 참된 성전이신 예수님을 몰라보았습니다. 외형적인 모습과 형식에 사로잡히지 말고 정결한 영육으로 주님을 예배하십시오.(마 21:13/ 엡 2:22)

오늘 본문을 통해 성전 정화를 하시는 예수님의 모습을 통해 거룩함에 대한 세 가지 교훈을 배웠습니다. 거룩한 사람은 사심이 없는 마음으로 온전히 주님을 섬깁니다. 그리고 이런 성도들이 많아져야 교회도 하나님의 전으로써 건강한 역할을 수행할 수 있습니다.
오늘도 하나님을 경외하며 거룩한 삶을 사십시오.

주님! 마지막 날까지 몸과 마음을 더욱 성결하게 하소서!

오늘 특별 적용	
오늘 특별 감사	

092

구원과 거듭남

요한복음 3장 1절부터 21절을 읽으십시오.
① 니고데모는 주님을 향해 어떤 고백을 했는가?(2)
② 거듭남의 방법은 무엇인가?(5)

한번 꺾인 꽃은 아무리 싱싱해도 얼마 살지 못합니다. 꽃병에 꽂은 뒤에 아무리 물을 주고 햇볕을 쐬어주고 관리를 잘해도 절대로 살 수가 없습니다. 영양을 흡수하고 양분을 공급해주는 뿌리가 없기 때문입니다. 작은 화분이라도 뿌리가 있는 식물은 쉽게 죽지 않습니다. 그러나 뿌리가 없는 식물을 살리는 유일한 방법이 있습니다. 바로 뿌리가 있는 식물에 접붙이는 방법입니다. 물론 쉬운 방법이 아니며 모든 식물들이 접붙임이 가능한 것은 아니지만 그래도 뿌리가 없는 식물을 살리려면 접붙임이 유일한 방법입니다.

죄로 인해 하나님과 끊어진 사람들이 다시 하나님과 연결되어 살아날 유일한 방법은 그리스도를 믿어 구원을 받아 하나님의 자녀로 거듭나는 것뿐입니다. 이 길만이 유일한 생명의 길이며 마지막 방법입니다.

요한복음 3장 1절부터 21절에는 예수님과 니고데모의 대화가 기록되어 있습니다. 니고데모는 어두운 밤에 예수님을 찾아와 거듭남에 대해서 물었는데, 예수님은 거듭남과 구원의 관계뿐만 아니라 인자의 죽음과 구원의 계획에 대해서까지 말씀해주셨습니다. 우리는 오늘 본문을 통해 **거듭남과 구원에 대한 세 가지 사실**을 알 수 있습니다.

첫째, 구원은 물과 성령으로 이루어집니다.
구원은 거듭남을 의미하는데 이는 말 그대로 '다시 태어나는 것'을 뜻합니다. 예수님은 니고데모에게 물과 성령으로 거듭남을 받을 수 있다고 말씀하셨습니다. 물은 회개와 신앙고백을 상징하는 '세례'(=침례)로 하나님의 말씀을 뜻하는 것이며 이를 통해 성령님께서 역사하심으로 우리는 완전히 다시 태어나게 됩니다. '새로운 피조물'에 합당한 삶을 사십시오.(고후 5:17)

둘째, 구원은 하나님이 이루십니다.
이스라엘 백성들이 철저히 자신들의 잘못으로 인해 재앙을 당하고 있을 때도 하나님께서는 놋뱀이란 치유책을 제시해주셨습니다. 언제나 어떤 시대에나 하나님께서는 구원의 길을 마련해주십니다. 그리고 더 이상 손 쓸 수 없는 세상을 치료하기 위해 예수님을 보내주셨습니다. 하나님의 완전한 구원인 예수 그리스도를 믿으십시오.(민 21:4-9)

셋째, 구원은 어떤 사람에게도 영생을 줍니다.
구원에 대한 하나님의 약속의 범위는 '믿는 자마다' 입니다. 그리고 그 효력은 '멸망치 않고 영생을 얻는 것' 입니다. 불뱀에 물렸던 이스라엘 백성들은 누구든지 놋뱀을 쳐다보기만 하면 나음을 얻었듯이 어떤 죄를 지었든지 예수님을 마음으로 믿어 영접만 하면 죄 용서함을 받고 구원을 얻습니다. 모든 사람에게 영원한 생명을 약속하는 구원의 능력을 깨달으십시오.(딤전 2:4)

오늘 본문을 통해 거듭남과 구원에 대한 세 가지 사실에 대해서 배웠습니다. 거듭남의 방법과 구원자 예수님에 대해서 올바로 알아야 바른 복음을 믿고, 또 바른 복음을 전할 수 있습니다.
오늘도 구원의 확신을 더욱 견고히 하는 하루가 되십시오.

주님! 죄를 이기는 구원의 삶을 살게 하소서!

오늘 특별 적용	
오늘 특별 감사	

093

사역과 전도

요한복음 3장 22절부터 4장 19절을 읽으십시오.
① 요한은 제자들의 질문에 어떻게 대답했는가?(28-30)
② 말씀에는 어떤 능력이 있는가?(14)

영국에 조지 스미스라는 청년이 있었습니다.

아프리카 선교사가 꿈이었던 청년은 자신의 좋은 시절을 모두 선교 준비를 위해 바쳤습니다. 그리고 마침내 모든 준비를 마치고 좋은 후원자까지 만나게 되어서 아프리카로 떠나게 되었습니다. 하지만 몇 달 되지 않아 정부의 미움을 받아 강제로 추방을 당하고 맙니다. 몇 달 동안 조지가 전도한 사람은 딱 한명 뿐이었습니다. 그리고 고향으로 돌아간 뒤 몇 주가 지나고 조지는 그만 숨을 거두었습니다. 믿지 않는 사람이나 믿는 사람이나 조지의 죽음을 통해 하나님의 뜻을 이해하기란 쉬운 일이 아니었습니다. 그러나 조지가 전도한 그 딱 한 사람은 그 지역의 영적인 지도자가 되어 일생동안 만 삼천 명이나 되는 사람들을 전도했습니다. 헛되어 보이는 조지의 희생이 없었더라면 결코 일어날 수 없는 일이었습니다.

전도는 복음의 결실을 맺는 방법입니다. 전도는 사람의 생각으로는 이해할 수 없으며 우리는 하나님의 뜻을 믿고 오직 순종하며 복음을 전해야 합니다.

요한복음 3장 22절부터 4장 19절에는 요한의 증언과 사마리아 여인과 말씀을 나누신 예수님의 모습이 나와 있습니다. 요한은 당시의 가장 큰 선지자였음에도 불구하고 예수님 앞에서는 절대적으로 겸손했습니다. 그리고 복음을 영접한 사마리아 여인은 모든 사람들에게 곧장 전했습니다. 우리는 오늘 본문을 통해 **사역과 전도를 감당하는 올바른 세 가지 자세**에 대해서 살펴보아야 합니다.

첫째, 겸손한 사역이 주님을 높입니다.

예수님이 나타나신 이후로 요한을 따르던 많은 제자들이 예수님에게로 떠나갔습니다. 남아있는 요한의 제자들은 예수님을 시기했지만 요한은 오히려 너희들도 예수님을 증거하라고 가르쳤습니다. 사역의 목적이 무엇인지 바로 깨달을 때 이처럼 예수님만을 높일 수 있습니다. 경쟁과 시샘을 피하고 거룩한 동역으로 하나님께 영광을 돌리십시오.(빌 1:15-17)

둘째, 전도는 평등하게 해야 합니다.
유대인들은 선민의식에 사로잡혀 이방인이나 사마리아인들과는 철저하게 분리된 삶을 살았습니다. 그러나 예수님은 일부러 이들이 피해 다니는 길로 찾아가셔서 사마리아 여인을 만나셨습니다. 많은 사람들은 여러 남편을 만들었던 부정한 여자이라고 피했지만 예수님은 전혀 개의치 않으셨습니다. 모든 사람에게 필요한 거듭남의 복음을 가리지 말고 전하십시오.(마 9:12/ 롬 1:16)

셋째, 전도는 지혜롭게 해야 합니다.
예수님은 먼저 사마리아 여인에게 생수에 대해서 말씀하셨고, 복음의 생명을 깨닫게 하셨습니다. 그리고 나중에 사마리아 여인의 남편에 대해 말씀하시면서 부도덕한 양심을 일깨워주셨습니다. 이처럼 먼저 상대의 필요를 채운 뒤 사랑으로 복음을 전하는 지혜로운 모습이 우리에게도 있어야 합니다. 주님의 지혜를 가지고 슬기롭게 복음을 전하십시오.(눅 16:7-8)

오늘 본문을 통해 사역과 전도를 감당하는 올바른 세 가지 자세에 대해서 배웠습니다. 사역과 전도는 모두 같은 방향을 가지고 있습니다. 겸손함과 슬기로움으로 하나님의 나라를 확장하는 전도자, 사역자의 역할을 더욱 많은 성도들이 감당해 나가야 합니다.
오늘도 하나님의 지혜를 구하며 복음 전파에 힘쓰십시오.

주님! 주님만을 위해 살아가는 오늘 하루가 되게 하소서!

오늘 특별 적용	
오늘 특별 감사	

094

사마리아 여인의 전도

요한복음 4장 20절부터 42절을 읽으십시오.
① 참된 예배자의 모습은 어떤 모습인가?(23)
② 예수님은 전도의 때에 대해서 뭐라고 말씀하셨는가?(35)

10여 년 전에 한국 교회에서는 인터넷 예배에 대해서 '집에서 인터넷으로 예배를 보고, 설교를 듣고, 인터넷뱅킹으로 헌금을 내는 예배가 설마 정말로 생기겠는가? 라는 생각이 대세였습니다.

그러나 지금은 많은 교회들이 예배를 실시간으로 중계하고 있고 TV와 인터넷 홈페이지를 통해 누구나 쉽게 어디에서나 예배를 드릴 수 있게 되었습니다. 홈페이지에도 버젓이 교회 계좌번호가 올라와 있습니다. 이제는 스마트폰 어플을 통해 핸드폰으로 모든 예배를 드릴 수 있게 됐습니다.

교회는 공동체 생활도 매우 중요합니다. 부득이 사정과 상황이 되지 않으면 몰라도, 가능하면 신령과 진정으로 온 마음을 다하여 성도들과 함께 예배드려야 하며, 예배를 통해 인격적 교류가 이뤄져야 합니다.

요한복음 4장 20절부터 42절에는 사마리아 여인의 전도에 대해서 나와 있습니다. 예수님은 예배할 곳과 그리스도에 대해서 여인에게 알려주셨고, 깨달음을 얻은 여인은 곧 마을로 달려가 이 소식을 모든 사람에게 전했습니다. 그리고 이 여인을 통해 그 지역에는 큰 부흥이 일어났습니다. 우리는 오늘 본문을 통해 **예배와 전도에 대한 세 가지 사실**에 대해서 살펴봐야 합니다.

첫째, 예배는 마음이 가장 중요합니다.

예수님은 예배할 처소를 묻는 여인에게 그런 것은 아무런 의미가 없다고 말씀하셨습니다. 장소와 의식이 참다운 예배를 드리게 하는 것은 아니기 때문입니다. 그러나 지나친 외형을 조심하고 신령과 진정을 다해야 한다는 말씀으로 받아들여야지 '무교회주의' 에 대한 말씀으로 받아들여서는 안 됩니다. 마음에 그리스도를 모심으로 참된 경배를 드리십시오.(시 139:7-10/ 고전 3:16)

둘째, 전도는 예수님을 나타내는 것입니다.

사마리아 여인은 예수님이 구원자라는 것을 깨닫고는 '나의 모든 일을 알고 있는 예수님'에 대해서 마을 사람들에게 곧 달려가서 증거하기 시작했습니다. 여인에겐 자신의 일이 부끄러운 치부였지만 죄사함을 받은 뒤였기에 부끄러워하지 않고 이 사실을 통해 예수님을 전할 수 있었습니다. 우리의 삶의 고백을 통해 주님을 전하십시오.(롬 5:20)

셋째, 전도는 지금 당장 해야 합니다.

제자들은 추수의 때에 대한 예수님의 질문을 이해하지 못했습니다. 그들은 추수할 기간을 기다려야 한다고 말했지만, 예수님은 지금 해야 한다고 말씀하셨습니다. 이것은 전도란 언제나 어떤 상황에서든지 해야 하며 또한 할 수 있다는 사실을 뜻합니다. 잃어가는 영혼들에 대한 안타까움을 가지고 전도에 힘쓰십시오.(고후 6:2)

오늘 본문을 통해 예배와 전도에 대한 세 가지 사실에 대해서 배웠습니다. 신령과 진정으로 예배드릴 때 우리는 참된 죄사함의 기쁨과 은혜의 즐거움을 누리게 되며 또한 전파하게 됩니다.
오늘도 다른 영혼들과 하나님의 연결 통로가 되십시오.

주님! 사람들의 주님이 아닌 나의 주님을 체험하게 하소서!

오늘 특별 적용	
오늘 특별 감사	

095

두 번째 표적

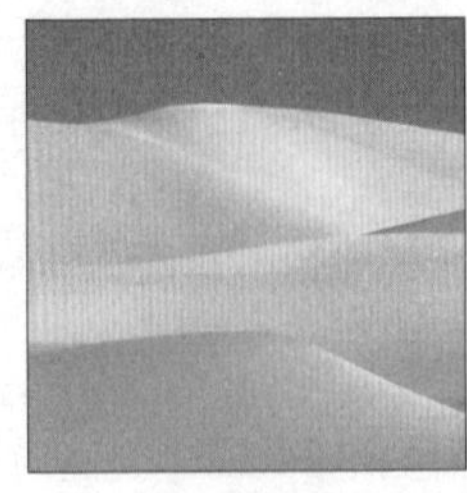

요한복음 4장 43절부터 54절을 읽으십시오.
① 신하는 주님의 어떤 말씀을 믿었는가?(50)
② 병의 나음을 확인한 신하는 어떻게 행동했는가?(53)

경북에서 어부 일을 하는 김 상태 집사님이란 분이 계셨습니다.
몇 년 전 경남지역에서 어획량이 극도로 감소한 적이 있었습니다. 당시 김 집사님이 조업을 하던 지역도 많은 어부들이 고사를 지내며 만선을 기원했습니다. 그러나 김 집사님은 신앙을 이유로 고사에 참여하지 않았습니다. 다른 어부들이 고사를 드리고 고기를 많이 잡은 적이 있다고 하더라도 유혹을 물리쳤습니다.
그러던 어느 날, 김 집사님의 그물이 찢어질 정도로 많은 방어가 잡히는 일이 일어났습니다. 10kg 정도 크기의 방어가 2천 마리가 넘게 잡혀서 거의 5억에 가까운 돈을 벌었습니다. 김 집사님은 이 수익으로 그동안의 생활고를 모두 해결했고, 하나님께 감사한 마음을 담아 자신이 출석하던 구계 교회의 낡은 건물을 리모델링하기 위한 헌금을 했습니다. 그리고 헌금을 한 뒤 한 달 뒤에는 김 집사님이 쳐 놓은 그물에 5m 길이의 밍크고래가 걸리는 놀라운 일이 일어났습니다.
사람들은 이 사건을 '현대판 베드로의 기적' 이라고 부릅니다. 믿음의 성도에게 임하는 하나님의 능력을 통해 매우 많은 사람들이 하나님의 살아계심을 목격하고 또 체험하게 됩니다.

요한복음 4장 43절부터 54절에는 왕의 신하의 아들을 고쳐주신 내용이 기록되어 있습니다. 요한복음의 모든 기적들은 예수님이 하나님의 아들이심을 나타내는 일에 강조되어 있다는 것을 염두에 두어야 합니다. 우리는 오늘 본문을 통해 **예수님의 능력을 체험하는 세 가지 방법**에 대해서 배워야 합니다.

첫째, 예수님의 전능하심을 믿어야 합니다.
물이 포도주로 변한 것은 물질의 본질까지도 변화시키는 하나님의 능력을 나

타낸 것이고 오늘의 두 번째 표적은 공간을 초월하는 하나님의 능력을 나타
낸 것입니다. 이처럼 하나님의 능력이 임하지 못할 곳은 없고 하지 못할 일도
없습니다. 하나님과 그의 아들 예수 그리스도의 전능함을 믿으십시오.(고후
6:18/ 계 1:8)

둘째, 믿음으로 의지해야 합니다.
왕의 신하가 주님의 말씀을 믿음으로 표적이 일어났습니다. 믿음으로 사건
의 중심을 나에서 하나님으로 옮기는 일은 매우 중요합니다. 그러나 기적을
바랄 때에만 이럴 것이 아니라 우리의 모든 삶을 하나님 중심으로 돌려야 합
니다. 나를 위한 믿음이 아니라 하나님을 향한 믿음을 가지십시오.(눅 12:28,
22:32)

셋째, 표적의 결과에 집중해야 합니다.
예수님의 모든 표적에는 뜻과 의도가 있으셨습니다. 이것은 모두 구원의 길
을 알리기 위한 예수님의 방편이었습니다. 우리의 죄가 용서받고 천국을 갈
수 있다는 사실이 가장 큰 기적이고 어떤 복보다도 중요합니다. 기복과 신비
주의 중심의 신앙에서 벗어나 진정한 신앙의 본질을 깨달으십시오.(마 24:24/
눅 11:29)

오늘 본문을 통해 예수님의 능력을 체험하는 세 가지 방법에 대해서 배웠습
니다. 예수님의 구원에 대한 감사한 마음을 잊지 않고 사는 것이 매일 주님의
능력을 체험하는 삶입니다.
오늘도 하나님의 살아계심을 나타내는 삶의 모습이 되십시오.

주님! 예수님 안에서 권능과 기쁨을 누리며 살게 하소서!

오늘 특별 적용	
오늘 특별 감사	

096

찾아오시는 예수님

요한복음 5장 1절부터 18절을 읽으십시오.
① 사람들이 베데스다 못가에 모인 이유는 무엇인가?(2,3)
② 예수님은 병자에게 뭐라고 말씀하셨는가?(14)

자신을 '십자가의 은혜에 사로잡힌 사람'이라고 표현한 한 무명의 시인이 지은 시입니다.

「영혼을 주님께 인도할 수만 있다면...
내가 무엇을 하든지, 어디에 있든지 관계치 않노라
꿈에서도 잃어버린 영혼들을 찾을 것이며
깨어나면 다시 그들을 향해 뛰리라

아무리 지혜가 있고, 능력이 있고,
또 심오한 교훈을 알고 사람의 마음에 감동을 주더라도
결국 영혼을 구하려는 뜨거운 사랑과 행동이 없다면
그 어떤 것도 소용이 없노라」

영혼구원에 대한 뜨거운 갈망과 사랑, 이것이 이 시대의 진정으로 필요한 유일한 것입니다. 하나님의 사랑과 진리의 복음이 전파된다면 세상의 모든 문제는 사라집니다.

요한복음 5장 1절부터 18절에는 베데스다 못가의 38년 된 병자를 고쳐주신 예수님에 대해서 기록되어 있습니다. 예수님은 병자의 죄를 사해주시고 몸까지 치유해주셨지만 이 놀라운 기적을 보고도 유대인들은 믿지 않았습니다. 우리는 오늘 본문을 통해 **예수님의 영접과 관련된 세 가지 교훈을** 얻을 수 있습니다.

첫째, 예수님은 언제나 우리를 찾아오십니다.
38년 된 병자는 예수님을 찾아오거나 초청하지 않았습니다. 병자의 병 고침과 죄 사함은 순전히 찾아오신 주님의 은혜로 이루어졌습니다. 예수님은 오늘도 모든 사람들에게 찾아오고 계십니다. 말씀으로, 때로는 환경을 통해 끊임없이 모든 영혼들을 찾아 부르고 계십니다. 우리에게 찾아오신 예수님을 영접하고 또 예수님을 전하는 메신저가 되십시오. (롬 5:8)

둘째, 우리는 입술로 분명하게 고백해야 합니다.
38년 된 병자는 자리에서 일어난 뒤 다시 성전에서 예수님을 만났습니다. 그리고 이 자리에서 분명하게 '나를 고친 이는 예수님이다' 라고 선언했습니다. 하나님의 은혜와 구원의 기쁨을 체험한 사람들은 언제나 어디서나 당당하게 자신의 체험을 간증할 수 있어야 합니다. 구원의 기쁨을 마음에서 입으로 당당히 고백하는 크리스천이 되십시오. (막 8:38/ 롬 1:16)

셋째, 잘못된 신앙은 복음을 핍박합니다.
유대인들은 표적에 담긴 메시지를 깨닫지 못했습니다. 그들의 초점은 오로지 율법을 어긴 것에만 맞춰져 있어서 더욱 주님을 핍박했습니다. 그들은 구원과 죄 사함, 그리스도와 새로운 생명에는 전혀 관심이 없고 오로지 잘못된 신앙관에만 메여 있었습니다. 성경을 올바로 깨달아 하나님이 말씀하시는 것이 무엇인지 깨닫고 실천하십시오. (막 2:28)

오늘 본문을 통해 예수님의 영섭과 관련된 세 가지 교훈에 대해서 배웠습니다. 예수님의 영접을 통해 신앙이 시작되고 그 분을 전함으로 인해 전도가 시작됩니다. 그리고 이 과정에는 깊은 말씀의 묵상과 깨달음이 더해져야 합니다.
오늘도 겸손하게 주님의 말씀을 대하고 묵상하십시오.

주님! 성경 말씀의 참된 의미를 깨달음으로 더욱 주님께 나아가게 하소서!

오늘 특별 적용	
오늘 특별 감사	

097

세 가지 부활

요한복음 5장 19절부터 29절을 읽으십시오.
① 예수님은 부활에 대해서 뭐라고 말씀하셨는가?(21)
② 복음의 능력은 무엇인가?(24)

독수리는 평균 약 40년을 삽니다.

그러나 40년이 되는 해에 중요한 결단을 내리는 독수리들이 있습니다. 어떤 독수리들은 산의 정상으로 올라가 바위를 쪼아 낡은 부리를 깨트리고 빠지게 만듭니다. 그러면 천천히 새 부리가 돋아납니다. 그러면 돋아난 부리를 가지고 길고 구부러진 발톱을 뽑기 시작합니다. 그리고 마지막으로 덥수룩하고 볼품없어진 깃털을 뽑기 시작합니다. 매우 고통스러운 과정이지만 이 6개월의 과정을 견뎌낸 독수리들은 이후로 30년 정도를 더 살게 됩니다. 6개월의 고통을 인내로 극복함으로 제 2의 새로운 인생을 살게 되는 것입니다.

우리의 인생을 통해 새로운 삶과 영생을 얻는 방법은 그리스도를 믿는 것밖에 없습니다. 우리는 그리스도를 믿음으로 다시 부활하게 되고, 그 이후의 삶은 죽지 않는 영원을 향유하게 됩니다.

요한복음 5장 19절부터 29절에는 예수님의 신성에 대해서 증거하는 말씀이 기록되어 있습니다. 예수님이 하나님을 아버지라 부르고 자신을 동등한 위치로 표현하자 유대인들은 신성모독죄를 들어 예수님을 죽이려 했습니다. 그러나 예수님은 더욱 당당히 증거하셨습니다. 우리는 오늘 본문을 통해 **예수님의 권세를 통한 세 가지 부활**에 대해서 알아야 합니다.

첫째, 영적인 부활입니다.

예수님은 본문에서 말씀을 듣고 하나님을 믿는 사람은 이미 영생을 얻었고 또 멸망의 심판에 이르지 않는다고 말씀하셨습니다. 영육의 완전한 부활은 재림 때 일어나지만 구원을 받는 순간 영이 살아 새로운 생명을 얻는 것도 부활입니다. 허물과 죄로 죽어있는 영혼을 다시 살리십시오.(엡 2:1)

둘째, 생명의 부활입니다.

구원을 받은 뒤 일어나는 영의 부활 외에도 예수님이 이 땅에 다시 오실 때 진정한 성도들의 부활이 일어납니다. 모든 성도들은 영광의 몸으로 변화하며 휴거됩니다. 재림 이후의 부활에 대해서는 나중에 다시 배우겠지만, 재림 때에 성도들의 부활이 일어난다는 사실은 반드시 알아두십시오.(고전 5:51-58/ 살전 4:13-18)

셋째, 심판의 부활입니다.

심판의 부활은 세상의 마지막까지 그리스도의 복음을 거절한 사람들을 대상으로 일어납니다. 하나님의 은혜를 거절한 사람들은 삶속에서 이미 정죄를 받았으며 마지막 지옥 형벌만이 기다리고 있는 상태입니다. 그리스도를 통해 죽음뿐인 절망에서 벗어나 구원의 생명을 얻으십시오.(계 20:11-15)

오늘 본문을 통해 예수님의 권세를 통한 세 가지 부활에 대해서 배웠습니다. 예수님의 신성에 대해서 올바로 이해한다면 우리는 주님을 통해 구원과 마지막 심판과 그 뒤의 재림에 대해서도 흔들림 없는 믿음을 갖게 됩니다.
오늘도 부활의 소망을 갖고 예수님을 찬양하십시오.

주님! 영혼의 구원을 위해 더욱 힘쓰게 하소서!

오늘 특별 적용	
오늘 특별 감사	

098

독생자의 증거

요한복음 5장 30절부터 47절을 읽으십시오.
① 예수님의 심판이 의로운 이유는 무엇인가?(30)
② 예수님에 대한 가장 큰 증거는 무엇인가?(36)

자동차 왕 헨리 포드는 매우 양심적인 사업가였습니다.

당시 미국에는 직원들을 착취하고 임금을 늦게 지불하는 사업가들이 많았는데, 포드는 이에 비해 훨씬 많은 임금을 주었고, 작업자들을 위한 생산 라인도 갖추었으며, 또한 자사의 차량을 쉽게 구입할 수 있는 제도를 마련 해주기도 했습니다. 그런 헨리 포드가 하루는 고아원에 2천 달러를 기부하기로 했습니다. 고아원에서는 감사의 표시로 이 사실을 신문사에 알렸는데 오보로 2만 달러로 기사가 났습니다. 고아원 원장은 깜짝 놀라 포드에게 사과전화를 한 뒤 정정발표를 하겠다고 말했습니다. 하지만 포드는 이왕 이렇게 된 거 그냥 2만 달러를 기부할 테니 대신 고아원이 증축되면 다음의 내용이 적힌 간판을 하나 세워 달라고 말했습니다.

「헨리 포드가 아닌 하나님의 뜻에 의해서 드려진 헌금으로 세워진 건물」

예수님의 모든 행동은 하나님의 뜻을 알리고 전하기 위한 도구였습니다. 우리도 우리의 삶을 거룩하고 정결하게 하나님의 뜻을 전하는데 사용해야 합니다.

요한복음 5장 30절부터 47절에는 예수님이 하나님의 아들이라는 증거에 대해서 나와 있습니다. 예수님이 자신의 신성과 성자의 모습을 사람들에게 드러내고 강변하신 것은 자신을 높이고 드러내기 위한 것이 아니라 사람들에게 믿음을 주고 구원을 주기 위한 것이었습니다. 우리는 오늘 본문을 통해 **그리스도가 하나님의 아들이라는 세 가지 확실한 증거**에 대해서 알 수 있습니다.

첫째, 요한의 증거입니다.

당시 모든 유대인들은 요한을 선지자이자 진리의 증인으로 믿고 있었습니다. 따라서 예수님은 요한의 증언을 들어 그것이 사실임을 나타내셨습니다. 물론

요한이 말했기 때문에 참인 것이 아니라 요한이 참된 것을 말했을 뿐이지만 당시의 거의 모든 유대인들은 이 사실을 받아들이지 못했습니다. 그리스도의 나심은 모든 선지자들이 예언한 일임을 기억하십시오. (요 1:29, 3:28)

둘째, 예수님의 사역입니다.
요한의 증거보다도 더욱 중요한 것은 예수님께서 직접 행하신 일들입니다. 예수님이 하나님의 아들이라는 사실 외에는 설명할 수 없는 기적들을 예수님은 행하셨습니다. 많은 사람들이 이 기적을 보고서라도 예수님을 믿고 따랐지만, 마음이 완악한 유대인들은 그럼에도 완강히 거부했습니다. 우리를 위해 그리스도를 보내주신 하나님의 큰 사랑을 깨달으십시오. (요일 4:9)

셋째, 하나님의 증언입니다.
예수님이 요한에게 세례(침례)를 받으실 때 '내 사랑하는 아들' 이라는 하나님의 음성이 들렸습니다. 사람들은 이 말을 바로 듣지 못하고 단지 우레와 같은 소리로 오해했지만 이것은 구약에 기록되어 있는 내용 그대로의 일이 일어난 것입니다. 성경을 알고 바로 깨달음으로써 더욱 하나님과 가까워지십시오. (눅 3:22)

오늘 본문을 통해 그리스도가 하나님의 아들이라는 세 가지 확실한 증거에 대해서 배웠습니다. 예수님은 선지자도 아니고, 단순한 위인이나 성인은 더더욱 아닙니다. 그분은 하나님의 독생자이고 우리를 위해 이 땅에 오신 그리스도이십니다.
오늘도 주님을 나의 구주로 모시고 영접하십시오.

주님! 성령님과 함께 주님을 증거하게 하소서!

오늘 특별 적용	
오늘 특별 감사	

099

오병이어의 표적

요한복음 6장 1절부터 40절을 읽으십시오.
① 사람들이 예수님을 따른 이유는 무엇인가?(2)
② 예수님이 빌립에게 질문하신 목적은 무엇인가?(6)

걱정이 아주 많은 사업가가 있었습니다.

사업을 하며 생기는 너무나 많은 걱정들 때문에 하루도 마음 편히 쉴 날이 없던 사업가는 '염려 상자' 라는 것을 만들었습니다. 매주 수요일에 '토요일까지 수금이 들어와야 됨' 과 같은 걱정거리들을 종이에 적어서 넣어둔 뒤 그것에 대해서 신경을 쓰지 말자는 취지로 만든 것이었습니다. 일주일 중 오직 염려 상자에 걱정을 넣는 수요일에만 걱정을 하기로 사업가는 결심했습니다.

그런데 한 번은 염려 상자에 걱정을 넣고도 너무나 걱정이 되는 일이 있어서 결국 3일 만에 상자를 열어서 걱정거리들을 살피게 되었습니다. 그러나 그 목록을 본 사업가는 깜짝 놀랐습니다. 별 다른 노력을 하지 않았음에도 대부분의 문제가 이미 해결되어 있었기 때문입니다. 사업가는 자신의 경험을 토대로 이후에 '수요 염려 상자' 라는 책까지 내었습니다. 책의 내용은 다음의 한마디로 요약할 수 있었습니다.

'염려는 아무런 도움이 안 된다'

구원의 문제를 해결했다면 나머지 세상의 모든 일들은 아무런 의미가 없는 일들입니다. 이후의 천국을 바라며 날마다 주님과 함께하는 기쁨이 우리의 삶과 영혼에 충만해야 합니다.

요한복음 6장 1절부터 40절에는 오병이어의 표적이 나와 있습니다. 예수님은 보리떡 5개와 물고기 2마리로 오천 명 이상을 먹이심으로 하나님에겐 어떤 불가능도 없다는 사실을 보여주셨습니다. 그러나 여전히 군중들은 현상 자체에만 집중을 했고 제자들은 예수님의 능력을 온전히 믿지 못했습니다. 우리는 오늘 본문을 통해 **성경적인 문제 해결을 위한 세 가지 교훈**에 대해서 배워야 합니다.

첫째, 문제를 회피해서는 안 됩니다.
저녁이 되자 제자들은 예수님께 사람들을 마을로 돌려보내자고 제안했습니다. 제자들은 예수님의 능력을 체험한 뒤에도 문제를 회피하는 방식으로 생각했습니다. 그러나 예수님이 우리와 하나님의 관계의 문제를 해결하신 것처럼 세상의 문제들에 당당히 맞서십시오.(요일 2:13)

둘째, 이성과 합리주의를 넘어서는 부분을 인정해야 합니다.
예수님의 기적은 분명한 목적을 갖고 있었습니다. 오늘 날에도 사람들의 생각과 상식을 뛰어넘는 표적들이 일어나고 있습니다. 따라서 우리는 최선의 노력을 하면서도 항상 하나님의 방법이 들어설 여지를 남겨두어야 합니다. 하나님께 불가능은 없다는 사실을 항상 잊지 마십시오.(막 9:23)

셋째, 문제해결을 통해 예수님께 나아가야 합니다.
예수님이 오병이어의 기적을 통해 전하고자 하는 메시지는 '생명의 떡이신 그리스도'였습니다. 그러나 사람들은 영혼의 양식이 아닌 육신을 배부르게 해주는 예수님만을 따랐고, 예수님께 이로 인해 책망을 받았습니다. 하나님의 은혜를 체험하고 우리가 세상에서 누리는 모든 기쁨과 즐거움들은 모두 주님을 더 알기 위한 것이라는 사실을 깨달으십시오.(약 4:8)

오늘 본문을 통해 성경적인 문제 해결을 위한 세 가지 교훈에 대해서 배웠습니다. 그리스도인의 세상의 모든 문제는 이미 해결된 것이나 마찬가지입니다. 모든 그리스도인들에겐 인생의 가장 큰 문제인 삶의 비전과 죽음의 문제가 해결되었고, 전지전능하신 예수님이 우리 주님이시기 때문입니다.
오늘도 모든 염려를 예수님께 내어 맡기십시오.

주님! 오늘도 말씀과 생명의 떡으로 영혼을 더욱 풍성케 하소서!

오늘 특별 적용	
오늘 특별 감사	

100

생명의 떡

요한복음 6장 41절부터 71절을 읽으십시오.
① 예수님을 믿음으로 영생을 얻는 이유는 무엇인가?(57)
② 예수님의 말씀을 들은 사람들은 어떻게 반응했는가?(66)

평화로운 어떤 마을이 있었습니다.

어느 날 이 마을의 대로에 누군가 큰 바위를 놓고 사라졌습니다. 사람들은 커다란 바위 때문에 통행하는데 불편함을 느꼈고, 그것이 마을의 미관을 해친다고 불평을 했습니다. 그러나 하루가 지나고, 이틀이 지나도 아무도 바위를 치우려하지는 않았습니다. 그것을 보다 못한 한 노인이 바위를 치우기로 결심하고는 소와 말을 끌고 와 혼자서 땀을 빼며 바위를 치우기 시작했습니다. 사람들은 노인을 못 본 척 하며 그냥 저마다 갈 길을 갔고 아주 오랜 시간이 지난 후에야 노인은 겨우 바위를 치워낼 수 있었습니다. 마을 어귀로 바위를 옮겨놓고 원래 자리로 돌아온 노인은 작은 편지를 발견했습니다.

'이 돌을 치운 사람은 자리 밑을 파보십시오. 그대를 위한 황금이 있을 것입니다. -임금-' 황금을 본 사람들은 그제야 관심을 보이기 시작했지만, 이미 때는 늦어버렸습니다.

말씀은 받아들이는 사람에 따라 마음을 불편하게 하는 바위가 될 수도 귀한 보화가 될 수가 있습니다.

요한복음 6장 41절부터 71절에는 예수님의 말씀을 들은 제자들의 반응이 기록되어 있습니다. 예수님은 생명의 말씀을 자신의 몸과 떡에 빗대어 말씀하셨는데, 이 말씀을 이해하지 못한 제자들은 각기 다른 반응을 보였습니다. 우리는 오늘 본문을 통해 **말씀을 받아들이는 성도들의 세 가지 자세**에 대해서 살펴봐야 합니다.

첫째, 트집 잡고 비난하는 자세입니다.

예수님이 자신을 하늘에서 내려온 떡이라고 말씀하시자 문자 그대로의 해석을 내리며 수군거렸습니다. 이해가 되지 않으면 니고데모처럼 당당히 찾아와 질문을 하던가, 그 안의 의미를 찾기 위해 노력해야 하지만, 사람들은 그저 웅

성거릴 뿐이었습니다. 낮은 마음으로 겸손히 말씀을 받으십시오.(막 8:17/ 고후 12:20-21)

둘째, 불평하며 떠나는 자세입니다.
모인 사람들 중 상당수는 '말씀이 너무 어렵다'고 불평하며 그 자리에서 예수님을 떠났습니다. 이들이 바랐던 것은 오병이어의 표적처럼 자신들을 배불리 하는 것이었지 영혼의 만족과 영생을 얻는 것이 아니었습니다. 말씀을 깨닫지 못한 껍데기 신앙을 버리고 하나님을 알고 깨달아가는 진짜배기 신앙을 가지십시오.(엡 4:15)

셋째, 말씀을 받고 진리를 따르는 자세입니다.
예수님이 생명의 말씀을 전했음에도 불구하고 대다수의 사람들은 예수님을 떠났습니다. 예수님은 제자들에게 '너희도 가려느냐?'라고 물으셨습니다. 그러나 제자들은 떠나지 않았습니다. 설령 말씀을 이해는 못했더라도 예수님의 행적을 직접 보고 체험함으로 이들은 주님이 메시아라는 사실을 알고 있었기 때문입니다. 지난 신앙생활을 생각하며 오늘 예수님의 질문에 대답해보십시오.(시 73:23/ 마 16:16)

오늘 본문을 통해 말씀을 받아들이는 성도들의 세 가지 자세에 대해서 배웠습니다. 기독교는 체험의 종교입니다. 우리는 성경의 모든 부분에 대해서는 아마 평생을 공부해도 알지 못할 테지만 한 구절의 체험만으로도 구원을 받기에는 충분합니다.
오늘도 영원한 구원의 말씀을 믿고 따르십시오.

주님! 주님의 은혜를 누리고 알아가는 삶이 되게 하소서!

오늘 특별 적용	
오늘 특별 감사	

101

예수님의 변론

요한복음 7장 1절부터 36절을 읽으십시오.
① 예수님의 가족들은 예수님을 어떻게 생각했는가?(4)
② 예수님이 명절에 올라가지 않으신 이유는 무엇인가?(8)

미국 네바다 사막에는 특이한 습성의 나무가 있습니다.

텀블위즈(Tumbleweeds)라는 나무는 실뿌리를 내리며 축축한 곳을 찾아다니며 삽니다. 실뿌리를 아주 얕게 내리기 때문에 땅이 말랐다고 판단되면 곧 바람에 몸을 맡겨 여기저기 굴러다닙니다. 따라서 수분을 쉽게 찾을 수 있지만 뿌리가 얕아 오래 살지 못하고, 크게 성장하지도 못합니다.

조슈아라는 나무는 반대로 아무리 척박한 곳이라도 뿌리를 내립니다. 뿌리는 길게는 11미터까지 내리지만 반대로 나무는 1년에 4cm밖에 성장하지 못합니다. 그러나 일단 뿌리가 내려지면 쉽사리 죽지 않기 때문에 어떤 나무들은 천년이 넘게 살기도 합니다.

세상에서 그리스도인으로 사는 것은 쉽지 않습니다. 그러나 복음 안에 뿌리를 바로 내린다면 언제나, 어디서든지 하나님의 사람으로서 살아가며 영생을 맛볼 수 있습니다.

요한복음 7장 1절부터 36절에는 유대인들의 공격에 대한 예수님의 변론이 나와 있습니다. 예수님은 가족들의 잘못된 조언과 유대인들의 잘못된 지식에 큰 소리로 외쳐 가르치셨습니다. 우리는 오늘 본문을 통해 **하나님의 뜻에 따라 살게 도와주는** 세 가지 가르침에 대해서 알아야 합니다.

첫째, 하나님을 우리에게 맞춰선 안 됩니다.
예수님의 형제들은 마치 예수님이 자신을 세상에 드러내려고 노력하는 사람으로 치부하며 조언을 했습니다. 그러나 이것은 예수님에 대해서도 모르고 하나님의 때에 대해서도 전혀 모르는 소리였습니다. 아브라함도 하나님의 약속을 믿지 못하고 하갈을 들였지만 하나님의 약속은 이루어졌습니다. 하나님의 때에 하나님의 약속이 이루어진다는 사실을 잊지 마십시오.(창 16:2)

둘째, 말씀의 본래 의미를 잊어서는 안 됩니다.

당시 예루살렘 사람들은 곧 찾아올 초막절을 맞아 한창 들떠 있었습니다. 초막절은 출애굽을 인도하신 하나님을 기념하는 명절이자 장차 올 예수 그리스도의 그림자 역할을 하는 명절이었지만 사람들은 오늘 날의 크리스마스처럼 본래의 의미를 잊고 마냥 즐거워했습니다. 모든 절기와 말씀을 받을 때 본래의 의미를 깨닫도록 노력하십시오.(히 8:5)

셋째, 끊임없이 자신을 돌아봐야 합니다.

예수님을 배척하는 사람들은 예수님의 출신에 대해서 정확히 알고 있다고 당당하게 말했습니다. 이것은 거듭남으로 '영과 생명'을 깨닫지 못하고, 혈통과 육정을 바라보았기 때문입니다. 그들은 안다고 말했지만 실상은 모르고 있었습니다. 말씀의 뜻은 온전히 깨닫고 있는지, 그리고 정말로 그것을 실천하려고 있는지 끊임없이 자신을 점검하십시오.(고전 13:11)

오늘 본문을 통해 하나님의 뜻에 따라 살게 도와주는 세 가지 가르침에 대해서 배웠습니다. 하나님을 우리의 생각으로 제한하지 말고 그 말씀을 바로 알고 실천하려고 하는 노력을 통해 우리는 하나님의 뜻을 깨닫고 그 뜻을 따라 살 수 있습니다.
오늘도 하나님의 뜻 안에서 범사에 감사하십시오.

주님! 모든 일을 하나님을 의지하며 순종함으로 하게 하소서!

오늘 특별 적용	
오늘 특별 감사	

102

생수의 강

요한복음 7장 37절부터 53절을 읽으십시오.
① 예수님은 어떤 사람을 초대하셨는가?(37)
② 유대인들이 예수님을 잡지 못한 이유는 무엇인가?(46)

미국의 뉴멕시코 주에 한 흑인 소년이 살고 있었습니다.

가난해서 학교조차 다니지 못했던 소년은 유일한 가족인 어머니까지 일찍 여의었습니다. 어머니는 마지막 유언을 다음과 같이 남겼습니다.

"랄프, 인생을 살아가는데 정말로 필요한 재산은 믿음과 소망과 사랑이란다."

어머니가 돌아가신 후 할머니 집에서 길러지던 소년은 생활고와 극심한 인종차별에 시달렸지만 어머니의 유언을 어떤 순간에도 잊지 않았습니다. 할 수 있다는 믿음을 가진 소년은 세계를 위한 일을 하겠다는 커다란 소망을 가졌습니다. 그리고 미래에 그 소망대로 UN중재 담당관 자리에 올랐으며 각국의 평화 협상을 이끌어내며 사랑을 실천했습니다. 랄프 번치라는 어린 흑인 소년은 미래에 세계 최초로 노벨평화상을 받은 흑인이 되었습니다.

성경은 정보를 얻기 위한 것이 아니라 변화를 위한 것입니다. 하나님의 말씀과 신앙은 하나님을 위한 것이 아니라 우리를 위한 것입니다.

요한복음 7장 37절부터 53절에는 생수의 강에 대한 예수님의 말씀이 기록되어 있습니다. 예수님은 자신을 믿는 사람들에게 영원한 생수의 강이 흘러나온다고 분명히 말씀하셨습니다. 우리는 오늘 본문을 통해 **진실한 신앙의 유익을 얻는 세 가지 방법**에 대해서 알 수 있습니다.

첫째, 형식보다 내용에 집중해야 합니다.

초막절의 축제가 절정이던 마지막 날에는 호화로운 예식들이 진행되고 있었습니다. 제사장들은 줄 지어 금 대접으로 실로암의 물을 길어 성전의 제단을 붓고 복을 기원했습니다. 그러나 같은 시각 예수님은 '목마르거든 내게로 와서 마시라' 고 외치고 계셨습니다. 실체가 빠진 예식과 의식은 허무뿐입니다. 껍데기를 알맹이를 명확히 구분하십시오.(출 17:6)

둘째, 성령의 인도에 삶을 맡겨야 합니다.

예수님을 믿는 순간 성령님이 우리 마음에 오십니다. 그로 인해 우리는 성령님이 주관하시는 삶을 살 수 있게 됩니다. 성령님께 순종할 때 성령이 충만한 삶이 계속되지만 순종하지 않고 다시 나의 주권을 회복하려 할 때 껍데기뿐인 신앙생활을 하게 됩니다. 성령의 충만한 유익은 하나님을 위한 것이 아니라 나를 위한 것임을 깨달으십시오.(눅 4:18/ 롬 8:16)

셋째, 다른 사람의 유익에 신경을 써야 합니다.

성령이 충만한 삶을 사는 성도들은 주위의 모든 사람들에게 유익을 끼칠 수밖에 없습니다. 따라서 우리가 주변 사람들에게 유익을 끼치는 삶을 살고 있는지 점검해보는 것은 역으로 내가 성령 충만하고 바른 신앙생활을 하고 있는지 깨닫는 방법이 됩니다. 가족과 친구, 직장과 모든 영역에서 바람직한 생활을 하고 있는지 생각해보십시오.(빌 2:4)

오늘 본문을 통해 진실한 신앙의 유익을 얻는 세 가지 방법에 대해서 배웠습니다. 참된 신앙은 나에게 유익이 될 뿐만 아니라 모든 사람에게도 유익이 되며 복음의 통로로써의 역할까지 감당하게 됩니다.
오늘도 복음을 전하는 축복의 통로의 역할을 감당하십시오.

주님! 늘 예수님과 함께하고 예수님을 전하는 삶이 되게 하소서!

오늘 특별 적용	
오늘 특별 감사	

103

용서받는 사람

요한복음 8장 1절부터 11절을 읽으십시오.
① 바리새인들은 간음한 여자를 왜 데려왔는가?(6)
② 예수님은 간음한 여자에게 뭐라고 말씀하셨는가?(11)

어떤 교회의 목사님이 집사님들과 함께 식사를 하려고 했습니다. 그런데 한 집사님이 참석을 거부했습니다. 맘에 들지 않는 집사님도 참석한다는 것이 그 이유였습니다.

"예전에 그 집사님과 돈거래를 한번 한 적이 있었습니다. 사기는 당하지 않았지만 일처리가 정직하지 않아 크게 실망했습니다."

그 말은 들은 목사님이 대답했습니다.

"하지만 예수님은 가룟 유다와도 만찬을 함께 하셨습니다. 예수님은 그가 배신자라는 사실을 알고 계셨습니다."

그 말을 들은 집사님은 큰 깨달음을 얻었습니다. 결국 집사님은 마음을 바꾸어 식사 자리에 참석했고 다른 집사님과의 사이도 회복하기 위해 노력을 하기 시작했습니다.

우리 모두는 용서받은 죄인입니다. 그 사실을 항상 잊지 않아야 다른 사람의 잘못과 실수도 용서하기 위해서 노력할 수 있습니다.

요한복음 8장 1절부터 11절에는 간음한 여인을 용서하신 예수님에 대해서 나옵니다. 예수님을 잡으려다 실패한 유대교 지도자들은 간음한 여인을 예수님 앞에 데려와 곤경에 빠트리려 했습니다. 그러나 예수님은 이들의 간교를 지혜롭게 빠져나감으로 최선의 선을 행하셨습니다. 우리는 오늘 본문을 통해 하나님의 용서가 임하는 사람에 대한 세 가지 사실을 알 수 있습니다.

첫째, 하나님을 시험하지 않는 사람입니다.

유대인들은 간음한 여인을 데려다놓고 예수님께 어떻게 해야 하는지 물었습니다. 돌로 치라고 하면 그동안 예수님의 말씀에 반하는 것이 되고 용서하라고 하면 율법을 어기는 것이 되기 때문에 예수님을 함정에 빠트리기 위해서였습니다. 그러나 이들은 오히려 스스로의 양심에만 가책을 느껴 자리를 피

하게 되었습니다. 하나님께 겸손한 사람이 용서받을 자격이 있다는 사실을 깨달으십시오.(마 12:31)

둘째, 자신을 스스로 살피는 사람입니다.
바리새인들과 서기관들은 예수님의 행동을 책잡기 위해서만 혈안이 되어 있었습니다. 그들의 마음엔 시기와 질투, 미움과 악독이 가득했지만 그들은 스스로에 대해서는 깨닫지 못하는 교만에 빠져 있었습니다. 항상 남의 잘못을 지적하기 전에 먼저 스스로를 돌아보는 사람이 되십시오.(마 7:3)

셋째, 있는 모습 그대로 나아오는 사람입니다.
간음한 여인은 어떤 변명도 없이 예수님과 그대로 함께 있었습니다. 예수님이 먼저 그녀를 찾아와 죄를 용서해주시고 새로운 삶을 허락해 주셨습니다. 있는 모습 그대로 예수님께 나아가는 것은 예수님을 더욱 의지하고 깨끗케 하는 보혈의 힘을 믿는다는 고백의 행위입니다. 있는 모습 그대로 주님께 나아와 용서를 받으십시오.(눅 5:8-11)

오늘 본문을 통해 하나님의 용서가 임하는 사람에 대한 세 가지 사실에 대해서 배웠습니다. 인간은 완전할 수 없기에 언제나 자신의 한계를 인지하고 주님께 더욱 의지하려는 삶을 살아야 합니다. 그것이 신앙의 목적이고 성화의 과정입니다.
오늘도 주님 앞에 잠잠히 나아가십시오.

주님! 하나님이 바라시는 모습으로 날마다 변화되게 하소서!

오늘 특별 적용	
오늘 특별 감사	

104

빛과 진리

요한복음 8장 12절부터 59절을 읽으십시오.

① 예수님의 말씀이 옳은 이유는 무엇인가?(15)
② 유대인들이 예수님을 믿지 않은 이유는 무엇인가?(37)

파스칼이 팡세를 쓴 이유 중 한 가지는 하나님의 은혜에 대해서 친구에게 알려주기 위해서였습니다.

또한 파스칼은 당시 잘못된 신앙관을 가졌던 부패한 기독교를 공격했으며, 반대로 하나님을 부정하는 모든 철학자와 군중들을 상대로 기독교를 변론하고 또 증명했습니다. 팡세에는 다음과 같은 말이 나옵니다.

"마호메트가 한 일은 누구라도 할 수 있는 그런 일에 불과하다. 마호메트는 기적을 행하지도 않았고 예언을 하지도 않았다. 그러나 예수 그리스도는 그 누구도 못하는 일을 했다."

지식만 가지고 진리에 대해서 생각하지 않는 사람은 하나님을 알지 못하고 믿지도 못합니다. 그러나 지식과 더불어 늘 진리에 대해서 생각하는 사람은 어떤 지식을 가지고 있든지 하나님을 발견하고 또 믿을 수 있습니다.

요한복음 8장 12절부터 59절에는 세상의 빛과 진리이신 예수님의 모습에 대한 말씀이 기록되어 있습니다. 바리새인들은 예수님을 끊임없이 공격했지만 예수님은 당당히 진리를 선포하시며, 이 땅에서의 자신의 사역에 대해서 말씀하셨습니다. 우리는 오늘 본문을 통해 **빛과 진리의 세 가지 교훈**에 대해서 알아야 합니다.

첫째, 예수님은 세상의 빛이십니다.

예수님이 세상의 빛이라는 말은 너무나 익히 들어왔던 말입니다. 그러나 요한복음을 통해서 다시 한번 집중해야 합니다. 예수님은 빛과 같이 자신의 성품을 7가지로 비유해서 말씀하셨는데 이는 모두 신성을 표현한 것입니다. 하나님의 아들로 세상을 밝게 비추이신 예수님을 찬양하십시오.(출 3:14/ 고후 4:4)

둘째, 진리를 모르는 사람들은 멸망합니다.

본문에서 바리새인들은 예수님의 변론에 흥분하여 되지도 않는 소리들을 마구 늘어놓습니다. 그들은 이야기와 전혀 상관없는 얘기를 하며, 신경질적으로 예수님을 쏘아댔습니다. 그러나 그 말 속에는 최소한의 논리와 진리도 존재하지 않고 오직 시기와 조롱뿐이었습니다. 영적인 것을 무시하고 진리를 모르는 사람은 구원을 받을 수 없음을 기억하십시오.(호 4:6)

셋째, 진리를 아는 사람들은 자유합니다.

예수님은 길이요, 진리요, 생명이십니다. 예수님이 말씀하신 진리도 역시 예수님 자신이시며 우리를 자유케 하는 진리가 바로 예수님 안에 있습니다. 예수님을 영접할 때 우리는 이 진리를 알게 되고, 참된 자유를 누리게 됩니다. 그리고 인간의 근원적인 모든 문제에서 벗어나게 해줍니다. 주님의 영과 함께 모든 세상의 문제와 굴레에서 해방되십시오.(고전 8:9/ 고후 3:17)

오늘 본문을 통해 빛과 진리의 세 가지 교훈에 대해서 배웠습니다. 우리가 세상의 빛과 소금이 되기 위해선 먼저 태초의 빛이신 예수님에 대해서 제대로 알아야 합니다. 참된 자유함을 누리기 위해선 진리의 영이신 주님을 영접해야 합니다.

오늘도 예수님께 의지함을 통해 자유로워지십시오.

주님! 진리를 따름으로 죄에서 해방되게 하소서!

오늘 특별 적용	
오늘 특별 감사	

105

잘못된 편견

요한복음 9장 1절부터 34절을 읽으십시오.
① 제자들은 소경의 눈이 먼 이유가 뭐라고 생각했는가?(2)
② 소경은 바리새인들에게 예수님에 대해서 어떻게 말했는가?(31)

한 때 국내에 혈액형과 관련된 심리학이 유행한 적이 있었습니다. 사람의 혈액형에 따라 성격이 달라진다는 이론이었는데, 이것을 기본으로 혈액형 별 궁합, 성격, 맞는 음식, 맞는 영화, 어울리는 직업까지 많은 분야들까지 따라 생겼습니다. 사람들은 누군가를 만나기만 하면 혈액형을 물었고, 상대방이 혈액형을 알려주며 곧장 '그럴 줄 알았어' 라고 얘기하며 상대방을 혈액형의 틀에 가둬버립니다. 사실 혈액형은 수혈의 가능 여부 외에는 인간의 어떠한 특성도 결정짓지 못한다는 신뢰성 있는 많은 연구가 이미 있음에도 불구하고, 단순한 재미로의 유행이 이미 끝난 지금도 혈액형을 맹신하는 사람들이 생각보다 매우 많이 존재하고 있습니다.

어떤 종류의 편견이든 편견은 없을수록 좋습니다. 특히나 진리의 말씀에 대한 많은 편견들은 깨닫고 바로잡아야 합니다.

요한복음 9장 1절부터 34절에는 예수님께서 소경을 고쳐주신 일에 대해서 기록되어 있습니다. 제자들은 예수님에게 소경의 죄에 대해서 물었는데, 이것은 모든 장애와 불행을 죄의 결과로 돌리는 편협한 질문이었습니다. 우리는 오늘 본문을 통해 **잘못된 편견을 피하는 세 가지 방법**에 대해서 살펴볼 수 있습니다.

첫째, 편견의 틀에 갇히지 않아야 합니다.

사람은 누구나 크고 작은 편견의 틀에 갇혀 있습니다. 따라서 이런 편견에 대해서 인지하고 있는 것만으로도 훨씬 중립적이고 객관적인 사고방식을 갖게 됩니다. 소경의 원인이 죄 때문이라고 제자들은 단정해버렸고, 바리새인들은 안식일에 병을 고쳤다고 예수님을 비난했습니다. 편견에 대한 사실을 인지하고 여유로운 시선으로 모든 일을 바라보십시오. (딤후 2:15)

둘째, 형식적인 일들을 멈춰야 합니다.

형식에 얽매여 타성에 젖은 모든 행동들은 본래 의미를 퇴색시키고 잘못된 사고방식을 갖게 만듭니다. 유대인들은 고침을 받은 소경을 찾아가 영광을 하나님께 돌리라고 말했습니다. 이것은 하나님께 영광을 돌리려고 한 것이 아니라 예수님을 찬양하는 것을 멈추게 하기 위해서였습니다. 형식적이고 이기적인 일들을 통해 갖게 되는 편견들을 조심하십시오.(막 12:43/ 약 3:13)

셋째, 편견을 이겨내는 모습을 보여줘야 합니다.

세상 사람들이 기독교에 대한 편견을 갖고 있다면, 그것을 넘어서는 삶의 모습으로 편견을 이겨내야 합니다. 한 사람의 성공한 유색인종과 장애인이 많은 사람들의 부정적인 편견을 사라지게 만든다는 연구 결과도 있습니다. 따라서 부족한 환경과 대우에 좌절하고 쓰러지지 말고 편견을 넘어서는 당당한 모습을 세상에 보여주십시오.(약 2:17)

오늘 본문을 통해 잘못된 편견을 피하는 세 가지 방법에 대해서 배웠습니다. 편견을 갖지 않는 것도 중요하지만 잘못된 편견을 극복해내는 것도 중요합니다. 그리스도인들은 편견을 버리고 편견을 부수는 사람들이 되어야 합니다. **오늘도** 빛나는 삶을 통해 모든 사람들에게 하나님을 나타내십시오.

주님! 담대하게 그리스도를 증거하는 삶을 살게 하소서!

오늘 특별 적용	
오늘 특별 감사	

106

영적인 소경

요한복음 9장 35절부터 41절을 읽으십시오.
① 예수님은 자신을 누구라고 말씀하셨는가?(36,37)
② 바리새인들은 무엇 때문에 꾸중을 들었는가?(41)

토니 캄폴로 박사는 미국의 노인들을 다음의 설문조사를 진행했습니다.
'다시 태어난다면 반드시 하고 싶은 일 세 가지만 적어주십시오'
그 결과 가장 많이 나왔던 대답은 다음과 같았습니다.
첫째, 날마다 하루를 반성하며 성찰하는 삶을 살겠다.
둘째, 진정으로 하고 싶은 일들을 하기 위한 용기를 내겠다.
셋째, 죽은 후에도 남을 만한 가치 있는 일을 하겠다.
사람들은 모두 미래를 바라보고 살아가며 성공을 꿈꾸며 행복을 바랍니다.
그러나 정작 노년에 들어 돌아본 삶은 하루도 제대로 살지 못하며, 자기가 진
정으로 바라는 것도 찾지 못한 채, 노상 가치 없는 일들을 했다는 후회뿐이었
습니다.
하늘의 보화를 쌓으라는 예수님의 말씀을 모든 성도들은 기억해야 합니다.
말씀을 전하며 사는 일, 영혼의 유익을 위해 사는 일이 세상에서도 진정으로
가치 있는 일입니다.

요한복음 9장 35절부터 41절에는 영적인 어두움에 빠져있는 사람들의 모습
을 지적하신 예수님에 대해서 나와 있습니다. 구세주를 보고도 믿지 못하는
사람들의 무지를 예수님은 크게 꾸짖으셨습니다. 우리는 오늘 본문을 통해
복음의 깨달음을 방해하는 세 가지 일에 대해서 알아야 합니다.

첫째, 사단의 방해입니다.
사단은 아예 신앙이 없는 사람뿐 아니라 이미 신앙이 있는 사람들의 믿음까
지도 온전히 서지 못하게 흔들고 방해를 합니다. 사단의 유혹에 빠질 때 직접
보아도 보지 못하고 직접 들어도 듣지 못하는 일이 일어납니다. 진리를 왜곡
하며 횡포를 부리는 사단의 간교를 기도와 말씀으로 벗어나십시오.(마 4:10/
롬 16:20)

둘째, 체험이 없는 신앙입니다.

바로 본문 전에 나온 소경은 바리새인들의 위협에도 굴하지 않고 예수님이 하나님의 아들이라는 사실을 또박또박 증거 했습니다. 이미 놀라운 치유를 체험한 그에게는 어떤 위협과 진리에 대한 왜곡도 통하지 않았습니다. 이처럼 예수님을 만남으로 일상이 변화되는 경험을 끊임없이 체험하는 건강한 신앙으로 연결시키십시오.(마 7:22)

셋째, 스스로에 대한 잘못된 진단입니다.

유대인들은 자신들이 영적 소경이라는 사실을 깨닫지 못했습니다. 아니, 오히려 자신들이 바른 진리를 보고 있다고 생각하고 다른 사람을 판단하고 정죄했습니다. 우리의 영적 상태와 신앙에 대한 잘못된 진단은 애초에 싹을 잘라버려야 하는 위험한 병입니다. 진리인 말씀의 빛으로 스스로를 비추어 겸손의 자세를 잃지 마십시오.(행 28:26)

오늘 본문을 통해 복음의 깨달음을 방해하는 세 가지 일에 대해서 배웠습니다. 말씀의 빛으로 우리 스스로를 비추어보고 세상을 비추어 보지 않을 때에 체험하는 신앙을 가질 수 없고, 믿음도 점점 빛을 잃어가게 됩니다.
오늘도 예수님의 눈과 마음을 갖고 살아가십시오.

주님! 마음과 행동을 지키며 살아가게 하소서!

오늘 특별 적용	
오늘 특별 감사	

107

선한목자

요한복음 10장 1절부터 42절을 읽으십시오.
① 사람들이 하나님의 음성을 알 수 있는 방법은 무엇인가?(4)
② 선한목자의 목적은 무엇인가?(10)

빌리 그래함 목사님의 전도 대회에서 찬양대의 일원이었던 킴 윅스라는 시각장애인이 있었습니다.

한 번은 킴 자매님이 하나님의 인도하심에 대해서 다음과 같이 간증한 적이 있었습니다.

"저를 인도해주시는 분들은 저에게 '100m 앞에 장애물이 있습니다', '200m 쯤 지나면 계단이 나옵니다' 라고 말해주지 않습니다. 그분들은 '한 걸음 앞에 웅덩이가 있습니다', '여기부터 계단입니다' 이렇게 인도해주십니다. 그리고 이제껏 제가 체험한 바로는 하나님 역시 같은 방법으로 우리들의 인생을 인도해주십니다. 우리는 종착역을 보여 달라고 하나님께 기도하지만 우리의 종착역은 오직 천국뿐입니다. 하나님은 다만 우리의 한 걸음 한 걸음을 먼저 올바로 인도해주십니다."

우리는 당장의 내일 일도 알 수 없습니다. 믿음으로 주님의 인도를 따를 때 먼 훗날 지나온 길들을 돌아보며 주님의 인도하심과 선하심을 깨닫게 될 것입니다.

요한복음 10장 1절부터 42절에는 선한 목자이신 예수님에 대해서 나와 있습니다. 예수님은 선한 목자로써의 자신의 사역에 대해 사람들에게 설교하셨지만 유대인들은 오히려 예수님을 돌로 치려고 했습니다. 우리는 오늘 본문을 통해 선한 목자이신 예수님과 양인 성도들의 관계와 세 가지 교훈을 얻을 수 있습니다.

첫째, 선한 목자는 양을 구원하기 위해서 오셨습니다.

예수님은 '양으로 생명을 얻게' 하려고 오셨다고 했습니다. 이것은 예수님이 오신 목적이 오직 우리를 위한 것임을 나타냅니다. 양의 문이신 예수님은 모든 양들이 구원받을 수 있는 길을 열어놓고 십자가에서 돌아가신 후 다시 부

활하셨습니다. 예수님이 이미 성취하신 영생의 언약을 받으십시오.(롬 4:25)

둘째, 목자와 양은 서로에 대해서 잘 알고 있습니다.
목자는 양들의 이름과 특성을 하나하나 기억하고 있습니다. 양들은 목자의
음성만 들어도 구분할 수 있으며 목자의 명령에만 따릅니다. 선한 목자이신
예수님은 양들을 위해 목숨까지도 바칠 사랑이 있습니다. 순한 양들은 이런
선한 목자의 인도하심에 순종함으로 따릅니다. 우리를 잘 아시는 예수님이
우리를 위해 최선을 행하신다는 것을 믿고 따르십시오.(벧전 2:25)

셋째, 양인 성도의 구원은 영원한 사실입니다.
예수님이 우리에게 주신 영생은 결코 변할 수 없으며 누구라도 빼앗을 수 없
습니다. 하나님의 권능의 손에 의해 분명하게 선언된 사실이기 때문입니다.
구원은 이미 완성되어 있습니다. 하나님의 은혜는 모든 사람에게 넘쳐흐를
만큼 충분합니다. 하나님의 구원의 사역에 동참함으로 진정으로 승리하는 삶
을 사십시오.(히 13:20-21)

오늘 본문을 통해 선한목자이신 예수님과 양인 성도들의 관계와 세 가지 교
훈에 대해서 배웠습니다. 선한 목자와 어린 양들의 관계에는 아무런 부족함
이 없습니다.
오늘도 우리에게 좋은 것을 주실 주님을 선한 목자로 믿고 따르십시오.

주님! 날마다 풍성한 소망이 넘치는 삶을 살게 하소서!

오늘 특별 적용	
오늘 특별 감사	

108

하나님의 섭리

요한복음 11장 1절부터 12장 1절을 읽으십시오.
① 나사로의 죽음을 들은 예수님은 뭐라고 하셨는가?(15)
② 마리아는 예수님께 뭐라고 고백했는가?(27)

리빙스턴은 아프리카에 탐험과 선교를 목적으로 떠났습니다.
140명의 일행을 거닐고 아프리카를 탐험하며 전도여행을 떠난 리빙스턴은 위협적인 부족들도 많이 만났으며 처음으로 빅토리아 폭포를 발견했을 정도로 험한 일정을 보냈으나 결코 무장을 하지 않았습니다. 무기는 싸움이 일어날 때 사용하는 것입니다. 그러나 리빙스턴은 싸움을 원치 않았고 다만 하나님의 말씀을 전하고자 했습니다. 실제로 리빙스턴 일행을 공격하러 온 부족들도 그들의 무장하지 않은 모습을 보고 그냥 돌아서곤 했습니다. 리빙스턴 일행은 단 한 명도 목숨을 잃지 않고 무사히 일차 전도여행을 마치고 본국으로 귀국할 수 있었습니다.
우리의 힘으로 무언가를 하려 할 때 하나님은 역사하지 않으십니다. 그러나 말씀에 의거하여 진심으로 주님을 믿을 때 하나님의 방법으로 하나님이 우리를 위해 역사하십니다.

요한복음 11장 1절부터 12장 1절에는 나사로를 살리신 예수님과 향유를 부은 마리아의 이야기가 나옵니다. 예수님은 나사로를 살림으로 하나님께 영광을 돌렸지만 정작 스스로는 십자가라는 고통의 길을 준비하셔야 했습니다. 우리는 오늘 본문을 통해 하나님의 섭리를 깨닫게 하는 커다란 세 가지의 교훈을 얻을 수 있습니다.

첫째, 성도들의 죽음에는 소망이 있습니다.
나사로가 다시 살아났다고 해도 결국 다시 죽게 되어있습니다. 그러나 예수님은 나사로를 살리심으로 인간의 기대와 소망이 철저히 끊어진 상황에서 하나님의 능력을 보이심으로 모든 성도들의 부활이 있음을 보이셨습니다. 성도들의 죽음은 잠깐의 잠과 같은 것이며 내세의 영생이 기다리고 있음을 기억하십시오.(고전 15:57)

둘째, 이기적이고 무지한 사람은 하나님의 뜻을 저버립니다.
유대인들은 나사로의 부활을 목격한 이후에 본격적으로 예수님을 죽일 계획을 세우기 시작합니다. 죽음의 문제까지 해결한 예수님을 보고도 그분이 하나님의 아들이라는 사실을 믿지 못한 것입니다. 그들은 말씀을 진정으로 알지 못했고, 율법에만 매여 있었습니다. 말씀에 무지하여 하나님을 거스르지 말고 전심으로 말씀에 순종하십시오.(롬 12:1-2)

셋째, 마음을 다해 옥합을 깨트려야 합니다.
예수님이 베다니에 머물러 있으실 때에 마리아는 비싼 향유를 가지고 예수님의 발에 붓고 머리털로 씻어드렸습니다. 마르다는 마리아가 일을 안 한다고 불평을 했고, 가룟 유다는 비싼 돈을 낭비한다고 화를 냈지만 자신의 모든 것을 깨트린 마리아의 행위를 주님은 기쁘게 받으셨습니다. 시간과 재물, 재능 모든 옥합을 깨트려 주님께 향기롭게 드리십시오.(고후 2:15, 4:7/ 히 13:2)

오늘 본문을 통해 하나님의 섭리를 깨닫게 하는 커다란 세 가지의 교훈에 대해서 배웠습니다. 예수님을 알고 그분의 계획에 대해서 알 때 우리는 전심으로 모든 것을 주님께 드리고 주님을 위해 사용하게 됩니다.
오늘도 헌신의 기쁨을 누리십시오.

주님! 경외함으로 주님의 때를 기다리는 충성된 일꾼 되게 하소서!

오늘 특별 적용	
오늘 특별 감사	

109

예수님의 수난예고

요한복음 12장 2절부터 50절을 읽으십시오.
① 가룟 유다가 화를 낸 까닭은 무엇인가?(6)
② 유대인들이 예수님을 죽이려고 한 가장 큰 이유는 무엇인가?(11)

간디가 영국의 압제에 맞서서 비폭력 무저항주의를 외치며 평화의 행진을 시작하려 했을 때였습니다. 선두에 선 간디와 함께 많은 행렬이 출발하려고 하기 전에 한 영국 방송국의 기자가 물었습니다.

"당신의 노력은 성공할 희망이 1%도 보이지 않습니다. 그런데 이런 무의미한 행진을 하는 이유는 무엇입니까?"

자칫 자극적일수도 있는 이 질문에 간디는 웃으며 대답했습니다.

"반드시 독립이 이루어질 날이 옵니다. 진리가 무너진 역사를 보셨습니까? 우리는 진리의 편입니다."

예수님이 자신의 고난과 모든 수납을 감내하면서까지 하나님의 계획에 순종하신 것은 우리를 향한 크나 큰 사랑을 보이시고 온 인류를 구원하려는 위대한 진리를 이루기 위해서였습니다.

요한복음 12장 2절부터 50절에는 예루살렘에 입성하신 예수님이 자신이 직접 당하실 수난에 대해서 예고하는 말씀이 나옵니다. 예루살렘에 입성하는 예수님을 백성들은 경배하며 찬양했지만 예수님은 이들이 곧 예수님을 십자가에 못 박으라고 외칠 것이라는 사실을 알고 계셨습니다. 우리는 오늘 본문을 통해 **신앙의 중심을 세우는 세 가지 교훈**에 대해서 배워야 합니다.

첫째, 개인적인 신앙의 확신을 가져야 합니다.

분위기에 휩쓸려 주관과 생각도 없이 하는 신앙생활은 제대로 뿌리를 내리지 못합니다. 개인적인 신앙은 곧 예수님과의 일대일 교제를 뜻하는 것이기 때문에 우리는 어떤 집단 속의 내 모습이 아니라 주님 앞에 홀로 선 개인의 모습으로 믿음과 말씀에 대해서 진지하게 생각하고 또 기도해야 합니다. 예수님과 바른 관계를 맺도록 도와주는 신앙생활을 하십시오.(사 26:3/ 고전 1:22-23)

둘째, 사람의 영광에 이끌려서는 안 됩니다.
유대인의 관원들 중에도 예수님을 믿는 사람들이 많이 있었습니다. 그러나
그들은 출교가 두려워서 자신들의 믿음을 숨기고 십자가에 길을 걷는 예수님
을 모른 체했습니다. 하나님의 영광을 사람의 영광과 바꾸지 말고 오직 하나
님이 보시기에 옳은 일을 행하십시오.(행 4:19/ 고전 10:31)

셋째, 한 알의 밀알이 되어야 합니다.
예수님은 한 알의 밀알로 죽으심으로 인류의 구원이라는 열매를 맺으셨습니
다. 우리도 주님이 주신 것을 가지고 주님의 이름으로 다른 사람들을 위해 사
용할 때 많은 열매를 맺게 됩니다. 또한 이런 체험을 통해서 우리는 하나님의
인도와 주님의 섭리에 대해서 직접 체험하는 은혜를 받게 됩니다. 영원한 하
나님의 나라를 기다리며 이웃을 섬기십시오.(롬 8:13)

오늘 본문을 통해 신앙의 중심을 세우는 세 가지 교훈에 대해서 배웠습니다.
군중과 무리에 이끌려 하나님의 편과 세상의 편에 번갈아 서는 사람이 아니
라 오직 하나님의 편에 서서 올바른 믿음을 뿌리내리는 성도가 되어야 합니
다.
오늘도 하나님의 나라와 의를 구하십시오.

주님! 세상의 명예와 재물이 아닌 하늘의 영광을 구하게 하소서!

오늘 특별 적용	
오늘 특별 감사	

110

최후의 만찬

요한복음 13장 1절부터 38절을 읽으십시오.
① 우릴 향한 예수님의 사랑은 어느 정도인가?(1)
② 예수님이 제자들의 발을 씻어주신 이유는 무엇인가?(15)

세상을 구원하러 온 예수님은 마구간에서 태어나셨습니다.

제자들의 발을 직접 허리를 낮추어 씻겨 주셨고, 요한에게 세례(침례)를 받으셨습니다. 그리고 죄인의 형인 십자가형을 받아 돌아가셨습니다.

당시 가장 큰 영향력을 가지고 있었던 세례(침례) 요한은 자신은 예수님의 신발 끈을 푸는 일조차 감당하지 못한다고 스스로를 낮췄습니다.

바울은 당대 최고의 국력을 자랑하던 로마의 시민이었고, 이스라엘 족속이었습니다. 그는 당대 최고의 율법학자들에게 교육을 받았고 율법의 의로는 흠이 없는 자였습니다. 그러나 사도로 세워진 뒤 그는 스스로를 죄인 중의 괴수라고까지 표현했습니다.

위대한 믿음의 위인들은 신앙이 깊어지고, 세월이 흐를수록 자신의 몸을 낮추고 겸손한 마음을 가졌습니다. 모든 성도들은 신앙과 겸손의 상관관계에 대해서 바르게 깨달아야 합니다.

요한복음 13장 1절부터 38절에는 최후의 만찬을 하며 제자들을 섬기는 예수님의 섬김의 모습이 나옵니다. 시간이 조금 지나면 예수님은 십자가에 달려 돌아가실 예정이었지만 철부지 제자들은 자기들이 중 더 높은 사람을 정하기 위해 다투고 있었습니다. 그러나 예수님은 직접 섬김의 본을 보이셨습니다. 우리는 오늘 본문을 통해 **겸손한 생활을 위해 필요한 세 가지 변화**에 대해서 알아야 합니다.

첫째, 가치관이 변해야 합니다.

제자들은 자기들 중 누가 더 높은지 싸웠습니다. 그러나 예수님은 허리를 낮춰 제자들의 발을 씻겨주셨습니다. 남에게 섬김을 받는 사람이 세상에서는 높은 사람이지만 하늘나라의 법칙은 오히려 그 반대입니다. 먼저 섬기고 먼저 사랑하는 자세의 위대함을 보여주신 예수님의 본을 따르십시오.(마 20:26/

고후 5:17)

둘째, 약함을 인정해야 합니다.
예수님을 믿는 사람들은 모두 이미 목욕을 한 사람입니다. 죄를 지을 때마다 우리가 회개함으로 발을 씻으면 다시 정결케 됩니다. 베드로처럼 발 씻기를 거부하는 것은 은혜를 거부하는 것이고 목욕을 시켜달라고 하는 것은 구원을 받지 않은 것입니다. 죄의 유혹과 우리의 약함을 인정하고 회개함으로 깨끗함을 받으십시오.(롬 2:5)

셋째, 자만을 버려야 합니다.
베드로는 떠나려는 주님을 향해 목숨까지도 바치겠다고 확실히 고백했습니다. 주님은 베드로의 부인을 예고하셨지만 그는 감정적인 기분에 사로잡혀 더더욱 충성을 맹세했습니다. 그러나 결국 베드로는 예수님을 저주하면서까지 부인하고 말았습니다. 우리의 육체와 정신은 연약한 그릇이라는 것을 인정하고 나의 감정과 의지가 아니라 오직 말씀과 하나님께 의지하십시오.(잠 3:5-7/ 마 26:33/ 눅 22:33)

오늘 본문을 통해 겸손한 생활을 위해 필요한 세 가지 변화에 대해서 배웠습니다. 진정한 겸손한 삶은 우리의 노력으로 되는 것이 아니라 실천과 사랑으로, 그리고 주님의 은혜로 되어지는 것입니다.
오늘도 주님을 따름으로 사랑을 이웃과 함께 나누십시오.

주님! 우리의 약함을 깨닫고 더욱 주님을 의지하게 하소서!

오늘 특별 적용	
오늘 특별 감사	

111

확고한 진리

요한복음 14장 1절부터 31절을 읽으십시오.
① 진정한 믿음은 어떤 일을 가능케 하는가?(12)
② 신앙에서 가장 중요한 것은 무엇인가?(21)

스펄전 목사님의 설교 중에 '주님을 이용하라' 라는 제목이 있었습니다. "만일 여러분의 인생의 어두운 길에 이르렀다고 생각되면 주님을 태양으로 사용하십시오. 어디로 가야할지 인생의 방향을 잡지 못할 때는 주님을 나침반으로 사용하십시오. 주님은 여러분을 위해 빛이 되어 주실 것이고 여러분을 천성으로 인도해 주실 것입니다. 그리고 결국에 여러분은 여러분이 구하는 모든 것은 주님이며, 가고자 하는 곳은 주님 곁이라는 사실을 알게 될 것입니다. 세상의 어떤 일이든 하나님을 벗어나서 일어나는 일은 없습니다."
하나님의 진리는 결코 변하지 않습니다. 시절에 따라 그것이 드러나고 모습은 조금씩 달라질지라도 주님이 우리를 사랑하신다는 사실과 그분을 믿고 따를 때 인생의 참된 기쁨과 평안, 그리고 진정한 구원이 은혜로 임한다는 사실은 변하지 않습니다.

요한복음 14장 1절부터 31절에는 제자들에게 전하는 예수님의 당부의 말씀이 기록되어 있습니다. 예수님은 다락방에서 제자들에게 예수님을 통한 구원과 장차 오실 성령과 참된 평안에 대해서 가르치셨습니다. 우리는 오늘 본문을 통해 **변하지 않는 세 가지 진리**에 대해서 배울 수 있습니다.

첫째, 구원은 예수님만을 통해서 가능합니다.
예수님은 제자들에게 전하는 마지막 말씀을 통해 '나로 말미암지 않고는 아버지께로 올 자가 없느니라' 라고 분명하게 선언하셨습니다. 많은 사람들이 기독교의 이 부분을 받아들이지 못합니다. 만약 세상의 종교들이 모두 비슷하다면 구원의 길이 여러 개일지도 모릅니다. 그러나 예수님과 같은 분은 역사적으로도 없었고 기독교와 같이 확실한 구원의 길을 제시하고 있는 종교도 없다는 사실을 잊지 마십시오. (행 4:12)

둘째, 구원으로 인해 성령의 충만함을 받게 됩니다.

성령은 예수님의 이름으로 받게 되는 것입니다. 인격체인 성령은 우리 안에 거하심으로 우리의 행할 것을 알려주시고 가르치시는데 이것은 곧 예수님이 말씀하신 모든 것입니다. 예수님을 믿음으로 구원을 받았다면 마음속에 성령님을 모시고 그분의 가르침을 따라 생활하십시오.(롬 8:34)

셋째, 믿음 안에 참된 평안이 있습니다.

말씀을 마친 뒤 밤이 지나면 예수님은 십자가 고난을 받게 되어 있었습니다. 그러나 예수님은 평안에 대해 말씀하시며 근심과 두려움을 갖지 말라고 제자들에게 가르치셨습니다. 믿음을 통해 우리가 얻게 되는 평안은 하나님과의 화목이며 죄에서의 해방입니다. 수고하고 무거운 짐을 모두 주님께 맡김으로 참된 평안을 누리십시오.(마 11:28/ 갈 5:22)

오늘 본문을 통해 변하지 않는 세 가지 진리에 대해서 배웠습니다. 지금으로부터 아무리 오랜 시간이 지나고 세상이 모두 바뀐다 하더라도 예수님을 통해 마련된 구원의 길과 진리는 결코 바뀌지 않습니다.
오늘도 흔들리지 않는 믿음으로 하나님을 더욱 신실하게 믿으십시오.

주님! 성령님의 음성에 순종하며 하나님을 나타내게 하소서!

오늘 특별 적용	
오늘 특별 감사	

112

참 포도나무

요한복음 15장 1절부터 16장 3절을 읽으십시오.
① 열매를 맺어야하는 가장 큰 이유는 무엇인가?(2)
② 하나님 안에 거할 때 우리에겐 어떤 유익이 있는가?(11)

예전에 국내의 한 방송을 통해 알려졌던 실화입니다.

어느 병원에서 한 산모가 쌍둥이를 예정보다 조금 일찍 낳게 되었습니다. 둘 다 건강이 좋지 않아 인큐베이터에서 격리되어 있었는데 다행히 조금 먼저 나온 형의 상태는 차츰 회복되고 있었습니다. 그러나 동생은 심장이 좋지 않아 점점 숨이 약해지고 있었습니다. 의사는 동생이 사실상 죽을 것으로 판단을 내렸습니다. 보다 못한 간호사는 의사 몰래 인큐베이터에서 쌍둥이들을 꺼내어 같은 자리에 눕혀 놓았습니다. 우연인지 모르지만 형은 몸을 돌려 자신의 동생을 안아주었습니다. 그러자 동생의 호흡이 점점 돌아오며 마침내 건강이 회복되었습니다. 아이들의 부모님과 지켜보던 병원의 일원 모두 '사랑의 힘' 이라고 밖에는 달리 표현할 방법이 없었습니다.

하나님의 사랑을 알면 더 이상 외로울 필요가 없습니다. 그분과 함께할 때 진정한 행복과 진정한 만족을 알게 됩니다.

요한복음 15장 1절부터 16장 3절에는 포도나무의 비유가 나와 있습니다. 요한복음 1장부터 12장은 모든 사람을 대상으로 하고 있지만 13장부터 21장에는 참 제자와 성도들을 대상으로 하고 있다는 사실을 주목해야 합니다. 예수님은 포도나무의 비유를 들어서 우리와 예수님의 관계가 어떤 관계인지를 설명하셨습니다. 오늘 본문을 통해 **우리는 포도나무의 세 가지 교훈에 대해서** 알 수 있습니다.

첫째, 예수님의 사랑 안에 있는 것이 축복입니다.

가지가 나무에 붙어있지 않으면 결코 열매를 맺을 수가 없습니다. 따라서 우리는 예수님의 사랑 안에 늘 거해야 합니다. 그리고 참 포도나무의 비유는 영생이 아닌 열매에 대한 비유라는 것을 이해해야합니다. 사랑 안에 거하고 사랑을 행함으로 열매 맺는 나무가 되십시오. (갈 5:22-23/ 빌 1:22)

둘째, 세상의 유혹을 이겨내야 합니다.
본문에서 예수님이 말씀하신 세상은 이 땅과 관계된 모든 것을 말하는 것이
아니고, 복음과 그리스도를 대적하는 사회 제도와 그 밖의 여러 사상, 예술 등
등을 말한 것입니다. 세상 속에서 은밀히 일어나는 마귀의 움직임을 알아야
미리 방지할 수 있습니다. 핍박도 두려워하지 않는 마음으로 세상을 향해 담
대히 나아가십시오.(딤후 1:8, 2:3)

셋째, 그릇된 섬김을 조심해야 합니다.
때가 이르면 성도들을 핍박하는 것이 하나님을 섬기는 일이라고 생각하는 사
람들이 나타납니다. 바울이 하나님을 위해서라는 착각으로 스데반을 죽였듯
이, 세월이 악해질수록 잘못된 믿음과 열성을 가지고 하나님과 진리를 혼란
케 하는 사람들이 더욱 많아집니다. 하나님의 뜻을 올바로 깨달아 잘못된 정
죄를 피하고, 바른 교훈을 받으십시오.(행 5:41)

오늘 본문을 통해 우리는 포도나무의 세 가지 교훈에 대해서 배웠습니다. 포
도나무의 교훈은 우리의 거할 곳과 사랑에 대해서 알려줍니다. 우리는 예수
님의 사랑 안에 거하고 그 사랑을 가지고 세상으로 나아가야 합니다.
오늘도 어려움을 이겨내며 기쁨으로 승리하십시오.

주님! 시냇가의 심겨진 나무처럼 풍성한 열매를 맺게 하소서!

오늘 특별 적용	
오늘 특별 감사	

113

성령의 사역과 약속

요한복음 16장 4절부터 33절을 읽으십시오.
① 성령은 우리를 어떤 길로 인도하시는가?(13)
② 예수님은 우리의 기도에 어떻게 응답하시는가?(23,24)

이탈리아의 어떤 종교인은 성령에 대해서 이런 말을 했습니다.
"성령님이 어떤 사람의 영혼에 충만하게 된다면, 그 사람의 모든 외양까지도 완전히 바뀌게 됩니다. 만약에 성령님이 내면에만 머물러 계시고 그것이 전혀 외양에 드러나지 않는다면 그것은 거짓말이라고 저는 단언하겠습니다."
예수님은 성령을 기다리라고 제자들에게 말씀하셨고, 바울은 갈라디아의 성도들에게 편지를 보내면 성령의 9가지 열매에 대해서 말했습니다. 이것은 성령이 우리에게 가장 필요한 것이며 또한 성령님을 통해 의의 열매를 풍성하게 맺을 수 있다는 것을 동시에 알려줍니다.
성령은 예수님이 우리에게 부어주시는 것입니다. 성령은 우리를 바른 길과 행동으로 이끌어주시는 분입니다. 따라서 구원의 확신 가운데는 늘 성령의 충만함이 있어야 하고, 그로 인한 삶의 변화가 뒤따라야 합니다.

요한복음 16장 4절부터 33절에는 성령의 사역과 약속에 대해서 기록되어 있습니다. 예수님은 성령이 반드시 오실 것과 그분의 사역에 대해 말씀하시면서 또한 성도들이 누릴 기쁨과 환희에 대해서도 말씀하셨습니다. 우리는 오늘 본문을 통해 **성령님이 주시는 세 가지 교훈**에 대해서 알아야 합니다.

첫째, 죄에 대해서 가르치십니다.
'예수님을 믿지 않는 것이 죄' 라는 사실을 많은 사람들은 믿기 어려워합니다. 사람들은 여전히 '죄' 라는 것을 도덕과 의무에 선에서만 해석하고 우리의 근원에 숨겨진 죄에 대해서는 무관심합니다. 그러나 하루만 우리의 삶을 뒤돌아봐도 마음 속 악의 속성을 깨닫게 됩니다. 죄를 깨닫게 해 참 구원으로 이끄시는 성령의 가르침을 받으십시오.(마 1:21/ 약 5:15)

둘째, 의에 대해서 가르치십니다.

예수님의 죽음은 우리의 죄를 위한 것이고 예수님의 부활은 우리의 의를 위한 것입니다. 따라서 온전한 구원은 예수님의 죽음뿐 아니라 부활까지도 받아들여야 합니다. 예수님의 희생으로 인한 의의 본질을 성령님께서는 우리에게 깨닫게 하십니다. 성령님이 우리를 의롭게 하셨다는 하나님의 증거임을 기억하십시오.(롬 8:30/ 고전 4:4)

셋째, 심판에 대해서 가르치십니다.

여기서 말하는 심판은 세상의 종말을 말하는 것이 아니라 예수님이 십자가에서 이루신 심판을 말하는 것입니다. 십자가의 죽으심으로 인해 세상 임금인 마귀는 이미 사형 선고인 심판을 받은 것입니다. 그리고 심판의 집행인 재림의 때가 남아있을 뿐입니다. 하나님의 진노가 아직 임하지 않고 머물러 있을 때에 더욱 많은 영혼들을 건져내십시오.(마 25:41)

오늘 본문을 통해 성령님이 주시는 세 가지 교훈에 대해서 배웠습니다. 예수님이 말씀하신 성령으로 우리의 심령이 충만할 때 그리스도의 죽음과 부활을 통한 진리와 구원의 사실을 온전히 믿을 수 있게 됩니다.
오늘도 성령님의 인도하심을 느끼고 순종하십시오.

주님! 성령님이 전하시는 가르침과 증거를 믿고 따르게 하소서!

오늘 특별 적용	
오늘 특별 감사	

114

예수님의 기도

요한복음 17장 1절부터 26절을 읽으십시오.
① 예수님의 가장 큰 기도 제목은 무엇이었는가?(1)
② 예수님은 제자들을 위해 어떻게 기도하셨는가?(11)

중보기도에는 다섯 가지 단계가 있습니다.

첫째는 회개입니다. 하나님의 거룩함을 볼 때 우리의 죄는 더욱 크게 보입니다.

둘째는 감사입니다. 단순히 지금 누리고 있는 것에 대한 감사가 아니라, 주님의 십자가 은혜에 대한 감사여야 합니다.

셋째는 위탁입니다. 우리는 모든 문제를 하나님께 맡겨야 합니다.

넷째는 묵상입니다. 우리 마음에 주시는 하나님의 음성을 잠잠히 청종해야 합니다.

다섯째는 중보입니다. 주님의 인도하심을 따라 주님의 능력으로 우리는 다른 사람을 위해 기도해야 합니다.

기도는 하나님과 교제하는 거룩한 시간입니다. 기도를 위한 소중한 시간을 우리는 바른 마음으로 하나님께 올려 드려야 합니다. 예수님이 이 땅에서 본을 보이신 것처럼 말입니다.

요한복음 17장 1절부터 26절에는 예수님의 기도가 나옵니다. 십자가의 죽음을 앞두고 주님이 간절히 기도하신 내용은 바로 세상과 우리들을 위한 중보 기도였습니다. 예수님의 간절한 마음이 담긴 요한복음 17장은 '요한복음의 지성소' 라고도 불립니다. 우리는 오늘 본문을 통해 **예수님의 기도가 가르쳐 주는 세 가지 교훈**에 대해서 생각해봐야 합니다.

첫째, 기도는 하나님 중심적이어야 합니다.

예수님의 기도를 묵상하다보면 예수님이 궁극적으로 '아버지를 영화롭게' 하기를 원하셨다는 것을 깨닫게 됩니다. 예수님의 모든 행적과 사역은 하나님의 때가 차고, 하나님의 때가 이를 때에 이루어진 것입니다. 스스로에게만 머물러 있는 욕심의 기도가 아니라 하나님의 뜻을 이루는 예수님의 기도를

본받으십시오.(고전 10:31)

둘째, 기도를 통해 사명을 감당해야 합니다.
구원의 확신을 가진 그리스도인들은 먼저 거룩하게 살아야 합니다. 성화 과정을 통해 예수님께서 이미 선언하신 거룩한 삶을 우리는 이루어나가야 합니다. 또한 예수님은 제자들이 세상에서의 사역을 온전히 감당하기를 기도하셨습니다. 모든 성도들에게는 세상에서 거룩하게 살며, 하나님의 말씀을 전하는 사명이 있다는 사실을 잊지 마십시오.(벧전 1:16)

셋째, 기도를 통해 참된 하나 됨을 이루어야 합니다.
예수님이 말씀하신 하나 됨은 전 인류적인, 혹은 성도간의 연합이 아니라 하나님과 예수님이 서로의 안에 있는 것처럼 외부의 영향에 의지하지 않는 진정한 내적, 영적인 연합을 말씀하신 것입니다. 이 사실을 믿는 모든 사람들에게는 이미 참된 하나 됨이 이루어져 있습니다. 하나님과의 연합의 원리를 통해 성도들의 연합이 이루어짐을 기억하십시오.(엡 4:2)

오늘 본문을 통해 예수님의 기도가 가르쳐주는 세 가지 교훈에 대해서 배웠습니다. 예수님의 기도를 통해 우리는 하나님과의 기도와 세상에서의 사명과 하나님과의 연합에 대해서 바로 이해할 수 있습니다. 그리고 이 모든 일들의 연결고리에는 바로 성령님이 계십니다.
오늘도 구원의 결과인 영생에 대한 확신을 가지십시오.

주님! 세속주의가 아닌 복음주의의 삶을 살게 하소서!

오늘 특별 적용	
오늘 특별 감사	

115

빌라도의 심문

요한복음 18장 1절부터 40절을 읽으십시오.
① 예수님은 베드로에게 뭐라고 책망하셨는가?(11)
② 예수님이 잡혀간 뒤 베드로는 무엇을 했는가?(18)

미국 건국의 주역 중 한 명인 벤저민 프랭클린의 묘비에는 다음과 같은 글귀가 적혀 있습니다.

"정말로 훌륭한 책이라면 아무리 낡아 그 표지가 찢어지고 금박이 떨어지고 벌레가 갉아먹어 보기에 흉측하게 될지라도 가치는 변하지 않는다. 왜냐하면 정말로 훌륭한 책이라면 사람들에 의해 멈추지 않고 계속해서 나올 것이기 때문이다."

시대가 아무리 변하고, 사람들이 달라진다 하더라도 예수님이 보여주신 구원의 방법은 변하지 않습니다. 그리고 예수님을 믿고 따르는 충성된 많은 성도들을 통해 복음의 기쁜 소식은 끊임없이 더욱 많은 사람들에게, 세계 방방곡곡으로 퍼져나갈 것입니다.

요한복음 18장 1절부터 40절에는 로마 군병들에게 끌려가시어 빌라도에게 심문을 당하시는 예수님의 모습이 기록되어 있습니다. 예수님은 십자가의 길을 한 마디의 불평도 없이 묵묵히 걸어가셨습니다. 그것은 인류에게 반드시 필요한 일이었고, 또한 예수님밖에는 할 수 없는 일이었습니다. 우리는 오늘 본문에 나온 **예수님의 발자취를 통한 세 가지의 교훈**을 얻을 수 있습니다.

첫째, 복음을 전할 때 감정적이 되어서는 안 됩니다.
군병들이 예수님을 잡아가려고 하자 베드로는 혈기를 이기지 못하고 종의 귀를 자르는 행동을 하고 말았습니다. 그러나 베드로의 행동은 예수님은 물론 누구에게도 도움이 되지 않는 행동이었습니다. 복음과 사역을 감당할 때는 감정을 잘 조절하는 것이 중요합니다. 혈과 육의 관점에서 벗어나 원수를 향해서도 기도하는 믿음을 가지십시오.(마 5:44/ 엡 6:12)

둘째, 우리가 필요한 자리에 있어야 합니다.

베드로는 예수님의 제자라는 사실을 강력히 부인했습니다. 애초에 자신의 신앙을 과신한 잘못도 있었지만 고작 불을 쬐기 위해 대제사장의 집 뜰 안까지 들어간 행동의 잘못도 큽니다. 마찬가지로 우리가 해야 할 일을 하기 위해선 때와 장소를 바르게 가리는 것이 중요합니다. 우리의 생각이 아닌 주님의 말씀을 따라 때와 장소를 가리십시오.(막 14:62)

셋째, 끝까지 진리를 선언해야 합니다.

빌라도는 예수님이 죄가 없다는 사실을 세 번이나 공표했습니다. 그러나 군중들의 태도에 압도되어 결국 자기 양심을 속이고 사형을 선고하고 말았습니다. 진리를 알았지만 그것을 따르는 용기가 없었던 것입니다. 진리의 길은 멀고도 험합니다. 그러나 그 길의 끝에는 목숨과도 바꿀만한 가치가 있는 영생이 있다는 사실을 항상 기억하십시오.(계 2:10)

오늘 본문을 통해 우리는 예수님의 발자취를 통한 세 가지의 교훈에 대해서 배웠습니다. 예수님은 군병들에게 끌려 심문을 당하시면서 까지도 온전히 하나님의 뜻을 따르고 의의 말씀을 전했습니다. 우리도 언제나 하나님의 뜻에 따르는 용기와 실행력을 가져야 합니다.

오늘도 바른 자리에서 바른 진리를 전하십시오.

주님! 오늘도 사랑과 희생으로 이웃을 섬기게 하소서!

오늘 특별 적용	
오늘 특별 감사	

116

십자가의 고난

요한복음 19장 1절부터 37절을 읽으십시오.
① 빌라도는 예수님에 대해서 뭐라고 선언했는가?(4)
② 예수님의 모든 사역은 무엇을 이루기 위함이었는가?(28)

칠레에는 늪지에만 사는 '리노데르마르' 라는 특이한 개구리가 있습니다. 이 개구리는 체구는 작지만 목소리는 아주 우렁찹니다. 잠시도 쉬지 않고 우는 것이 일이지만 알을 부화할 때에는 울음을 완전히 멈춥니다. 암컷이 젤리 같은 막에 쌓인 상태로 알을 낳는데, 수컷은 이 알들을 보호하기 위해서 알들을 삼켜 식도 근처에 담아둡니다. 알들이 부화할 때까지 수컷은 결코 입을 벌리지 않습니다. 울음은 물론 음식도 먹지 않습니다. 알들이 부화할 때가 거의 다가왔다고 판단될 때에 비로소 개구리는 식도 근처의 알을 뱉어 올챙이들을 물가에 풀어놓습니다.

예수님의 희생은 세상의 그 누구도 할 수 없는 가장 위대한 희생이었습니다. 예수님의 희생에 대한 감격은 항상 우리 마음 속에 남아 있어야 합니다.

요한복음 19장 1절부터 37절에는 십자가의 돌아가심으로 구원을 완성한 예수님의 모습이 기록되어 있습니다. 예수님은 처참한 십자가형을 통해 우리의 죄의 문제를 해결하셨을 뿐 아니라 또한 성경의 모든 예언을 성취하셨습니다. 우리는 오늘 본문을 통해 **우리의 영적 상태를 진단하는 세 가지 모습에** 대해서 돌아봐야 합니다.

첫째, 십자가의 예수님을 대할 때의 상태입니다.
예수님이 십자가에 달려서 돌아가시는 모습은 성경 전체를 통틀어 가장 처참하고 사랑이 가득한 광경입니다. 예수님이 흘리신 보혈은 지금 이 순간까지도 흘러내리고 있습니다. 우리를 위해 이처럼 고통을 당하신 예수님을 묵상할 때 우리의 마음에는 감격의 눈물과 벅찬 기쁨이 흘러나와야 합니다. 예수님의 구원의 사역이 주는 마음의 감동에 귀 기울이십시오.(갈 6:14)

둘째, 우리를 정결케 하는 예수님의 물과 피를 대할 때의 상태입니다.

병정들이 예수님의 옆구리를 창으로 찌름으로 인해 예수님의 모든 피와 물은 쏟아져 내렸습니다. 이것은 우리를 깨끗케 하는 주님의 보혈이자, 구원의 선포이자, 성경의 모든 예언의 성취였습니다. 예수님의 피로 인해 깨끗케 되었다는 사실이 나의 마음에 있는지 그리고 그로 인해 나의 생활이 변화되었는지 돌아보십시오.(고전 2:8)

셋째, 구원의 복음인 십자가를 전할 때의 상태입니다.

골고다에서 이루어진 예수님의 구원은 모든 성도들의 가슴에 전율을 일으킵니다. 십자가의 사랑은 인류의 구원을 위한 하나님의 거룩한 외침입니다. 그리고 이 울림은 더 많은 영혼들을 구원해 달라는 하나님의 심정으로 변합니다. 십자가의 생명을 전함으로 사랑과 생명력이 넘치는 그리스도인의 삶을 사십시오.(계 2:4-5)

오늘 본문을 통해 우리의 영적 상태를 진단하는 세 가지 말씀에 대해서 배웠습니다. 구원의 완성과 복음의 완성인 십자가의 고난을 접할 때 우리의 가슴은 뜨거워져야 하며, 숙연해져야 합니다.
오늘도 십자가의 사랑은 복음을 활기차게 전하십시오.

주님! 오늘도 나를 통해 하나님의 말씀이 성취되게 하소서!

오늘 특별 적용	
오늘 특별 감사	

117

비어있는 무덤

요한복음 19장 38절부터 20장 18절을 읽으십시오.
① 아리마대 요셉과 니고데모를 변화시킨 것은 무엇인가?(38,39)
② 마리아는 제자들에게 어떤 소식을 전했는가?(18)

종이를 만드는 일에는 기본적으로 나무가 많이 사용됩니다.

처음 제지공장에 들어오는 나무들은 모두 진흙투성이의 커다란 상태로 들어옵니다. 이런 나무들은 일차로 분쇄기에 들어가는 육중한 톱니바퀴와 칼날에 의해서 잘게 잘려집니다. 그 다음으로는 표백 단계에 들어갑니다. 여러 가지 화학약품들이 나무 표면의 거친 부분을 녹여주고, 진흙을 비롯한 여러 더러운 물질들을 싹 녹인 뒤에 빠져나옵니다. 그리고 마지막으로 이 종이들을 정해진 모양으로 압착시키고 재단시키면 우리가 사용하는 하얀 종이가 나옵니다. 모양과 오염의 상태와는 전혀 관계없이 이 공정을 거치기만 하면 모든 나무들은 순백색의 하얀 종이가 되어 나옵니다.

예수님의 죽음과 부활의 사실은 어떤 사람도 거듭날 수 있다는 놀라운 구원의 유일한 가능성입니다. 완전한 복음을 믿음으로 거듭난 새로운 생활을 영유하십시오.

요한복음 19장 38절부터 20장 18절에는 예수님의 부활에 대한 말씀이 나와 있습니다. 예수님이 장사되셨다는 것은 곧, 완전한 죽음을 뜻합니다. 그리고 그 무덤이 비어있었다는 것은 완전한 부활을 뜻합니다. 우리는 오늘 본문을 통해서 **십자가의 사건이 가져다준 세 가지 결과에 대해서 알 수 있습니다.**

첫째, 담대한 변화입니다.

아리마대 사람 요셉은 공회의원이고 부자였습니다. 그는 사실 예수님의 제자였으나, 이런 태생 때문에 유대인들이 두려워 그 사실을 숨겨 왔습니다. 그러나 예수님의 십자가 사건 뒤에 그는 담대해져서 세상의 명예와 재물이나 죽음에 대해서도 두려워하지 않았습니다. 십자가 사건을 통해 믿음의 뿌리를 더욱 깊게 내리십시오. (막 15:43)

둘째, 메시아에 대한 확신입니다.

아리마대 요셉과 더불어 전에 예수님께 거듭남에 대해서 물었던 니고데모는 예수님의 시체를 찾아와 장사지냈습니다. 이들이 이처럼 담대해진 것은 예수님이 하나님의 아들이며 우리의 구세주라는 사실을 확인했기 때문입니다. 인류의 모든 죄를 해결한 유일한 방법은 예수님의 십자가뿐입니다. 예수님이 우리의 구세주라는 사실을 진실로 믿으십시오.(딤전 4:10)

셋째, 열정적인 헌신입니다.

아리마대 요셉은 예수님의 시체를 찾기 위해서 담대하게 빌라도를 찾아가 요청했습니다. 그리고 세마포를 가져다 시체를 싸고, 자기의 무덤을 제공하여 그곳에 안장시켰습니다. 이때 니고데모도 엄청난 양의 몰약과 침향을 가져왔습니다. 이들의 희생은 돈으로 따질 수 없는 그 이상의 수고와 헌신이었습니다. 십자가의 사랑을 깨달음으로 더욱 헌신하십시오.(갈 2:20)

오늘 본문을 통해 십자가의 사건이 가져다준 세 가지 결과에 대해서 배웠습니다. 십자가의 사건은 당시의 몇몇 제자들에게만이 아니라 전 인류의 모든 사람들에게 커다란 변화를 가져다 줄만한 놀라운 사건입니다. 십자가의 사랑을 깨달은 기쁨으로 인한 놀라운 변화가 우리 삶에 임해야 합니다.
오늘도 십자기의 채힘올 통해 변화되는 삶을 경험하십시오.

주님! 십자가를 통한 감사와 기쁨이 삶 속에 넘치게 하소서!

오늘 특별 적용	
오늘 특별 감사	

118

부활의 확신

요한복음 20장 19절부터 21장 14절을 읽으십시오.
① 예수님이 제자들에게 첫 번째로 건넨 말은 무엇인가?(19)
② 도마의 믿음은 어떤 믿음이었는가?(25)

리델이라는 육상선수가 있었습니다.

단거리와 중거리 3종목에서 세계 신기록을 세웠던 그는 주일성수를 해야 한다는 이유로 1924년도에 열린 올림픽을 결선에 불참했습니다. 그리고 주일날 경기가 열리지 않는 자신의 주 종목이 아닌 종목에 출전해서 금메달을 땄습니다. 또한 당시에는 인종차별이 대수롭지 않게 여겨졌지만 그는 백임임에도 흑인 선수들을 무시하지 않고 거리낌 없이 먼저 다가갔습니다. 흑인들에게 다가가 자연스럽게 대화를 나누는 리델의 모습은 뉴스에 나올 정도로 당시에 이슈가 되었습니다. 은퇴한 뒤에는 중국에 선교사로 떠난 그의 이야기는 '불의 전차' 라는 영화로도 만들어졌는데, 그 영화의 마지막에는 다음과 같은 말이 나옵니다.

"그는 위대한 지도자도, 뛰어난 신학자도 아니었지만, 신앙인의 원칙을 지킨 사람이었습니다."

흔들림 없는 믿음 위에 우리의 신앙이 세워질 때 세상에 하나님의 사랑을 보이고, 세상을 밝게 비출 수 있습니다.

요한복음 20장 19절부터 21장 14절에는 부활하신 예수님이 제자들을 만나시는 장면이 기록되어 있습니다. 부활하신 예수님은 시공을 초월하여 제자들에게 나타나시며 다시 한번 진리의 말씀과 사명에 대해서 가르치셨습니다. 우리는 오늘 본문을 통해서 **의심을 믿음으로 바꾸는 부활의 교훈 세 가지**에 대해서 알아야 합니다.

첫째, 먼저 의심의 원인을 알아야 합니다.
성경을 믿지 않는 사람들의 가장 큰 이유는 성경이 비이성적이고 비과학적이라는 것입니다. 그러나 먼저 우리의 이성과 지식으로 해결할 수 없는 영역의 문제가 있다는 사실을 인정해야 합니다. 인간의 한계를 인정할 때 우리는 인생의 근본적인 문제들을 해결할 수 있는 가장 경험적이고 실증적인 해결책을 찾을 수가 있습니다. 의심의 안개 속에서 헤매지 말고 참된 복음을 통해 바른 길을 찾으십시오.(욥 36:5-10/ 빌 4:6-7)

둘째, 부활을 체험해야 합니다.
이성과 지성의 한계는 분명하지만 우리는 그것들을 통해 하나님이 예비하신 구원의 방법과 예수님의 희생이라는 실증이 맞는지 아닌지 얼마든지 알 수 있습니다. 실의에 빠져있던 제자들이 갑자기 복음을 들고 전 세계로 떠난 것은 부활의 예수님을 체험했기 때문입니다. 체험의 믿음으로 세상을 밝히는 빛이 되십시오.(벧전 1:3)

셋째, 체험으로 변화되어야 합니다.
베다니 바닷가에서 고기를 잡고 있던 제자들은 이미 2번이나 예수님을 만나고 말씀을 들었지만 그들은 여전히 영적침체를 극복하지 못하고 생계를 위해 그물질을 하고 있었습니다. 그러나 세 번째 체험을 통해 그들은 진정한 예수님의 제자로 거듭났습니다. 구원의 기쁨을 간직한 채 세상이 아닌 성령의 임재 안에 늘 거하는 성도가 되십시오.(눅 24:39)

오늘 본문을 통해 의심을 믿음으로 바꾸는 부활의 교훈 세 가지에 대해서 배웠습니다. 이성과 지식은 진리를 발견하기 위해서 주신 것이지 그것을 멀리하기 위해서 주신 것이 아닙니다. 의심의 과정을 통해 더욱 믿음이 굳건해 져야 합니다.
오늘도 하나님의 말씀을 통해 새힘을 얻으십시오.

주님! 성경을 통해 예수님과 그 사랑을 발견하게 하소서!

오늘 특별 적용	
오늘 특별 감사	

119

사명자의 자세

요한복음 21장 15절부터 25절을 읽으십시오.
① 예수님은 베드로에게 무엇을 명령하셨는가?(17)
② 사명자는 오직 누구만 바라보아야 하는가?(22)

허드슨 테일러가 자신과 마찬가지로 중국으로 선교를 오길 바라는 몇몇 사람들을 만났습니다.

허드슨은 먼저 사람들에게 중국으로 선교를 떠나려는 이유가 무엇인지 물었습니다. 사람들은 저마다의 이유를 확신에 찬 모습으로 대답했습니다.

"중국에 있는 수많은 영혼들을 구원하기 위해서입니다."

"중국을 하나님의 나라로 변화시켜야하기 때문입니다."

"그것이 저의 사명이기 때문입니다."

대답을 들은 뒤 허드슨은 사람들의 답변이 틀린 것은 아니지만, 아직 부족하다고 말했습니다. 그러자 허드슨의 동기는 무엇인지 사람들이 물었습니다.

"나의 동기는 딱 하나뿐입니다. 그들을 사랑해서입니다."

하나님의 사랑이 마음속에 있는 사람은 다른 사람들을 사랑할 수밖에 없습니다. 그리고 그 사랑을 표현할 수밖에 없습니다. 하나님의 사랑을 다른 사람들에게 표현하는 것이 곧 모든 그리스도인들의 사명입니다.

요한복음 21장 15절부터 25절에는 베드로에게 마지막 질문을 하고 하늘로 승천하신 예수님의 모습이 나와 있습니다. 승천하시기 전의 예수님은 마지막으로 베드로에게 '나를 사랑하느냐?' 고 물으시고 '내 양을 치라' 고 명령하셨습니다. 우리는 요한복음의 마지막인 오늘 본문을 통해 **사명자가 마음에 새겨야 할 세 가지 사실**에 대해서 배워야 합니다.

첫째, 죄가 많은 곳에 은혜는 더욱 넘칩니다.

베드로는 예수님을 발견하고는 겉옷을 급히 두르고 물로 뛰어 들어왔습니다. 예수님은 베드로에게 자신을 사랑하는지를 베드로가 부인한 횟수와 같은 3번을 물으셨습니다. 그 후에 내 양을 치라는 사명이자 특권을 주셨습니다. 죄를 깊이 깨달을수록 은혜에 감격하게 됩니다. 하나님의 은혜는 죄인들에게도

똑같이 임한다는 사실을 잊지 마십시오.(눅 7:36-50)

둘째, 예수님을 사랑한다면 헌신은 당연한 것입니다.
예수님은 베드로가 큰 고난을 당해 순교를 당할 것까지 말씀하셨습니다. 그러나 베드로는 그 길을 거부하지 않았습니다. 베드로의 예수님을 향한 사랑은 참된 것이었고, 마찬가지의 이유로 예수님도 십자가에 달리셨다는 사실을 깨달았기 때문입니다. 하나님을 사랑한다면 하나님의 영광을 나타내는 헌신을 더욱 사모하십시오.(고전 13:5)

셋째, 사명의 실천은 주님을 따르는 행동입니다.
자신의 장래 일을 들은 베드로는 수제자였던 요한의 미래에 대해서도 물었습니다. 그러나 예수님은 그것은 아무 상관없다고 말씀하시며 다만 '나를 따르라' 고 말씀하셨습니다. 예수님을 믿는 모든 성도들은 자신의 사명을 깨달아야 합니다. 사명을 실천하는 것이 주님의 길을 따르며 주님을 위하는 가장 큰 방법임을 기억하십시오.(마 28:19-20/ 행 16:10)

오늘 본문을 통해 사명자가 마음에 새겨야 할 세 가지 사실에 대해서 배웠습니다. 요한복음 예수님의 사역과 하나님의 영광에 대해서 우리에게 큰 깨달음을 주는 복음입니다. 예수님의 사역을 이해함으로 이 시대의 우리의 사역을 제대로 이해하고 실천해야 합니다.
오늘도 예수님의 제자로써의 사명을 충실히 감당하십시오.

주님! 제가 가진 모든 것을 통해 주님을 사랑하게 하소서!

오늘 특별 적용	
오늘 특별 감사	

120

하나님과의 교제

요한일서 1장 1절부터 10절을 읽으십시오.
① 구원받은 성도들은 무엇을 체험한 사람들인가?(1)
② 하나님과의 교제는 어떻게 이루어지는가?(7)

'죄와 벌'의 주인공인 라스꼴리니코프는 살인을 저지른 뒤 자신을 이렇게 변호합니다.

"나폴레옹은 수십만 명을 죽이고도 영웅이 되었고, 마호메트는 수많은 나라를 침략하고도 세계 3대 종교의 창시자가 되었다. 내가 여기 탐욕스런 늙은 노파를 죽이고 그 돈을 지혜롭게 사용해 많은 사람들을 구원해 낸다면 나에게 죄를 물을 수 있는 사람이 누가 있겠는가?"

그러나 결국 범죄를 저지른 뒤 7일 만에 라스꼴리니코프는 경찰에 자수를 하고 맙니다. 그의 이성은 그의 행동을 변호했지만 그의 양심이 그를 끊임없이 괴롭혔기 때문입니다.

라스꼴리니코프는 자신의 죄를 인정한 뒤에야 진정한 인간으로의 삶을 찾게 됩니다. 사람도 자신의 죄를 인정한 뒤에야 그리스도의 구원을 받게 됩니다.

요한일서 1장 1절부터 10절에는 그리스도인의 교제의 조건에 대해서 기록되어 있습니다. 요한 일서는 예수님의 수제자 중 한 명인 사도 요한이 기록했습니다. 예수님이 십자가에 달리셨을 때 제자 중에 유일하게 예수님 곁을 끝까지 지켰던 요한은 영지주의의 거짓 가르침을 논박하고 성도들에게 구원의 확신을 심어주기 위해서 요한일서를 기록했습니다. 우리는 오늘 본문을 통해 하나님과의 교제를 방해하는 세 가지 잘못에 대해서 알 수 있습니다.

첫째, 진리를 가리는 잘못된 가르침입니다.

복음의 근본 원리를 가리는 것은 예수님의 희생과 사랑을 가리는 것입니다. 우리가 하나님을 사랑하는 마음이 아무리 크고 그 안에 열정이 있다고 해도 잘못된 방법을 따른다면 아무런 유익이 없게 됩니다. 성경이 말하는 복음의 원리 외에 다른 가르침에 대해서는 조심하고 또 조심하십시오.(살후 2:15)

둘째, 자백하지 않은 죄입니다.

그리스도인에게 죄를 짓는 일은 그리스도인이 아니었을 때보다 더욱 힘들고 괴로운 일입니다. 그러나 그리스도인은 지은 죄에 대해서는 솔직하게 하나님께 자백하고, 죄의 비참함을 기억하며 경각심을 더욱 높여야 합니다. 죄를 짓지 않는 것이 승리하는 것이 아니라 죄를 솔직히 자백하고 다시 하나님께 돌이키는 것이 승리라는 것을 기억하십시오.(사 59:1-2)

셋째, 사랑의 속성이 없는 관계입니다.

부부사이의 관계가 사랑이 아닌 의무가 될 때 위기가 찾아오고 행복한 가정을 꾸리기가 어려워집니다. 이것은 우리와 하나님의 관계에서도 마찬가지이고, 우리 삶의 모든 관계에서 마찬가지입니다. 하나님과 사람들과의 관계에 사랑의 속성이 충만할 때 세상에서도 넘치는 행복을 누릴 수 있습니다. 모든 관계와 교제에 사랑을 더하십시오.(마 24:12)

오늘 본문을 통해 하나님과의 교제를 방해하는 세 가지 잘못에 대해서 배웠습니다. 인간의 본성은 하나님을 찾고 만나기를 원합니다. 그리고 사랑이 넘치는 관계를 통해서 우리는 하나님을 만나고 또 전할 수 있게 됩니다.
오늘도 하나님과 또 사람들과 아름다운 교제가 있는 시간을 보내십시오.

주님! 성결한 마음으로 진실한 교제를 하게 하소서!

오늘 특별 적용	
오늘 특별 감사	

121

실천하는 생활

요한일서 2장 1절부터 11절을 읽으십시오.
① 구원받고 말씀을 지키지 않는 사람은 어떤 사람인가?(4)
② 진리를 따르는 자는 이웃에게 어떻게해야 하는가?(9,10)

'파인애플 이야기'로 알려진 선교 일화가 있습니다.

파푸아 뉴기니에 선교를 간 오토 랭 선교사는 신선한 과일을 먹기 위해서 파인애플 나무 백 그루를 밭에 심었습니다. 선교사는 원주민들에게 돈을 주고 나무를 관리하게 했지만 원주민들은 파인애플이 익기만 하면 모두 훔쳐갔습니다. 선교사는 파인애플을 못 훔쳐가게 하려고 원주민들을 타일러도 보고, 지키는 개도 놔보고, 병원과 상점 문을 닫아 협박도 해보았지만, 원주민들은 파인애플을 계속 훔쳐갔고, 심지어는 아예 정글로 다시 들어가 버렸습니다. 선교사는 모든 것을 하나님께 맡기기로 하고, 원주민들을 다시 불러 파인애플을 마음대로 가져가게 했습니다. 돌아온 원주민들은 선교사에게 "당신은 드디어 그리스도인이 된 것 같습니다."라고 말을 했습니다. 남에게 베풀고, 친절하게 대하라고 가르치면서 전혀 반대의 행동을 하는 것이 원주민들에게는 이상하게 보였던 것입니다. 결국 모든 것을 하나님께 맡긴 선교사의 행동으로 원주민들도 복음을 받아들이고 그리스도인이 되었습니다.

말씀대로 실천하는 것이 곧, 전도이고 능력입니다. 우리 입에서 나오는 말과 정 반대의 삶을 살고 있지는 않은지 생각해보십시오.

요한일서 2장 1절부터 11절에는 말씀의 실천에 대해서 나와 있습니다. 하나님과 사람들과 사랑으로 교제를 하기 위해서는 말씀을 실천하는 모습이 반드시 필요합니다. 우리는 오늘 본문을 통해 **아름다운 교제를 위해 필요한 세 가지 조건**에 대해서 알 수 있습니다.

첫째, 말씀대로 살아야 합니다.

예수님을 믿음으로 우리는 하나님께 나아갈 수 있게 되었고, 하나님과의 관계가 화평하게 회복되었습니다. 그러나 만일 우리를 구원해주신 하나님의 은혜에 감사하다고 얘기하면서 하나님의 말씀은 따르지 않고 경외하지 않는다면 이것은 거짓말이고 속이는 행동입니다. 하나님을 믿는다면 그 말씀도 믿고 실천하십시오. (막 12:30-31)

둘째, 나의 것을 하나님에게 드려야 합니다.
세상의 모든 것들에 '나의 소유'라는 개념이 들어가면 분쟁이 일어나고 욕심이 생기게 됩니다. 그러나 우리에게 주어진 것들, 물질과 시간, 관계까지도 하나님께 받은 것이라고 생각하고, 그 분을 위해 사용하려고 할 때에 말씀을 실천하게 되고 하나님의 사랑을 보일 수가 있게 됩니다. 나의 모든 것을 하나하나씩 하나님께 드리십시오. (마 26:7-12)

셋째, 사랑을 위한 관계를 가져야 합니다.
관계에서 가장 중요한 것은 사랑이며, 이 사랑이 없을 때 모든 관계와 교제는 의식적인 것이 되며 껍데기만 남게 됩니다. 관계의 모든 목적은 사랑이어야 합니다. 예수님이 오셔서 가장 강력하게 하신 말씀은 하나님을 사랑하고 이웃을 사랑하라는 말씀이었습니다. 사랑의 계명을 실천하며 사십시오. (눅 6:32)

오늘 본문을 통해 아름다운 교제를 위해 필요한 세 가지 조건에 대해서 배웠습니다. 교제는 세상을 더욱 아름답게 하고 관계 속에서 하나님과 사랑의 속성을 깨닫게 합니다. 사랑의 속성을 깨달을 때 일상의 교제도 항상 사랑이 넘치는 시간들로 변화합니다.
오늘도 더욱 많은 사람들에게 사랑의 손길을 내미십시오.

주님! 사랑의 빛을 밝게 비추는 삶을 살게 하소서!

오늘 특별 적용	
오늘 특별 감사	

122

교제의 장애물

요한일서 2장 12절부터 17절을 읽으십시오.
① 그리스도인들은 세상의 일들을 어떻게 여겨야 하는가?(15)
② 우리에게 영원을 주는 것은 무엇인가?(17)

성공학을 공부하는 국내의 한 교수님이 한국인의 행복에 대해서 이런 말을 했습니다.

"한국 전쟁인 6·25 동란 직후 우리나라의 국민소득은 70달러였습니다. 지금은 2만 달러가 훌쩍 넘었습니다. 당연히 국민들이 느끼는 행복감도 그와 비슷한 수준으로 올라야 하지만, 사회 상류층과 더 잘사는 다른 나라와의 비교 의식 때문에 상대적 박탈감이 생겨 행복수준은 경제적 성장 수준에 크게 못 미칩니다. 이것은 나보다 더 나은 사람들과 무조건 비교하는 의식이 사람들 마음 속에 자리 잡고 있기 때문입니다."

경제적인 풍요에도 마음이 빈곤해졌기 때문에 행복감을 느끼지 못하는 것입니다. 진정한 행복은 물질적 풍요가 아닌 마음과 풍요로 느낄 수 있습니다.

요한일서 2장 12절부터 17절에는 참된 교제를 방해하는 것들에 대해서 기록되어 있습니다. 그리스도인의 교제는 하나님과의 교제, 성도들과의 교제, 이웃들과의 교제로 크게 나눌 수 있는데, 이 모든 교제에 사랑이 충만하기 위해서는 특별한 지혜가 필요합니다. 우리는 오늘 본문을 통해 **사랑의 교제를 방해하는 세 가지 장애물**에 대해서 살펴봐야 합니다.

첫째, 육신의 정욕입니다.

하와는 '먹음직' 하다는 이유로 선악과를 따먹었습니다. 에덴동산이라는 지상의 낙원에서 살면서도 선악과 하나의 유혹을 이겨내지 못했습니다. 지금 우리 주위에는 우리를 자극하고 유혹하는 더 많은 육신의 정욕들이 있고, 또한 세상도 이런 문화를 조장하고 있습니다. 그러나 이런 정욕은 결국 우리를 멸망시키는 것임을 미리 깨달으십시오.(창 3:6)

둘째, 안목의 정욕입니다.

하와가 선악과를 따먹은 이유는 먼저 눈으로 보기에 좋았기 때문입니다. '보암직' 했기에 마음을 빼앗겼고, '먹음직' 하게 느껴졌습니다. 이 세상에는 우리의 눈을 유혹함으로 마음을 빼앗는 것들이 너무나도 많습니다. 내면의 아름다움보다는 오직 외면이 전부인 것처럼 평가받는 시대입니다. 보이는 것에만 현혹되는 사람이 되지 말고 분별의 안목을 갖추십시오.(마 5:29)

셋째, 이생의 자랑입니다.

하와가 선악과를 먹었던 이유 중에 하나는 선악과가 '지혜롭게' 만들어 줄 것 같았기 때문입니다. 하나님으로부터 오는 지혜는 얼마든지 많을수록 좋으나, 나를 높이고, 다른 우상을 세우기 위한 명예와 지혜들은 하나님을 배척하고 다른 것을 의지하게 만듭니다. 자랑과 교만에 마음을 뺏기지 말고 하나님을 아는 지혜를 구하십시오.(창 11:4/ 사 14:14, 53:6)

오늘 본문을 통해 사랑의 교제를 방해하는 세 가지 장애물에 대해서 배웠습니다. 세상이 험해질수록 사랑이 식어가고 참된 가치들이 사라져갑니다. 그러나 그리스도인들은 더욱 힘을 내어 세상에 사랑을 전하고 덕을 세워야 합니다.

오늘도 세상에 마음을 빼앗기지 말고 주님만을 따르십시오.

주님! 예수님을 주인으로 섬기고 따르게 하소서!

오늘 특별 적용	
오늘 특별 감사	

123

교제에 대한 권고

요한일서 2장 18절부터 29절을 읽으십시오.
① 신앙의 기본인 구원의 진리를 어떻게 여겨야 하는가?(24)
② 하나님이 우리에게 약속하신 것은 무엇인가?(25)

서재에서 책을 보고 있는 아버지 곁으로 아들이 찾아 왔습니다.
쪼르르 달려와 무릎 위로 달려와 앉아 있는 아들의 모습이 너무 사랑스러웠던 아버지가 말했습니다.
"그런데 어쩐 일이니? 혹시 뭔가 필요한 게 있니?"
아들은 초롱초롱한 눈망울을 보이며 대답했습니다.
"아니요. 그냥 아빠와 같이 있고 싶었어요."
아버지는 아들의 행동이 무언가를 바라고 하는 행동으로 착각했습니다. 그러나 아들은 단지 아버지와 함께 있고 싶었던 것입니다.
교제의 목적은 순수한 사랑이 되어야 합니다. 일상적인 관계처럼 주고받는 목적에서 나오는 관계로는 진정한 교제가 이루어질 수가 없습니다.

요한일서 2장 18절부터 29절에는 바람직한 교제에 대한 권고가 나와 있습니다. 세상이 험악해져 감에 따라서 삶의 여러 부분에서 위기가 찾아오지만 그리스도인들은 항상 중심을 잃지 않고, 잘못되어져 가는 것들을 바르게 하기 위해서 힘써야 합니다. 우리는 오늘 본문을 통해 **바른 교제의 관계가 필요한 세 가지 이유**에 대해서 배워야 합니다.

첫째, 마지막 때가 다가오기 때문입니다.
말세가 다가오는 것과 교제의 필요성은 별로 연관이 없을 것 같이 보입니다. 그러나 마지막 때일수록 진리가 퇴색되고, 성도들을 향한 핍박이 거세집니다. 따라서 세상 사람들과의 교제로는 복음을 전하고, 성도들과의 교제로는 서로 격려하고 연합하는 일이 필요합니다. 교제를 통해 복음을 전하고 교제를 통해 서로 연합하며 세워주십시오. (마 4:17)

둘째, 주위의 본이 되기 때문입니다.

어려운 사람들을 돕고 봉사하는 것이 사회의 귀감이 되듯이, 올바른 교제를 통해 연약한 영혼들을 보살피고 세워주는 것은 우리 주변의 본이 됩니다. 뉴스나 언론보다도 파급효과가 큰 것은 바로 우리의 관계를 통해 퍼져 나가는 소문과 이야기입니다. 사랑을 전하고 위로를 전하는 교제로 주위에 하나님의 사랑을 널리 알리십시오.(요 13:35)

셋째, 사단의 방해를 물리치기 때문입니다.

사단은 갖가지 방법을 총동원하여 그리스도인들을 공격하고, 모이지 못하게 할 것입니다. 그러나 우리가 이런 방해를 물리치고 서로 모이고 기도하기를 힘쓰며 복음을 전한다면, 우리의 행동 자체만으로도 사탄의 계획을 물리치는 것이 되며 방해하는 것이 됩니다. 성도들과 함께 연합하며 진리 안에 거함으로 선한 일을 도모함으로 사단을 물리치십시오.(롬 12:21)

오늘 본문을 통해 바른 교제의 관계가 필요한 세 가지 이유에 대해서 배웠습니다. 우리 삶의 가장 많은 영역을 차지하고 있는 것이 바로 관계입니다. 관계를 바로 세움으로 말씀을 실천할 수 있고, 또한 하나님과 사람들에게 기쁨이 될 수 있습니다.
오늘도 예수님 안에서 귀한 교제를 나누십시오.

주님! 재림의 때가 가까워 올수록 모이기를 힘쓰게 하소서!

오늘 특별 적용	
오늘 특별 감사	

124

순결과 의

요한일서 3장 1절부터 12절을 읽으십시오.
① 하나님을 향한 소망을 가진 사람의 미래는 어떠한가?(3)
② 사람이 죄를 짓는 이유는 무엇인가?(6)

철학자 키에르케고르는 세속화에 대해서 다음과 같은 예화로 설명했습니다. "월동을 위해 날아가던 들오리 한 마리가 여행 도중에 너무나도 지쳤습니다. 들오리는 날아가던 도중에 농가에 잠깐 들러서 집오리들 틈에 끼어서 휴식을 취했습니다. 집오리들은 들오리를 반갑게 맞아 주었고, 들오리는 그곳에서 마음껏 사료를 먹으며 푹 쉬었습니다. 몇 주가 지나자 들오리는 더 이상 시간을 지체해서는 안 되겠다고 생각해서, 자신이 빠져 나온 대열을 찾아가려고 했습니다. 그러나 이미 겨울이 오고 있었고, 대열은 사라진지 오래였습니다. 게다가 그 동안 몸이 불어 전처럼 날기도 어려워졌습니다. 결국 들오리는 월동을 포기하고, 하늘을 날아갈 자유도 포기하고 다른 집오리와 같이 농장에 머물면서 평생을 보냈습니다."
세상에 소망을 두는 사람들은 집오리와 같은 사람입니다. 하늘에 소망을 둔 모든 성도들은 중간에 포기하고 내려오는 들오리와 같은 삶을 살지 않기 위해 조심해야 합니다.

요한일서 3장 1절부터 12절에는 순결과 의에 대해서 나와 있습니다. 순결과 의는 그리스도인의 교제의 특징인데, 하나님을 향한 소망을 가진 사람들은 특별히 더욱 순결하고 의로워야 합니다. 우리는 오늘 본문을 통해 **교제의 세 가지 목표**에 대해서 살펴볼 수 있습니다.

첫째, 깨끗하고 순결한 교제가 되어야 합니다.
우리의 과거를 돌아보면 사실 부족하고 부끄러운 부분들이 너무나 많습니다. 어쩌면 지금까지의 인생을 반성하고 후회만 하고 살아도 모자랄지도 모릅니다. 그러나 예수님이 다시 오실 때에는 믿는 성도들 모두가 영광스러운 몸으로 변화됩니다. 그런 예수님을 맞이하기 위해서 우리는 예수님을 의지함으로 순결하고 깨끗한 삶으로 준비해야 합니다. 우리의 죄를 없게 하신 예수님을

기다리며 순결하게 교제하십시오.(계 14:4)

둘째, 의를 행하는 교제가 되어야 합니다.
그리스도인들이 모였다고 해서 그 교제가 순결하고 의로워지는 것은 아닙니다. 때로는 교인들도 죄를 짓고, 남을 실족하게 하는 일들을 한다는 것을 우리는 알고 있습니다. 따라서 교제는 모인 사람들의 신분보다도 모인 사람들이 하는 일이 무엇인지가 중요합니다. 성도의 교제를 통해 의를 실천하고 지역사회에 도움이 되는 일들을 실천하십시오.(마 5:10/ 히 1:9)

셋째, 위로하고 격려하는 교제가 되어야 합니다.
참된 교제는 순수하고, 의를 행할 뿐 아니라 교제의 구성원들에게도 도움이 되어야 합니다. 교제를 통해 하나님의 사랑을 체험하고 서로의 어려운 일들과 기도 제목을 나누며, 그 속에 임하시는 성령님의 임재를 서로 나누고 간증해야 합니다. 항상 주님 안에 머물고 또한 서로 은혜를 공유함으로써 죄에서 멀어지고 하나님께 다가가십시오.(히 10:24/ 약 1:29)

오늘 본문을 통해 교제의 세 가지 목표에 대해서 배웠습니다. 교제는 단순한 모임을 넘어서 천국의 기쁨과 위로가 가득한 생산적인 활동이 되어야 합니다. 말씀과 의를 행함으로 아름답고 풍성한 교제를 목표로 삼아야 합니다.
오늘도 서로 마음을 활짝 열고 하나님의 은혜를 나누십시오.

주님! 아름다운 교제로 선한 열매를 맺는 성도가 되게 하소서!

오늘 특별 적용	
오늘 특별 감사	

125

사랑의 교훈

요한일서 3장 13절부터 24절을 읽으십시오.
① 이웃을 사랑하는 일은 어떤 유익을 가져다 주는가?(14)
② 이웃을 미워하는 일은 어떤 잘못을 하는 것인가?(15)

미국 시애틀에는 '사랑의 집' 이라고 불리는 가정이 있습니다.

이 가정에는 15명 정도의 어린이가 살고 있는데 모두 하나같이 신체적, 정신적으로 장애를 가진 아이들입니다. 이 집의 주인인 공무원 부부는 일부러 장애가 있는 아이들만을 입양을 해서 돌보고 있습니다. 특별한 보조나 후원을 받지 않고 그냥 자신들의 봉급으로만 운영하고 있습니다. 당연히 집안 사정이 넉넉할 리 없고, 옷도 헌옷을 매번 돌려 입어야 하지만 그래도 이 집안에서는 웃음소리가 사라지지 않습니다. 사람들이 어떻게 이런 아이들만 입양을 할 생각을 했냐는 물음에 부부는 이렇게 대답했습니다.

"입양도 예쁘고 잘난 아이들만 데려가는 것이 현실입니다. 그러나 우리 아이들도 사랑을 받을 자격이 충분히 있었고, 하나님은 저희 부부에게 그 일을 감당하라고 하셨습니다."

사랑은 상황과 조건을 따지지 않습니다. 어떤 차이와 조건도 극복할 수 있는 것이 바로 사랑입니다.

요한일서 3장 13절부터 24절에는 그리스도인의 특징인 사랑에 대해서 말씀하고 있습니다. 사랑때문에 예수님이 우리를 위해 돌아가셨고, 사랑때문에 우리가 구원받았습니다. 사랑은 기독교의 핵심이고 구원의 핵심입니다. 우리는 오늘 본문을 통해 **사랑과 관련된 세 가지 교훈**에 대해서 배워야 합니다.

첫째, 우리는 하나님으로부터 사랑을 받았음을 알아야 합니다.

아담 이후의 사람은 본성적으로 자기중심적인 성향을 갖게 되었습니다. 그러므로 자연스럽게 일반적으로 자신의 이익을 먼저 생각하게 됩니다. 그러나 예수님은 우리를 위해 자신을 버리심으로 다른 사람의 유익을 구하는 것이 어떤 사랑인지 우리에게 보여주셨습니다. 예수님의 희생을 통해 우리는 사랑을 받았고 또 배웠습니다. 나를 향한 하나님의 사랑을 깨닫고, 또한 그 사랑을

남에게 전하십시오. (마 18:21-35/ 고전 13:5)

둘째, 우리는 행동으로 사랑해야 합니다.
마음에 사랑이 담겨 있지 않은 선행은 진실한 것이 아닙니다. 하나님은 예수님을 통해 자신의 사랑을 증명하셨습니다. 그리고 이것은 남을 위해 목숨까지도 내놓아야 한다는 도전이 되기도 합니다. 목숨까지 아끼지 않으신 하나님의 사랑을 본받아 물질과 진심이 담긴 행동으로 사랑을 나타내십시오. (히 13:16)

셋째, 우리는 사랑의 종류에 대해서 알아야 합니다.
우리는 사랑의 실체를 알지 못하고 때로는 욕심과 미움, 시기와 질투가 결합된 어긋난 모습의 사랑을 진짜 사랑으로 착각합니다. 정말로 순수한 사랑의 본연에 다가가기 위해서는 먼저 사랑 그 자체이신 하나님의 사랑을 알아야 합니다. 그러므로 나의 사랑의 수준을 먼저 깨닫고, 참된 사랑에 한 걸음 더 나아가십시오. (롬 13:10)

오늘 본문을 통해 사랑과 관련된 세 가지 교훈에 대해서 배웠습니다. 사랑은 모든 인간에게 필요하고 삶의 이유가 되는 것이지만, 또한 많은 오해와 잘못된 모습으로 알려져 있는 것이기도 합니다. 우리는 예수님의 일생을 통해 참된 사랑이 무엇이고 어떻게 행해야 하는지를 깨달아야 합니다.
오늘도 구체적인 모습으로 사랑의 실천을 행하십시오.

주님! 하나님과의 교제로 사랑을 깨닫고 또한 나누게 하소서!

오늘 특별 적용	
오늘 특별 감사	

126

진리의 분별

요한일서 4장 1절부터 6절을 읽으십시오.
① 거짓과 진리의 영을 구별하는 방법은 무엇인가?(1)
② 세상을 두려워하지 말아야 할 이유는 무엇인가?(3)

예수님의 실체에 대해서 여러 매스컴에서 시끄럽게 떠들 때가 있습니다. '예수는 막달라 마리아를 사랑했다', '예수는 결혼했을 뿐 아니라 자녀까지 낳았다', '예수의 무덤이 발견되었다', '예수는 부처의 제자였다', '예수는 어린 시절 인도에 가서 공부를 했다', '예수는 사실 존재하지 않았다' 등등 빈약한 근거를 가지고 오해하기 쉬운 자극적인 제목의 기사들이 쏟아져 나오고 있습니다. 그러나 이런 의문과 비난들은 아주 오래부터 정기적으로 계속 나오고 있는 말들입니다. 그래서 신앙의 연륜이 있는 성도들은 아무런 관심조차 주고 있지 않지만, 이런 사실들을 모르는 세상 사람들은 마치 감춰졌던 베일이 벗겨진 것처럼 종교를 비하하고, 또한 예수님의 존재를 부인하고 깎아내립니다.

10년 전에도, 20년 전에도, 그 훨씬 이전에도 나왔던 헛소문들이 여전히 세상에 돌아다니고 있습니다. 이미 거짓으로 판명된 소문들이 끝없이 계속해서 나타나는 것은 이 시대에 성도들에게 더욱 분별력이 필요하다는 사실을 말해주고 있습니다.

요한일서 4장 1절부터 6절에는 거짓 교사들에 대한 주의할 점에 대해서 기록하고 있습니다. 그전까지 계속해서 교제에 대한 말씀이 나왔지만 본문에서는 거짓 교사들을 경계하며 이런 사람들과는 교제가 아닌 주의를 기울여야 함을 말하고 있습니다. 우리는 오늘 본문을 통해 **거짓을 분별하는 세 가지 지혜**에 대해서 알아야 합니다.

첫째, 언론과 대중 매체는 흥미를 좇는다는 사실을 알아야 합니다.
언론과 대중매체는 흥미롭고 자극적인 사실들을 다루어야 돈을 벌 수 있습니다. 그래서 유명인들을 대상으로 하는 전문 파파라치가 생겼고 종교나 사람들이 관심을 가질만한 일들에 대해서 왜곡된 기사들도 많이 나옵니다. 물론 실제로 잘못되고 반성해야 될 일들도 많이 있지만 '아니면 말고' 식의 기사들이 너무나도 난립하고 있습니다. 자성에 도움이 되지 않는 기사들과 뉴스에 대해서는 관심을 갖지 마십시오.(마 13:38/ 요 3:19)

둘째, 소문의 잘못된 점을 알아야 합니다.
90년대에 모세의 무덤과 미라가 발견되었다는 기사가 있었습니다. 공신력있는 신문에서도 이 사실을 앞 다투어 그 기사를 보도했고, 발견한 고고학 팀의 인터뷰를 실어 100% 확실한 것처럼 얘길했지만, 모두 거짓으로 밝혀졌고, 지금은 흔적도 없이 사라졌습니다. 그러나 그 잘못된 기사에 대한 정정 기사나 책임은 아무도 지지 않았습니다. 기독교와 성경에 대한 잘못된 소문들이 많으며 대부분은 진실이 이미 밝혀진 사실이라는 점을 잊지 마십시오.(마 24:6)

셋째, 성경이 말하는 바를 알아야 합니다.
잘못된 소문과 진실들에 대해서 성경은 이미 분명한 답을 내놓은 경우가 많습니다. 모세의 무덤은 구약 당시에도 아는 사람이 없었기 때문에 오늘 날의 우리가 그것을 정확히 확인할 수는 없습니다. 성경이 말씀하는 바를 통해 우리는 거짓을 알 수 있고 진리에서 멀어지지 않을 수 있습니다. 많은 거짓과 소문들에 대해서 먼저 성경이 가르치는 바를 따르십시오.(롬 11:2/ 갈 3:22)

오늘 본문을 통해 거짓을 분별하는 세 가지 지혜에 대해서 배웠습니다. 잘못된 정보가 넘쳐나기 쉬운 시대인만큼 진리를 향한 공격도 강해지고 있습니다. 그러나 항상 성경을 기준과 근거로 삼아 지혜롭게 거짓을 가려내는 성도들이 되어야 합니다.
오늘도 영을 잘 분별하여 성령님을 따라 사십시오.

주님! 성령을 따라 진리를 분별하고 승리하게 하소서!

오늘 특별 적용	
오늘 특별 감사	

127

사랑의 이유

요한일서 4장 7절부터 21절을 읽으십시오.
① 사랑의 마음을 가져야 하는 이유는 무엇인가?(7,8)
② 하나님은 무엇을 통해 자신의 사랑을 표현하셨는가?(10)

아프리카로 떠난 어떤 선교사가 있었습니다.

선교사는 마을 주민들을 위해 우물을 만들었는데, 우물이 너무 깊어서 물을 길어 올리기가 쉽지 않았습니다. 선교사는 풍차를 만들어 바람의 힘을 이용해서 쉽게 물을 길어내는 장치를 고안하고 멋지게 만들었습니다. 그러나 물을 길어 올리는 일은 여전히 쉽지 않았습니다. 풍차의 동력원인 바람이 불지 않았기 때문입니다. 아이디어도 훌륭했고 실제로 멋지게 구현까지 해내었지만 물을 길러 갈 때 바람이 불지 않기 때문에 아무런 소용도 없었습니다. 바람을 사용할 도구는 만들어도 바람을 불게 할 수는 없듯이, 하나님께 사랑을 받지 못한다면 우리도 진정한 사랑을 할 수 없습니다. 모든 사람에게 임하는 하나님의 사랑을 먼저 깨달아야 진심으로 남을 사랑할 수 있습니다.

요한일서 4장 7절부터 21절에는 사랑의 실천과 권면에 대해서 기록되어 있습니다. 요한은 먼저 하나님의 사랑이 어떻게 우리에게 임했는지에 대해서 애기한 뒤 그 사랑을 받은 사람의 행동에 대해서 설명했습니다. 우리는 오늘 본문을 통해 **사랑을 실천해야 할 세 가지 이유**에 대해서 알아야 합니다.

첫째, 하나님께 사랑을 받았기 때문입니다.

사랑을 경험한 모든 사람들은 하나님을 알 수밖에 없습니다. 하나님은 사랑 그 자체이며, 사랑은 하나님께 속한 것이기 때문입니다. 하나님은 사람들을 위해서 예수 그리스도라는 확실한 증표를 보여주셨습니다. 우리는 하나님을 통해 사랑을 알고, 또한 사랑을 전해야 할 동기를 갖게 됩니다. 온전한 사랑으로 하나님을 깨달으십시오.(롬 15:30)

둘째, 우리도 하나님을 사랑해야 하기 때문입니다.

우리가 하나님을 사랑할 수 있는 것과, 사람들을 사랑할 수 있는 것은 하나님이 먼저 우리를 사랑해주셨기 때문입니다. 하나님의 사랑으로 인해 우리의 죄의 문제가 해결되지 않았다면 우리는 하나님께 다가갈 수조차 없고, 또한 이웃들을 진정으로 사랑할 수도 없게 됩니다. 하나님께 받은 사랑으로 다시 하나님과 이웃을 사랑하십시오.(마 6:24)

셋째, 사랑하지 않으면 거짓말이 되기 때문입니다.
눈에 보이는 이웃을 사랑하지 못하면서 눈에 보이지 않는 하나님을 사랑한다는 것은 거짓말이라고 요한은 말하고 있습니다. 우리가 이웃을 사랑하기 위해서 힘써야 하고 하나님이 그것을 바란다는 사실은 어떤 상황에서도 변하지 않습니다. 이웃을 사랑함으로 하나님을 향한 사랑을 표현하십시오.(롬 12:9/ 딤전 1:5)

오늘 본문을 통해 사랑을 실천해야 할 세 가지 이유에 대해서 배웠습니다. 기독교가 진정한 사랑의 종교가 되기 위해서는 먼저 가까운 사람들에게 사랑을 실천해야 합니다. 사랑의 실천은 기독교가 단순한 종교가 아닌 구원의 유일한 방법이라는 것을 더욱 많은 사람들에게 알릴 수 있는 가장 좋은 방법입니다.
오늘도 사랑을 실천함으로 사랑의 즐거움과 기쁨을 깨달으십시오.

주님! 이웃을 참으로 사랑할 수 있는 마음을 주소서!

오늘 특별 적용	
오늘 특별 감사	

128

예수 안의 한 가족

요한일서 5장 1절부터 13절을 읽으십시오.
① 사랑을 증명하는 행동은 어떤 것인가?(2)
② 하나님의 사랑에 대한 확실한 증거는 무엇인가?(10)

미국 캘리포니아에는 금문교라는 다리가 있습니다.
샌프란시스코만과 태평양을 잇는 골든게이트 해협에 설치된 이 다리는 미국 토목학회에서 7대 불가사의로 지정해 놓았습니다. 지형이 복잡하고, 조류가 강하고 안개가 자주 끼는 등 여러 어려운 여건이 많아서 애초에는 건설이 불가능할 것으로 판단되었기 때문입니다. 3km가 넘게 뻗어 있는 이 다리는 디자인도 훌륭해서 세계에서 가장 아름다운 다리 중 하나로도 손꼽힙니다. 그러나 더욱 놀라운 사실은 이런 다리를 지탱하고 있는 주요 재료가 얇은 철사라는 것입니다. 머리카락보다 약간 굵은 철사가 이 재료인데, 이 철사가 2만 7천 가닥이 꼬임으로 1m 굵기의 튼튼한 줄로 새롭게 태어났고 이 줄로 인해 엄청난 하중의 다리가 버틸 수 있게 되었습니다.
철사 한 가닥은 손으로 끊을 수 있을 만큼 매우 약하지만 많은 수가 연합할 때 육중한 다리도 버텨낼 힘을 갖게 됩니다. 성도들도 선하고 거룩한 연합을 통해서 하나님의 사명을 감당하고 빛을 비추는 일을 감당해야 합니다.

요한일서 5장 1절부터 13절에는 세상을 이기는 믿음에 대해서 말씀하고 있습니다. 성도들이 서로 교제하고, 사랑해야 할 이유는 모두 예수님을 믿는 행동에서부터 시작됩니다. 따라서 교제의 이유에 대해서 올바로 이해하는 것은 곧 올바른 신앙을 가지는 것이기도 합니다. 우리는 오늘 본문을 통해 **성도들의 연합을 위해 필요한 세 가지 교훈**에 대해서 알아야 합니다.

첫째, 한 가족이라는 사실을 알아야 합니다.
예수님을 구세주로 믿고 하나님의 자녀로 다시 태어난 사람들은 모두가 한 가족입니다. 그러나 우리가 예수 안의 한 가족이라는 사실을 우리는 자주 망각하고, 너무나 사소한 일들로 갈라서고 또 다투기도 합니다. 모두가 예수님께 새 생명을 받고, 영원히 함께 할 사람들이라는 사실을 기억하고, 서로 아껴

주고 사랑하십시오.(엡 2:1)

둘째, 같은 믿음을 가져야 합니다.
성도 간의 교제에서 가장 중요한 것은 같은 믿음을 가진 사람들을 만나야 하는 것입니다. 잘 알지 못하고 이단과 교제하고 잘못된 성경의 해석에 빠지면 진리에서 벗어나 잘못된 길로 가게 됩니다. 그러나 믿음이란 사소한 교리의 문제가 아니라는 사실은 잊지 말아야 합니다. 같은 믿음으로 즐거이 교제하며 풍성한 은혜와 사랑을 나누십시오.(고후 4:13)

셋째, 세상을 이길 믿음을 가져야 합니다.
예수님의 십자가의 죽음은 실패처럼 보이지만 사실은 완전한 승리였습니다. 예수님이 이미 세상을 이기고 부활 승천하신 것처럼 이제 그 예수님을 믿고 따르는 우리에게도 승리는 약속된 것입니다. 그리스도인의 믿음은 세상을 견디는 믿음이 아니라 세상을 이기는 믿음이라는 것을 깨달으십시오.(마 12:20/ 고전 15:57)

오늘 본문을 통해 성도들의 연합을 위해 필요한 세 가지 교훈에 대해서 배웠습니다. 같은 믿음으로 구원을 받은 성도들은 한 가족이며, 한 백성이기 때문에 서로 연합하며 교제하며 사랑할 수밖에 없습니다.
오늘도 올바른 믿음의 교제로 세상을 이기십시오.

주님! 깨끗한 심령으로 거룩한 교제를 하게 하소서!

오늘 특별 적용	
오늘 특별 감사	

129

참된 교제의 유익

요한일서 5장 14절부터 21절을 읽으십시오.
① 우리가 구하는 것은 누가 들어주시는가?(15)
② 죄를 범하는 주위 사람들에게는 어떻게 대해야 하는가?(16)

'미스터 행복'이라는 별명을 가진 행복 전문가 에드 디너 교수는 다음과 실험을 했습니다.

교수는 특정 사람들을 뽑아 스스로의 삶의 행복도를 평가하도록 한 뒤에 그 중 행복도가 가장 높은 10%를 대상으로 행복의 요인을 분석했습니다. 그리고 상위 10%와 나머지 90%의 차이점이 무엇인지를 분석한 결과 가장 큰 기준이 '관계'라는 사실을 발견했습니다. 행복한 사람들은 더 좋은 집에 살거나, 더 비싼 물건을 소유하고 있거나, 고상한 취미를 즐기고 있지 않았습니다. 그러나 행복한 사람들은 다른 사람들을 만나는 데에 시간을 활용했으며, 친구들에게 인간관계가 좋다고 평가받고 있었으며, 평생을 함께할 반려자와 함께 살고 있었습니다.

행복에서 가장 중요한 것은 관계입니다. 성도들은 하나님과의 관계 뿐 아니라 성도들과의 바른 관계를 위해서 교제를 중요하게 생각하고 더욱 신경을 써야 합니다.

요한일서 5장 14절부터 21절에는 그리스도인의 교제의 주의사항과 결과에 대해서 나와 있습니다. 요한일서의 마지막장인 본문에는 다시 한번 성도들의 교제와 죄에 대한 주의사항에 대해서 나와 있는데 우리는 오늘 본문을 통해 **교제를 통해 얻게 되는 세 가지 결과**에 대해서 알아야 합니다.

첫째, 많은 사람이 영생을 얻게 됩니다.

교제를 통해서 성도들은 하나님의 살아계심과 역사하심을 서로 공유하게 되고 깊이 체험하게 됩니다. 참된 교제를 하는 성도들은 진리에서 멀어지지 않고 더욱 신앙이 성장합니다. 그리고 교회 밖에서도 하나님의 진리를 전파하게 됩니다. 참된 교제는 교회의 안과 밖에서 모두 유익합니다. 그리스도를 믿는 사람에게 영생이 있음을 믿지 않는 사람들에게 늘 전파하십시오.(요 3:16)

둘째, 기도의 응답을 받게 됩니다.

하나님과 교제를 하는 사람들에게는 하나님의 뜻대로 구하는 모든 것들이 응답되어집니다. 하나님과 교제하는 사람들은 하나님의 마음을 이해하고 그 뜻대로 살아가게 됩니다. 따라서 하나님은 그 구하는 모든 기도를 응답해 주십니다. 담대한 믿음으로 응답받는 승리의 생활을 살아가십시오.(마 7:7/ 엡 6:18)

셋째, 죄로부터 멀어지게 됩니다.

성도들 간의 믿음의 교제를 통해 하나님과의 진실한 교제와 기도를 응답받음으로 인해 우리는 날마다 하나님께 가까워지고 죄로부터 멀어지게 됩니다. 하나님 안에 거하며 벗어나지 않을 때 죄를 짓지 않게 되고 늘 우리를 보호하시는 예수님의 손길을 느끼게 됩니다. 우리를 멸망에서 건지시고 영생을 주시는 예수님의 말씀을 믿으십시오.(요 10:28)

오늘 본문을 통해 교제를 통해 얻게 되는 세 가지 결과에 대해서 배웠습니다. 믿음에 근거한, 사랑이 넘치는 교제는 모두에게 유익합니다. 하나님과 성도들과 이웃들과 사랑을 가지고 교제할 때, 말씀의 능력이 임하고, 기도가 응답받는다는 사실을 요한 일서를 통해 깨닫고 체험했으면 좋겠습니다.
오늘도 하나님과 또한 성도들과 복된 교제로 많은 유익을 얻으십시오.

주님! 교제를 통해 새 힘을 얻고 일어서게 하소서!

오늘 특별 적용	
오늘 특별 감사	

130

참된 사랑의 의미

요한이서 1장 1절부터 6절을 읽으십시오.
① 새로운 계명은 언제 세워진 것인가?(5)
② 사랑과 계명은 어떤 관계가 있는가?(6)

시인 고은의 '상화 시편'에는 사랑을 표현한 다음과 같은 시구가 나옵니다.

「사랑은 지금이다.
사랑은 '하였다' 도 '하리라' 도 아니다.
언제나 사랑은 '한다' 이다.」

사랑은 언제나 현재형입니다. 사랑은 미래의 계획이나 과거의 회상을 나타내는 것이 아니라 언제나 현재에 머물러 있어야 합니다. 우리를 향한 하나님의 사랑은 태초부터 지금까지 조금도 변함이 없기 때문입니다.

요한이서 1장 1절부터 6절에는 진리 안에서의 행함에 대해서 나와 있습니다. 요한은 자신의 권고대로 행한 성도들의 소식으로 인해 크게 기뻐했습니다. 그리스도인의 삶의 원리인 사랑을 실천하는 것이 곧 진리 안에서의 행함입니다. 우리는 오늘 본문을 통해 **참된 사랑의 세 가지 의미**에 대해서 알 수 있습니다.

첫째, 진리에 바탕을 두어야 합니다.
진리를 아는 사람들은 자신 뿐 아니라 다른 진리를 아는 모든 사람들까지도 사랑해야 합니다. 진리를 아는 사람들 모두는 천국에서까지 진리와 더불어 영원히 함께하게 됩니다. 본문의 부인과 자녀라는 표현이 교회와 성도들을 나타내는 것으로 풀이되는 것도 그런 이유에서입니다. 진리를 바탕으로 한 참된 사랑의 모습으로 사랑하십시오.(살후 2:10)

둘째, 다른 사람에게 영향을 주어야 합니다.
우리가 정말로 사랑을 실천하고 진리 가운데 행한다면, 우리가 의도하지 않아도 자연스럽게 주위 사람들에게 영향을 주게 됩니다. 직장에서도 가정에서도 교회에서도 선한 기운이 우리 주위에서 흘러 나오며, 그 중의 많은 사람들이 복음에 관심을 가지고 또한 덕을 세우는 모습에 감동을 받고 변화되게 됩니다. 사랑의 실천으로 타인의 마음과 행동을 변화시키십시오.(고후 1:12)

셋째, 기쁨이 되어야 합니다.

요한의 첫 번째 편지를 받은 성도들은 그 권고를 따라 사랑과 진리가운데서 행했습니다. 요한은 이런 소식을 듣고 '심히 기쁘다'고 솔직하게 감정을 표현했습니다. 요한의 권고는 성도들을 사랑하는 마음에서 시작되었는데, 이것은 그 권고를 실행하는 성도들에게도 큰 기쁨과 깨달음이 되었을 것입니다. 사랑을 통해 서로에게 영향을 끼치고 그로 인해 기쁨을 누리십시오.(고후 1:24)

오늘 본문을 통해 참된 사랑의 세 가지 의미에 대해서 배웠습니다. 하나님의 사랑은 순수한 진리와 말씀 속에서 나타내고 표현할 수 있습니다. 우리의 욕심이나 소유욕을 떠난 순수한 사랑을 발견하고 실천하기 위해 노력해야 합니다.

오늘도 사랑의 빛으로 세상을 환하게 비추십시오.

주님! 사랑의 풍성함이 나날이 흘러 넘치게 하소서!

오늘 특별 적용	
오늘 특별 감사	

이단에 대한 대처

요한이서 1장 7절부터 14절을 읽으십시오.
① 이단의 가장 큰 특징은 무엇인가?(7)
② 이단에 대해서 어떻게 대처해야 하는가?(10)

지금 시대에는 너무나 많은 이단들이 판을 치고 있어 일일이 이름을 대기도 어려울 지경이지만, 모든 이단들은 대부분 다음과 같은 특징을 가지고 있다고 합니다.

첫째, 성경을 비유로 풀고 자의적으로 해석합니다. 성경의 문맥과 흐름을 보지 않고 구절을 짜 맞추고 자의적으로 억지로 해석합니다.

둘째, 성경 외의 경전을 추가합니다. 성경을 배척하고 아예 새로운 경전을 가져오거나, 성경과 동급으로 다른 책을 인정한다면 무조건 이단입니다.

셋째, 기성 교회를 무조건적으로 비난합니다. 교회의 아픔과 상처는 싸매고 기도함으로 치유하고 반성해 나가야 합니다. 그러나 이단들은 새로운 진리의 길을 주장하고 모든 것을 무너트리려는 의도를 갖고 있습니다.

넷째, 예수님의 재림 날자를 정한 시한부 종말론입니다. 이유를 불문하고 시한부 종말론을 내세우는 곳은 무조건 멀리해야 합니다. 성경은 재림의 때에 대해서 아무도 모른다는 것을 너무도 분명하게 말씀하고 있습니다.

때가 악함으로 거짓 진리가 더욱 판을 치고 있습니다. 지혜롭게 이단을 구분하고 멀리하십시오.

요한이서 1장 7절부터 14절에는 거짓교훈에 대한 경계가 기록되어 있습니다. 당시 요한의 권고를 받은 성도들은 사랑을 바탕으로 진리 위에서 행동하고 있었지만, 그럼에도 거짓 교사들의 유혹과 방해는 그치질 않았습니다. 그래서 요한은 이 짧은 편지로 성도들을 더욱 격려하고 진리에 대해서 분명히 다시 한번 전했습니다. 우리는 오늘 본문을 통해 **이단을 대하는 세 가지 태도**에 대해서 배워야 합니다.

첫째, 이단에 호기심을 가지면 안 됩니다.
한국 교인들의 상당수가 연말과 연시에 점을 보고, 또 이에 대한 거부감을 가지고 있지 않다고 합니다. 많은 이단들이 허무맹랑할 정도의 기적과 신비로운 물건들을 만들고 홍보하는 것도 이런 사람들의 심리를 노리는 것입니다. 잘못된 호기심을 거두고 오직 진리를 지키십시오.(벧전 1:22)

둘째, 이단의 선심과 이상을 제대로 파악해야 합니다.
이단들은 자신들의 이상과 포부가 평화롭고 하나님을 섬기는 것처럼 아름답게 포장하지만 이단에 빠졌다가 나온 사람들의 이야기를 통해 우리는 이단이 얼마나 사회에 악영향을 미치고 사람들의 영혼을 파괴하는지에 대해서 알 수 있습니다. 이단의 잘 꾸며진 겉모습에 넘어가지 마십시오.(롬 1:25)

셋째, 성경과 비추어 옳고 그름을 판단해야 합니다.
먼저 오늘 날 우리 그리스도인의 모습도 성경에 비추어 볼 때에는 여러 가지 약점이 있고, 바로 잡아야 할 점이 많다는 사실을 인정하지 않을 수는 없습니다. 그러나 그것은 우리의 삶에서 고쳐져야 할 부분이지, 진리를 퇴색하게 할 영역은 아닙니다. 성경을 바르게 알면 알수록 이단들의 주장과 교리가 얼마나 허무맹랑한 것인지를 깨닫게 됩니다. 성경을 깨달음으로 잘못된 교리를 깨닫고 스스로를 바로 세우십시오.(요 5:39)

오늘 본문을 통해 이단을 대하는 세 가지 태도에 대해서 배웠습니다. 성경을 잘 알지 못할 거나 기존 교회의 좋지 않은 모습을 접하게 될 때 이단에 관심이 가고 마음이 흔들립니다. 그러나 그것이 진리를 퇴색시키지는 못한다는 사실을 요한이서를 통해 깨달아야 합니다.
오늘도 사단의 속임수를 무찌르고 복음을 굳게 세우십시오.

주님! 성령님을 통해 참된 진리를 알아가게 하소서!

오늘 특별 적용	
오늘 특별 감사	

132

칭찬받는 성도

요한삼서 1장 1절부터 8절을 읽으십시오.
① 성도들의 행할 수 있는 최고의 선은 무엇인가?(4)
② 진리를 행하는 것은 곧 어떤 사람들을 영접하는 것인가?(5,8)

제임스 스미스라는 외판원이 있었습니다.

그는 대학을 졸업했으나 경기가 좋지 않아 대출받은 학자금을 갚기 위해서 일을 해야 했습니다. 그의 일은 관절염 치료제를 파는 것이었는데 일이 생각보다 어려워 한 달 동안 단 한 개도 팔지 못했습니다. 그는 일을 그만두려고 했지만 이미 반년 분의 월급과 영업비를 가불받아 빚을 갚는데 사용했기 때문에 그만 둘 수가 없었습니다.

며칠 후 그는 우연히 건강 상담을 받으러 온, 마치 돌아가신 어머니처럼 여겨지던 어떤 중년부인과 대화를 하게 되었는데, 그는 어머니가 떠올라 부인의 모든 고민을 들어주고 공감해주었습니다. 오랜 대화가 끝나자 판매를 권유하지도 않았는데도 부인은 약을 여섯 병이나 사갔습니다. 그리고 머지않아 자신의 친구들도 소개시켜주기 시작했습니다. 제임스는 '진심어린 마음의 행동' 이 고객을 감동시킨다는 사실을 깨달았고 이후 일 년이 되지 않아 판매왕의 자리에까지 올랐습니다.

사람의 마음을 감동시키는 것은 진심어린 마음입니다. 진심이 담긴 선행은 반드시 상대방에게 전달이 되고 감동이 됩니다.

요한삼서 1장 1절부터 8절에는 칭찬받는 그리스도인의 삶에 대해서 나와 있습니다. '사랑의 사도' 로 불리던 요한은 당시 이 짧은 편지로 그리스도인의 바람직한 삶과 그렇지 못한 삶에 대해서 나타냈습니다. 우리는 오늘 본문을 통해 **선행을 가치있게 하는 세 가지 모습**에 대해서 배워야 합니다.

첫째, 하나님의 일을 우선으로 생각해야 합니다.
본문에서 가장 주목해야 할 사실은 요한이 가이오의 영혼에 대한 칭찬입니다. 요한은 '네 영혼이 잘 됨 같이 네가 범사에 잘 되고 강건하기를 간구하노라' 라고 칭찬했는데, 이것은 가이오가 하나님을 향한 마음으로 바른 행동을 하고 있었음을 나타냅니다. 먼저 하나님의 나라와 의를 구하는 것이 모든 승리의 원리라는 사실을 깨달으십시오.(스 3:1-6/ 마 6:33)

둘째, 선한 마음이 목적이 되어야 합니다.
아무리 큰 수라도 0을 곱해버리면 모두 사라지는 것처럼 아무리 선한 행위와 말을 한다 하더라도 그 마음의 동기가 불순하다면 모든 것의 의미가 없어집니다. 요한삼서에 나오는 두 인물은 모두 겉으로는 훌륭한 행동을 했지만 그 마음의 동기가 달랐습니다. 선한 마음으로 선한 말과 행동을 완성하십시오.(마 23:27-28)

셋째, 복음이 전파되는 일에 협력해야 합니다.
본문의 가이오는 특히 복음을 전하는 사람들을 극진히 대접했습니다. 가이오의 헌신으로 인해 전도자들은 큰 위로를 받고 힘을 얻어 다시 세상에 나가 복음을 전하는 사명을 더욱 잘 감당할 수 있었습니다. 복음을 증거하기 위해 찾아갈 수 있는 곳은 찾아가고, 찾아가지 못하는 곳은 기도와 물질로 후원하십시오.(눅 16:16)

오늘 본문을 통해 선행을 가치있게 하는 세 가지 모습에 대해서 배웠습니다. 신행의 목표는 하나님의 영광이어야 하고, 선행의 동기는 선한 마음에서 나와야 합니다. 우리는 선한 목표와 동기로 진정한 선행을 실천하려고 노력해야 합니다.
오늘도 참된 선행으로 주님께 즐거움을 드리십시오.

주님! 사람들과 하나님께 칭찬받는 성도가 되게 하소서!

오늘 특별 적용	
오늘 특별 감사	

133

삼가야할 행동

요한삼서 1장 9절부터 15절을 읽으십시오.
① 교만한 자들은 어떻게 행동하는가?(10)
② 교회의 부정적인 이야기들을 접할 때 어떻게 행동해야 하는가?(11)

미국의 초대 대통령인 조지 워싱턴은 위대한 군인이자 정치가였습니다. 워싱턴은 세계에서 최초로 임기가 정해져 있는 대통령의 자리에 올랐던 사람입니다. 당시만 해도 사람들은 대통령제와 민주주의보다 왕정과 봉건주의가 합리적인 체제라고 생각했기 때문에 워싱턴의 대통력직 역할 수행은 매우 중요했습니다.

다행이 워싱턴은 뛰어난 리더십과 판단으로 미국의 기틀을 다졌고, 이런 모습은 다른 나라들에게까지 영향을 미쳤습니다. 워싱턴은 특히나 임기의 마지막까지도 아름다운 모습을 보였습니다. 탁월한 능력을 보여준 워싱턴에게 사람들은 재선, 삼선을 넘어서 왕이 되어달라고 요구했습니다. 그러나 워싱턴은 원칙이 중요하다고 생각해 재선까진 가능하나 그 이상은 안 된다고 분명히 못을 박고 이를 지켰습니다. 그리고 은퇴 뒤에 프랑스와의 전쟁 위기가 일어나자 몸소 군인의 신분으로 다시 복귀하는 겸손과 헌신의 모습을 보였습니다.

바른 길을 걸어가는 한 사람의 영향력은 굉장히 큽니다. 나의 능력과 영향력을 과소평가하지 말고 하나님과 함께 세상을 변화시키십시오.

요한삼서 1장 9절부터 15절에는 잘못된 그리스도인의 삶에 대해서 나와 있습니다. 아무리 일을 열심히 하고, 뛰어난 능력을 발휘해도 동기가 잘못되어 있다면 결코 하나님께 칭찬을 받을 수 없습니다. 우리는 요한삼서의 마지막인 오늘 본문을 통해 **그리스도인이 항상 조심해야 할 세 가지 사항**을 마음에 새겨야 합니다.

첫째, 과시욕을 조심해야 합니다.
본문의 디오드레베는 '으뜸되기를 좋아하는 사람' 이었습니다. 그는 아마도 높은 직분을 가지고 있었을 것이고 교회 내에서의 영향력 또한 매우 강했을 것입니다. 그러나 그의 영적인 상태는 매우 미성숙해서, 그의 모든 동기는 자신의 뛰어남이 인정받음으로 우월감을 느끼는 것이었습니다. 자신을 낮추는 사람을 하나님께서 높이시는 것이 하늘나라의 법칙이라는 사실을 언제나 잊지 마십시오.(마 23:12/ 고전 10:12)

둘째, 험담을 조심해야 합니다.
자신만이 최고가 되고 싶었던 디오드레베의 마음에는 교만과 시기심이 가득했습니다. 그래서 교회의 곳곳에서 수고하는 사람들을 악한 말로 헐뜯음으로 그들의 권위를 낮추고 자신을 더욱 높이려고 했습니다. 교만과 시기심으로 남을 공격하지 말고 사랑의 권면으로 바로 잡아주고 먼저 칭찬하십시오.(롬 1:28-29)

셋째, 악한 영향력을 조심해야 합니다.
악한 행동은 썩은 누룩처럼 금방 주위로 퍼져나갑니다. 악을 행하는 사람들은 주위 사람들을 그럴싸한 말로 꾀고 권유함으로 공범자로 만들어 마음의 안정을 찾습니다. 그리고 이런 유혹에 못 이기고 넘어가는 척 하고 싶은 마음이 생길 때도 있습니다. 그러나 악은 모양이라도 버려야 한다는 말씀을 잊지 마십시오.(고전 5:6-7)

오늘 본문을 통해 그리스도인이 항상 조심해야 할 세 가지 사항이 무엇인지 배웠습니다. 말씀을 돌아봄으로 교회 내에서의 덕이 되지 않는 행동들에 대해서 늘 경계하고 돌아서야 합니다.
오늘도 나의 이름이 아닌 주님의 이름만을 높이십시오.

주님! 은연중에라도 교만의 죄를 짓지 않게 하소서!

오늘 특별 적용	
오늘 특별 감사	

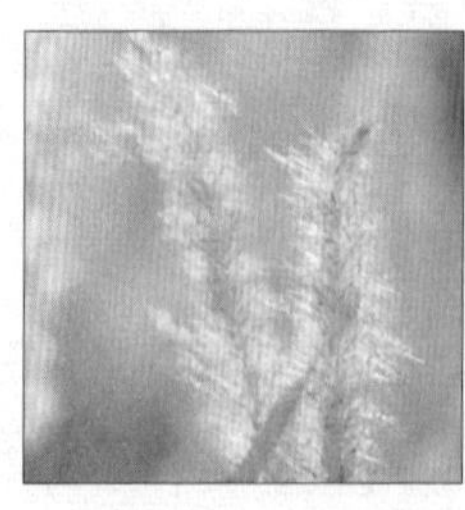

134

거짓교사에 대한 경고

유다서 1장 1절부터 16절을 읽으십시오.
① 구원을 받은 사람들은 믿음을 어떻게 지켜야하는가?(3)
② 어떤 사람들이 마지막 날에 심판을 당하는가?(15,16)

유명한 관광지로 향하는 도로가 공사 중이었습니다.

공사업체는 원래의 도로를 막아 놓고, 공사가 진행되는 동안 우회로를 사용하도록 길을 안내하는 표지판을 만들어두었습니다. 그런데 실수로 표지판을 반대로 꽂았습니다. 따라서 오른 쪽으로 돌아가야 하는 사람들은 모두 왼쪽으로 돌아서 길을 탔고, 목적지인 관광지가 아닌 전혀 다른 곳으로 가게 되었습니다. 한참을 가던 뒤에야 표지판이 잘못되었다는 것을 사람들은 깨달을 수 있었습니다. 문제인 표지판이 정상으로 돌아온 뒤에야 관광지를 찾던 사람들이 제대로 길을 찾아갈 수 있었습니다.

잘못된 정보는 큰 혼란을 가져다 줍니다. 때로는 피해가 너무 미미해 실수인 것처럼 느껴지지 않는 경우도 있겠지만 죽고 사는 문제인 경우라면 작은 잘못된 정보들도 큰 영향을 끼칩니다.

유다서 1장 1절부터 16절에는 교회 안에 들어온 거짓교사들에 대한 경고가 나와 있습니다. 유다서의 저자는 아마도 야고보와 마찬가지로 예수님의 동생인 유다일 것으로 여겨지는데, 당시의 영향력있는 이단인 그노시스파에 빠지지 말고 참된 신앙인의 길을 걸어갈 것을 성도들에게 종용하기 위해서 유다서를 기록했습니다. 우리는 오늘 본문을 통해 **심판받는 세 가지 사람**에 대해서 알아야 합니다.

첫째, 하나님의 은혜를 원수로 갚는 사람입니다.

하나님의 은혜를 남용하는 사람들이 은혜를 원수로 갚는 사람들입니다. '성도에겐 정죄함이 없고, 나는 구원함을 받았으니 이제 마음껏 죄를 짓자' 라고 하는 사람들 역시 마찬가지입니다. 하나님의 은혜를 자신의 만족과 쾌락을 위해 이용하는 모든 사람들은 은혜의 속성과 의미에 대해서 제대로 알지 못하는 사람들입니다. 은혜를 감사하며 하나님께 더욱 순종하십시오.(갈 4:9)

둘째, 은사와 계시를 자랑하는 사람입니다.
하나님께 받은 계시나, 신비로운 체험과 같은 것들은 매우 조심해야 합니다.
꿈이나 환상같은 것들은 그때의 몸 상태나 감정 등에 의해 다르게 느껴질 수
도 있기 때문에 기도함으로 분별을 해야 합니다. 은사와 계시를 먼저 기도로
분별하고 하나님의 뜻에 맞게 사용하십시오.(신 13:5)

셋째, 물질로 사람을 평가하고 차별하는 사람입니다.
교회 내에서도 사람들이 학식과 재물로 평가받는다면 세상과 다른 것이 하
나도 없습니다. 유다는 거짓 교사들의 특징으로 '아첨'을 들었습니다. 교회
가 학식과 재물로 인정받고, 또한 자신의 유익과 명예를 구하러 오는 곳이 되
어서는 안 됩니다. 물질적인 요소로 사람을 구별하지 말고 차별하지 마십시
오.(눅 14:13/ 롬 2:1)

오늘 본문을 통해 심판받는 세 가지 사람에 대해서 배웠습니다. 하나님의 말
씀과 진리를 잘못 사용하고, 악을 행하는 사람들에게는 하나님의 공의의 심
판이 분명히 임한다는 사실을 기억해야 합니다.
오늘도 낮은 마음으로 더욱 겸손히 생활하십시오.

주님! 하나님의 마음으로 세상을 바라보고 살아가게 하소서!

오늘 특별 적용	
오늘 특별 감사	

135

긍휼의 삶

유다서 1장 17절부터 25절을 읽으십시오.
① 자신의 뜻을 따라 사는 사람들은 어떤 일을 행하는가?(19)
② 주위의 의심하는 사람들을 어떻게 대해야 하는가?(22,23)

오즈의 마법사는 1939년에 출판된 소설입니다.

주인공인 도로시와 겁 많은 사자, 허수아비 그리고 양철 인간은 어떤 소원이든 들어준다는 오즈의 마법사를 찾아 여행을 떠났고, 또 실제로 만나게 됩니다. 일행들은 자신들이 바라는 것을 마법사에게 말했지만, 크고 무섭게 생긴 마법사는 소원은 들어주지 않고 오히려 화만 내었습니다. 마법사의 실체는 커다란 조형물을 조종하는 보통 인간이었기 때문에 사실 그들의 소원을 들어줄 힘이 없었습니다. 마법사가 만약에 선한 마음과 능력이 있었다면 분명히 일행들의 소원을 모두 들어 주었을 것입니다.

안타깝게도 사람들은 하나님을 오즈의 마법사와 같이 우리의 부족함을 혼내고 꾸짖는 분으로만 생각합니다. 그러나 하나님은 우리를 끝까지 사랑하시며 용서해주시고, 또한 세상을 이겨낼 힘까지 주시는 전지전능한 분이십니다.

유다서 1장 17절부터 25절에는 그리스도인의 긍휼에 대해서 기록되어 있습니다. 유다서의 마지막인 오늘 본문에는 성도들에 대한 권면과 예수님께 받을 긍휼, 그리고 우리가 행해야 할 긍휼에 대해서 나와 있습니다. 우리는 오늘 본문을 통해 **예수님의 긍휼이 임하는 삶의 세 가지 조건**에 대해서 기억해야 합니다.

첫째, 하나님의 전신갑주를 입어야 합니다.

이단들이 홍수처럼 쏟아지고, 도덕적인 가치가 타락하는 이때에 우리는 하나님의 말씀과 기도로 재무장을 해야 합니다. 하나님의 능력에 기대지 않고서는 이 혼란한 시대 속에서 온전히 살아갈 수가 없습니다. 말씀을 묵상하고 항상 기도함으로 하나님의 긍휼을 체험하고 혼란한 세상 속에서 맡은 사명을 감당해나가십시오.(느 4:17/ 엡 6:13)

둘째, 자신을 지키며 하나님의 임재를 기다려야 합니다.

마귀는 성도들을 흔들기 위해서 수단과 방법을 가리지 않습니다. 교리적, 이성적인 방법으로는 우리의 신앙과 가치관을 흔들고 문화적, 퇴폐적인 방법으로 우리의 육신을 더럽히려고 합니다. 스스로의 몸과 마음을 지키기 위해 더욱 노력하며 모든 유혹을 이겨낼 힘을 주실 하나님의 임재를 기다리십시오.(시 62:5/ 요 7:38-39)

셋째, 연약한 성도들을 긍휼이 여겨야 합니다.

긍휼은 '불쌍히 여김을 받는 것' 입니다. 우리가 하나님께 긍휼히 여김을 받기 위해선 우리 주위의 어려운 성도들과 이웃들에게 먼저 긍휼을 실천해야 합니다. 특히나 본문에서 믿음에 의심을 갖고 죄를 범한 어려운 성도들을 긍휼히 여기라는 말씀을 기억해야 합니다. 다른 사람의 상황과 마음을 이해하고 불쌍히 여김으로 하나님의 긍휼을 구하십시오.(고전 12:24-25)

오늘 본문을 통해 예수님의 긍휼이 임하는 삶의 세 가지 조건에 대해서 배웠습니다. 갚을 수 없는 큰 빚을 탕감해주신 예수님처럼 우리들 역시도 다른 사람들의 작은 빚을 탕감해주어야 합니다. 또한 진리를 왜곡하는 것은 예수님의 은혜를 원수로 갚는 것이라는 사실도 유다서를 통해 깨달아야 합니다. **오늘도** 우리를 긍휼히 여겨주시는 하나님을 더욱 사랑하십시오.

주님! 사랑 가운데 서로 섬기며 주님을 사모하게 하소서!

오늘 특별 적용	
오늘 특별 감사	

136

그리스도의 계시

요한계시록 1장 1절부터 8절을 읽으십시오.
① 요한계시록은 어떤 책인가?(1)
② 주 하나님은 자신을 무엇이라고 소개하시는가?(8)

1833년에 미국에 메리라는 사람이 예수님의 재림에 대한 계시를 받았다고 공표한 적이 있었습니다.

그녀는 1843년에 예수님이 이 땅에 올 것이라고 선포했는데 무려 2만 명이 넘는 기독교인들이 그녀를 따랐습니다. 그리고 1843년의 마지막 날 그녀와 그녀를 따르는 사람들은 모두 흰옷을 입고 뉴욕의 광장에 모였지만 아무 일도 일어나지 않았습니다. 그러자 그녀는 다시 1847년이라고 날짜를 번복했습니다. 거의 모든 추종자들이 그녀를 다시 따랐지만 1847년에도 아무런 일도 일어나지 않았습니다. 2번이나 속은 성도들은 대부분 그녀를 떠났습니다. 하지만 1873년 그녀가 다시 계시를 받았다고 선포하자 그녀의 말에 속아 집과 일터를 잃었던 사람들까지도 다시 모여서 그녀를 좇았습니다. 그러나 역시 아무 일도 없었습니다. 결국 메리가 죽고 나서야 사람들은 더 이상 잘못된 계시를 따르지 않게 되었습니다.

하나님의 계시는 오직 성경입니다. 성경을 통해 우리는 말세의 때를 알고 또 준비할 수 있습니다.

요한계시록 1장 1절부터 8절에는 요한계시록에 대한 소개가 기록되어 있습니다. 요한계시록은 예수님의 수제자인 요한이 밧모섬에서 예수님에게 받은 환상적 계시를 기록한 것으로 성경에서 가장 난해한 책으로 알려져 있습니다. 그러나 계시란 감추어 두었던 것을 공개하는 것으로 계시록은 감추는 책이 아니라 드러내는 책입니다. 우리는 오늘 본문을 통해 **요한계시록의 세 가지 특징**에 대해서 먼저 알아야 합니다.

첫째, 요한계시록은 거듭난 그리스도인들을 위한 책입니다.

하나님은 인간의 역사의 주관자이십니다. 그분은 반드시 속히 일어날 일들을 자기 종들에게 보이시려고 그의 천사를 그 종 요한에게 보내어 알게 하셨습니다. 하나님은 일을 행하시기 전에 자기 종들에게 그 일을 미리 알려 주십니다. 그리스도인들을 위한 하나님의 계시를 듣고 깨달으십시오.(암 3:7)

둘째, 요한계시록은 공포의 책이 아닌 복된 책입니다.
요한계시록은 공포의 책이 아닙니다. 해석하기 어려운 책도 아닙니다. 이 책에 기록된 예언의 말씀은 속히 될 일을 미리 적어 놓은 것이기에, 오히려 계시록에 있는 하나님의 말씀을 읽고 지키는 자는 복이 있습니다. 요한계시록이 두려운 것은 회개하지 않고 말씀을 지키지 않기 때문입니다. 때가 가까워오고 있음을 기억하십시오.(계 22:7)

셋째, 요한계시록은 하나님이 예언자로 등장하십니다.
성부 하나님은 '이제도 계시고 전에도 계셨고 장차 오실 이'로, 성자 하나님은 '충성된 증인으로 죽은 자들 가운데에서 먼저 나시고 땅의 임금들의 머리가 되신 분'으로, 성령 하나님은 '그의 보좌 앞에 있는 일곱 영'으로 나타나십니다. 세상 마지막 날에도 모든 세상은 성삼위 하나님의 주권 아래 있다는 사실을 잊지 마십시오.(단 7:14/ 대하 20:6)

오늘 본문을 통해 요한계시록의 세 가지 특징을 배웠습니다. 요한계시록은 닫힌 책이 아니라 열린 책으로서, 거듭난 그리스도인들을 위한 책이며, 복된 책이며, 성삼위 하나님이 직접 발령하신 예언의 기록입니다.
오늘도 성삼위 하나님이 세상의 주관자이심을 확신하십시오.

주님! 주님의 계시가 공포가 아닌 기쁨으로 다가오게 하소서!

오늘 특별 적용	
오늘 특별 감사	

137

인자의 모습

요한계시록 1장 9절부터 20절을 읽으십시오.
① 소아시아의 일곱 교회는 무엇 무엇인가?(11)
② 요한계시록은 교회를 어떤 식으로 묘사하는가?(20)

콩팥은 우리 몸을 해독하는 중요한 장기입니다.

콩팥은 2개 중 하나만 남아 있어도 제대로 기능하지만 만약 2개가 모두 기능을 잃게 되면 투석치료라는 것을 받아야 합니다. 콩팥의 기능을 대신하는 투석기가 혈액을 해독시켜 다시 사람의 몸에 넣어주기 때문에 몸이 붓고 숨이 차고, 기력이 떨어지는 위험한 일들을 막아줍니다. 한 번의 투석으로 며칠간의 정상적인 생활이 가능하지만 날짜를 넘기게 되면 다시 몸에 안 좋은 증상들이 일어나기 때문에 반드시 날짜를 지켜 투석을 받아야 합니다.

콩팥을 대신하는 투석은 시간이 지날 때마다 다시 받아야 하지만 주님의 보혈은 한 번으로 완전한 생명을 넣어줍니다. 예수님이 이 땅에 오셔서 우리를 위해 피를 흘리신 목적이 바로 우리의 죄를 깨끗케 씻어주시기 위함이기 때문입니다. 예수님이 어린 양의 모습으로 이 땅에 오시지 않으셨다면 우리에게 구원이란 영원히 없었을 것입니다.

요한계시록 1장 9절부터 20절에는 인자의 모습에 대해서 기록되어 있습니다. 본문이 말하는 인자라는 표현은 다니엘서에서 지칭한 예수 그리스도입니다. 우리는 오늘 본문을 통해 **종말에 오실 예수 그리스도에 관한 세 가지 모습**을 발견할 수 있습니다.

첫째, 예수님은 일곱 촛대 사이에서 오른손에 일곱별을 잡고 있는 분이십니다.

일곱 촛대는 교회이며, 일곱별은 교회의 사자입니다. 그 분은 발에 끌리는 옷을 입고 허리에 금띠를 띠고 머리와 털은 흰 양털 같으며 눈은 불꽃같습니다. 발은 풀무불에 단련한 빛난 주석같고 음성은 맑은 물소리 같습니다. 예수님의 모습은 이처럼 거룩합니다. 거룩한 예수님과 연합하기에 부족함이 없는 거룩한 성도가 되십시오.(마 16:18)

둘째, 예수님은 검과 힘이 있는 분이십니다.

예수님은 말씀으로 오셨습니다. 그리고 그 말씀은 곧 하나님입니다. 그 말씀은 좌우에 날선 어떤 검보다도 예리하여 혼과 영과 및 관절과 골수를 찔러 쪼개기까지 하며 또 마음의 생각과 뜻을 판단합니다. 예수님에게는 세상을 이길 강력한 힘이 있습니다. 예수님과 연합하여 세상을 비추는 빛이 되십시오.(히 4:12)

셋째, 예수님은 생명과 죽음의 열쇠를 가지신 분이십니다.

예수님은 부활의 첫 열매이십니다. 예수님은 '살아 있는 자'이십니다. 예수님은 부활이요 생명이기 때문에, 그분을 믿으면 죽어도 살고, 무릇 살아 있는 자는 영원히 죽지 아니합니다. 예수님을 믿는 사람은 사망의 두려움에 사로잡혀 있을 이유가 없습니다. 생과 사를 주관하시는 예수님을 믿으십시오.(요일 4:18/ 마 10:31)

오늘 본문을 통해 다시 오실 예수님의 세 가지 모습을 배웠습니다. 전능하신 예수님은 교회들 사이에 계시며, 교회의 사자들, 곧 목회자들을 오른손에 꼭 붙들고 계십니다. 예수님은 말씀을 주시는 분이시며, 사망과 음부의 열쇠를 가지신 분이십니다. 예수님을 믿는 자는 아무것도 두려워 할 것이 없습니다. **오늘도** 세세토록 살아 계시는 예수님을 의지하며 사십시오.

주님, 예수님을 신뢰함으로 담대하게 하소서!

오늘 특별 적용	
오늘 특별 감사	

138

주님의 서신

요한계시록 2장 1절부터 11절을 읽으십시오.
① 에베소 교회에게 주께서 요구하신 것은 무엇인가?(5)
② 서머나 교회에게 무엇을 약속하셨는가?(10)

영국의 유명한 시인인 테니슨이 친구와 함께 산책을 하고 있었습니다. 독실한 신자였던 테니슨과 친구는 신앙에 대해서 함께 대화를 나누고 있었는데, 문득 한 친구가 물었습니다.

"테니슨, 자네는 예수 그리스도에 대해서 어떻게 생각하나?"

테니슨은 잠시 묵상을 한 뒤 곧 기다란 해바라기 앞에 다가가 꽃을 바라보며 말했습니다.

"나는 이 해바라기이고, 예수님은 저 태양이네. 나는 주님을 바라보고 따라다니지 않을 수 없고, 또한 주님이 주시는 빛과 에너지가 없다면 죽을 수밖에 없는 존재라네."

예수님 때문에 우리가 존재할 수 있었고, 또한 새로운 생명을 얻을 수 있습니다. 그리고 이를 통해 예수님과 아름다운 관계를 가진 성도와 교회의 모습으로 다시 태어날 수 있게 되었습니다.

요한계시록 2장 1절부터 11절에는 에베소 교회와 서머나 교회에게 보내는 주님의 서신이 기록되어 있습니다. 주님은 소아시아의 일곱 교회에게 각 교회의 상황에 맞는 교훈을 주셨습니다. 일곱 교회는 모든 시대, 모든 그리스도인을 대표한다고 보는 것이 가장 건전한 해석인데, 우리는 오늘 본문을 통해 **교회가 반드시 가져야 하는 세 가지 신앙적 원칙**에 대해서 배워야 합니다.

첫째, 모든 교회는 주님께 평가받습니다.

주님은 에베소 교회의 '행위와 수고와 인내'에 대해서 알고 있다고 말씀하셨습니다. 악한 자를 용납하지 아니한 것과 거짓을 들어낸 것도, 주님의 이름을 위하여 견디고 게으르지 아니한 것도 알고 있다고 하셨습니다. 우리의 모든 것을 은밀한 중에 헤아리고 기억하시는 주님, 그리고 그대로 상 주실 주님을 잊지 마십시오.(말 3:16)

둘째, 교회는 첫사랑을 지켜야 합니다.

주님은 십자가 사랑으로 우리를 죄와 심판에서 구원하여 주셨습니다. 그래서 우리는 하나님과 자녀 관계를 맺게 되었습니다. 이제 우리는 주님과의 사랑의 교제를 천국에 입성하는 그 날까지 지속적으로 가져야 합니다. 주님과 사랑의 교제를 가지지 않는다면 주님이 책망하십니다. 주님을 향한 첫사랑을 끝까지 가지고 가십시오.(요일 4:11)

셋째, 교회는 죽도록 충성해야 합니다.

서머나 교회는 신앙으로 인한 극한 환난 때문에 궁핍한 처지에 있었습니다. 그런데 주님은 그들을 향하여 '부요한 자' 라고 말씀하십니다. 환경은 어려울지언정 그들의 심령에는 주님의 은혜가 충만했기 때문입니다. 장차 받을 고난을 두려워하지 말고 어떤 시련이 와도 주님께 충성하므로 생명의 면류관을 받으십시오.(딤후 4:8)

오늘 본문을 통해 교회가 가져야 할 세 가지 신앙 원칙을 배웠습니다. 우리의 신앙과 행위에는 주님의 평가가 있습니다. 하나님의 자녀가 된 우리는 이제 주님과 사랑의 교제를 지속해야 합니다. 신앙에 어떤 시련이나 어려움이 와도 주님을 위해 죽도록 충성해야 합니다.
오늘도 주님과 사랑의 교제를 지속하십시오.

주님, 죽도록 충성하는 자가 될 수 있도록 힘을 주소서!

오늘 특별 적용	
오늘 특별 감사	

139

특별한 주의사항

요한계시록 2장 12절부터 29절을 읽으십시오.
① 회개하지 않으면 어떻게 되는가?(16)
② 주님은 어떤 분이신가?(23)

기독교가 공인되기 전의 로마는 기독교를 심하게 핍박했습니다.
그중에도 디오클레션이라는 황제의 핍박이 가장 심했습니다. 그는 기독교를
증오했던 사람이었기 때문에 기독교인을 죽이고 성경을 불태우는 일에 특히
나 힘을 쏟았습니다. 어찌나 핍박이 심했던지 그 당시의 로마에 있던 성경이
남아 있는 것이 없을 정도였습니다. 기독교인들은 핍박을 피해 지하로 숨어
들어가 공동체 생활을 하기 시작했습니다. 눈앞에서 기독교인들이 모두 사라
진 것을 보고 디오클레션은 기독교의 박멸을 축하하기 위해 '기독교는 끝났
다. 로마의 신들을 숭배하라' 라고 새겨진 기념주화를 만들었습니다. 그러나
지하로 숨어 들었던 성도들의 신앙은 오늘날에도 당당히 존재하고 있고, 땅
위에서 승리를 자축하던 디오클레션은 자취를 감추었습니다.
진리를 감추고 성령을 가리기 위한 악한 영들의 시도는 점점 거세질 것입니
다. 담대한 성도들로 인해 재림의 영광이 다시 오는 날까지 구원의 소식은 당
당히 퍼져 나갈 것입니다.

요한계시록 2장 12절부터 29절에는 버가모 교회와 두아디라 교회에서 보내
는 주님의 서신이 기록되어 있습니다. 예수님은 믿음을 무엇보다 중요하게
여기시고 음행을 싫어하십니다. 우리는 오늘 본문을 통해 **신앙생활에 있어
서 조심해야할 세 가지 요소**에 대해서 살펴봐야 합니다.

첫째, 사탄의 권좌를 조심해야 합니다.
버가모 교회에는 사탄의 권좌가 있었습니다. 그 권좌의 힘으로 주님의 충성
된 증인 안디바가 순교를 당했습니다. 아직도 이 지구상에는 복음 전파로 인
해 순교를 당하는 그리스도인들이 상당수 있습니다. 세상 정부와 체제를 통
하여 복음의 말씀을 가로막는 사탄의 권좌, 곧 사탄의 견고의 진을 늘 조심해
야 합니다. 그리스도인의 싸움은 하늘에 있는 악의 영들을 상대하는 것이라

는 사실을 기억하십시오. (엡 6:12)

둘째, 이단을 조심해야 합니다.
구약에는 발람의 교훈을 지키는 자들이, 버가모 교회에는 니골라 당의 교훈을 지키는 자들이 있었습니다. 그리고 지금 시대에도 각종 이단들이 걸림돌을 놓아 믿음을 방해하는 일들을 하고 있습니다. 말씀의 검으로 이단의 유혹을 이겨내십시오. (요이 1:10)

셋째, 음행을 조심해야 합니다.
주님을 위한 사업과 사랑과 믿음과 섬김과 인내가 넘친다고 해도 음행에 빠지게 되면 그 모든 것이 허사가 되고 맙니다. 두아디라 교회는 자칭 선지자라 하는 여자 이세벨을 용납하여 음행의 죄를 범하게 되었습니다. 마지막 때일수록 음행을 조심하십시오. (고전 6:18)

오늘 본문을 통해 신앙생활에 있어서 조심해야 할 세 가지 요소에 대하여 배웠습니다. 사탄이 설치해 놓은 견고한 진과 이단의 가르침, 그리고 음행에 빠지지 않도록 늘 조심하며 살아야 합니다.
오늘도 신앙의 싸움에서 승리하는 그리스도인이 되십시오.

주님, 성령의 권능으로 승리의 삶을 살게 하소서!

오늘 특별 적용	
오늘 특별 감사	

140

주님의 기쁨

요한계시록 3장 1절부터 13절을 읽으십시오.
① 도둑같이 임하는 재림은 어떤 자에게 해당하는가?(3)
② 속히 오실 예수님을 맞을 최선의 준비는 무엇인가?(11)

쾌락을 사랑하던 시인 바이런은 인생의 말년에 이런 시를 남겼습니다.
'인생은 벌레같은 것, 늙음과 슬픔 앞에서는 쾌락도 소용없다네'
제이 골드라는 백만장자는 이런 유언을 남겼습니다.
'나는 세상에서 가장 불행한 사람이다. 재물이 나를 불행하게 만들었다. 명예도 행복을 보장해주지는 않았다'
베콘스 필드라는 귀족은 이런 말을 했습니다.
'나의 젊은 시절은 온통 실수, 실수뿐이었다네, 중년의 때는 관심과 욕심의 노예였지, 이제와 돌이켜보니 남는 것은 후회뿐이라네'
세상에서는 그 누구도 기쁨과 만족을 찾을 수는 없습니다. 하나님을 기쁘시게 하는 일이 곧 우리의 영원한 기쁨이라는 사실을 깨달아야 합니다.

요한계시록 3장 1절부터 13절에는 사데 교회와 빌라델비아 교회에게 보내는 주님의 서신이 기록되어 있습니다. 사데 교회는 단 하나의 칭찬도 없는 교회이고, 빌라델비아 교회는 책망이 전혀 없는 교회로 서로 큰 대비가 되고 있습니다. 우리는 오늘 본문을 통해 **주님이 기뻐하시는 세 가지 삶의 자세가** 무엇인지 기억해야 합니다.

첫째, 주님은 살아 있는 믿음을 기뻐하십니다.
주님은 겉으로는 살아 있는 것 같지만 실제로는 죽은 자가 있다고 하십니다. 하나님 앞에서 그 행위가 온전하지 않은 사람이 바로 이러한 사람입니다. 살아있는 믿음이란 선한 양심과 바르고 정직한 삶이 그 증거로 나타나는 것을 의미합니다. 믿음대로 실천하는 살아있는 믿음을 가지십시오.(벧전 3:16/ 시 15:2)

둘째, 주님은 말씀을 지키며 사는 것을 기뻐하십니다.

주님 앞에서는 능력의 크고 작음이 중요치 않습니다. 주님은 그 말씀을 지키며, 그분의 이름을 배반하지 아니하는 것을 귀하게 보십니다. 지극히 작은 것에 충성된 자는 큰 것에도 충성되지만, 지극히 작은 것에 불의한 자는 큰 것에도 불의하게 마련입니다. 작은 실천과 작은 순종으로 주님을 기쁘시게 하십시오.(눅 16:10)

셋째, 주님은 인내하며 사는 것을 기뻐하십니다.

인내란 '오랜 시간 고통을 당한다' 는 뜻입니다. 아직 온 세상에 임하여 땅에 거하는 자들을 시험할 때가 도래하지 않았습니다. 주님은 오늘날 말씀을 붙잡고 인내하며 사는 사람들을 기뻐하십니다. 인내하는 자들에게 구원을 약속하신 주님의 말씀을 믿으십시오.(약 5:11)

오늘 본문을 통해 주님을 기쁘시게 하는 성도의 세 가지 삶의 자세를 배웠습니다. 실제로 살아 있는 믿음을 가지고 작은 것에서부터 주님의 말씀을 지키며 살며 주님을 위해 인내하는 사람이 주님이 찾으시는 사람입니다.
오늘도 주님을 기쁘시게 해드리는 실천을 행하십시오.

주님, 산 믿음을 가지고서 주님을 기쁘시게 해드리며 살게 하소서!

오늘 특별 적용	
오늘 특별 감사	

141

주님의 요구

요한계시록 3장 14절부터 22절을 읽으십시오.
① 주님이 원하시는 바는 무엇인가?(15)
② 오늘날 계속되는 주님의 초청은 무엇인가?(20)

아프리카의 성자 슈바이처 박사의 희생은 정말로 대단했습니다.
슈바이처 박사가 독사와 악어가 많아 아프리카에서도 가장 위험한 랑바라네 지역에 병원을 세우러 들어간 적이 있었습니다. 그것은 단지 40여 채의 가구가 전부인 한 부족을 위해서였습니다. 그런데 사람들은 그런 슈바이처 박사를 의심하고 또한 진료를 받는 것을 두려워했습니다. 한 번은 이런 환경과 대우를 견디지 못한 슈바이처 박사가 크게 화를 내며 말했습니다.

"이런 야만인들을 위해서 내가 이런 곳에 왔단 말인가? 정말 나같은 바보가 세상에 어디 있단 말인가?"

그러자 옆에서 슈바이처를 돌보던 원주민이 다음과 같이 지혜로운 대답을 했습니다.

"맞습니다. 선생님은 분명 세상에서 제일가는 바보입니다. 그러나 천국에서는 그렇지 않을 겁니다."

하나님은 때로 자신이 보기에도 바보같을 정도의 헌신을 요구하십니다. 그리고 우리가 하나님의 그런 부르심에 응답할 때 진정한 말씀의 능력이 임하는 삶이 시작됩니다.

요한계시록 3장 14절부터 22절에는 라오디게아 교회에게 보내는 주님의 서신이 기록되어 있습니다. 다수의 성경학자들은 현대교회는 라오디게아 교회를 가장 많이 닮았다고 말합니다. 따라서 우리는 본문의 내용을 통해 더욱 큰 교훈을 얻을 수 있습니다. 우리는 오늘 본문을 통해 **주님이 우리에게 요구하시는 세 가지 행위**가 무엇인지 배울 수 있습니다.

첫째, 주님은 우리가 마음을 정하기를 원하십니다.
라오디게아에 흐르는 온천수는 미지근한 상태로서 도무지 속이 미식거려서 마실 수 없다고 합니다. 그리고 우리의 신앙생활도 이처럼 미지근하여 뜨겁지도 아니하고 차지도 아니하면 예수님께서도 그 입에서 우리를 토하여 버리 겠다고 말씀하셨습니다. 부지런하여 게으르지 않고 뜨거운 열정으로 주님을 섬기십시오.(롬 12:11)

둘째, 주님은 우리가 자신을 제대로 알기를 원하십니다.
주님이 보시는 것은 사람의 그것과 같지 않습니다. 많은 재물을 가졌다 하더 라도 구원이 없으면 주님이 보시기엔 곤고하고, 가련하고, 가난하고, 눈멀고, 벌거벗은 자일뿐입니다. 우리의 세상적인 모습으로 스스로를 판단하고 평가 하지 말고 오직 주님의 구원과 은혜가 있는 지로 판단하십시오.(고후 11:2)

셋째, 주님은 우리와 깊은 교제를 가지기를 원하십니다.
문 밖에 서서 두드리는 주님께서는 우리를 초청하고 계십니다. 저녁 만찬은 해질 무렵에서 시작하여 한밤중까지 지속되는 긴긴 식사입니다. 이것은 오랜 시간동안 주님과 사귐을 가지는 교제를 뜻합니다. 65세에 하나님을 만난 에 녹은 그 후 300년간 하나님과 동행하는 삶을 살았습니다. 때의 늦음을 한탄하 지 말고 삶의 많은 부분을 주님을 위해 드리십시오.(요일 1:3/ 창 5:22)

오늘 본문을 통해 주님이 요구하시는 세 가지 신앙 행위를 배웠습니다. 하나 님이 우리에게 바라는 것은 우리가 온전히 구원을 이루어 주님과 함께하는 것입니다.
오늘도 예수님과 동행하며 사십시오.

주님, 에녹같이 주 예수님과 늘 사귀며 살게 하소서!

오늘 특별 적용	
오늘 특별 감사	

142

하나님의 보좌

요한계시록 4장 1절부터 5절을 읽으십시오.
① 하늘에 열린 문에서 어떤 음성이 들렸는가?(1)
② 하나님의 보좌에 누가 둘러 앉았는가?(4)

1988년 서울에서 올림픽이 열렸을 때 그리피스 조이너라는 여자 육상선수가 있었습니다.

'당시 세계에서 가장 빠른 여자'로 유명했던 그녀는 올림픽에서도 당당히 금메달을 차지했는데, 금메달 수상 소감을 묻는 자리에서 미국의 한 기자가 '달리면서 어떤 생각을 하십니까?'라고 물었습니다. 그리피스는 이 질문을 들은 후에 1초도 지체하지 않고 대답했습니다.

"나의 승리로 하나님께 영광을 돌릴 것을 생각합니다. 나의 최선으로 경주에서 승리할 때 저는 인생에서 가장 큰 보람을 느낍니다."

하나님은 세상에서 가장 귀한 영광을 받으시기에 합당한 분입니다. 우리는 우리의 가진 모든 것으로 하나님을 높이고 경배해야 합니다.

요한계시록 4장 1절부터 5절에는 하늘에 열린 문으로 올라간 이야기가 기록되어 있습니다. 요한은 그곳에서 성령에 감동이 되어 하나님의 보좌를 목격하고 그 보좌가 어떠했는지를 기록했습니다. 우리는 오늘 본문을 통해 **하나님의 보좌에 관한 세 가지 사실을** 살펴볼 수 있습니다.

첫째, 보좌에 앉으신 이의 모양은 벽옥과 홍보석 같습니다.

벽옥은 '다양한 색채를 가진 보석'이며, 홍보석은 '붉은 색이 도는 루비 보석'을 뜻합니다. 이 모습을 통해 우리는 보좌에 앉으신 하나님의 아름다운 속성과 존귀하심을 상상해 볼 수 있습니다. 일찍이 욥은 하나님을 가리켜 "황금이나 수정이라도 비교할 수 없고 정금 장식품으로도 바꿀 수 없다"고 하였습니다. 그 어떤 보석으로도 다 표현할 수 없는 하나님의 존귀를 찬양하십시오.(욥 28:15-19)

둘째, 보좌에는 녹보석 모양의 무지개가 둘렸습니다.

녹보석은 선녹색을 띤 에메랄드를 뜻합니다. 이 무지개는 비온 뒤에 보이는 무지개가 아니라, 하나님을 표시하는 일종의 기호입니다. 이는 장차 전개될 심판은 주권자이신 하나님에 의한 것임을 분명히 고지해 주는 장면입니다. 하나님을 거부하는 사람들에게는 죽은 뒤 지옥에 가는 재앙이 내린다는 사실을 기억하십시오. (시 50:6)

셋째, 보좌에는 이십사 장로들이 둘려 앉아 있습니다.

이십사 장로는 구약과 신약을 대표하는 자들입니다. 그들은 모두 흰옷을 입고 머리에 금관을 쓰고 앉아 있습니다. 하나님의 심판은 구약과 신약에 철저하게 예고되어 있었습니다. 보좌 앞에 켜 있는 등불 일곱이 있는데, 이는 하나님의 일곱 영이라고 하였습니다. 성경의 저자이신 성령께서 주도하시는 마지막 심판을 구원으로 피하십시오. (요 16:8)

오늘 본문을 통해 하나님의 보좌에 관한 세 가지 사실을 배웠습니다. 하나님이 내리시는 심판은 구약과 신약에서 성령님이 이미 예고하신 것이고, 그 심판을 행하시는 하나님은 그 무엇과도 견줄 수 없는 존귀하신 분이시며, 심판의 주체는 무지개가 둘러 있는 하나님 자신이심을 알 수 있습니다.
오늘도 최종 심판의 권세는 하나님께 있음을 확신하십시오.

주님, 심판의 결정권자는 하나님이심을 늘 마음에 품고 살게 하소서!

오늘 특별 적용	
오늘 특별 감사	

143

선포해야할 사실

요한계시록 4장 6절부터 11절을 읽으십시오.
① 네 생물이 밤낮 쉬지 않고 말하는 것은 무슨 내용인가?(8)
② 이십사 장로들이 자기의 관을 보좌 앞에 드리며 무엇이라
　고 말하는가?(11)

제임스 패커는 자신의 저서 '견고한 크리스천' 에서 하나님께 영광을 돌리고자 노력하는 사람들에게 가장 중요한 두 가지 질문에 대해서 말했습니다.
첫 번째 질문 - '내가 칭찬받을 때 기분이 좋아지는가?
두 번째 질문 - '사람들이 나의 일로 하나님을 칭찬할 때 기분이 불쾌해지는가?
교만을 부르는 죄의 원리는 '영광은 하나님이 아니라 나의 것이다' 라는 생각에서 나오기 때문에 이 질문을 통해 스스로를 돌아보고 진정으로 하나님을 인정하는 사람만이 참된 영광을 하나님께 돌릴 수 있기 때문입니다.
모든 영광은 하나님께 있으며, 오직 하나님만이 우리의 영광을 받으시기에 합당한 분이십니다. 나의 능력의 근원이 나오는 곳이 하나님으로부터라는 사실을 항상 잊지 말고 모든 영광을 하나님께 돌리십시오.

요한계시록 4장 6절부터 11절에는 보좌 앞에 있는 네 생물과 이십사 장로들의 고백이 기록되어 있습니다. 네 생물은 천사의 일종으로 이들은 하나님의 영광을 드러내는 역할을 합니다. 우리는 오늘 본문을 통해 **우리가 선포해야할 세 가지 사실**에 대해서 알아야 합니다.

첫째, 하나님의 전능하심에 합당한 영광을 선포해야 합니다.
네 생물은 '거룩하다' 라는 메시지를 세 번 선포합니다. 이는 '예배 받으시기에 합당하다' 는 의미입니다. 여기서 전능하시다는 것은 '모든 것을 통치하신다' 는 뜻입니다. 전에도 계셨고, 이제도 계시고, 장차 오실 주 하나님, 곧 전능하신 분께 온전한 예배를 드려 합당한 영광을 선포하십시오.(시 29:2)

둘째, 하나님의 존귀를 선포해야 합니다.
영광은 '판단' 할 자격이 있으시다는 뜻이며, 존귀란 '지불할 만한 가치가 충

분하다' 는 의미입니다. 하나님은 죄와 세상을 심판할 자격을 갖추신 분입니다. 주님은 이미 모든 값을 다 지불해 놓으신 상태이기 때문에 이 세상을 그 뜻에 따라 완전히 파멸시킨다 해도 아무도 그 책임을 물을 수 없는 분이십니다. 존귀한 하나님께 마땅한 감사를 드리며 세상에 선포하십시오.(시 50:23)

셋째, 하나님의 주권을 선포해야 합니다.
이십사 장로들은 그분이 영광과 존귀 외에, 권능을 받으시는 것이 합당하다고 선포합니다. 여기서 권능이란 '본래 가지고 있는 능력' 을 의미합니다. 주님은 그 능력으로 만물을 지으셨습니다. 그래서 만물이 존재할 수 있었고, 또한 만물에 대한 주권이 하나님께 있습니다. 모든 만물의 주권이 하나님께 있음을 선포하십시오.(단 4:35)

오늘 본문을 통해 우리가 하나님에 관하여 선포해야 될 세 가지 사실을 배웠습니다. 전능하신 하나님은 모든 것을 통치하는 분이십니다. 만물이 그분에 의해서 지으심을 받았기 때문에 우리는 그 사실을 믿고 선포해야 합니다. **오늘도** 하나님의 통치하심을 확신하며 선포하십시오.

주님, 창조주이신 주님을 예배하며 사는 자가 되게 하소서!

오늘 특별 적용	
오늘 특별 감사	

어린 양의 죽음

요한계시록 5장 1절부터 8절을 읽으십시오.
① 두루마리의 일곱 인을 뗄 수 있는 자는 누구인가?(5)
② 우리는 무엇을 위해 기도해야 하는가?(8)

펠리컨은 조류 중에 가장 모성애가 강한 새입니다.

새들은 보통 알을 낳고도 신경 쓰지 않거나, 도태되는 새끼들은 보살피지 않는 것이 일반적입니다. 설령 보살핀다고 하더라도 돌봐주는 기간이 오랜 경우가 극히 드뭅니다. 그러나 펠리컨은 자신이 낳은 새끼를 위해 모든 것을 희생합니다. 새끼들에게 줄 먹이가 없으면 자신의 살을 뜯어 먹이며, 새끼들에게 줄 물이 없으면 자신의 피를 먹입니다. 펠리컨은 새끼를 살리기 위해 기꺼이 죽음까지도 선택합니다. 그래서 서양 문화권에서는 예전부터 펠리컨을 사랑과 희생의 상징으로 여기고 있습니다.

남을 위한 희생만큼 고귀한 것은 없습니다. 예수님의 사랑과 희생이 고귀한 것은 그것이 온 인류를 위한 가장 큰 희생이었기 때문입니다.

요한계시록 5장 1절부터 8절에는 일곱 인으로 봉인된 두루마리에 대하여 기록되어 있습니다. 그러나 그 두루마기는 아무나 만질 수가 없고, 그 인을 떼기에 합당한 사람은 어린 양이신 그리스도뿐입니다. 우리는 오늘 본문을 통해 **죽임을 당하신 어린 양의 세 가지 모습**에 대해서 알아야 합니다.

첫째, 유대 지파의 사자의 모습입니다.

사자는 유대 지파를 나타내는 동물입니다. 그 유대 지파에게서 영원한 왕이 나신다는 예언은 그대로 이루어졌고, 유대 땅 베들레헴에서 예수님께서 다스리는 자로 태어나셨습니다. 그리고 그 분은 이스라엘과 모든 사람들의 목자가 되셨습니다. 예언대로 이 땅에 태어나신 예수님을 영접하십시오. (창 49:9,10 / 사 65:9 / 믹 5:2)

둘째, 다윗의 뿌리입니다.

구약의 선지자들은 그리스도가 이새의 뿌리에서 한 싹으로 나서 만민의 기치로 설 것이고, 열방이 그에게로 돌아올 것이라고 하였습니다. 그리고 그리스도를 통해 열방이 소망을 가지게 될 것이라고 하였습니다. 다윗의 뿌리로 오신 분은 우리의 구주이신 예수님이십니다. 그리스도를 통해 열방을 회복시킬 소망을 품으십시오. (사 11:1,10/ 롬 15:12)

셋째, 대속의 모습입니다.
어린 양인 예수님이 죽임을 당해야 했던 것은 인류의 죄를 구원하기 위해서입니다. 본문에 나오는 일곱 뿔은 영광과 존귀를 상징하고 일곱 눈은 온 땅에 보내심을 받은 하나님의 일곱 영, 곧 성령님을 뜻합니다. 대속 제물로 하나님의 뜻을 세상에서 이루신 예수님은 하늘의 천사와 장로들의 경배를 받으시기에 부족함이 없는 분입니다. 주님의 희생과 사랑을 기억하며 주님께 경배하십시오. (사 53:10)

오늘 본문을 통해 죽임을 당하신 어린 양의 세 가지 모습에 대해서 배웠습니다. 그리스도이신 예수님은 유대 지파의 사자이며, 다윗의 뿌리로서 경배를 받으시기에 합당하신 예수님이시며 우리의 구세주요 주님이십니다.
오늘도 예수님을 경배하며 높이십시오.

주님, 찬양과 경배와 높임을 홀로 받으소서!

오늘 특별 적용	
오늘 특별 감사	

145

새노래의 찬양

요한계시록 5장 9절부터 14절을 읽으십시오.
① 네 생물과 이십사 장로들은 어떤 노래를 불렀는가??(9)
② 어린양에게 어떤 자들이 찬양을 돌렸는가?(11,13)

아바타에 이어 역대 영화 중 두 번째로 크게 흥행을 한 타이타닉에는 그리스도인들이 더욱 주의 깊게 봐야 할 감동적인 장면이 있습니다.

영화의 끝 부분에 배가 침몰하는 순간 선박 안에서 연주를 담당하던 밴드 8명은 사람들을 진정시키기 위해서 혼란 속에서도 평정심을 잃지 않습니다. 오히려 공포에 질린 사람들을 위로하기 위해서 단원들은 배의 여기저기를 찾아다니며 안정을 주는 노래를 연주합니다. 특히나 침몰하는 순간에는 찬송가 338장인 '내 주를 가까이 하게 함은' 이라는 곡을 연주함으로 마지막 시간까지 사람들을 위한 아름다운 희생의 모습을 보였습니다

단원들 모두가 죽을 목숨이라는 것을 알고 있었지만 그들은 죽음을 두려워하지 않고 자신들의 사명을 묵묵히 감당했습니다. 아름다운 희생과 용기로 드려진 그들의 마지막 찬양은 주님께서 더욱 기쁘게 받으셨을 것입니다.

요한계시록 5장 9절부터 14절에는 어린 양에게 드려지는 찬양이 기록되어 있습니다. 세상 죄를 위해서 죽임을 당하신 어린 양 예수님에게는 찬송과 존귀와 영광을 세세토록 올려드려야 마땅합니다. 우리는 오늘 본문을 통해 **하나님을 찬양하는 세 가지 존재에 대해서** 살펴봐야 합니다.

첫째, 새 노래를 부르는 이십사 장로들이 있습니다.
이십사 장로들은 우리를 위해 희생하신 주님을 새 노래로 높이고 찬양합니다. 새 노래란 '단 한 번도 부르지 않았던 탁월한 노래' 로 오직 하나님께 드리기 위해서만 불러지는 찬양입니다. 우리의 구원은 큰 자랑입니다. 구원의 기쁨으로 인해 나오는 새 노래로 주님을 찬양하십시오.(시 96:1)

둘째, 큰 음성의 많은 천사들이 있습니다.
이십사 장로들뿐 아니라 하늘의 모든 천사들도 일시에 큰 음성으로 죽임당

하신 어린 양을 찬송합니다. 하늘의 소리로 주님을 높이는 그 찬양은 우리의 상상을 초월할 정도로 웅장하고 놀라울 것입니다. 하나님은 이런 찬양으로 높임을 받기에 합당하십니다. 할 수 있는 가장 큰 목소리로 주님을 높이십시오.(시 48:1)

셋째, 모든 피조물들이 있습니다.
하늘의 존재만이 아니라 땅의 모든 피조물들도 주님을 찬양해야 합니다. 하늘 아래와 땅 위에와 땅 아래와 바다 속의 모든 피조물들은 보좌에 앉으신 이와 어린 양을 향하여 찬양을 드립니다. 만물이 하나가 되어 창조주이시며 구원자이신 하나님을 찬송해야 합니다. 우리의 찬양을 기뻐하시는 하나님께 더욱 더 큰 찬양을 드리십시오.(시113:3)

오늘 본문을 통해 하나님을 찬양하는 세 가지 존재에 대해서 배웠습니다. 찬양은 교회에 다니는 몇 몇 사람들의 입에서만 불리는 것이 아닙니다. 천상의 존재들, 모든 천사들, 세상의 모든 만물들이 영원토록 드려야 할 즐거운 경배입니다.
오늘도 주님을 경배하며 크게 찬양하십시오.

주님, 영원토록 우리의 찬양과 경배를 받으옵소서!

오늘 특별 적용	
오늘 특별 감사	

146

하나님의 심판

요한계시록 6장 1절부터 8절을 읽으십시오.
① 봉인을 떼는 분은 누구인가?(1)
② 봉인을 뗄 때 등장하는 말은 무엇인가?(2-5,8)

O. J. 심슨 사건이라는 유명한 살인사건이 있습니다.

미국의 유명한 미식축구 선수이자 영화배우이던 O. J. 심슨이 전 아내와 그의 애인을 살해한 혐의로 기소되었습니다. 현장에서는 심슨과 동일한 DNA까지 채취되었고, 여러 정황상 심슨의 혐의가 거의 확실시 되었습니다. 그러나 심슨이 고용한 최고의 변호사들은 교묘한 논리와 궤변으로 검사들의 주장을 모두 뒤엎었습니다. 결국 심슨은 무죄판결을 받았으나, 나중에 변호사들의 주장을 접한 수학자들과 과학자들은 엉터리 수학과 궤변에 재판부가 속았다고 주장했습니다. 그러나 이미 내려진 판결은 뒤바뀔 수 없었고, 재판은 그대로 무죄로 판결이 난 상태로 종결되었습니다. 심슨은 비록 큰 액수의 벌금은 물게 되었지만 어떤 형사 처분도 받지 않았습니다.

공정한 판결을 위한 수많은 제도와 장치가 있지만 사람의 심판은 그럼에도 불안합니다. 온전히 정의를 가리고 심판할 수 있는 것은 오직 선하신 하나님 뿐입니다.

요한계시록 6장 1절부터 8절에는 봉인이 떼어질 때마다 벌어지는 지상의 심판이 기록되어 있습니다. 요한계시록에 등장하는 상징들은 그 해석이 쉽지 않기 때문에 종말에 관련한 성경의 예언을 억지로 푸는 것보다 먼저 말씀 그대로 이해하는 일이 우선되어야 합니다. 우리는 오늘 본문을 통해 **심판의 때에 일어날 세 가지 변화**가 무엇인지 알 수 있습니다.

첫째, 세계 곳곳에 전쟁이 벌어집니다.

나훔의 예언을 보면 말은 세상에 발발하는 전쟁을 상징합니다. 어린 양이 봉인을 떼자 흰 말과 기수가 등장하고, 둘째 인을 떼자 붉은 말이 나옵니다. 셋째 인을 떼자 검은 말이 나타나며, 넷째 인을 떼자 청황색이 말이 나옵니다. 이는 세계 곳곳에서 벌어질 참혹한 전쟁을 의미합니다. 세상에 평화보다 전쟁의

소식이 더 늘어갈 때를 조심하십시오. (나 3:2~3)

둘째, 세상에 화평이 사라집니다.

붉은 말이 등장하면서 세상에서 화평이 제거됩니다. 세상에는 끊이지 않는 전쟁 속에서도 작은 평화들이 유지되어 왔지만 그때에는 화평이 사라지고 뒤이어서 식량의 대란이 찾아오게 됩니다. 마지막 때에 예수님이 주시는 복음을 거부하는 사람들은 결국 평화없는 세상에서 큰 심판을 받는다는 사실을 기억하십시오. (삼상 2:30)

셋째, 마지막 심판에는 죽음이 등장합니다.

전쟁이 벌어지며 수많은 승자와 패자가 가려지고, 그 과정을 통해 수많은 목숨이 죽음을 당합니다. 청황색 말의 등장과 더불어 사망과 음부가 그 뒤를 따릅니다. 땅 사분의 일이 검과 흉년과 사망과 땅의 짐승으로 말미암아 죽임을 당합니다. 은혜의 때며 구원의 날인 이 시대가 마감되면 큰 심판이 벌어진다는 것을 잊지 마십시오. (고후 6:2)

오늘 본문을 통해 심판의 때에 일어날 세 가지 변화에 대해서 배웠습니다. 그 날에는 세상에 전쟁과 혼란과 고통뿐이며, 평화는 세상 그 어디에서도 찾지 못합니다. 죽음이 득세하기 전인 지금의 시대에 구원을 받고 은혜를 누려야 합니다.

오늘도 주님이 선물해 주신 구원과 화평을 감사하십시오.

주님! 받은 은혜와 구원으로 심판을 피하게 하소서!

오늘 특별 적용	
오늘 특별 감사	

147

진노의 날

요한계시록 6장 9절부터 17절을 읽으십시오.
① 순교의 원인은 무엇인가?(9)
② 심판받는 자의 절규는 무엇인가?(16)

세계 2차 대전이 끝날 무렵의 일입니다.

일본 히로시마 상공에 미국 비행기 수십 대가 날아다니면서 전단지를 뿌려대었습니다.

'히로시마 시민에게 경고한다. 모든 시민은 8월 6일이 오기 전에 모두 최소 20Km 이상 멀리 떨어진 곳으로 대피하라'

미국 공군은 전쟁을 종결짓기 위해서 원자폭탄을 투하하려고 했던 것입니다. 그러나 전쟁 중에 영문 모를 이런 경고장에 아무도 신경을 쓰지 않았습니다. 그저 혼란을 유도하기 위한 계책일 것이라고 생각해, 정부도 대피를 시키지 않았고, 몇몇 사람들을 제외하고는 아무도 피란을 떠나지 않았습니다. 그러나 경고를 무시한 대가가 얼마나 참혹하게 일어났는지 우리는 역사를 통해 알고 있습니다. 핵폭탄의 투하는 마땅히 지탄받아야 할 일입니다. 그러나 경고의 때를 알고 화를 피하는 지혜도 필요합니다.

내일은 우리에게 아직 허락된 것이 아닙니다. 그러므로 늘 준비하는 마음으로 하나님의 경고를 예의주시하며 살아야 합니다.

요한계시록 6장 9절부터 17절에는 다섯 째 인과 여섯 째 인이 떼어질 때 각각 등장하는 두 부류의 사람에 대해서 기록되어 있습니다. 두 사람은 거룩한 자와 그렇지 못한 자로 심판이라는 마지막 때에도 알곡과 쭉정이가 구별되어 가려집니다. 우리는 오늘 본문을 통해 **진노의 날에 닥칠 세 가지 큰 사건에** 대해서 알아야 합니다.

첫째, 순교자들의 신원이 있을 것입니다.

본문에는 하나님의 말씀과 그것을 증언하던 일로 인하여 죽임을 당한 성도들이 절규가 기록되어 있습니다. 그들은 큰 소리로 그들의 피에 대한 복수를 요청하는 청원을 올립니다. 그러자 그들 각자에게 흰 두루마기 예복이 주어집

니다. 그리고 순교자의 수가 찰 때까지 기다리라는 말씀이 전해집니다. 하나
님은 성도들의 희생을 잊지 않으신다는 것을 깨달으십시오. (사 34:8/ 잠 22:23)

둘째, 경천동지할 일이 있을 것입니다.
여섯째 인이 떼어지자 큰 지진이 일어나고, 해가 검어지고, 달이 피같이 되고,
하늘은 두루마리처럼 말려 떠나가고, 각 산과 섬이 제 자리에서 옮겨집니다.
그리고 교회와 신앙인을 핍박하던 세상의 권력자들과 부자와 종과 자유인들
이 하나님의 진노를 피하려고 숨기 시작합니다. 세상을 벗하여 하나님의 진
노를 당하지 말고 거룩한 순종으로 진노를 피하십시오.(시 59:13/ 애 3:43)

셋째, 불신자들을 위한 진노의 큰 날이 있을 것입니다.
마지막 심판은 불신자를 향한 진노가 퍼부어지는 아무도 능히 설 수 없는 날
입니다. 주님의 자비와 사랑을 거절한 대가는 가혹하리만큼 매우 처절하고
혹독합니다. 세상의 마지막에 더 이상의 기회는 없고 오직 공의의 심판만이
있습니다. 하나님을 외면하지 말고 그분의 사랑을 거절하지 마십시오.(시
2:12/ 행 7:42)

오늘 본문을 통해 진노의 날에 닥칠 세 가지 큰 사건에 대해서 배웠습니다.
순교자의 정신으로 말씀을 지키며, 증거하며 살아야 너 많은 시체들이 복음
을 영접하고 불신자를 위한 진노의 큰 날을 피할 수 있습니다.
오늘도 평안의 복음을 전하고 주님께 감사를 드리십시오.

주님! 구원에 이르는 믿음을 마음에 품게 하소서!

오늘 특별 적용	
오늘 특별 감사	

148

십사만 사천 명

요한계시록 7장 1절부터 8절을 읽으십시오.
① 땅의 네 모퉁이에 선 네 천사는 무슨 일을 하고 있는가?(1)
② 인침을 받은 자들은 몇 명인가?(4)

국내의 한 이단이 주장했던 황당한 내용입니다.

구약의 이사야서에는 '여호와의 전의 산' 이라는 표현이 나옵니다. 그리고 이 산은 모든 산 위에 뛰어난 산이고 만방이 이리로 몰려올 것이라는 말씀이 뒤에 이어집니다. 그런데 이단들은 성경에 나온 '전의 산' 이 국내에 있는 '전의' 라는 이름을 가진 산이라고 아전인수 격으로 해석을 한 뒤 그곳이 성경에 나온 약속의 산이라며 연수원을 짓고 그곳을 중심으로 활동을 하고 있습니다. 그러나 성경은 한글이 원어로 쓰인 것이 아니며 전의 산 이라는 것 또한 여호와의 전을 나타내는 산이라는 뜻이라는 것은 누구나 알 수 있는 사실입니다.

이처럼 어리석기 짝이 없는 잘못된 교리를 아직도 믿고 따르는 많은 사람들이 있습니다. 그래서 성경의 여러 부분의 해석은 매우 조심해야 합니다. 또한 먼저 이성과 지성을 통한 이해를 넘어 영성의 이해로 이어져야합니다.

요한계시록 7장 1절부터 8절에는 인치심을 받은 사람들이 기록되어 있습니다. 인침을 받은 사람들을 나타내는 숫자인 14만 4천명은 매우 많은 이단들이 인용하는 구절이기도 합니다. 우리는 오늘 본문을 통해 **인침받은 사람들이 나타내는 세 가지 뜻이 무엇인지** 분명히 알아야 합니다.

첫째, 성도들이 인침을 받기 전에 땅은 해를 입지 않습니다.

때가 되면 동쪽의 천사가 '살아계신 하나님의 인' 을 가지고 올라옵니다. 하나님의 종들의 이마에 인을 치기까지는 권세를 받은 네 천사는 아무것도 하지 못합니다. 진노의 날에 임하는 심판은 자연의 재앙이나, 인류의 자멸이 아니라 철저히 하나님의 뜻에 의해 주도되는 심판입니다. 인침을 통한 '소유권의 표시' 가 있은 뒤에야 모든 해가 임합니다. 예수님을 믿기만 하면 받게 되는 구원으로 하나님의 자녀의 표를 받으십시오. (출 39:14/ 아 8:6/ 딤후 2:19)

둘째, 인침을 받은 성도의 수는 매우 많습니다.

원어에서는 십사만 사천(144,000)을 하나의 단어로 나타내지 않고 '백사십사'(144)의 '일천'(1,000)이라는 독특한 방식으로 표현했습니다. 여기서 144가 나타내는 것은 새 예루살렘의 성곽의 규빗의 길이고 1000이라는 숫자는 '아주 많다'로 해석하는 것이 옳다고 봐야 합니다. 따라서 십사만사천의 수는 글자 그대로가 아닌 자비와 긍휼을 입은 많은 사람들로 표현하는 것이 올바른 해석임을 알고 잘못된 해석에 넘어가지 마십시오. (욥 33:23/ 계 21:17)

셋째, 12는 성경이 말하는 상징적인 수입니다.

단 지파가 빠지고 레위 지파가 들어간 이스라엘의 12지파별로 12,000명씩 인침을 받는다는 말씀이 본문에 나와 있습니다. 그러나 이 숫자 역시 원어에는 12의 1000명이라는 방식으로 표기되어 있습니다. 앞의 12는 12지파, 12제자, 12보좌와 같이 '열두 개'가 아니라 하나님의 종들을 상징하는 숫자이고 뒤의 1000 역시 이들의 수가 많다는 것을 나타내는 것입니다. 바른 해석을 통해 이단의 어리석은 궤변을 물리치십시오. (마 9:20/ 눅 2:42/ 행 19:7)

오늘 본문을 통해 인침 받은 사람들이 나타내는 세 가지 뜻이 무엇인지 배웠습니다. 본문처럼 이단들이 많이 인용하고 곡해하는 부분에 대해서는 더욱 제대로 된 바른 해석을 철저히 새겨들어야 합니다.
오늘도 하나님의 종으로서의 정체성을 가지고 거짓을 무찌르십시오.

주님! 하나님의 종으로서 합당한 자가 되게 하소서!

오늘 특별 적용	
오늘 특별 감사	

149

환난

요한계시록 7장 9절부터 17절을 읽으십시오.
① 흰옷 입은 큰 무리의 정체는 무엇인가?(14)
② 해의 뜨거운 기운에 상하지 않는 이유는 무엇인가?(17)

돈키호테를 쓴 세르반테스의 일생입니다.

그는 가난한 집안에서 태어나 교육도 제대로 받지 못했습니다. 24세가 되던 해엔 전쟁에 나갔다가 팔을 다쳐 불구자가 되었습니다. 28세가 되던 해에는 적군에게 붙잡혀 포로로 5년간의 세월동안 감옥에 갇혀 있었습니다. 38세가 되어 작가의 길을 걸었으나 책이 도통 팔리지 않았고, 생활고를 해결하기 위해서 세금징수원이 되었지만 영수증을 잘못 발행해서 다시 옥에 갇혔습니다. 그러나 그 옥에서도 그는 펜을 놓지 않았고 결국 감옥 안에서 '돈키호테' 라는 명작을 남겼습니다.

역경으로 인해 잘못된 선택을 하는 사람들도 있지만 인내로 역경을 극복할 때 더욱 아름다운 열매를 맺게 됩니다.

요한계시록 7장 9절부터 17절에는 흰 옷을 입은 큰 무리가 등장하여 하나님을 찬양하는 장면이 기록되어 있습니다. 하나님을 웅장하게 찬양하는 이들은 큰 환난에서 나오는 자들이라고 성경은 말씀하고 있습니다. 우리는 오늘 본문을 통해 환난을 당한 성도에게 힘이 되는 세 가지 진리가 무엇인지 살펴볼 수 있습니다.

첫째, 환난을 이겨냄으로 찬양과 경배를 드릴 수 있습니다.

심판이 이루어지는 도중에도 각 나라와 족속과 백성과 방언에서 아무도 능히 셀 수 없는 큰 무리가 나와서 흰 옷을 갖춰 입고 손에는 종려 가지를 들고 보좌의 어린 양 앞에 서서 큰 소리로 찬양과 경배를 드립니다. 이것은 언제나 어느 때나 하나님에 대한 경배와 찬양을 멈추지 말아야 함을 뜻합니다. 큰 환난을 이겨냄으로 도리어 큰 찬송과 경배를 드리십시오.(시 119:71)

둘째, 보좌 위 어린 양을 목자로 모셔야 합니다.

사람의 힘으로는 작은 환난도 감당하지 못합니다. 그러나 주님은 감당치 못할 시험을 허락지 않으시고, 또한 시험당할 즈음에 피할 길을 만들어 내사 우리로 능히 감당하게 도우십니다. 주님을 목자로 섬기는 성도들은 다시는 주리지도, 목마르지도, 뜨거운 기운에 상하지도 아니합니다. 생명수 샘으로 인도하시는 주님을 따르십시오.(고전 10:13)

셋째, 하나님은 우리의 눈물을 닦아주십니다.

주님은 우리의 고초와 처지를 다 알고 계십니다. 이길 힘을 주시고, 견디게도 하십니다. 그리고 직접 우리 눈의 모든 눈물을 씻어 주십니다. 주님을 바라보며 끝까지 견디는 사람에게는 구원과 넘치는 위로가 입합니다. 사망을 영원히 멸하시고, 모든 수치를 제하여 주실 주님을 기다리십시오.(사 25:8)

오늘 본문을 통해 환난을 만난 성도에게 힘이 되는 세 가지 진리에 대해서 배웠습니다. 환난이 클수록 오히려 찬양과 경배의 소리를 높여야 합니다. 목자가 되신 예수님이 친히 우리를 위로하시고 환란을 이겨낼 힘을 주시기 때문입니다.
오늘도 목자이신 예수님을 힘입어 환난을 이기십시오.

주님! 큰 환난이라도 이길 수 있는 힘을 주옵소서!

오늘 특별 적용	
오늘 특별 감사	

150

기도의 위력

요한계시록 8장 1절부터 7절을 읽으십시오.
① 일곱 째 봉인과 일곱 나팔 심판 사이에 어떤 일이 일어났는가?(3)
② 첫 번째 나팔을 불자 어떤 일이 일어났는가?(7)

어떤 아들이 부모님에게 편지를 보냈습니다.

'부모님, 이번에 제가 새로운 사업을 시작합니다. 저를 위해 기도해주세요. 그리고 여유가 되시면 돈도 좀 붙여주세요'

사실 아들이 바란 것은 기도가 아니라 돈이었습니다. 은퇴한 선교사였던 노부부는 그나마 아들을 위해 여윳돈을 모아 60만 원 정도를 보내주었습니다. 아들은 액수를 확인한 뒤 크게 실망했지만, 자신을 믿고 뜨겁게 매일 기도해주는 부모님을 실망시키지 않게 하기 위해 열심히 일했습니다. 그리고 아들의 사업은 계속해서 번창해 나갔습니다. 나중에 아들은 부모님의 60만원보다도 기도가 훨씬 귀한 도움이 되었다는 사실을 깨달았습니다. 헨리 루스라는 이름을 가진 노부부의 아들은 '타임' 지의 창업자로 역사에 이름을 남겼습니다.

기도의 능력을 가장 쉽게 경험하는 방법은 실제로 체험해보는 것입니다. 말로 화려한 기도가 아니라 마음을 다하는 기도를 하나님은 기쁘게 들으시고 응답해주십니다.

요한계시록 8장 1절부터 7절에는 일곱 째 봉인이 떼인 뒤 일곱 나팔의 심판이 시작되는 장면이 기록되어 있습니다. 일곱 나팔 심판의 특징은 주로 자연계에 임하는 맹렬한 재앙입니다. 사람의 죄로 인해 공중의 권세 잡은 자로 인해 자연까지 심판을 받아야 하는 참담한 일이 그 때에 일어납니다. 우리는 오늘 본문을 통해 **성도가 드리는 기도의 세 가지 위력**을 발견합니다.

첫째, 성도의 기도는 하나님께 드리는 향기입니다.

하늘의 성소에 금으로 만든 향로가 있습니다. 보좌 앞에는 금으로 만든 제단이 있습니다. 거기에 모든 성도의 기도가 합하여져 하나님께 향기를 올립니다. 우리가 드리는 기도는 지상에서 사라지지 않고 하늘 보좌 앞 하나님의 금

제단에 금향로의 향기와 합하여 드려집니다. 우리의 기도를 소중히 여기는 하나님께 향기로운 마음을 올려 드리십시오.(스 6:10 / 히 9:4)

둘째, 성도의 기도는 천사를 부릅니다.
우리의 기도에는 천사들이 동원됩니다. 성도의 기도는 천사의 손으로부터 하나님 앞으로 올라갑니다. 우리가 기도할 때, 땅에서는 성령님께서 우리 기도의 중보가 되시고, 하나님 보좌 우편에서는 예수님이 친히 우리의 중보가 되십니다. 우리가 기도할 때 천사가 수종을 들고 있음을 기억하십시오.(행 10:4/ 롬 8:26,34)

셋째, 성도의 기도는 불의 위력이 있습니다.
천사가 향로를 가지고 제단의 불을 담아 땅에 쏟으니 우뢰와 음성과 번개와 지진이 일어납니다. 그 때, 첫 번째 나팔을 천사가 붑니다. 피 섞인 우박과 불이 나와서 땅에 쏟아지자, 땅과 수목의 삼분의 일이 타 버립니다. 성도의 기도는 땅에서 매면 하늘에서도 매이고 땅에서 풀면 하늘에서도 풀리는 위력이 있습니다. 기도로 통해 악한 죄의 모습을 태워버리십시오.(마 16:19/ 요 20:23)

오늘 본문을 통해 우리가 드리는 기도에 있는 세 가지 위력에 대해서 배웠습니다. 우리의 기도는 하나님께 올려 드리는 향기입니다. 우리가 기도할 때 천사도 활동합니다. 우리의 기도에는 만물을 불살라버리는 위력이 있다는 사실을 알고, 기도 생활을 더욱 신경 쓰십시오.
오늘도 쉬지 말고 기도하며 성도의 본분을 다하십시오.

주님! 응답의 확신을 가진 기도를 하게 하소서!

오늘 특별 적용	
오늘 특별 감사	

151

삼(3)이라는 숫자

요한계시록 8장 8절부터 13절을 읽으십시오.
① 나팔 심판에서 계속 반복되는 숫자는 무엇인가?(8~12)
② 독수리가 큰 소리로 화, 화, 화가 있으리라고 말한 이유는 무엇인가?(13)

2000년도 초반에 짬짜면이라는 것이 처음 나왔습니다.
그릇의 반을 갈라 짬뽕과 짜장면을 함께 먹을 수 있게 만든 것이었는데, 이 그릇이 발명된 이후 큰 인기를 끌어서 이제는 짬짜면이 아니라 여러 가지 분야의 다양한 퓨전 그릇까지 탄생했습니다. 이 그릇은 신사동의 한 중국집에서 배달하는 청년의 아이디어를 통해 만들어졌습니다. 너무도 간단하고 너무도 쉬운 일이었지만 그동안 아무도 이 아이디어를 생각해내지 못했습니다. 그리고 누군가 생각했다 해도 아마 여러 가지 귀찮음으로 인해 실행에 옮기지 않았을 것입니다. 그러나 배달원은 이 아이디어를 가지고 그릇을 만든 뒤 몇 백만 원을 내고 특허등록을 했는데, 이후에 10억이 넘는 수익을 올렸다고 합니다.
지혜는 어렵고 복잡한 것이 아닙니다. 겸손히 성경을 묵상하고 주님의 말씀을 경청하는 작은 노력으로도 우리는 충분히 지혜로워질 수 있습니다.

요한계시록 8장 8절부터 13절에는 둘째 나팔에서부터 넷째 나팔 심판까지의 내용이 기록되어 있습니다. 자연계에 내려진 재앙으로 생명 가진 피조물들과 사람이 죽는데 우리가 보는 성경에는 삼분의 일로 표시되어 있지만 원문에는 '세 번째'라고 되어 있습니다. 우리는 여기에서 **심판에서 계속해서 반복되는 삼이라는 숫자의 세 가지 의미를** 살펴볼 수 있습니다.

첫째, 헬라 사회의 핵심 사상입니다.
요한계시록의 배경이 되는 고대 헬라 사회에서는 삼이라는 숫자를 하나님을 상징하는 숫자로 여겼습니다. 인간은 하나님에 대하여 맹세, 예배, 기도를 드려야 되고 세상은 삼차원이며, 시간도 과거 현재 미래로 구성되어 있습니다. 헬라문화에 익숙한 당시 사람들에게 이 삼이라는 숫자를 통해 환란을 계시한 것은 엄청난 환란이라는 것을 깨닫게 하기 위해서였습니다. 그러나 예수님을

믿는 사람은 두려워할 이유가 없다는 것을 기억하십시오. (마 24:21)

둘째, 구약을 대표하는 숫자입니다.
구약에서 삼이라는 숫자는 매우 중요합니다. 노아의 세 아들은 인류의 조상입니다. 발람은 이스라엘을 세 번 저주했습니다. 당시의 제사장은 세 차례에 걸쳐 축복을 하였습니다. 계시록에서 다시 구약에 친숙한 숫자를 등장시킨 것은 심판의 중요성을 부각하기 위함이며, 또한 강조하기 위함입니다. 심판은 정말로 일어난다는 사실을 깨달으십시오. (창 6:10/ 민 6:24, 24:10/ 호 2:21-22)

셋째, 신약에서도 매우 중요한 개념을 담는 숫자입니다.
바울은 자신이 당한 어려움을 강조할 때 삼이라는 숫자를 사용하였습니다. 주님도 비유에서 삼이라는 숫자를 자주 사용하셨습니다. 신약의 용례에서 삼이라는 숫자가 주는 어감은 '하나님의 완벽한 참으심', '인간에게 주어진 충분한 기회', '하나님의 일의 완벽한 성취' 입니다. 심판 역시 하나님의 계획의 일부임을 잊지 마십시오. (눅 13:7/ 행 10:16/ 고후 11:25)

오늘 본문을 통해 심판에서 계속해서 반복되는 삼이라는 숫자의 세 가지 의미를 배웠습니다. 삼이라는 숫자를 통해 헬라 문화의 수신자들은 심판의 확실성을 깨달았을 것이고 구약에 친숙한 수신자들은 심판이 하나님에 의한 것임을 알았을 것입니다. 그리고 신약의 수신자들은 심판의 심각성을 깊이 인식했을 것입니다. 오늘날 우리들은 이런 사실들을 통해 심판의 사실과 심각성에 대해서 더욱 깊이 깨달아야 합니다.
오늘도 공의의 하나님을 경외하십시오.

주님! 주님의 계획은 모든 것이 완벽함을 알게 하소서!

오늘 특별 적용	
오늘 특별 감사	

152

실존하는 영계

요한계시록 9장 1절부터 11절을 읽으십시오.
① 다섯째 나팔을 불자 무엇이 떨어졌는가?(1)
② 무저갱 사자의 이름은 무엇인가?(11)

13세기 이탈리아의 유명한 탐험가인 마르코 폴로는 중국에서 17년을 살았습니다.

당시 유럽인들에게 동방의 땅은 미지의 세계였습니다. 마르코 폴로는 자신의 경험을 토대로 '동방견문록' 이라는 책을 썼는데 당시 유럽 사람들은 이 책의 내용을 믿지 못했습니다. 마르코 폴로가 나이가 들어 죽기 직전에 그의 친구들은 마르코 폴로를 찾아와 말했습니다.

"이제라도 진실을 밝혀주게, 자네의 책이 모두 상상 속에서 일어난 소설이라고 말이야. 우리는 아직도 그 책이 사실이라는 것을 믿을 수가 없네."

"천만에, 그 책은 모두 진실이라네. 아니, 나는 내가 보고 경험한 것의 반도 그 책에 담지 못했네. 머지않아 자네들, 어쩌면 자네의 후손들은 진실을 알게 되겠지."

보지 못한다고 해서 없는 것이 아닙니다. 물론 믿지 않을 수는 있습니다. 그러나 보이지 않는 것에 대한 가능성을 늘 열어두어야 발전이 있을 수 있습니다. 알지 못하는 영의 세계에 대해서도 열린 마음을 가져야 영성으로 나아가는 삶을 살 수 있습니다.

요한계시록 9장 1절부터 11절에는 다섯째 나팔 심판에 관한 내용이 기록되어 있습니다. 무저갱은 죽은 자의 세상으로 알려져 있는 지하의 장소이고 하늘에서 떨어진 별 하나가 그 무저갱의 열쇠를 받았습니다. 우리는 오늘 본문을 통해 **영적 세계에 관한 세 가지 사실**을 알아야 합니다.

첫째, 무저갱의 존재들도 하나님의 지시에 따를 뿐입니다.
무저갱에서 지상으로 올라온 황충들은 전갈의 권세와 같은 권세를 받았습니다. 이 권세는 일시적인 것입니다. 하나님은 이마에 하나님의 인침을 받지 아니한 사람들만 해하는 권세를 받았습니다. 황충들은 각종 식물은 해하지 말라는 지시와, 사람을 죽이지는 못한다는 제약이 있었습니다. 심판의 주체는 악한 영이 아니라 악을 징벌하는 하나님임을 믿으십시오.(요 12:48)

둘째, 세상은 영의 세계의 영향을 받고 있습니다.
황충들의 모양은 마치 최첨단 과학 병기로 무장한 군인들과 같습니다. 어떤 이들은 이 상징적인 모양을 문자 그대로 풀이하여 현대의 군대를 묘사하는 것이라고 주장하기도 합니다. 그러나 하나님의 심판의 강함과 무서움을 표현하는 정도로만 받아들여야 합니다. 구약의 때처럼 지금 시대에도 전쟁과 소문에 영의 세계가 영향을 미침을 이해하고 더욱 기도하십시오.(렘 1:13/ 나1:16-17)

셋째, 무저갱에서 전해지는 소식은 오직 '파멸' 뿐입니다.
황충들에게 왕이 있다고 하였는데, 여기서 왕은 '조정하는 자' 란 의미입니다. 아마도 하나님의 명령을 황충들에게 하달하는 일종의 '메신저' 역할이라고 봐야 할 것입니다. 아바돈이나 아블루온은 모두 '파멸' 이란 뜻으로 욥기에 등장하는 명칭입니다. 구원을 받지 않은 모든 영과 생물들은 심판의 날에 파멸을 맞음을 기억하십시오.(욥 26:6,28:22)

오늘 본문을 통해 영적 세계에 관한 세 가지 사실을 배웠습니다. 재앙과 심판은 악의 세력이 주도하는 것이 아닙니다. 하나님이 주관하시는 심판에 동원되는 것뿐입니다. 오직 우리를 구원하신 예수님을 찬양 하십시오
오늘도 파멸까지도 주관하시는 전능의 하나님을 기억하십시오.

주님! 파멸에서 건져주시고 영원한 생명 주심에 늘 감사하게 하소서!

오늘 특별 적용	
오늘 특별 감사	

153

회개를 모르는 죄

요한계시록 9장 12절부터 21절을 읽으십시오.
① 여섯째 나팔 심판은 누구에 대한 것인가?(15)
② 재앙과 회개는 어떤 관계가 있는가?(20,21)

기차에 잘못 탑승한 남자가 있었습니다.

남자는 자신이 기차를 잘못 탔다는 사실을 몰랐습니다. 그러나 심성이 착했던 남자는 기차 안에서 노약자도 도와주고, 불쌍한 사람에게 식사도 대접해주고, 외로운 사람과 함께 이야기도 나눠주며 선행을 베풀었습니다. 그러나 그러는 동안에도 기차는 계속해서 잘못된 목적지로 가고 있었습니다. 그 남자에게 필요한 것은 잘못된 기차에 타서 선행을 베푸는 것이 아니라 역에서 내려 옳은 종착지로 떠나는 기차를 타는 것이었습니다.

회개에서 가장 중요한 것은 인정과 실천입니다. 아무리 먼 길을 갔다 해도 아직 기회가 있습니다. 하나님이 주신 바른 소명을 실천하며 살아가기 위해선 회개가 반드시 필요합니다.

요한계시록 9장 12절부터 21절에는 일단락된 첫째 화와 아직도 남은 두 번째 화에 대한 내용이 기록되어 있습니다. 여섯 번째 나팔을 부는 것을 신호로 두 번째 화가 시작됩니다. 우리는 여기에서 계속되는 **심판에도 불구하고 회개할 줄 모르는 인간의 세 가지 죄성을** 발견합니다.

첫째, 인간은 자신의 실수도 회개하지 않습니다.

큰 강 유브라데에 결박되었던 네 천사가 사람의 삼분의 일을 죽이기 위해 마병대 2억 이상을 소집합니다. 불과 연기와 유황이라는 세 재앙으로 사람을 죽입니다. 그러나 이런 일을 겪고도 사람들은 자기 손으로 행한 일을 회개하지 않습니다. 재앙은 사람을 결코 회개시키지 못합니다. 내면의 자책과 돌아섬으로 회개하십시오.(눅 13:3, 15:7)

둘째, 인간은 우상 숭배를 멈추지 않으려 합니다.

하나님은 우상을 숭배하는 것을 미워하십니다. 우상 숭배자는 다 그리스도와 하나님의 나라에서 기업을 얻지 못합니다. 성도는 우상 숭배하는 자들과 도무지 사귀지 말아야 한다고 성경은 말씀하고 있지만 인류의 역사에서 우상 숭배는 끊이지 않고 일어나고 있습니다. 헛된 것에서 과감히 돌아서서 오직 주님만 섬기십시오.(고전 5:10/ 엡 5:5/ 계 21:8)

셋째, 인간은 범죄를 합리화하려고 합니다.
사람들은 자신의 죄에 이유를 붙이고 스스로를 안심시킵니다. 음행하는 자들이나 탐하는 자들이나 속여 빼앗는 자들로 가득한 세상이 될지라도 성도들은 그런 행위를 본받아서는 안 됩니다. 그런 것은 지나간 때로 족합니다. 이런 자들은 하나님의 임재 속에 들어올 수 없습니다. 범죄를 솔직히 자백하고 회개하십시오.(고전 5:10/ 벧전 4:3/ 갈 5:20/ 계 22:15)

오늘 본문을 통해 계속되는 심판에도 불구하고 회개할 줄 모르는 인간의 세 가지 죄성을 배웠습니다. 항상 하나님이 싫어하시는 일들을 멀리하려고 노력하고 또한 죄를 범했다면 곧바로 회개하는 모습의 성도들이 되어야 합니다. **오늘도** 자신을 정결케 하는 심령으로 하나님 앞에 서십시오.

주님! 제 안에 정직한 영을 새롭게 하옵소서!

오늘 특별 적용	
오늘 특별 감사	

154

메신저의 자세

요한계시록 10장 1절부터 7절을 읽으십시오.
① 천사가 손에 펼쳐서 들고 있는 것은 무엇인가?(2)
② 선지자들의 예언처럼 무엇이 이루어진다고 하였는가?(7)

수년전 일본의 NHK 방송에서 '당신이 지금 종교를 가진다면 어떤 종교를 믿겠습니까?' 라는 설문조사를 했습니다.

놀랍게도 응답자의 36%가 반드시 종교를 가져야 한다면 기독교를 믿겠다고 대답했습니다. 물론 기독교의 이미지나 겉모습만 보고 선택했을 수도 있고, 응답은 했지만 실제로는 종교를 가질 생각도 전혀 없었을지도 모릅니다. 그러나 36%나 기독교에 대해서 호의적인 입장을 가지고 있다면 전도가 우리의 생각만큼 그렇게 어려운 일은 아닐 것입니다. 그러나 애석하게도 그때나 지금이나 일본의 복음화율은 1% 정도에 머물러 있습니다.

예수님이 태어나신 땅인 이스라엘에서 시작된 복음이 이제는 온 세상에 퍼지고 있듯이 우리도 우리 주위와 주변의 나라들에 복된 구원의 소식을 더욱더 퍼트려야 합니다.

요한계시록 10장 1절부터 7절에는 하늘에서 내려온 힘 센 천사에 대해 기록하고 있습니다. 천사는 다른 말로 '메신저', 곧 '소식을 전하는 자' 라고 번역할 수 있습니다. 마찬가지로 하나님의 말씀을 전하는 모든 사람들은 메신저의 역할을 감당하고 있는 것입니다. 우리는 오늘 본문을 통해 **하나님의 말씀을 전하는 자의 세 가지 자세**에 대해서 알아야 합니다.

첫째, 메신저는 권위가 있어야 합니다.

하늘에서 온 천사의 모습은 비범하고 강합니다. 이런 강하고 위엄있는 모습은 하나님의 말씀을 전하는 메신저의 전형적인 모습입니다. 우리의 소속은 하늘이기 때문에 겉모습은 온유하고 부드러울지라도 전하는 복음에 대해서는 강한 믿음으로 권위있게 전해야 합니다. 말씀의 권위를 가지고 복음을 전하십시오. (행 19:20)

둘째, 메신저는 큰 소리로 외쳐야 합니다.

메신저의 외침은 사자처럼 우렁차야 합니다. 때가 얼마 남지 않은 세상 사람들에게 복음을 전할 마지막 기회라는 간절한 바람이 있어야 합니다. 우리는 하나님이 우리에게 명하는 것만 지키고 전해야 합니다. 하나님의 메시지는 매우 시급하고 긴박하기 때문입니다. 안타까운 하나님의 마음으로 영혼을 향해 부르짖으십시오.(출 20:18/ 미 6:1)

셋째, 메신저는 하나님의 비밀을 전해야 합니다.

예수님은 하나님 나라의 비밀에 대하여 말씀하셨습니다. 이 비밀은 보아도 알지 못하고, 들어도 깨닫지 못하는 특성이 있습니다. 메신저는 하나님의 비밀을 맡은 자입니다. 따라서 마치 새것과 옛것을 그 곳간에서 내오는 집주인과 같이 하나님의 말씀을 전할 수 있습니다. 반드시 이루어지는 하나님의 비밀을 전하십시오.(마 13:14,52/ 고전 4:1)

오늘 본문을 통해 하나님의 비밀을 전하는 자의 세 가지 자세를 배웠습니다. 메신저는 강한 권위로 담대하게 그 말씀을 전해야 합니다. 또한 하나님의 비밀을 맡은 자로서 주님의 뜻을 온전히 전달하는 자가 되어야 합니다.
오늘도 주의 말씀과 하나님의 비밀을 세상에 알리십시오.

주님! 말씀을 읽고 깨달을 수 있도록 눈을 밝혀 주소서!

오늘 특별 적용	
오늘 특별 감사	

155

말씀을 받으라

요한계시록 10장 8절부터 11절을 읽으십시오.
① 두루마기를 지키는 천사는 뭐라고 말했는가?(9)
② 예언을 받아야 할 대상들은 누구인가?(11)

톰 소여의 모험을 쓴 마크 트웨인이 성경을 읽고 있었습니다. 그는 전형적인 무신론자로 오히려 신이 없다고 공언하는 사람이었지만, 도대체 기독교인들이 무엇을 읽고 믿는지에 대해 궁금해 성경을 읽기도 했습니다. 그 모습을 본 한 사람이 물었습니다.

"선생님이 성경을 읽고 계시다니요? 성경이 잘 이해가 되십니까?"

그러자 트웨인이 대답했습니다.

"나로서는 성경을 이해하고 믿을 수가 없네. 하지만 슬픈 것은 여기서 내가 이해하고 있는 말씀들을 성경을 믿는 사람들조차 적용하지 못하고 있다는 사실이네."

마크 트웨인은 종교인들의 이중적인 모습과 가식을 증오하며 끝까지 복음을 믿지 않았습니다. 믿는다는 사람이 말씀대로 살지 못하는 것은 말씀을 머리로만 믿고 가슴으로 믿지 않기 때문입니다. 그리고 그런 모습들은 믿지 않는 사람들을 점점 진리로부터 멀어지게 만듭니다.

요한계시록 10장 8절부터 11절에는 작은 두루마리의 용도가 기록되어 있습니다. 작은 두루마리는 원문으로 보면 한 단어로서, 작은 책을 의미합니다. 우리는 오늘 본문을 통해 하나님의 말씀을 받는 그리스도인의 세 가지 자세에 대해서 배울 수 있습니다.

첫째, 하나님의 말씀은 개인적으로 받아야 합니다.
하나님의 말씀은 '나'를 위한 말씀입니다. 말씀을 받는다는 것은 말씀을 듣고, 그것에 믿음을 결부시켜야 하는 것을 의미합니다. 하나님의 말씀을 받은 사람은 성실함으로 하나님의 그 말씀을 표현하게 됩니다. 나에게 주시는 하나님의 말씀을 받으십시오. (요 10:35/ 히 4:2/ 렘 23:28)

둘째, 하나님의 말씀을 먹어야 합니다.

말씀은 젖에, 혹은 단단한 음식에 비유됩니다. 이것은 우리가 음식처럼 말씀을 흡수해야 된다는 것을 뜻합니다. 말씀을 먹으면 구원에 이르도록 자라게 됩니다. 말씀을 제대로 먹으려면 모든 더러운 것과 넘치는 악을 내버리고 마음에 심어진 말씀을 온유함으로 받아야 합니다. 말씀은 좋은 약과 같습니다. 매일 하나님이 주시는 말씀을 드십시오.(히 5:12/ 약 1:21/ 막 4:17)

셋째, 하나님의 말씀으로 주님의 뜻을 선포해야 합니다.

말씀을 내게 주신 이유는 결국 그 말씀을 많은 사람들과 나라들에게 필요한 언어로 다시 예언으로 되돌려 주기 위함입니다. 여기서 예언이란 하나님의 뜻을 능력껏 선포하는 것을 의미합니다. 하나님의 말씀을 선포하는 일은 때를 얻든지 못 얻든지 우리가 항상 힘써야 할 일입니다. 하나님의 귀한 말씀을 다시 세상에 선포하십시오.(딤후 4:2)

오늘 본문을 통해 하나님의 말씀을 받는 그리스도인의 세 가지 자세에 대해서 배웠습니다. 하나님의 말씀은 개인적으로 받아서 믿음으로 간직해야 합니다. 그러므로 우리는 주님의 뜻을 따라 살 수 있고 말과 함께 행동으로도 복음을 전하는 삶을 살 수 있습니다.
오늘도 깨달은 주님의 말씀을 전하십시오.

주님! 주의 말씀의 기이한 것을 깨달아 알게 하옵소서!

오늘 특별 적용	
오늘 특별 감사	

156

하나님의 역사

요한계시록 11장 1절부터 13절을 읽으십시오.
① 땅의 주인이신 분 앞에 서 있는 것은 무엇인가?(4)
② 두 증인이 죽은 곳을 무엇이라고 부르는가?(8)

'조각가' 라는 오래된 시입니다.

「한 대리석 조각이 조각가 앞에 그저 말없이 서 있네.

그는 숙련된 손길로 아무런 동요도 없이 내리치네.

거친 조각칼로 깎아낼 수록 점점 본래의 모습이 드러난다네.

한 치의 오차도 없는 노련함으로, 솜씨있게, 확실하게,

어느새 조각가의 계획대로 아름다운 그 모습이 완성되었네.

이처럼 하나님도 거룩하게 우리를 다루시네.

자신의 은혜가 담긴 작품을 보여주시기 위해서」

우리의 인생과 마찬가지로 우리의 세상도 결국은 모두 하나님의 계획을 따라 흘러가고 있습니다. 우리는 하나님의 역사하심의 현장에서 사역을 돕는 일꾼의 역할을 해야 합니다.

요한계시록 11장 1절부터 13절에는 삼년 반 동안 활동하는 두 증인에 대하여 기록되어 있습니다. 마흔두 달, 천이백육십 일, 곧 삼년 반의 기간은 둘째 화에 해당하는 기간입니다. 우리는 오늘 본문을 통해 마지막 때에도 멈추지 않는 하나님의 세 가지 역사하심이 무엇인지 알 수 있습니다.

첫째, 측량하는 일입니다.

측량한다는 것은 '헤아린다' 는 의미입니다. 그리고 여기서 등장하는 성전은 아마도 지상의 교회를 말하는 것으로 이해됩니다. 이방인이 42달 동안 거룩한 성을 짓밟는 동안 성전에서는 하나님을 향한 경배가 계속됩니다. 끝까지 잃은 양을 찾고 계시는 하나님의 마음을 헤아리십시오.(사 65:7)

둘째, 권세를 주시는 일입니다.

성전 밖에서는 1260일 동안 이방 세상을 향해 예언을 하는 두 증인이 활약을

합니다. 이들은 두 감람나무와 두 촛대입니다. 하나님이 주신 권세로 인하여 이 두 증인을 그 누구도 해할 수 없습니다. 하나님의 일을 하는 사람은 하나님의 크나큰 보호를 받습니다. 세상을 두려워 말고 담대히 마땅한 일을 행하십시오.(슥 4:2,12)

셋째, 영광을 받으시는 일입니다.
두 증인이 증언을 마칠 때가 되자 무저갱에서 올라오는 짐승이 그들을 죽입니다. 하지만 삼 일 반 후에 하나님께서 생기를 보내어 그들을 살리시고, 그들은 구름을 타고 하늘로 올라오게 하십니다. 예수님의 죽음과 마찬가지로 결국은 하나님께 영광이 돌아오고 승리하게 되는 것입니다. 잠깐의 고난 뒤에 영원한 승리가 찾아온다는 사실을 기억하십시오.(나 2:2/ 사 66:19)

오늘 본문을 통해 마지막 때에도 멈추지 않는 하나님의 세 가지 역사하심이 무엇인지 배웠습니다. 환난 중에서도 하나님은 자기 사람들을 헤아리시고, 주의 일꾼에게 큰 권세를 주십니다. 비록 세상의 승리처럼 보이는 일들도 결국에는 하나님이 영광께 영광이 되는 일로 이루어집니다.
오늘도 모든 일을 통해 영광을 받으시는 하나님을 바라보십시오.

주님! 환난 가운데서도 주님이 함께하심을 믿게 하옵소서!

오늘 특별 적용	
오늘 특별 감사	

157

심판자 하나님

요한계시록 11장 14절부터 19절을 읽으십시오.
① 하늘에 큰 음성들이 무엇이라고 말하는가?(15)
② 하나님의 성전이 열리니 무엇이 보였는가?(19)

헝가리에 벤자민 쉬몰크라는 목사님이 계셨습니다.

당시 공산권에 속해 있었던 헝가리는 종교 활동 대해서 달갑게 생각하지 않았습니다. 그러던 어느 날 교회에 누군가 불을 질렀습니다. 그러나 정부에서는 수사도 제대로 해주지 않았고 어떤 보상이나 대응 조치도 없었습니다. 복음을 위해 목숨을 걸고 노력한 대가가 고작 이런 거냐고 사람들이 비웃었지만 목사님은 찬송을 멈추지 않았습니다.

타플리드라는 목사님은 마흔 두 살의 젊은 나이에 세상을 떠났습니다.

몸에 너무나 많은 병을 앓고 있어 사람들은 목사님을 종합 병원이라고 불렀지만 고통을 당하는 순간에도, 임종을 맞는 순간에도 언제나 하나님을 찬양하는 삶을 살았습니다.

찬양의 이유는 오직 하나님의 존재하심과 그의 사랑과 그의 은혜입니다. 현재의 어려운 상황이나 곧 닥칠 환란조차도 참된 성도들의 진실한 찬양과 기쁨을 막을 수 없습니다.

요한계시록 11장 14절부터 19절에는 일곱 번째 천사가 나팔을 불었을 때의 일이 기록되어 있습니다. 심판은 하나님이 하시는 일입니다. 하나님을 인정하지 않고 마지막까지 대적하기로 선택한 사람들은 심판을 받게 됩니다. 그러나 이런 일 가운데에도 끊임없는 찬양이 계속 울려 퍼집니다. 우리는 오늘 본문을 통해 **하나님을 찬양할 때에 세 가지**에 대해서 깨달아야 합니다.

첫째, 하나님 나라가 오고 있음을 찬양해야 합니다.

심판을 당하는 자들에게는 대환난이 재앙이지만, 구원을 받은 자들에게는 찬양과 감사거리입니다. 그동안 세상은 그 가진 힘으로 주님을 십자가에 못 박아 죽였고, 믿는 자들을 핍박하며 순교시켰습니다. 하지만 결국 그 나라가 우리 주 예수 그리스도와 그의 나라가 됩니다. 세상은 떠나고 영원한 하나님의

나라를 기쁨으로 기다리십시오.(딤후 4:1/ 벧후 1:11)

둘째, 하나님의 왕권을 찬양해야 합니다.
하나님은 언제나 동일하십니다. 그분은 전능하신 분이십니다. 때가 되면 친히 큰 권능을 잡으시고 왕 노릇 하실 것입니다. 요한계시록의 수신자들은 큰 환난과 핍박으로 상상할 수 없는 고초를 겪고 있었습니다. 그러나 하나님이 전능하시다는 것과 그분이 친히 왕 노릇 하신다는 사실로 큰 위로를 받았습니다. 위로자 되시며 왕되신 하나님을 찬양하십시오.(시 98:6, 145:1)

셋째, 상을 주실 주님을 찬양해야 합니다.
때가 되면, 대적하는 사람들에 대한 진노가 내려오고 죽은 자는 심판받습니다. 그 후에 구원받은 자들에게는 상을 주시고, 땅을 망하게 하는 자들은 멸망시키십니다. 환난과 핍박 속에 처한 성도들은 상 주시는 하나님을 바라볼 줄 알아야 합니다. 하나님께 받을 상과 함께 누리게 될 영광을 의심치 마십시오.(삼하 22:21/ 룻 2:12)

오늘 본문을 통해 하나님을 찬양해야 할 이유 세 가지에 대해서 배웠습니다. 하나님을 부인하고, 성도를 핍박하던 세상은 결국 그리스도의 나라가 됩니다. 하나님은 친히 큰 권능 잡으시고 영원토록 다스리시는 왕이며 자신을 경외하는 사람들에게 상 주시는 분이십니다.
오늘도 상을 주시는 하나님을 찬양하며 사십시오.

주님! 하나님의 나라를 위해 오늘도 달려갈 길을 가게 하소서!

오늘 특별 적용	
오늘 특별 감사	

158

세상을 움직이는 것

요한계시록 12장 1절부터 9절을 읽으십시오.
① 여자가 낳은 아들은 무엇을 할 남자인가?(5)
② 땅으로 내쫓긴 큰 용의 정체는 무엇인가?(9)

영국의 한 도둑이 귀 때문에 범행이 발각된 일이 있었습니다.

25세의 시웰이라는 남자는 전문적인 절도범으로 주로 빈집을 털었습니다. 그는 철두철미하게 범행을 준비해 일말의 단서도 남기지 않았지만, 검거되던 날은 귀의 자국이 창문에 남아서 체포되었습니다. 시웰은 빈집인 것을 확인하기 위해서 창문에 귀를 바짝 대고 소리를 확인한 뒤 성공적으로 집을 털었으나, 신고를 받고 출동한 경찰이 추운 날 서리 때문에 창문에 남겨진 귀의 자국을 토대로 수사를 확대해 잡아들인 것입니다.

모든 범죄에는 흔적이 남듯이 인류의 역사에도 흔적이 남습니다. 죄와 타락, 구원과 은혜, 하나님의 계획과 선하심에 대한 흔적을 역사를 통해서 우리는 깨달을 수 있습니다.

요한계시록 12장 1절부터 9절에는 아이를 해산한 여인과 큰 용에 관하여 기록되어 있습니다. 성경학자들은 여인은 이스라엘을, 여인이 낳은 아이는 그리스도를, 큰 용은 사탄이라고 보기도 합니다. 우리는 오늘 본문을 통해 **역사에 큰 영향을 끼친 세 가지 존재**에 대해서 알 수 있습니다.

첫째, 한 여자입니다.

하늘에 보이는 큰 이적은 '표시'(sign)를 의미합니다. 태양을 옷 입고, 발아래 달이 있고, 머리에 열두 면류관을 쓴 이 여인은 이스라엘을 상징합니다. 주님을 사랑하는 자는 태양에 비유되었고 해와 달은 시간을 알려주는 역할을 합니다. 이스라엘은 하나님의 영광을 드러내는 족속이며, 세상에 하나님의 뜻을 알리는 시계이며, 구원받은 백성을 대표합니다. 이스라엘의 역사를 통해 하나님의 계획을 깨달으십시오.(호 2:16)

둘째, 여자가 낳은 아들입니다.

여자가 낳은 아들은 장차 만국을 다스릴 남자입니다. 1260일(3년6개월)은 예수님의 공생애 기간을 나타낸다고 볼 수 있으며 로마의 식민지였던 그 당시 이스라엘의 상황이 광야로 도망한 여인과 같은 처지였습니다. 마귀는 그분을 삼키려 했지만 그분은 지상 사역을 마치시고 하나님 앞과 그 보좌 앞으로 올려 가셨습니다. 악에서 승리하시는 예수님이 모든 역사의 주체라는 사실을 깨달으십시오.(사 9:6)

셋째, 하늘에서 내 쫓긴 큰 용입니다.

하늘에 전쟁이 일어나고 천사장 미가엘이 용과 그의 사자들을 땅으로 내쫓아 버립니다. 그 용은 옛 뱀, 곧 마귀라고도 하고 사탄이라고도 하는데, 온 천하를 꾀는 자입니다. 마귀와 함께 내 쫓긴 그의 사자는 귀신이라고 부릅니다. 사탄은 태초부터 세상을 미혹시키려고 계속해서 시도하고 있다는 사실을 깨달으십시오.(살후 2:9/ 고후 2:11)

오늘 본문을 통해 역사에 큰 영향을 끼친 세 가지 존재에 관한 교훈을 배웠습니다. 이스라엘과 그리스도, 그리고 마귀입니다. 마귀는 나름대로의 지위를 가지고 하나님의 일을 방해하려 들지만 결코 그는 세상 역사의 주도자도 아니고, 승리자도 아닙니다. 결국 멸망받을 존재에 불과합니다.
오늘도 세상의 주관자이신 그리스도를 기다리며 사십시오.

주님! 주님의 주권을 인정하고 늘 경외하며 살게 하소서!

오늘 특별 적용	
오늘 특별 감사	

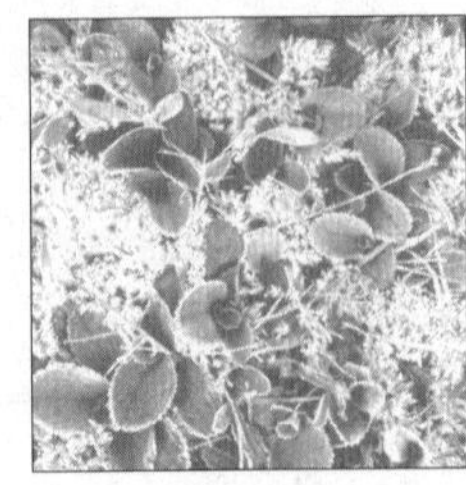

159

마귀의 실체

요한계시록 12장 10절부터 17절을 읽으십시오.
① 땅으로 내쫓긴 용은 무엇을 하고 있는가?(13)
② 용은 누구와 싸움을 하는 존재인가?(17)

이순신 장군은 23번의 전투에서 23번을 승리한 명장입니다.

당시 우리나라의 수군은 매우 수도 적었고 배도 초라했습니다. 게다가 조정의 지원까지도 받지 못했습니다. 그러나 이순신 장군을 따르던 병사와 백성들은 모두 목숨을 각오하고 장군을 따랐습니다. 이순신 장군은 장수의 품위가 없다는 소리를 들을 정도로 부하들과 격의 없이 지냈고 그들을 사랑했습니다. 일하는 백성 중에도 어려운 사람에게는 식량을 나누어주고 의복을 가져다주었습니다. 이런 장군을 위해 백성들은 최선을 다해 배를 만들고, 수리하고, 또 전투에 나가 싸웠습니다. 비록 환경은 더 이상 나쁠 것이 없을 정도로 최악이었지만 최고의 명장이 함께 한다는 신뢰가 있었기에 모든 전투에서 승리를 한 불가능한 일이 일어났던 것입니다.

우리와 함께 하시는 예수님을 느낄 때에, 우리를 위해 죽임을 당하신 예수님을 생각할 때 우리의 전투는 이미 승리했다는 사실을 알 수 있습니다.

요한계시록 12장 10절부터 17절에는 때가 얼마 남지 않은 마귀의 분노가 기록되어 있습니다. 세상의 권세를 이용해 잠시 승리하는 것처럼 보일 수는 있지만 마귀는 결코 하나님과 하나님의 사람들을 이길 수 없습니다. 우리는 오늘 본문을 통해 **마귀의 세 가지 실체에 대한 교훈**을 얻을 수 있습니다.

첫째, 마귀는 이미 쫓겨난 참소자입니다.

마귀는 밤낮 참소하는 악한 자였으나 하나님의 구원과 능력으로 이제 쫓겨나게 되었습니다. 그리고 이제는 하늘나라가 다가오고 그리스도의 권세가 퍼져나가게 됩니다. 우리의 죄를 향한 마귀의 참소를 하나님께서는 무찌르고 우리를 지켜주십니다. 이미 쫓겨난 참소자인 마귀를 두려워 마십시오.(요일 5:18)

둘째, 마귀는 이미 패배한 원수입니다.

어린 양의 피와 성경에 기록된 말씀으로 마귀는 완전히 패배하였습니다. 패배자 마귀가 아무리 성도들을 핍박하고 박해하여 설사 죽음의 순간까지 몰아간다 해도, 성도의 승리는 변함없으며 마귀의 패배 역시 마찬가지입니다. 패배자 마귀는 결박당한 미친 사자에 지나지 않습니다. 모든 성도들에게 이미 약속하신 승리로 인해 즐거워하십시오.(히 2:14)

셋째, 마귀는 계략이 노출당한 실패자입니다.

크게 분노한 마귀는 남자를 낳은 여자를 박해하지만, 하나님은 그 여자를 철저히 보호하십니다. 마귀는 오늘날에도 교묘하게 때로는 포악스럽게 하나님의 계명을 지키며 예수의 증거를 가진 자들과 더불어 싸우려 하지만 실패합니다. 실패로 향하는 마귀의 수를 물리치고 더욱 주님을 따르십시오.(엡 6:11/ 요일 3:8)

오늘 본문을 통해 마귀의 세 가지 실체에 대해서 배웠습니다. 제 아무리 마귀가 날뛰어도 그는 쫓겨난 참소자이며, 이미 패배한 원수이며, 뻔한 실패자에 지나지 않습니다. 마귀를 대적하면 그는 우리를 피합니다.
오늘도 마귀를 대적함으로 승리하십시오.

주님! 말씀과 기도로 늘 승리하게 하소서!

오늘 특별 적용	
오늘 특별 감사	

160

대적하는 짐승

요한계시록 13장 1절부터 10절을 읽으십시오.
① 바다에서 나오는 짐승은 누구에게 조정당하는가?(2)
② 생명책에 기록되지 못한 자들은 어떻게 되는가?(8)

세계 곳곳에는 우리가 마주하기 불편한 진실들이 있습니다.

UN의 연구 결과에 따르면 2050년이 되면 세계의 20억 명이 물 부족에 시달리게 될 것이며 지구 생물의 20~30%가 멸종될 것이라고 합니다. 지구 온난화가 무엇 때문인지에 대해서는 의견이 분분하지만 그것이 가져올 결과에 대해서는 이견이 없습니다. 게다가 인간들의 무차별한 개발과 방치로 인해 환경오염이 더욱 심해져 생태계가 점점 자정작용을 잃고 있습니다. 그러나 이런 풍요 속에서도 부와 식량의 재분배의 문제가 점점 심화되고 있습니다. 세계 인구의 50%는 태어나서 단 한 번도 포식을 해보지 못하고 삶을 마감합니다. 시간이 흐를수록 재앙이 더욱 많이 일어나고 있습니다. 19세기에 9번 밖에 없던 대지진이 20세기에는 40여 번 이상 일어났고, 21세기에 들어 와서는 수시로 일어나고 있습니다.

그 전에 예수님이 재림하지 않는다면 세상은 날이 갈수록 혼란스러워질 것입니다. 지금 한국에 태어난 우리들은 복을 누리며 행복하게 살고 있지만 언젠가는 전 세계가 혼란에 휩싸이고 난리가 일어날 순간이 찾아올 것입니다.

요한계시록 13장 1절부터 10절에는 바다에서 나오는 한 짐승에 관한 이야기가 적혀 있습니다. 성도는 결국에는 승리하지만 마귀의 마지막 발악이 일어나는 과정 중에는 인내하고 믿음을 지켜야 합니다. 우리는 오늘 본문을 통해 **성도를 대적하는 짐승의 세 가지 특성에** 대해서 알아두어야 합니다.

첫째, 대적자 짐승은 마귀의 대리인입니다.
바다에서 올라온 짐승은 그 모양새가 마귀와 비슷합니다. 마귀가 자기의 능력과 보좌와 큰 권세를 주었기 때문입니다. 사람들은 짐승의 능력을 보고 마귀와 함께 경배합니다. 하나님을 욕하고 성도들을 박해하기 시작합니다. 그러나 시련을 인내와 믿음으로 견뎌낼 때 승리가 약속되어 있음을 잊지 마십

시오.(계 12:3)

둘째, 대적자 짐승은 그리스도를 모방합니다.
그 짐승은 일곱 머리를 가지고 있는데, 그 머리 하나가 상하여 죽게 된 것 같다
가, 그 상처가 낫게 됩니다. 이를 보고 온 땅이 놀랍게 여겨 그를 따릅니다. 정
작 죽음에서 부활하신 그리스도를 거부했던 세상이 대적자의 모방은 반기며
따릅니다. 그리스도를 모방하는 거짓 영에 속지 말고 이미 완성된 하나님의
구원을 따르십시오.(요일 2:18,4:1)

셋째, 대적자 짐승은 일시적이나마 승리자가 됩니다.
사람들의 경배와 지지 속에 그 짐승은 하나님을 비방하고, 성도들과 싸워 이
기고, 세상을 다스리는 권세를 받습니다. 성도들은 사로잡히기도 하고, 칼에
죽임을 당하기도 합니다. 마치 마귀의 장악으로 이야기는 끝나는 것 같아 보
입니다. 그러나 곧 오실 전능한 심판자를 기다리며 신앙을 지키십시오.(눅
21:19/ 약 1:4)

오늘 본문을 통해 성도를 대적하는 짐승의 세 가지 특성에 대해서 배웠습니
다. 마귀의 대리자인 그 짐승은 그리스도를 모방하여 마치 자기가 구세주인
것처럼 속이고 일시적이나마 승리자가 됩니다. 그러나 역사의 수레바퀴를 쥐
고 계신 주님께서, 결국 인내하며 믿음을 가진 성도가 최종 승리자가 되게 하
십니다.
오늘도 마지막 승리의 확신을 가지고 사십시오.

주님! 끝까지 인내하여 믿음으로 승리하게 하옵소서!

오늘 특별 적용	
오늘 특별 감사	

161

짐승의 수

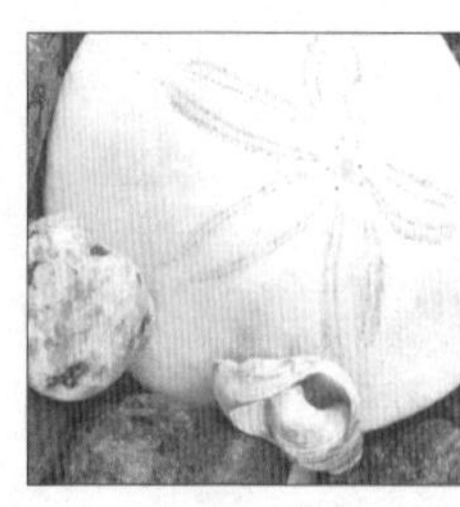

요한계시록 13장 11절부터 18절을 읽으십시오.
① 땅에서 올라온 다른 짐승의 모양은 어떠한가?(11)
② 짐승의 수는 몇인가?(18)

어떤 목회자들은 현재 한국 교회에서는 종말론이 실종되었다고 말합니다. 1990년대에 온 세간을 떠들썩하게 했던 이단들의 휴거 사건이 있었고, 근처인 일본과 미국에서 계속해서 일어나고 있는 잘못된 종말론적 사건들이 이슈가 많이 된 적이 있었습니다. 따라서 마치 교회에서 이런 종말론에 대해서 얘기하거나 너무 강조하면 자칫 이상해보이고 이단처럼 생각되지 않을까라는 교회들의 걱정들도 이해가 되기는 합니다. 그러나 신학자 칼 바르트는 '철저히 비종말론적인 것은 철저히 비기독교적인 것이다' 라고까지 말했습니다. 예수님의 구원과 마찬가지로 세상의 마지막에 다시 오실 재림의 예수님도 믿음의 중요한 요소이기 때문입니다.

세상의 마지막 날은 노아의 때와 같이 아무런 걱정없이 마시고 즐길 때에 일어날 것입니다. 그러나 말씀을 실천하고 주님과 동행하는 성도들은 종말에 대해서 걱정할 필요도 없고 두려워할 필요도 없습니다.

요한계시록 13장 11절부터 18절에는 땅에서 올라온 다른 짐승에 관하여 적혀 있습니다. 흔히 말하는 666의 표가 등장하는데 이 부분의 잘못된 해석들도 이단들이 많이 인용하기 때문에 우리는 본문의 내용을 정확히 이해해야 합니다. 오늘 본문을 통해 우리는 **사람들을 홀리는 세 가지 악한 권세**에 대해서 배울 수 있습니다.

첫째, 우상을 숭배하게 하는 권세입니다.

땅에서 올라온 짐승은 생긴 것은 어린 양 같지만 실상은 마귀입니다. 바다에서 나온 짐승보다 한층 더 악한 존재입니다. 먼저 바다에서 나온 짐승을 위하여 우상을 만들게 하고 이적을 행하기도 합니다. 그리고 우상숭배를 하지 않는 자는 모조리 죽이게 합니다. 그러나 말세 뿐 아니라 지금의 때에도 우상숭배를 조심해야 한다는 사실을 기억하십시오.(벧후 5:8)

둘째, 사람들 앞에서 큰 이적을 행하는 권세입니다.

땅에서 올라온 짐승은 놀라운 기적들을 행합니다. 바다에서 나온 짐승에게서 받은 권세로 그는 여러 가지 이적을 행하여 사람들을 미혹합니다. 주님은 거짓 그리스도들과 거짓 선지자들이 일어나 큰 표적과 기사를 보여 할 수만 있으면 택하신 자들도 미혹하리라고 경고하셨습니다. 잘못된 진리와 잘못된 표적과 잘못된 행동을 따르지 말고 항상 멀리하십시오. (막 13:22)

셋째, 세상 경제를 통제하는 권세입니다.

짐승은 사람의 오른 손이나 이마에 표를 받게 하고, 안 받은 사람들의 모든 매매행위를 못하게 막습니다. 이 짐승의 표가 바로 666입니다. 그러나 정확히 육백육십육이라는 숫자를 나타내는 것이 아니라 '불완전한 숫자의 조합'이라고 보는 것이 성격학자들의 견해입니다. 숫자의 표현에 너무 집착하지 말고 올바른 이해로 말씀을 깨달으십시오. (시 119:37)

오늘 본문을 통해 사람들을 홀리는 있는 세 가지 악한 권세에 대해서 배웠습니다. 우리는 하나님 대신 다른 것을 경배하게 하는 권세, 사람들 앞에서 큰 이적을 행하는 권세, 세상 경제를 통제하는 권세에 붙잡히지 말아야 합니다. 말세가 이를수록 더욱 경건을 통해 자신을 연단해야 합니다.
오늘도 세상 권세 속에서 하나님의 자녀로서 당당하게 사십시오.

주님, 세상 권세를 두려워 말고 오직 하나님만 바라보게 하소서!

오늘 특별 적용	
오늘 특별 감사	

162

하나님께 속한 사람

요한계시록 14장 1절부터 5절을 읽으십시오.

① 선택받은 자들의 표는 무엇인가??(1)
② 144,000명은 땅에서 무엇을 받은 자인가?(3)

어떤 나라의 임금이 아끼던 한 신하를 불러 명령을 내렸습니다.
"급한 일이 있어 그러는데 내가 후원에 둔 큰 독의 물을 모두 퍼내시오."
신하가 임금의 명에 따라 후원에 가자 사람 키만한 독에 아주 작은 표주박이
하나 있었습니다. 게다가 시꺼먼 흙탕물이 담겨져 있었습니다. 아무리 생각
해도 이런 일에 아랫사람을 쓰지 않고 자신을 부른 것이 의아했으나, 신하는
이유를 묻지 않고 몇 시간 동안 작은 표주박으로 흙탕물을 퍼내기 시작했습
니다. 물을 다 퍼내자 독 안에는 큰 금덩이가 있었습니다. 신하는 그 금덩이도
숨기지 않고 임금을 찾아가 물을 퍼냈더니 금이 있었다고 보고를 했습니다.
그 말을 들은 임금이 흡족한 미소를 지으며 말했습니다.
"공은 두 가지 시험을 모두 통과했소. 앞으로는 이 나라의 재상을 맡아주고
그 금도 가지시오."
우리는 예수님의 피로 하나님께서 사신 하늘의 백성입니다. 마땅한 충성을
다할 때 주님께서 예비하신 상이 기다리고 있습니다.

요한계시록 14장 1절부터 5절에는 어린 양과 구원받을 성도들이 함께 서 있
는 시온 산이 기록되어 있습니다. 이들은 땅에서 속량함을 받은 자들입니다.
여기서 속량함이란 '값을 지불했다'는 의미입니다. 우리는 오늘 본문을 통해
마지막까지 하나님께 속한 자들의 세 가지 특징에 대해서 알 수 있습니다.

첫째, 순결한 자입니다.
순결은 도덕적, 신앙적으로 성결한 자라는 의미입니다. 어린 양과 함께 시
온 산에 서서 보좌 앞에서 새 노래를 부르는 이들은 음행과 배교의 유혹을 물
리친 순결한 자들입니다. 말씀의 교훈으로 청결한 마음과 선한 양심, 그리고
거짓없는 믿음을 가질 수 있습니다. 사랑을 실천하는 순결한 성도가 되십시
오.(딤전 1:5)

둘째, 목자의 인도를 따르는 자입니다.

우리가 주님을 이끄는 것이 아니라, 주님이 우리를 이끄시는 것이 바른 원리입니다. 주님과 동행하면 지혜와 기쁨과 평안을 얻습니다. 주님과 동행하면 동행할수록 우리는 완전하여집니다. 주님의 인도를 따라 악에서 멀어지고 말씀과 가까워지는 성화의 삶을 사십시오.(창 6:9/ 출 34:9/ 잠 13:20)

셋째, 거짓말을 않고 흠이 없는 자입니다.

주님은 우리를 하나님께 처음 익은 열매로 드리시기 위하여 값을 지불하여 주셨습니다. 거짓을 행하는 자는 주님의 집 안에 거주하지 못하며, 하나님의 목전에 서지 못합니다. 거짓에서 떠나 흠이 없어야 하나님이 은혜로 대하여 주십니다. 순결한 입과 마음으로 새 노래로 주님을 찬양하십시오.(시 101:7,119:29)

오늘 본문을 통해 마지막까지 하나님께 속한 자들의 세 가지 특징에 대해서 배웠습니다. 하나님께 속한 사람은 심령이 청결합니다. 어린 양과 늘 동행합니다. 그 입에 거짓이 없고, 삶에 흠이 없습니다. 순결한 성도의 삶은 구원의 새 노래로 가득합니다.
오늘도 구원받은 거룩한 그리스도인의 모습으로 주님을 찬양하십시오.

주님! 거짓과 악의 모습에서 떠나게 하소서!

오늘 특별 적용	
오늘 특별 감사	

기억해야할 교훈

요한계시록 14장 6절부터 12절을 읽으십시오.
① 첫째 천사는 무엇을 가졌는가?(1)
② 성도들의 인내란 무슨 뜻인가?(12)

아주 오래 전에 미국의 한 지역에서 유명했던 광고가 있었습니다.
안경점을 홍보하는 광고였는데 허름한 안경점에서 카메라도 신경 쓰지 않고 자기 일에 몰두하는 안경점 주인의 모습이 나옵니다. 잠시 후 일을 마친 주인이 카메라를 바라보며 한 마디를 합니다.
"나는 안경 밖에 모릅니다."
이 광고를 본 사람들이 다른 안경점을 이용하지 않고 이곳을 찾아오기 시작한 것은 당연한 결과였습니다.
중세의 기독교를 철학적으로 완성시켜 새로운 부흥기를 이끌었던 토마스 아퀴나스는 어느 날 꿈에 주님이 나타나 '네가 무엇을 원하느냐?' 는 물음에 다음과 같이 대답했다고 합니다.
"아무것도 없습니다. 오직 주님만을 원합니다."
오직 주님만을 위한 삶, 오직 말씀을 실천하는 삶, 지금 시대에 더욱 필요한 성도들의 삶입니다.

요한계시록 14장 6절부터 12절에는 세 천사의 메시지가 기록되어 있습니다. 이는 모든 시대 모든 그리스도인들이 반드시 마음에 담아야 할 교훈입니다. 우리는 오늘 본문을 통해 성도들이 절대로 잊어서는 안 되는 신앙의 세 가지 핵심 교훈에 대해서 알아야 합니다.

첫째, 하나님을 경외하며 영광을 돌려야 합니다.
복음을 가진 천사가 날아가면서 큰 소리로 이 사실을 외칩니다. 하나님은 구원만 하시는 것이 아니라 심판도 하십니다. 우리는 반드시 그런 하나님을 두려워할 줄 알아야 합니다. 그리고 창조주이신 그분만을 경배해야 합니다. 이것이 우리를 지으신 하나님의 목적이라는 사실을 잊지 마십시오.(잠 19:23)

둘째, 악한 세상은 결국 무너집니다.

바벨론은 세상을 상징합니다. 음행의 뿌리요, 각종 신비종교의 근원이요, 인류에게 진노의 포도주를 먹이던 자요, 온갖 죄악의 산실이었던 큰 성 바벨론은 결국 무너지게 됩니다. 그 날에는 하늘이 큰 소리로 떠나가고 물질이 뜨거운 불에 풀어지고 땅과 그 중에 있는 모든 일이 드러나게 됩니다. 무너질 악한 세상을 떠나 영광의 새날을 맞으십시오.(겔 23:17/ 렘 51:44/ 벧후 3:10)

셋째, 구원으로 하나님의 진노를 피해야 합니다.

누구든지 짐승과 그의 우상에게 경배하고 이마나 손에 표를 받으면 하나님의 진노의 포도주를 마시게 된다고 셋째 천사가 큰 음성으로 선포합니다. 당장의 고난이 두려워 하나님을 떠나게 되면 구원을 받지 못하게 됩니다. 마지막 심판에는 자비나 은혜가 조금도 없습니다. 하나님의 은혜를 통해 받은 구원을 굳건한 믿음으로 지키십시오.(마 24:22)

오늘 본문을 통해 성도들이 절대로 잊어서는 신앙의 세 가지 핵심 교훈에 대해서 배웠습니다. 우리는 항상 하나님을 경외할 줄 알며 모든 일을 통해 주님께 영광을 돌려야 합니다. 하나님을 거역한 세상은 반드시 결국 무너지게 됩니다.
오늘도 성도의 큰 교훈을 잊지 말며 항상 기억하십시오.

주님! 하나님의 명령을 지키며 살게 하소서!

오늘 특별 적용	
오늘 특별 감사	

164

땅의 추수

요한계시록 14장 13절부터 20절을 읽으십시오.
① 낫을 휘두르는 이유는 무엇 때문인가?(15)
② 추수가 끝난 뒤에는 어떤 일이 일어나는가?(19,20)

1800년대에는 영국이 세계의 최강대국이었습니다.

당시 어떤 나라도 영국의 영향력을 벗어날 수 없었습니다. '해가 지지 않는 나라' 라는 표현을 통해 그 당시의 막강함이 어느 정도였는지 알 수 있습니다. 그리고 그 당시의 영국은 세계 최강대국이면서 또한 세계 선교의 최강국이기도 했습니다. 그러나 나중에는 여러 가지 복잡한 이유들로 선교활동이 아닌 정복활동에 치중하면서 선교의 발길도 끊어지고 영국의 위상도 떨어지게 되었습니다.

1900년대에는 미국이 세계의 최강대국의 자리에 올라있습니다.

그리고 지금 미국의 선교사들은 세계의 구석구석을 누비는 세계 최대의 선교국이기도 합니다. 그리고 작은 땅덩이로 세계 상위권의 경제대국인 우리나라는 미국에 이어 세계 2위의 선교 국가입니다.

선교는 어떤 상황에서도 위축되거나 중단되어서는 안 됩니다. 하나님의 일을 할 때에 하나님이 개인과 민족, 그리고 한 나라에 어떤 축복을 내리시는지 우리는 역사를 통해 알 수 있습니다. 그리고 지금은 더욱 영혼구원이 절실하게 필요한 때이기도 합니다.

요한계시록 14장 13절부터 20절에는 땅의 추수에 관한 말씀이 기록되어 있습니다. 주님은 추수 때가 되면 가라지는 거두어 불사르게 단으로 묶고 곡식은 모아 곳간에 넣겠다고 하셨는데 마지막 때에 실제 그 말씀이 이루어집니다. 우리는 여기에서 **땅의 추수에 관한 세 가지 사실**을 발견합니다.

첫째, 땅의 곡식은 거두어집니다.

곡식은 좋은 의미입니다. 이 알곡은 주 안에서 죽은 자들을 포함하여 구원받은 모든 성도들을 의미합니다. 땅이 열매를 맺을 때, 처음에는 싹이요, 다음에는 이삭이요, 그 다음에는 곡식입니다. 우리의 신앙은 성장해야 하고, 그 결과

열매를 맺어야 합니다. 추수 때가 부끄럽지 않은 알곡이 되십시오. (막 4:28)

둘째, 포도송이도 거두어집니다.

포도라고 해서 다 좋은 의미만 있는 것은 아닙니다. 주님께서 이르시기를, 땅을 파서 돌을 제하고 극상품의 포도나무를 심어놓고, 좋은 포도 맺기를 바라셨지만, 들 포도를 맺었다고 탄식하셨습니다. 따라서 포도는 먼저 구분되어진 다음에 일부는 추수되고 나머진 버려집니다. 하나님을 기쁘시게 하는 좋은 열매를 맺으십시오. (사 5:2/ 눅 3:9)

셋째, 나쁜 열매는 버려집니다.

열매가 없는 것도 문제이지만, 나쁜 열매 역시 하나님의 진노를 피하지 못합니다. 진노의 큰 포도주 틀은 성 밖에 놓여 있어 밟히게 됩니다. 좋은 열매는 하나님의 말씀대로 사는 작은 실천과 작은 사랑의 표현으로부터 시작됩니다. 전심을 다해 하나님을 섬기고 이웃을 사랑하십시오. (딛 3:14)

오늘 본문을 통해 땅의 추수에 관한 세 가지 사실을 배웠습니다. 추수의 때에는 알곡과 쭉정이가 구분되어 각각의 쓰임에 따라 추수되고 또한 버려집니다. 좋은 열매를 맺는 아름다운 삶을 살기 위해 우리 모두는 힘써야 합니다. **오늘도** 좋은 열매를 맺는 아름다운 믿음과 행동을 실천하십시오.

주님! 좋은 열매 맺는 좋은 나무가 되게 하소서!

오늘 특별 적용	
오늘 특별 감사	

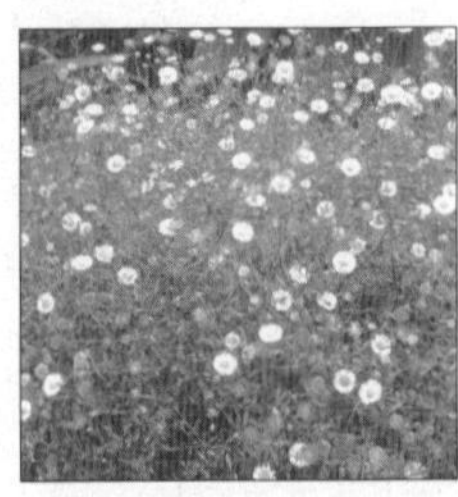

165

승리의 찬송

요한계시록 15장 1절부터 4절을 읽으십시오.
① 일곱 천사가 가진 일곱 재앙은 어떤 재앙인가?(1)
② 재앙에 앞서 무슨 일이 벌어지고 있는가?(3)

마틴 루터가 종교개혁을 계획할 때 항상 그의 곁에서 힘이 되어준 친구가 있었습니다.

필립이라는 신학자는 종교개혁을 위해 항상 전면에 나섰던 루터를 위해 함께 연구하며 기도로 중보를 해주었습니다. 둘의 우정은 매우 각별해서, 서로가 죽고 난 뒤에 무덤도 한 자리를 사용했을 정도였습니다. 루터가 때로는 좌절하고 포기하려는 마음을 먹을 때마다 필립은 '성경에서 발견한 진리라면, 그 진리가 반드시 이길 것을 믿어야 하네' 라고 격려하며 힘을 북돋아 주었습니다. 특히나 루터에게 보내는 모든 편지의 마지막에 필립은 다음의 성경 말씀을 적어 놓았다고 합니다.

'그런즉 이 일에 대하여 우리가 무슨 말하리요 만일 하나님이 우리를 위하시면 누가 우리를 대적하리요' (로마서 8장 31절)

하나님의 일을 하는데 두려워할 것이 없음은 하나님이 언제나 우리를 위하시기 때문입니다. 오직 우리에게 임하시는 하나님만을 바라보고 담대하십시오.

요한계시록 15장 1절부터 4절에는 마지막 재앙이 시작되기 전 승리한 자들이 부르는 찬송이 기록되어 있습니다. 요한계시록은 무서운 공포의 책이 아니라 주님의 구원을 거부한 자들을 향한 정해진 심판을 기록한 책입니다. 성도들에게는 계시록이 약속의 책이며 찬송의 책이 되어야 합니다. 우리는 오늘 본문을 통해 **승리의 세 가지 찬송**에 대해서 살펴볼 수 있습니다.

첫째, 전능하신 하나님을 향한 찬송입니다.
짐승과 그의 우상과 그의 이름을 이기고 벗어난 자들은 하나님의 은총을 받아 다함께 하나님을 찬양합니다. 모든 것을 주관하시는 하나님이 하시는 일들은 크시며 놀랍습니다. 하나님의 위대하심은 우리가 측량하지 못합니다.

주님의 인도하심을 따라 나아감으로 실제로 이루어지는 주님의 놀라운 계획과 말씀들을 목도하십시오. (시 145:3/ 마 12:11)

둘째, 만국의 왕이신 하나님을 찬송합니다.
만국이란 '모든 시대, 모든 민족' 이란 의미입니다. 그들을 향하여 베풀어 놓으신 주님의 길은 모든 것이 의롭고, 참됩니다. 예수님은 하나님의 참되심을 강조하셨습니다. 하나님의 보좌의 기초는 의와 공평입니다. 그분이 하신 말씀들은 모두 참되어 거짓이 없습니다. 만국을 공평과 의로 다스리시는 주님을 찬양하십시오. (신 32:4/ 시 97:2,116:5/ 요 8:26)

셋째, 예배받기에 합당하신 하나님을 찬송합니다.
언제나 옳으신 하나님은 그 말씀대로 세상을 심판하십니다. 하나님을 경외하는 자는 오히려 이런 세상의 환란에서 자유롭고 언제나 평안을 누리게 됩니다. 두렵고 떨림으로 우리의 구원이 이루어지기 때문입니다. 거룩한 하나님을 마음을 다한 예배로 찬양하십시오. (시 34:9/ 빌 2:12/ 계 5:12)

오늘 본문을 통해 승리의 세 가지 찬송에 대해서 배웠습니다. 모든 것의 이유이신 주님을 세세토록 마음을 다해 정성껏 찬양해야 합니다. 찬양은 우리의 존재의 이유이며 우리의 크나큰 기쁨이기 때문입니다.
오늘도 하나님을 경외하며 기쁨으로 찬송하십시오.

주님! 주님의 공의와 선하심을 찬송하며 살게 하소서!

오늘 특별 적용	
오늘 특별 감사	

166

심판의 시작

요한계시록 15장 5절부터 8절을 읽으십시오.
① 하늘에 있는 성전을 뭐라고 호칭하는가?(5)
② 일곱 재앙을 가진 일곱 천사는 어디로부터 나왔는가?(6)

인간의 두뇌에는 120억 개의 뇌세포가 있다고 합니다. 물론 노화가 진행됨에 따라 뇌세포는 점점 사라지지만 그럼에도 뇌가 기능만 제대로 한다면 아무리 장수를 한다고 해도 뇌세포가 부족할 일은 없다고 합니다. 더 놀라운 것은 우리의 뇌는 우리가 인식한 것은 무엇이든 저장하고 기억한다는 사실입니다. 때로는 우리의 눈에 살짝 스쳐 지나가 전혀 무엇인지 알 수 없는 것도 뇌는 기억을 하고 있다고 합니다. 따라서 만약 뇌의 저장소를 자유자재로 들락날락할 수 있다면 출생 후 지금까지 살아오며 겪었던 모든 일들을 상세하게 다시 기억해낼 수 있다고 합니다.

세상의 종말이 아니더라도 모든 인간은 죽음으로 끝이 나게 되어 있습니다. 그리고 죽음 뒤에 맞이할 심판의 날에 우리의 과오를 스스로 속일 수는 있어도 하나님을 속일 수는 없습니다. 마지막 심판을 피할 수 있는 것은 오직 그리스도의 보혈을 통한 구원뿐입니다.

요한계시록 15장 5절부터 8절에는 마지막 심판이 시작되는 곳이 기록되어 있습니다. 증거 장막인 하늘의 성전부터 심판은 시작되는데, 구약에서는 이를 성막, 혹은 회막 이라고 불렀습니다. 우리는 오늘 본문을 통해 **마지막 심판의 시작과 관련된 세 가지 내용에 대해서 알 수 있습니다.**

첫째, 마지막 심판은 하늘에서 시작됩니다.

심판은 땅에서 발생한 무슨 변고로 인하여 시작되는 것이 아닙니다. 간혹 잘못된 종교들이 세상 종말을 예언하면서 핵폭발이니, 자연의 파괴니, 세계 3차 대전이니 하는 주장들은 하지만 이것은 성경적인 견해가 아닐뿐더러 주님의 심판과는 전혀 상관없습니다. 마지막 심판은 사람이 아닌 하나님으로부터 온다는 사실을 기억하십시오.(시 96:13)

둘째, 심판의 집행자들은 거룩한 천사들입니다.

일곱 재앙을 가진 일곱 천사는 성전으로부터 나왔습니다. 마귀나 귀신들이 심판을 집행하는 것이 아니라 맑고 빛난 세마포 옷을 입고 가슴에는 금띠를 띠고 있는 천사들이 대신합니다. 그들은 거룩한 천사들입니다. 세상을 창조하신 주님께서 마지막에도 주관하신다는 사실을 잊지 마십시오.(삼하 24:16/ 욥 38:7/ 히 1:7)

셋째, 심판의 하나님의 철저한 계획 속에서 진행됩니다.

심판이 시작되는 성전에는 '쉐키나' 라고 불리는 연기가 가득합니다. 이 연기는 하나님의 영광과 그분의 능력에서 나오는 연기입니다. 구약에서 하나님의 영광이 전에 가득하자 제사장들이 그 구름으로 말미암아 능히 서서 섬기지 못했습니다. 마찬가지로 그날에도 하나님의 계획 속에서 진행되는 마지막 심판이 마치기까지 성전에 능히 들어갈 자가 없습니다. 마지막 심판은 오직 하나님이 주관하신다는 사실을 믿으십시오.(겔 10:4/ 대하 5:14)

오늘 본문을 통해 마지막 심판의 시작과 관련된 세 가지 내용에 대해서 배웠습니다. 마지막 심판은 하늘 성전에서 시작되고 거룩한 일곱 천사들이 집행합니다. 이 심판은 하나님의 철저한 계획 속에 진행됩니다. 구원도 심판도 모두 하나님의 영광을 나타낼 뿐입니다.
오늘도 땅에 임하여 의로 세계를 심판하시는 하나님을 기억하십시오.

주님! 만물의 주관자이신 하나님을 바라보며 살게 하소서!

오늘 특별 적용	
오늘 특별 감사	

167

의로운 심판

요한계시록 16장 1절부터 11절을 읽으십시오.
① 천사들이 명령받은 것은 무엇인가?(1)
② 대접 심판에 대하여 천사는 뭐라 하는가?(5)

그리스 신화에 등장하는 디케는 정의의 여신입니다.
디케는 한 손에는 칼을 들고 있고, 다른 한 손에는 저울을 들고 있습니다. 그리고 희한하게도 눈을 가리고 있습니다. 정의의 상징에는 공평도 포함되어 있는데, 공평하기 위해선 상대방의 모습을 통해 어떠한 편견도 가져서는 안 되기 때문입니다. 어떤 사람도 자신의 생각과 이기적인 마음, 그리고 상대방의 외모와 환경과 능력에 대해서 자유로울 수 없습니다. 그래서 사람들이 만들어낸 여신도 눈을 가리고 있을 수밖에 없었습니다. 그리고 또한 바로 이것이 모든 사람들이 남을 판단하지 말아야 할 이유가 되기도 합니다.
사람은 서로를 판단하고 심판할 수 없으나 하나님은 할 수 있습니다. 공의로 우신 하나님은 진실로 사람의 외모와 보이는 행위가 아닌 마음과 심중으로 판단하시기 때문입니다. 공평하신 하나님만이 공의로 세상을 심판하실 수 있습니다.

요한계시록 16장 1절부터 11절에는 다섯 번째까지의 대접 심판에 관하여 적혀 있습니다. 연속해서 일련의 재앙이 계속 일어나는 대접 심판은 마지막 심판입니다. 우리는 오늘 본문을 통해 **하나님의 심판이 의로운 세 가지 이유**에 대해서 알아야 합니다.

첫째, 악인에게 임하는 것이기 때문입니다.
심판은 하나님이 우리 대신 원수를 악인에게 갚아주는 행동이십니다. 짐승의 표를 받은 사람들과 그 우상에게 경배하는 자들에게 가해지는 무서운 재앙이 바로 마지막 심판입니다. 사람들은 끝없이 정의를 갈구하지만 마지막 날이 오기 전에는 정의가 이 땅에 바로 설 수 없습니다. 공의의 하나님이 공평하게 심판하실 그날을 기다리십시오.(히 10:30)

둘째, 성도들의 희생을 위한 것이기 때문입니다.

다니엘은 옛적부터 항상 계신 이가 와서 지극히 높으신 이의 성도들을 위하여 원한을 풀어주시는 환상을 보았습니다. 성도들을 핍박하고 죽인 그들은 하나님을 멸시하고 회개하지 않는 악독한 마음을 가진 자들입니다. 모든 성도들의 억울함과 원함을 마지막에 하나님께서 풀어주신다는 사실을 잊지 말고 늘 기억하십시오.(시 16:3/ 단 7:22)

셋째, 행위의 보응이기 때문입니다.

심판은 하나님의 이름을 비방하고도 회개하지 않은 자에 관한 것입니다. 회개하지 않으면 결국 망합니다. 회개하지 않으면 진노의 날 곧 하나님의 의로우신 심판이 나타나는 날에 임한 진노를 쌓아놓게 됩니다. 하나님을 거부한 사람이 천국에 간다한들 무엇을 할 수 있겠습니까? 천국과 지옥은 모두 우리의 믿음과 행위에 대한 보응이라는 사실을 깨달으십시오.(눅 13:3/ 롬 2:5)

오늘 본문을 통해 하나님의 심판이 의로운 세 가지 이유에 대해서 배웠습니다. 하나님의 심판은 악인에게 임하는 것이며 행위대로 일어나는 보응입니다. 하나님의 심판은 정의롭고 공평하게 이루어집니다.
오늘도 회개에 합당한 열매를 맺으며 사십시오.

주님! 행한 대로 갚으시는 주님을 경외하며 살게 하소서!

오늘 특별 적용	
오늘 특별 감사	

168

주님의 메시지

요한계시록 16장 12절부터 21절을 읽으십시오.
① 주님의 말씀은 무엇인가?(15)
② 세 영이 왕들을 모은 곳은 히브리어로 어디인가?(16)

찰리 채플린이 직접 감독하고 주연한 '양지바른 쪽' 이라는 영화가 있습니다. 영화에는 농장과 호텔을 가지고 있는 한 부자가 나옵니다. 부자는 매일 성경을 읽고 주일마다 교회에 나갑니다. 그리고 방에는 '네 이웃을 사랑하라' 는 말씀을 액자로 걸어 놓았습니다. 그러나 그는 자신의 하인을 매일같이 혹사시키며 엉덩이를 걷어 차며 일을 하라고 화를 냅니다. 마을의 다른 사람들도 모두 신앙생활을 열심히 하지만 신앙과는 관계없이 다른 사람을 놀리기 좋아하고 조금도 외지인을 배려하지 않습니다. 말씀을 읽고 하나님을 찬양하는 모습은 보이지만 진정한 하나님의 마음과 뜻을 깨닫지 못했기 때문에 변화가 없는 것입니다.

변화가 없을 때 우리의 믿음과 삶에 모순이 생깁니다. 말씀을 들어 아는 것도 중요하지만 깨닫고 변화되는 것은 더욱 중요합니다. 나에게 늘 말씀하고 계시는 하나님의 음성에 귀를 기울이십시오.

요한계시록 16장 12절부터 21절에는 아마겟돈으로 왕들을 모으는 내용이 기록되어 있습니다. 귀신들의 영들이 이적을 행하여 온 천하의 왕들을 전쟁을 위하여 아마겟돈으로 모읍니다. 그러나 본문의 중심은 최후의 전쟁인 아마겟돈이 아니라 이곳에서 임하는 하나님의 말씀에 맞춰져야 합니다. 우리는 오늘 본문을 통해 **성도들에게 주시는 주님의 세 가지 음성**에 대해서 알아야 합니다.

첫째, 종말의 신비함을 알리는 음성입니다.
마지막 심판의 날은 도둑 같이 옵니다. 그래서 우리는 하나님의 나라가 가까이 온 줄을 알고 스스로 조심해야 합니다. 그렇지 않으면 방탕함과 술 취함과 생활의 염려로 마음이 둔하여지게 됩니다. 마지막 날을 준비하되 허황된 미혹에 빠지지 않는 지혜를 가지십시오.(마 24:44/ 눅 21:34/ 벧후 3:10)

둘째, 깨어 있으라고 말하는 음성입니다.

본문에 나오는 옷은 '예복' 을 뜻합니다. 비록 청함을 받았다 해도, 예복을 입지 않은 자는 바깥 어두운 데에 내어 던져지게 됩니다. 하나님을 섬기던 아론 제사장은 거룩한 옷을 입어야 했습니다. 열 처녀의 비유에서 알 수 있듯이 우리는 깨어서 신랑을 맞을 준비를 해야 합니다. 복음에 합당한 예복과 기름을 준비하는 자세를 가지십시오. (출 40:13/ 시 29:2/ 마 22:13)

셋째, 순결을 요구하는 음성입니다.

본문의 '부끄러움' 은 '망신스러운 행동' 이란 뜻입니다. 벌거벗음은 수치를 의미합니다. 부끄러움을 가리려면 주님이 주시는 양털과 삼베를 가져야 합니다. 주님은 자신의 옷으로 우리를 덮어 벌거벗은 것을 가려 주십니다. 우리를 사랑하사 모든 것을 이미 예비하여 주신 주님의 은혜에 감사하십시오.(미 1:8/ 호 2:9/ 겔 16:8)

오늘 본문을 통해 주님이 해 주신 세 가지 메시지를 배웠습니다. 주님은 계시록을 우리에게 주심으로 구원의 때를 알리고 한 명이라도 더 많은 영혼이 구원받기를 바라는 마음을 나타내셨습니다. 계시록을 통해 우리는 이런 사실들을 깨달아야 합니다.

오늘도 주님이 친히 주시는 사랑과 은혜로 사십시오.

주님! 크신 사랑과 은혜로 나를 덮어주소서!

오늘 특별 적용	
오늘 특별 감사	

169

승리의 확신

요한계시록 17장 1절부터 10절을 읽으십시오.
① 물 위에 앉은 음녀는 누구에게 악행을 저질렀는가?(2)
② 그 음녀의 이름과 정체는 무엇인가?(5)

아주 오래 전, 이집트의 유적을 발굴하던 중에 3천년이 된 고분을 발견한 적이 있었습니다.

형체를 알 수 없는 미라와 함께 옆에 함께 있던 꽃병이 영국의 박물관으로 이송되었는데 이동 중에 꽃병이 깨지고 말았습니다. 꽃병 안에는 말라 비틀어진 몇 개의 씨앗뿐이었지만, 워낙 소중한 유물들이었기에 모두 수거되어 전문가들에게 보내졌습니다. 전문가들은 꽃병과 씨앗에는 유물로써의 가치가 없다고 생각하고 꽃병은 그냥 보관함에 넣어두고 씨앗은 화단에 뿌려 버렸습니다. 그리고 그로부터 30일 뒤 화단에 작은 싹이 돋아났습니다. 3천년의 세월이 지났지만 씨앗에는 여전히 생명의 가능성이 담겨있었습니다.

작고 오래 된 씨앗에 크나 큰 생명이 담겨 있듯이 모든 말씀에도 놀라운 생명이 담겨 있습니다. 사람이 말씀을 믿음으로 믿을 때 커다란 가능성이 이루어지는 것처럼 하나님의 때가 차기 시작할 때 태초부터 내려오는 모든 말씀들이 정말로 이루어질 것입니다

요한계시록 17장 1절부터 10절에는 큰 음녀의 심판에 관하여 적혀 있습니다. 큰 음녀는 왕과 마지막 때에 세상 사람들을 더러운 쪽으로 몰아가는 원흉입니다. 우리는 오늘 본문을 통해 **세상을 타락시키는 사람들의 세 가지 특징**이 무엇인지 알 수 있습니다.

첫째, 하나님의 심판을 받습니다.
온 세상으로 음행의 죄를 범하게 하였던 큰 음녀가 드디어 심판을 받습니다. 그러나 영혼을 죄의 길로 이끄는 사람들은 오늘날에도 마찬가지로 심판을 받습니다. 우리는 음녀의 길로 치우치지 말아야 하며 그 길에 미혹되지도 말아야 합니다. 주를 떠나 망하는 자가 되지 말고 언제나 선한 목자되신 주님을 따르십시오.(시 73:27/ 잠 7:25)

둘째, 세상을 더욱 어둡게 만듭니다.

음녀의 이름은 비밀입니다. 큰 바벨론으로서 하나님을 대적하는 자이며, 가증한 것들의 어미입니다. 음녀의 화려함과 은밀한 행보에 사람들은 모두 속고 맙니다. 음녀는 성도들과 예수의 증인들의 피에 굶주려 있습니다. 악인들의 행보는 자신들뿐 아니라 모든 세상을 더욱 어둡게 만듦으로 진리를 가린다는 사실을 기억하십시오. (시 31:4/ 엡 5:12/ 히 10:32,33)

셋째, 결국에 멸망당할 존재입니다.

여자가 탄 짐승의 일곱 머리는 일곱 왕입니다. 세상을 타락시키고 하나님께 반한 음녀는 강한 힘이 있어 보일지도 모르나 결국 하나님의 심판을 통해 멸망 받을 것이 확실한 존재입니다. 생명책이 이름이 기록된 성도들은 언제나 두려워할 이유가 없습니다. 하나님을 향한 확신으로 늘 담대하십시오.(사 41:10)

오늘 본문을 통해 세상을 타락시키는 사람들의 세 가지 특징에 대해서 배웠습니다. 큰 음녀는 결국 심판을 받습니다. 그리고 세상을 놀라게 할 이적들을 보이며 세상을 더욱 어둡게 만들지만 결국 성도들에게 있어서는 놀랄 것이 없는 존재입니다. 언제 어디서나 하나님이 함께 하여 주시는 우리에겐 두려울 것이 전혀 없습니다.

오늘도 세상을 두려워하지 말고 담대한 마음을 가지십시오.

주님! 세상을 이길 믿음을 주옵소서!

오늘 특별 적용	
오늘 특별 감사	

170

승리의 이유

요한계시록 17장 11절부터 18절을 읽으십시오.
① 음녀가 앉아 있는 물은 무엇을 의미하는가?(15)
② 그 여자의 정체는 무엇인가?(18)

조드 박사라는 유명한 무신론자가 있었습니다.
그는 이성적이고 객관적인 사실만을 신뢰하고 영혼이나 내세는 없다고 늘 주장했습니다. 그러나 스페인 내전에 대해서 연구하던 도중 영적인 세계와 악한 영의 영향력에 대해서 깨닫게 되었습니다. 그리고 예수님을 영접하고 구원을 받았습니다. 그리고 영적인 세계를 깨달은 조드 박사는 다음과 같은 아주 유명한 명언을 남겼습니다.
'이 세상은 놀이터가 아니라 전쟁터다'
때가 점점 악해지며 수많은 이단들과 사이비들이 교회를 향해 공격적인 행보들을 보이고 있습니다. 이럴 때일수록 열심있는 봉사와 뜨거운 기도, 그리고 말씀에 대한 바른 공부가 필요합니다. 세상은 치열한 영적인 전쟁터입니다. 주님이 다시 오시기 전까지 우리는 영혼구원을 위해 혼신의 힘을 다해야 합니다.

요한계시록 17장 11절부터 18절에는 음녀의 결말이 적혀 있습니다. 악은 반드시 수치와 욕으로 그 결말을 맞이하게 되어 있습니다. 짐승을 타고 다니며 악을 일삼던 음녀는 결국 처참한 최후를 맞습니다. 우리는 오늘 본문을 통해 **우리가 승리할 수밖에 없는 세 가지 이유**에 대해서 기억해야 합니다.

첫째, 주님은 만유의 왕이시기 때문입니다.
세상 왕들은 한 뜻을 가지고 자기의 능력과 권세를 짐승에게 줍니다. 그리고 만유의 왕이신 어린양 예수님께 싸움을 겁니다. 하지만 재림하신 예수님은 복되시고 유일하신 주권자이시며 만왕의 왕이시며 만주의 주이십니다. 하나님을 대적하는 모든 자들의 결국은 패망임을 기억하십시오.(단 8:25/ 딤전 6:15)

둘째, 우리는 왕의 부르심을 받았기 때문입니다.

어린 양과 함께 있는 자들은 모두 진실한 자들입니다. 주님은 우리가 진실한 청지기가 되어 그 주인집의 종들을 맡아 때를 따라 양식 나누어 주길 바라십니다. 하나님은 하나님께 신실한 사람에게는 은혜와 평강으로 갚아주시는 주님임을 믿으십시오.(레 6:2/ 골 1:2)

셋째, 하나님의 말씀대로 이루어지기 때문입니다.

악한 자들의 연합도 사실은 하나님이 그 뜻을 이루시기 위해 그들을 잠시잠깐 한 뜻되게 하신 것 뿐 입니다. 결국 열 뿔과 짐승이 음녀를 미워하여 망하게 하고 벌거벗게 하고 그의 살을 먹고 불로 아주 사르게 하십니다. 하나님의 엄중한 말씀은 그대로 이루어집니다. 악은 반드시 망한다는 하나님의 말씀을 믿어 의심치 마십시오.(잠 14:11)

오늘 본문을 통해 우리가 승리할 수밖에 없는 세 가지 이유에 대해서 배웠습니다. 어린 양이신 예수님은 만주의 주시요 만왕의 왕이십니다. 우리가 그런 어린 양과 함께 있기 때문에 이길 수밖에 없고 말씀이 이루어질 수밖에 없습니다.
오늘도 승리의 기쁨을 주시는 주님과 동행하십시오.

주님! 주님과 함께함으로 날마다 승리하게 하소서!

오늘 특별 적용	
오늘 특별 감사	

171

세상의 실체

요한계시록 18장 1절부터 10절을 읽으십시오.
① 결국 무너지는 것은 무엇인가?(2)
② 하나님의 백성은 세상에서 어떻게 해야 하는가?(4)

엘빈 토플러는 '미래와 충격' 이라는 책을 통해 현대를 낭비의 사회라고 진단했습니다.

예전에는 사람들이 '영원한 것' 을 이상으로 삼는 영속적인 가치관을 가지고 있었지만 지금의 시대는 '더욱 빨리 변하는 것' 을 이상으로 삼는 일시성의 가치관이 만연해 있습니다. 지식과 정보의 유효기간은 점점 짧아지며, 유명인과 스타들의 인기도 빠르게 순환되며 뜨고 내립니다. 심지어 이런 현상은 읽는 습관에까지도 영향을 미쳐 한 달 이상 머무르는 베스트셀러조차도 흔치 않은 실정입니다. 게다가 사람들은 점점 생각하기를 귀찮아하고 단순한 것을 선호하게 되어서 기술과 기계는 첨단의 시대를 향해 있지만 그것을 활용하고 실제로 응용하는 사람들의 수준은 점점 유치해지고 단순해져가고 있습니다. 빠른 변화는 이 시대가 표방하는 가치이지만 사람들의 고독의 원인이기도 합니다. 본향이 천국인 우리의 영혼은 영원한 것을 끊임없이 갈망할 수밖에 없습니다. 진리를 통해 변하지 않는 마음의 안식처를 찾으십시오.

요한계시록 18장 1절부터 10절에는 바벨론의 멸망에 대하여 적혀 있습니다. 점점 하나님을 등지고 진리로부터 멀어지고 있는 세상은 결코 영원하지 못합니다. 우리는 오늘 본문을 통해 **성도가 조심하고 멀리해야 할 세상의 세 가지 모습**에 대해서 알아야 합니다.

첫째, 음행의 모습입니다.

세상을 상징하는 바벨론이 무너진 이유는 음행 때문입니다. 음행은 귀신과 각종 더러운 영과 추하고 가증한 일들을 불러들입니다. 정치권력자인 왕도, 경제를 쥐락펴락하는 세상의 상인들도 음행의 진노의 포도주에 취해 있습니다. 그러나 음행의 쾌락은 일시적이고 퇴폐적입니다. 잘못된 쾌락으로 죄를 짓지 마십시오.(엡 5:3)

둘째, 유혹의 모습입니다.

마지막 날이 되기 전에 한 명이라도 더 성도들을 넘어트리기 위해 세상은 수단과 방법을 가리지 않습니다. 하나님의 백성들은 세상에서 나와야 합니다. 그래서 그의 죄에 참여하지 말아야 합니다. 세상의 죄는 하늘에 사무쳤고, 하나님은 그 불의한 일을 모조리 기억하고 계십니다. 세상 속에 빠져 있지 말고 아버지의 사랑 안에 거하십시오.(요일 2:15)

셋째, 사치의 모습입니다.

세상은 소비와 사치와 낭비로 얼룩져 있습니다. 사람들은 아무 의미도 득도 없는 권력과 자기만족을 위해서 다른 사람들을 착취하고 자연을 훼손하고 양심을 속입니다. 그러나 하나님의 약속을 가진 사람들은 육과 영의 온갖 더러운 것에서 자신을 깨끗하게 해야 합니다. 세상에 잘못된 가치관에 빠져 때를 낭비하지 마십시오.(갈 5:24/ 고후 7:1)

오늘 본문을 통해 성도가 조심하고 멀리해야 할 세상의 세 가지 모습에 대해서 배웠습니다. 세상은 점점 잘못된 가치관과 모습들로 혼란스러워집니다. 성도들은 세상에 있되 세상에 속하지 않아야 마땅합니다.
오늘도 세상에서 하나님의 사람답게 사십시오.

주님! 세상에 머무는 동안에도 하나님의 자녀답게 살게 하소서!

오늘 특별 적용	
오늘 특별 감사	

172

영원히 사라질 것들

요한계시록 18장 11절부터 24절을 읽으십시오.
① 우리는 왜 기뻐해야 하는가?(20)
② 세상의 것들이 사라진 이유는 무엇 때문인가?(24)

몇 해 전에 캐나다에서 복권에 당첨된 어떤 할아버지에 대한 기사가 나왔습니다.

당시 66세였던 할아버지는 약 2억 원 상당의 복권에 당첨되었습니다. 당시 양로원에서 아내와 함께 생활을 하던 할아버지는 갑자기 찾아온 뜻밖의 행운으로 인해 매우 행복해했다고 합니다. 할아버지는 복권공사로부터 돈을 지급받은 뒤에 새로운 차량을 구입한 뒤 할머니와 곳곳을 여행을 다니려고 꿈에 부푼 계획을 세웠습니다. 그러나 안타깝게도 돈을 찾아온 지 1주일 만에 돌아가시고 말았습니다. 할아버지와 함께 계획을 세웠던 할머니와 친구들은 인생의 행운이 너무 늦게 찾아왔다며 크게 슬퍼했습니다.

세상 일과 내일 일은 아무도 알 수가 없습니다. 당장 우리의 가슴을 설레게 하고 행복하게 하는 것들도 우리가 세상을 떠나면 아무런 의미가 없습니다. 영원히 소유할 수 있고 우리에게 기쁨을 줄 수 있는 것들은 이 세상에 아무 것도 없습니다.

요한계시록 18장 11절부터 24절에는 심판으로 인하여 완전히 사라지게 된 바벨론에 관한 말씀이 적혀 있습니다. 세상의 마지막이 다가오면서 사람들이 최고의 가치로 여기고 있는 모든 것들은 완전히 사라져버리게 됩니다. 우리는 여기에서 **영원히 사라질 세 가지 세상의 모습**에 대해서 살펴볼 수 있습니다.

첫째, 상거래가 완전히 사라집니다.

상거래는 사라지고 부자들은 울고 애통합니다. 지금까지의 무역은 돈을 벌어다주고 풍요를 누리게 해주었지만 그날에는 강포가 가득하여 범죄를 증가시킵니다. 이익에 눈먼 죄악이 많은 무역으로 세상에는 불의가 넘치고, 심지어 하나님의 성소마저 더럽혀집니다. 마지막 날에는 어떤 부를 위한 노력도 소

용이 없어진다는 사실을 기억하십시오.(겔 28:16,18)

둘째, 많던 재물이 다 사라집니다.
세상의 거의 모든 사람이 행복을 위해 많은 재물을 필요로 합니다. 그러나 재물에는 한계가 있고 끝이 있습니다. 재물은 진정한 행복을 줄 수 없으며 마지막 진노의 날에도 무익합니다. 이런 재물을 쌓아둠으로 썩게 만드는 사람은 세상에서 가장 어리석은 사람입니다. 하나님께 받은 복을 가치 있는 일에 사용하십시오.(렘 51:13/ 잠 11:4/ 눅 12:21/ 약 5:3)

셋째, 큰 성 바벨론이 흔적도 없이 사라집니다.
선지자들과 성도들과 땅 위에서 죽임을 당한 모든 자의 피는 큰 성 바벨론에서 결코 다시 보이지 아니합니다. 그러나 사람들의 눈은 가리어져 만국이 바벨론의 화려함에 미혹되어 있습니다. 하지만 세상 부귀영화는 아침에 일어나면 다 사라지는 꿈과 같은 것입니다. 보이는 것은 곧 사라지고 보이지 않는 것이 영원해진다는 사실을 깨달으십시오.(고후 4:18)

오늘 본문을 통해 영원히 사라질 세 가지 세상의 모습에 대해서 배웠습니다. 해 아래의 일들은 모두 헛될 뿐입니다. 주님과 주께 속한 것만 영원합니다. 언제나 주님을 따르고 주님만을 바라는 우리의 모습이 되어야 합니다.
오늘도 영원한 주님만 바라보며 사십시오.

주님! 믿음의 주요 온전케 하시는 주님만을 바라보게 하소서!

오늘 특별 적용	
오늘 특별 감사	

승리의 할렐루야

요한계시록 19장 1절부터 10절을 읽으십시오.
① 누가 할렐루야를 큰 음성으로 부르는가?(1)
② 누가 하나님께 경배하며 아멘 할렐루야를 외치는가?(4)

국내의 한 찬양인도자가 찬양에 대한 문제로 고민을 하고 있었습니다. 뛰어난 노래 실력과 다년간의 경험을 바탕으로 점점 아름다운 찬양으로 회중을 인도하게 되었지만 어쩐지 하루는 '지금 이게 옳은 찬양의 모습일까? 라는 생각이 들었다고 합니다. 그래서 예배를 마친 뒤에 홀로 조용히 기도하며 말씀을 묵상하는 시간을 가졌습니다. 그러나 그날의 찬양인도 시간에 연주는 아름다웠으며 자신과 싱어들도 최선을 다해 고운 목소리로 하나님을 찬양했습니다. 딱히 실수한 부분도 없었고 그렇다고 회중의 반응이 나빴던 것도 아니었습니다. 그러나 곰곰이 생각해 본 결과 결정적으로 '마음의 중심으로부터의 고백' 이 빠졌다는 사실을 깨달았습니다. 그날 이후로 그 인도자는 항상 '하나님께 드리고 싶은 말씀은 무엇인가? 라는 의중을 가지고 고백하는 마음으로 하나님을 찬양했습니다.

아름다운 음악의 찬양이 아니라 우리의 고백이 담긴 찬양을 하나님은 바라십니다. 찬양은 하나님께 영광이 되어야 하고 우리 마음의 진실한 고백이 되어야 합니다.

요한계시록 19장 1절부터 10절에는 세 번의 할렐루야가 기록되어 있습니다. 요한계시록은 성도의 찬송으로 가득 찬 승리의 책입니다. 심판은 끝나고 악은 모두 패배하였습니다. 우리는 오늘 본문을 통해 **찬양의 세 가지 이유**에 대해서 알아야 합니다.

첫째, 왕의 승리를 찬양합니다.
구원과 영광과 능력은 우리 하나님께 속하여 있습니다. 그러하신 분이 자기 종들의 피를 흘리게 했던 큰 음녀를 결국 심판하시고 마침내 영원한 승리를 이룩하셨습니다. 구원과 심판은 찬양의 가장 큰 이유입니다. 악을 심판하고 믿는 성도들을 구원하신 주님을 찬양하십시오. (시 76:9)

둘째, 왕의 위엄을 찬양합니다.

경외란 '상대의 지존함과 위엄으로 인하여 그를 두려워하는 마음' 입니다. 하나님을 두려워하는 사람은 더욱 기도하며 겸손합니다. 또한 죄를 싫어하고 회개를 머뭇거리지 않습니다. 더 나아가 하나님을 사랑하고, 주의 계명을 철저히 지키게 됩니다. 하나님을 경외함으로 재앙을 피하고 생명에 이르십시오. (잠 19:23/ 단 9:4)

셋째, 왕의 통치를 찬양합니다.

통치하신다는 것을 다른 말로 표현하면 '왕 노릇 하신다' 입니다. 하나님께서 다스리시니 세계가 굳게 서고 흔들리지 않습니다. 하나님이 통치하시면 전쟁이 끝나고, 화평이 옵니다. 하나님의 통치로 땅은 즐거워하며 허다한 섬은 기뻐합니다. 하나님의 즐거운 혼인잔치에 참여할 아름다운 신부의 삶을 사십시오. (시 96:10, 97:1/ 슥 9:10)

오늘 본문을 통해 찬양의 세 가지 이유에 대해서 배웠습니다. 영원한 하나님의 승리가 이 땅에 임하는 날 성도들의 기쁨과 찬양에 영원히 울려 퍼집니다. 하나님의 통치로 인해 모든 성도가 할렐루야 아멘을 외치는 그날은 속히 올 것입니다.

오늘도 하나님의 위대하심을 찬양하십시오.

주님! 할렐루야 아멘으로 하나님을 예배하게 하소서!

오늘 특별 적용	
오늘 특별 감사	

174

그리스도의 등장

요한계시록 19장 11절부터 21절을 읽으십시오.
① 백마를 탄자는 누구인가?(16)
② 세상을 미혹하던 자는 어떻게 되는가?(20)

성자 프란시스는 어둠은 빛이 없기 때문에 생기는 결과라고 늘 강조하며 마음속에서 나쁜 것을 몰아내려고 하지 말고 좋은 것을 채우라고 말했습니다.
「사랑과 지혜가 있는 곳에 두려움과 무지는 존재할 수 없습니다.
인내와 겸손이 있는 곳에 걱정과 노여움은 없습니다.
관심과 나눔이 있는 곳에 욕심과 가난은 없습니다.
고요함과 묵상이 있는 곳에 염려와 낭비는 없습니다」
세상의 마지막에 임할 심판과 형벌인 지옥은 복음과 사랑이 없기 때문에 생기는 결과입니다. 하나님의 복음을 삶 속에 가득 채운 성도들은 심판에 대해서 걱정할 어떤 이유도 없습니다.

요한계시록 19장 11절부터 21절에는 백마를 탄 자에 대하여 적혀 있습니다. 그의 이름이 충신과 진실이라는 것과, 피 뿌린 옷을 입은 하나님의 말씀이란 것과, 만왕의 왕이라는 호칭으로 우리는 그분이 예수님이라는 사실을 알 수 있습니다. 우리는 오늘 본문을 통해 **심판을 행하시는 그리스도의 세 가지 모습**을 발견합니다.

첫째, 심판을 주도하십니다.
심판의 주관자는 예수님이십니다. 예수님은 사람들의 은밀한 것을 심판하심으로 진실한 믿음을 가진 성도들을 가려내십니다. 사람들의 신앙과 진실한 선행이 마지막 날에는 한 치의 오차도 없이 구분될 것입니다. 사람의 일을 두려워하지 말고 심판하실 하나님의 일을 두려워하십시오.(마 10:28/ 요 5:22/ 롬 2:16/ 딤후 4:1)

둘째, 성령의 말씀으로 인해 심판하십니다.
하나님의 말씀은 성령의 검입니다. 주님은 하나님의 말씀으로 마지막 날에 사람들을 심판하시고, 만국을 치십니다. 하나님의 말씀엔 진리와 생명이 담겨 있지만 마지막까지 그것을 거부한 사람들에게는 불같으며 방망이 같을 것입니다. 끝까지 하나님이 주신 기회를 거부하는 어리석은 사람이 되지 마십시오. (렘23:29/ 요 12:48/ 엡 6:17)

셋째, 예수님은 모든 악들을 유황 못에 던지십니다.
예수님은 말세에 횡포를 부린 짐승과 성령을 가린 거짓 선지자들을 모두 잡아서 유황 불 붙는 못에 던지십니다. 이 둘은 사람들이 짐승의 표를 받게 하고 그의 우상에게 경배하도록 미혹하던 것들입니다. 악인의 미래는 끊어지기 마련이고 모든 불의는 심판받기 마련입니다. 잘못된 길에 서 있는 사람들의 유혹에 빠지지 마십시오. (시 11:6, 37:38)

오늘 본문을 통해 심판을 행하시는 그리스도의 세 가지 모습을 배웠습니다. 예수님은 하나님께서 주신 말씀으로 심판을 행하십니다. 예수님은 모든 악의 근원과 주도자들을 심판하시고 자신을 따르는 백성들을 구원하십니다.
오늘도 예수님과 함께 구원 받은 기쁨을 누리십시오.

주님! 마지막 구원의 때에 더욱 힘써 복음을 전하게 하소서!

오늘 특별 적용	
오늘 특별 감사	

175

첫 번째 부활

요한계시록 20장 1절부터 6절을 읽으십시오.
① 마귀는 얼마간 무저갱에 결박이 되는가?(2)
② 첫째 부활에 참여하는 자는 그리스도와 더불어 천년 동안 무엇을 하는가?(4)

아주 오래 전부터 돈과 권력을 가진 사람들은 죽지 않는 생명에 관심을 가졌습니다.

중국의 황제들이 특히 그러했습니다. 한나라의 무제는 불로장생을 위해 매우 높은 산에서 난 이슬을 먹었으며, 진시황제는 불로초를 구하기 위해서 죽기 전까지 애를 썼습니다. 또한 의학이 발달한 오늘 날에도 이런 일에 관심을 갖는 재벌들의 지원을 받아 장기를 바꾸고, 노화를 막고 수명을 늘려주는 수술과 줄기세포, 약들에 대한 연구가 점점 늘어나고 있습니다. 그러나 이런 연구를 통해서 사람의 수명을 늘릴 수는 있어도, 결국 인간은 모두 죽을 수밖에 없다는 사실은 자명한 것입니다. 따라서 '얼마나 오래 살 것인가?' 가 아닌 '무엇을 하며 살 것인가?' 에 초점을 맞추는 사람이 더욱 지혜로운 인생을 사는 사람입니다.

모두에게 동일한 구원을 약속하는 곳은 기독교밖에 없습니다. 진정한 영생을 선물해줄 수 있는 분도 예수 그리스도 뿐입니다. 아들을 보냄으로 하나님의 사랑을 직접 표현한 증거가 있는 곳도 기독교뿐입니다.

요한계시록 20장 1절부터 6절에는 첫째 부활에 관하여 적혀 있습니다. 예수님의 심판이 있은 이후로 천년동안 마귀는 무저갱에 결박되고, 첫째부활로 살아난 자들은 그리스도와 더불어 천년동안 왕 노릇 합니다. 우리는 오늘 부활을 통해 첫째 부활에 참여한 자들이 누리는 세 가지 영화가 무엇인지 알아야 합니다.

첫째, 둘째 사망이 다스리지 못합니다.
하늘에서 내려온 천사가 마귀를 잡아 무저갱에 던진 뒤에 세 종류의 사람들이 등장합니다. 보좌들에 앉아 세상을 심판하는 권세를 받은 자들, 순교한 자들, 짐승을 거부한 자들인데 이들은 모두 첫째 부활에 참여한 거룩하고 복된 자들입니다. 진정한 영생을 주는 것은 예수님의 구원뿐이라는 사실을 기억하십시오. (요 5:29/ 고전 15:42)

둘째, 제사장이 됩니다.

주님은 세상이 새롭게 되어 인자가 자기 영광의 보좌에 앉을 때에 본문의 세 종류의 사람들이 열두 보좌에 앉아 이스라엘의 열두 지파를 심판하리라고 말씀하셨습니다. 하나님이신 예수님은 대제사장의 직분으로 세상을 다스리십니다. 충성하는 자들에게 마땅히 상을 주시고 권세를 주시는 예수님을 믿으십시오. (마 19:28/ 눅 19:17/ 벧전 2:9)

셋째, 그리스도와 더불어 왕 노릇 합니다.

왕이 공의로 통치하게 될 때에 그 방백들도 정의로 다스리게 됩니다. 성도는 세상 뿐 아니라, 천사까지도 판단하게 되는데 주님과 함께 세상을 심판할 수 있는 이유는 모든 나라가 주의 소유이기 때문입니다. 하나님의 자녀가 되는 크나큰 권세를 주신 주님을 찬양하십시오. (사 32:1 /시 82:8/ 고전 6:2-3/ 요일 4:17)

오늘 본문을 통해 첫째 부활에 참여한 자들이 누리는 세 가지 영화에 대해서 배웠습니다. 비록 수많은 어려움과 환란이 있을시라도 주님을 믿고 따르는 사람들은 결국엔 큰 영화를 누리게 됩니다.
오늘도 작은 일부터 주님께 충성하십시오.

주님! 왕 같은 제사장의 모습으로 살게 하소서!

오늘 특별 적용	
오늘 특별 감사	

176

흰 보좌 심판

요한계시록 20장 7절부터 15절을 읽으십시오.
① 심판받는 대상은 누구인가?(10)
② 심판의 기준은 무엇인가?(15)

16세기에 프란시스코 자이벨이라는 선교사가 있었습니다. 스페인 사람이었던 그는 인도와 일본을 포함해 특히 동양 선교에 큰 업적을 남긴 분이었습니다. 평생을 선교를 위해 보내던 선교사님은 1553년 12월 3일에 임종을 앞두고 자신의 선교를 지원해주던 국왕 요한 3세에게 다음과 같은 말을 남겼습니다.

"친애하는 국왕 폐하. 폐하께서도 언젠가 하나님 앞에 서야 할 시간이 찾아온다는 사실을 잊지 마시길 바랍니다. 항상 그 날을 생각하며 양심을 속이지 말고 하나님과 백성을 속이지 마시길 바랍니다. 부끄러움이 없는 모습으로 천국에서 국왕 폐하를 다시 만나 뵙고 싶습니다."

한 나라의 국왕이라 하더라도 심판은 피할 수가 없습니다. 우리는 내일이 아닌 마지막 날을 생각하며 살아야 합니다.

요한계시록 20장 7절부터 15절에는 최후의 흰 보좌 심판에 관하여 기록되어 있습니다. 흰 보좌의 심판은 둘째 사망이라고도 하는데, 천년이 지난 후 사탄이 풀려나지만 무력하게 굴복된 후 불 못으로 던져지게 됩니다. 마귀가 사라진 후 사망과 음부도 사라지게 됩니다. 우리는 오늘 본문을 통해 **최후의 심판인 흰 보좌 심판을 통해 일어나게 될 세 가지 결과에 대해서 알아야 합니다.**

첫째, 미혹자인 사탄은 사라집니다.
마귀의 권세는 강력하고 영원해 보였으나 모든 권세는 주 예수님이 가지고 계십니다. 마귀는 땅의 모든 백성을 뜻하는 곡과 마곡을 미혹하여 대대적으로 성도들의 진과 사랑하시는 성을 둘러 전쟁을 일으키려 했지만 하늘에서 내려오는 불에 모두 타버리고 맙니다. 사탄도 주님의 발 아래 굴복된다는 사실을 믿으십시오.(사 14:15/ 마 4:8,28:18)

둘째, 책을 통해 구원과 심판을 받습니다.
땅과 하늘은 다 사라지고, 구원받지 못한 죽은 자들 전체가 흰 보좌 심판을 받습니다. 심판대에는 생명책과 여러 다른 책들이 펼쳐져 있습니다. 생명책은 구원자 명부이며, 다른 책들은 행위를 적어놓은 책들입니다. 믿음으로 생명책에 이름을 기록하고, 선한 행위로 칭찬받는 성도가 되십시오.(시 69:28/ 빌 4:3)

셋째, 모든 악한 권세가 불 못에 던져집니다.
고난에 굴복하지 않고 믿음을 지키는 사람들은 둘째 사망의 해를 받지 않습니다. 사망은 죄를 쏘아대지만, 우리는 사망을 삼키고 이기는 자가 됩니다. 그리고 마지막 날에 사탄과 함께 모든 믿지 않는 사람들은 지옥에 가게 됩니다. 죽음 뒤의 심판은 누구도 피할 수 없다는 것을 잊지 마십시오.(고전 15:55/ 히 9:27)

오늘 본문을 통해 최후의 심판인 흰 보좌 심판을 통해 일어나게 될 세 가지 결과에 대해서 배웠습니다. 믿지 않는 사람들은 불의 심판을 피할 길이 없습니다. 그러나 구원받은 사람들은 모든 심판에서 자유롭습니다. 하나님의 은혜와 구원은 이토록 크고 놀라운 것입니다.
오늘도 놀라운 구원을 허락하신 예수님께 감사하십시오.

주님! 악에서 승리하신 예수님의 권세를 찬양하게 하소서!

오늘 특별 적용	
오늘 특별 감사	

177

구원과 영생

요한계시록 21장 1절부터 8절을 읽으십시오.
① 새로운 시대에 사라진 것은 무엇인가?(1)
② 거룩한 성 새 예루살렘은 어디에서 내려오는가?(2)

세계적인 작가인 버나드 쇼는 세상의 모든 책 중 한 가지만 꼽으라면 어떤 책을 꼽겠느냐는 질문에 이렇게 대답했습니다.

"욥기입니다. 어떤 상황에서도 감사를 잃지 않는 욥의 모습에서 그 무엇과도 비교할 수 없는 큰 교훈과 희망을 발견했기 때문입니다."

노벨문학상을 수상한 헤르만 헤세의 「데미안」이란 소설에는 다음과 같은 유명한 구절이 나옵니다.

"새는 알을 까고 나온다. 마찬가지로 새로운 세계를 창조하려는 사람은 다른 한 세계를 파괴하지 않으면 안 된다."

세상의 고난을 이기고 믿음을 지킨 성도들에게는 영생과 천국이라는 선물이 기다리고 있습니다. 지금 눈앞의 현실만 바라보고 죽음 이후와 영의 세계를 준비하지 않는 사람들은 이런 놀라운 선물을 받지 못하게 됩니다.

요한계시록 21장 1절부터 8절에는 예수 그리스도로 성취된 구원의 결과가 기록되어 있습니다. 구원은 개별적으로 받지만, 천국에서는 거룩한 연합을 이루게 됩니다. 모든 성도는 하나님의 백성이 되어 하나님과 함께 영생하게 됩니다. 우리는 오늘 본문을 통해 **구원을 받음으로 누리게 되는 천국의 세 가지 사실**에 대해서 알 수 있습니다.

첫째, 천국은 하나님과 함께하는 곳입니다.

죄는 하나님과 인간을 분리해 버렸습니다. 하나님은 구약의 출애굽의 목적을 그들은 나의 백성이 되고, 나는 그들의 하나님이 되어 그들 중에 거하기 위해 인도하여 낸 것이라고 하셨습니다. 마찬가지로 신약의 십자가 구원도 결국 우리를 그의 집으로 삼기 위하심입니다. 하나님과 동행하는 천국의 기쁨을 매일 누리십시오.(출 29:46/ 사 59:2/ 히 3:6)

둘째, 천국에서도 우리는 하나님의 자녀가 됩니다.

예수님을 영접하는 자는 하나님의 자녀가 되는 권세를 갖게 됩니다. 우리는 무서워하는 종의 영을 받지 아니하고 양자의 영을 받았기 때문에 하나님을 '아빠 아버지'라고 부를 수 있습니다. 아들 된 우리는 하나님으로 말미암아 유업을 받을 자입니다. 처음과 나중이 되시는 하나님께서 자녀들에게 부어주시는 넘치는 은혜를 받으십시오.(요 1:12/ 롬 8:15/ 갈 4:7)

셋째, 천국에서는 믿음이 없는 자들을 찾아 볼 수 없습니다.

비겁자들, 믿음이 없던 자들, 흉악한 자들, 살인자들, 음행하는 자들, 오컬트들, 우상 숭배자들, 거짓말쟁이들은 둘째 사망인 불 못에 던져집니다. 예수님을 믿는 자에게는 영생이 있지만, 예수님을 믿지 아니하는 자는 영생을 보지 못하고 도리어 하나님의 진노가 그 위에 머물러 있습니다. 믿음으로 천국과 영생의 선물을 받으십시오(요 3:36)

오늘 본문을 통해 구원을 받음으로 누리게 되는 천국의 세 가지 사실에 대해서 배웠습니다. 결국 구원이란 하나님이 사람과 함께 하시는 것입니다. 구원이란 하나님은 나의 아버지가 되고 나는 그분의 아들이 되는 것입니다.
오늘도 구원의 기쁨과 천국의 소망을 지키십시오.

주님! 두렵고 떨림으로 구원을 이룰 수 있도록 도우소서!

오늘 특별 적용	
오늘 특별 감사	

178

새로운 예루살렘

요한계시록 21장 9절부터 27절을 읽으십시오.
① 새 예루살렘 안에는 무엇이 없는가?(22)
② 새 예루살렘 안에는 누가 들어갈 수 있는가?(27)

마틴 루터는 교회에 대해서 다음과 같이 말했습니다.

"진정한 교회는 세상적인 눈으로 보면 참으로 누추하고 보잘 것 없을지도 모릅니다. 그러나 하나님 앞에서는 귀중하고 사랑스러우며 높은 모습으로 보일 것입니다. 제사장 아론은 성소에 들어갈 때 장신구를 걸친 화려한 모습으로 향했지만, 그리스도는 가장 천하고 보잘 것 없는 모습으로 세상에 오셨습니다."

교회가 중요한 것은 복음 전파의 기능을 하는 것이지 외적모습이 아닙니다. 이 땅에서는 흠 없이 온전하고 그리스도의 영광만이 충만한 교회가 생길 수도 유지가 될 수도 없습니다. 예수님의 통치가 회복된 뒤에 있을 예루살렘의 재건 뒤에야 이런 일들이 가능하게 됩니다. 그날이 오기까지 더욱 영혼 구원을 위해 힘쓰는 교회와 성도들이 되어야 합니다.

요한계시록 21장 9절부터 27절에는 어린 양의 아내인 거룩한 성 새 예루살렘에 관하여 기록되어 있습니다. 본문의 새 예루살렘은 신부된 교회의 모습입니다. 어쩌면 현재의 지상교회의 이상적인 모습으로 가져야 할 목표이기도 합니다. 우리는 오늘 본문을 통해 **새로운 예루살렘의 새로운 세 가지 모습**에 대해서 알 수 있습니다.

첫째, 크고 높은 성곽과 열 두 문이 있습니다.

새 예루살렘은 하나님의 영광에 싸여 있습니다. 그 빛은 지극히 귀한 보석 같고, 벽옥과 수정 같이 맑습니다. 성곽의 재료는 열 두 종류의 보석입니다. 12문에는 12지파의 이름이 적혀 있습니다. 교회는 사도들과 선지자들의 터 위에 세우심을 입었고, 예수께서 친히 모퉁잇돌이 되십니다. 하늘에 속한 것이며 그리스도의 몸으로써의 교회를 세우십시오. (엡 1:23,2:20/ 히 12:23)

둘째, 성전이 없습니다.

새로운 예루살렘은 성전이 없으나 정방형의 모양입니다. 지상의 예루살렘 성전에 있던 지성소, 번제단, 향단 등이 다 정방형입니다. 이는 모든 부분에서 하나님의 임재와 그분의 완전한 통치를 상징합니다. 따라서 새 예루살렘 성에는 따로 성전이 마련될 필요가 없습니다. 성전의 본체인 하나님을 늘 마음속에 모시십시오.(왕상 6:20)

셋째, 생명책에 이름이 있는 사람만 들어갈 수 있습니다.

하나님의 영광이 비치고 어린 양이 그 등불이 되시기 때문에 그 성에는 해나 달의 비침이 쓸데없습니다. 밤도 없기 때문에 성문들은 닫히지 않습니다. 사람들이 만국의 영광과 존귀를 가지고 들어갑니다. 그곳은 오직 어린 양의 생명책에 기록된 자들만 들어갈 수 있습니다. 무한한 영광과 찬란한 그 나라에 믿음으로 입성하십시오.(사 60장)

오늘 본문을 통해 새로운 예루살렘의 새로운 세 가지 모습에 대해서 배웠습니다. 모든 교회와 성도들이 바라고 꿈꾸던 그곳은 오직 어린 양의 생명책에 기록된 자들만 들어갈 수 있습니다. 그러나 현실의 교회에서도 이런 일들을 이루기 위해서 더욱 열심히 노력해야 합니다.
오늘도 주의 거룩한 교회를 사랑하고 아끼십시오.

주님! 주님의 피로산 교회를 존귀히 여기게 하소서!

오늘 특별 적용	
오늘 특별 감사	

179

영원한 즐거움

요한계시록 22장 1절부터 6절을 읽으십시오.
① 하나님의 보좌로부터 나오는 것은 무엇인가?(1)
② 요한계시록은 어떤 일들에 대한 책인가?(6)

셜롬 홈즈를 쓴 코난 도일은 작은 것의 중요성에 대해서 늘 강조했습니다. "가장 좋은 것들은 조금씩 찾아옵니다. 작은 구멍에서도 햇빛을 볼 수 있고, 한 밤 중의 작은 불빛으로 사람들은 무사히 길을 찾아 내려옵니다. 사람들은 큰 바위에 걸려 넘어지는 것이 아니라 작은 돌부리에 걸려 넘어집니다. 작은 것들이 정말로 중요한 것입니다. 작은 기쁨이 정말로 귀한 것입니다."
실제로 코난 도일의 좌우명은 '작은 일들이 가장 중요한 일이다' 였습니다. 작은 것을 소중히 여길 때 기쁨이 넘치는 인생을 살 수 있습니다. 성도들도 신 앙생활에서 가장 작고 기본이 되는 일들을 더욱 소중히 여기고 중요하게 생 각해야 합니다.

요한계시록 22장 1절부터 6절에는 생명수의 강에 대하여 적혀 있습니다. 새 예루살렘에 흐르고 있는 생명의 강을 통해 우리는 그곳에서의 삶이 어떤 것 인지 엿볼 수 있습니다. 우리는 오늘 본문을 통해 **성도가 영원히 누릴 세 가 지 즐거움**에 대해서 발견할 수 있습니다.

첫째, 생명나무로 인한 즐거움입니다.
하나님과 어린 양께서 새 예루살렘에서 그 백성들과 함께 하십니다. 그 보좌 로부터 생명수의 강이 나와 길 가운데로 흐릅니다. 강 좌우에 생명나무가 있 어 달마다 12가지의 열매를 맺습니다. 그 나라에서는 어떤 괴로움도 슬픔도 없고 오직 영원한 즐거움뿐입니다. 참된 즐거움이 있는 하늘나라를 소망하십 시오.(대하 30:26/ 시 12:3/ 요 15:11)

둘째, 저주가 없음으로 인한 즐거움입니다.
하나님은 인간을 창조한 후에 복을 주셨지만 사람은 타락했습니다. 구약의 마지막인 말라기에 끝으로 나오는 단어는 '저주' 입니다. 그러나 예수님이 그

저주를 대신 받으시고 우리를 구원하셨습니다. 그리고 마지막 주의 심판으로 저주 자체가 완전히 사라져 버립니다. 우리는 친히 하나님의 얼굴을 보며, 이 마에 그분의 이름이 적혀있습니다. 주님과 함께하는 영원한 시간을 소망하십시오.(시 16:11/ 말 4:65/ 갈 3:13)

셋째, 빛 되신 주 하나님으로 인한 즐거움입니다.
영원한 그곳에는 밤도 없고 따라서 등불과 햇빛이 쓸 데 없습니다. 빛 되신 하나님이 언제나 변함없이 우리를 비춰주십니다. 하나님의 빛은 우리를 향하여 영원히 비추이고 끝없는 은혜가 베풀어집니다. 기쁨과 즐거움이 끊이지 않는 하나님의 성전을 소망하십시오.(민 6:25/ 시 80:7/ 욜 1:16)

오늘 본문을 통해 성도가 영원히 누릴 세 가지 즐거움을 배웠습니다. 새 예루살렘에서는 생명나무로 인한 즐거움이 있습니다. 저주가 없음으로 인한 즐거움이 있습니다. 빛 되신 주 하나님으로 인한 즐거움이 있습니다. 그리스도인들은 그 나라를 평생토록 소망하며 살아가야 합니다.
오늘도 예수님과 동행하는 삶으로 하늘의 영광을 맛보십시오.

주님! 영원한 즐거움을 주님과 함께 누리게 하소서!

오늘 특별 적용	
오늘 특별 감사	

180

세 가지 소원

요한계시록 22장 7절부터 21절을 읽으십시오.
① 복 있는 사람은 누구인가?(7)
② 성도는 무엇을 바라고 기다려야 하는가?(20)

사막에서 길을 잃은 여행자가 있었습니다.

여행자를 찾기 위해 여러 곳에서 수색을 펼쳤지만 그 넓은 사막에서 여행자를 찾아내는 것은 쉬운 일이 아니었습니다. 수색이 1주일이 넘어가자 사람들은 여행자를 잠정적으로 죽었다고 생각하고 더 이상 찾지 않았습니다. 그러나 그 여행자는 6개월이나 거친 사막에서 생존해 있었고, 마침내 다른 구조팀에 의해서 극적으로 구출 되었습니다. 그는 구조되던 순간까지 한 손에 고국인 영국에서 가족들과 함께 찍은 사진을 꼭 붙들고 있었습니다. 반드시 살아서 고국으로 돌아가 가족을 만나고야 말겠다는 희망과 굳은 의지가 그를 생존하게 만들었습니다.

위험한 사막에서 모든 고난을 이겨낼 수 있게 했던 것은 가족에 대한 사랑과 향수였습니다. 성경이란 지도를 통해 성도들도 본향인 하늘나라에 대한 희망으로 이 세상의 모든 일들을 이겨나가고 감당해 나가야 합니다.

요한계시록 22장 7절부터 21절에는 요한계시록의 에필로그가 기록되어 있습니다. 요한계시록에 나온 예언의 말씀을 깨달아 그것을 마음에 간직하며 사는 성도들에게는 세상의 종말의 때와 관계없이 항상 복이 있습니다. 오늘 본문을 통해 우리는 **지상 성도의 세 가지 소원**에 대해서 깨닫고 명심해야 합니다.

첫째, 상급을 받고자 하는 소원입니다.

주님은 우리에게 주실 상이 있다고 말씀하십니다. 주님은 각 사람에게 그가 행한 대로 갚아 주시는 분이십니다. 누구든지 예수님의 이름으로 작은 자 중 하나에게 냉수 한 그릇이라도 주는 자는 결단코 상을 잃지 아니한다고 하신 예수님의 말씀은 오늘 날에도 유효합니다. 하나님이 주시는 상을 위해서도 선한 일을 행하십시오.(고전 9:24/ 히 11:16)

둘째, 생명수인 복음을 전하고자 하는 소원입니다.
다윗의 뿌리이자 자손이시고, 광명한 새벽별이신 예수님께서는 원하는 자에게는 누구든 상관없이 생명수를 값없이 주십니다. 우리는 그 소식을 아직 모르는 자들에게 열심히 전해야 합니다. 목마른 자들이 더욱 이 생수를 마실 수 있도록 항상 말씀을 전하십시오. (롬 10:14/ 딤후 4:2)

셋째, 주님의 재림을 기다리는 소원입니다.
바울이 고백한 '마라나타' (우리 주여, 오시옵소서!)가 요한계시록에서 반복됩니다. 주인의 뜻을 알고도 준비하지 아니하고 그 뜻대로 행하지 않는 것은 충실한 종이 아니며 듬직한 자녀도 아닙니다. 장차 반드시 있을 심판의 소식을 대비해 사람들을 일깨우는 깨어있는 성도가 되십시오. (눅 12:47,21:36/ 고전 16:22)

오늘 요한계시록의 마지막인 본문을 통해 지상 성도의 세 가지 소원을 배웠습니다. 우리는 하나님이 주시는 생명과, 영혼의 구원에 대한 갈급함에 대해서 더욱 깊이 깨달아야 합니다. 아울러 마라나타의 소원을 가지고 그 날이 올 때까지 깨어 기도하며 주님을 맞을 준비를 해야 합니다.
오늘도 마라나타를 소원하며 사십시오.

주님! 다시 오시는 그 날을 기쁨으로 주님을 맞이하게 하소서!

오늘 특별 적용	
오늘 특별 감사	

2,500여 교회 소속된 한독선연, "내실 다지겠다"

송용필 회장 "모든 것에 자유하고, 하나님께만 의존할 것"

(사)한국독립교회및선교단체연합회(KAI-CAM, 이하 한독선연)는 12년 전 故 김준곤 목사와 박조준 목사가 주도적으로 창설했다. 기존 교단 총회와 노회 등이 가진 정치적 굴레에서 벗어나, 자유롭게 하나님을 믿고 교단에 속하지 않은 목사에게 안수하자는 취지였다.

보통 신학생들은 학교 소속 교단에서 목사 안수를 받을 수 있지만, 소속 교단이 없는 신학교의 졸업생들은 다시 신학교에 들어가야 하는 상황이다. 일례로 CCC 간사들의 경우 국내외에서 신학 공부를 제대로 마쳤음에도, 교단에 가서 안수를 받으려면 어려움이 많았다고 한다. 또한 횃불트리니티대학 졸업생에게도 목사 안수의 길을 열어줘야 했다.

한독선연 창립자들은 봉사와 헌신을 해온 목회자 지원자들에게 좀 더 너그럽게 안수해줄 필요가 있다고 판단, "교단에 속하지 않은 목사에게 안수하자"고 의견을 모았다. 그래서 정치색이 없는, 순수한 독립교회와 선교회의 울타리인 한독선연을 창립했다. 그리고 한독선연은 12년 만에 2,500여 교회 4,000여 단체가 소속될 정도로 성장했다.

한국과는 달리 미국은 교회의 50% 이상이 독립교회이고, 100대 대형교회 중에서도 47개가 독립교회다. 한국에서도 점점 교단을 떠나 초교파적 교회로 운영하기 원하는 목회자들이 늘어, 한독선연 회원등록이 계속되고 있다.

이미 한국의 대형교회들 중 일부는 독립교회이고, 소속 교단이 없는 연세대학교 신학대학원도 한독선연으로 졸업생들을 보내고 있다. 여기에 CCC를 비롯해 인터콥, 올네이션스 경배와 찬양, 횃불선교센터도 가입하는 등 한독선연의 성장은 계속될 것으로 보인다.

한독선연 송용필 회장은 "대개 미국유학을 마치고 온 사람들이 많이 찾아왔다. 이곳에 소속된 목사들은 자유로워서 좋다는 반응이 대부분"이라고 말했다.

한독선연은 목사 안수도 아무에게나 경솔하게 하지는 않으려고 노력한다. 자격과 절차에 있어서 타 교단들과 비교해서도 별 차이가 없다. 교과부에서 인정한 공인 신학대학원의 M.Div와 이에 준하는 과정을 최소의 요건으로 한다. 최소한 3년 이상 대학원 수준의 신학교육을 제대로 받은 사람, 전도사 경험이 있는 사람, 안수받은 목사 2인의 추천, 성경과 신학에 대한 질문을 통한 신학 정리 서류 제출, 필기시험, 인성검사, 구두시험, 2회의 부부 세미나를 거쳐야 한다.

그럼에도 불구하고 한독선연의 지금껏 무분별한 목사 안수를 하고 있다는 비판을 받아왔다. 송

송용필 회장은 "Independent From Everything Depednedent Only To GOD"(모든 것에 자유하고, 오직 하나님에 의존하라)는 자세로 사역에 임한다.

용필 회장은 이러한 지적을 겸허히 받아들이고 내실을 다질 것을 밝혔다.

그는 이에 대해 "최소 3년 과정의 대학원 수준 신학 교육을 받아 목사시험을 통과하고, 기존 목사 자격과 동등한 필수 자격만 보고 너그럽게 안수해준 부분이 있다. 시험도 다소 쉽게 출제됐었다"며 "하지만 그 결과가 그다지 좋지만은 않았다. 이제부터 퀄리티를 강화할 것이다. 훈련받을 것은 받고, 철저한 자격기준에 맞춰 안수받도록 해야 한다. 시험을 출제한 신학자가 채점하게 해 객관성을 유지하게 할 것"이라고 밝혔다.

송 회장은 "한독선연이 외형적으로는 큰 성장을 이뤘지만, 이제는 그와 함께 본 연합회를 향한 하나님의 거룩한 부르심에 성실히 응답하기 위해 내실을 다져야 할 때"라고 말했다.

한독선연이 일반적인 교단들의 방식인 '총무 중심제'로 운영돼 온 것에 대해서도 "한독선연 원래 성격에 맞게 여러 참여자가 함께 참여, 규정에 근거해 의사결정을 하는 방식으로 변경할 것"이라고 밝혔다.

또한 행정과 목회를 이원화해, 건전하고 투명한 운영이 되도록 할 것이라고 밝혔다. 그는 "평신도들로 구성된 사무국이 중심이 되어 재정과 행정업무를 담당하고, 목회자들로 구성된 임원회는 목회부문과 관련한 업무를 담당하게 될 것"이라고 했다.

임원회에서는 목사고시와 목사 안수, 그리고 회원교회와 단체들에 대한 실사 등을 담당하게 된다.

목사고시는 각 분야의 권위 있는 신학자에게 출제와 채점 및 사정을 의뢰해 고시의 공신력과 공정성을 담보하게 될 것이다. 이밖에 연합회 차원에서 실사와 재검토를 거쳐, 모든 회원단체들에 회원증서를 발급해 소속감을 높일 것이다.

한편 한독선연 가입 기준에 있어 이단성 여부를 보다 엄격하게 검증하고, 이를 위해 목회지원팀이 활동한다. 한독선연측은 "많은 문제가 되고 있는, 이단 단체 및 이단성 교회 침투에 적극 대비하고 있다"고 밝혔다.

특히 한독선연은 금년초 이단 시비가 있던 Y교회에 대한 회원자격을 정지시키고, 교회 목회자가 가진 신학적 입장을 공식적으로 분명히 밝힐 것을 요구한 바 있다.

송용필 회장은 "이러한 중요한 때에 한독선연의 회장을 맡게 된 것이 기쁨과 동시에, '성령께서 하나되게 하신 것을 힘써 지키라'(엡 4:3)는 하나님의 거룩하신 명령을 생각할 때 두렵고 떨리는 마음"이라며 "Independent From Everything Depednedent Only To GOD"(모든 것에 자유하고, 오직 하나님에 의존하라)는 자세로 사역에 임할 것을 밝혔다.

오유진 기자 yjoh@chtoday.co.kr

나침반의 영적해결 도서들

크리스티아노스 북1
넉넉히 이기게 하시는 하나님(개정판)
오스왈드 샌더스 지음 | 248쪽 | 국판

모든 문제에서 승리하게 하는 예수님의 방법!
삶 속의 복잡한 문제들에 대한 근본적인 해답은
오직 하나라고 할 수 있는데,
바로 삼위일체 하나님과 올바른 관계를 유지하고
그분에게 온전히 순종하는 것이다.

크리스티아노스 북2
내 안에 계신 그리스도
레스 카터 지음 | 272쪽 | 국판

예수님의 매력 집중탐구!
너무도 사모하는 그분이 우리 안에 오셔서
우리 안에 거처를 정하시고, 우리 안에 사신다.
그분의 성품이, 그분의 행실이, 그분의 혜안이,
그분의 마음이 나의 사상이 되고, 나의 마음이 되고,
나의 사랑이 되고, 나의 인격이 되고, 나의 삶이 된다.

크리스티아노스 북3
목숨 걸고 믿음을 지킨 사람들
작자 미상 지음 | 176쪽 | 국판

아멘, 주 예수여 오시옵소서.!
혼란스런 시대를 살아가는 그리스도인들이
이 책이 보여주는 충성과 순교의 정신을 통해
모든 시험을 이길 수 있는 큰 용기를 얻을 것을
믿는다.

크리스티아노스 북4
구원을 열망하라
오스왈드 스미스 지음 | 176쪽 | 국판

구원에 관한 모든 궁금증을
시원하게 풀어 드립니다!!
영생을 향한 열정이 회복됩니다!
천국의 소망이 구체적으로 다가옵니다!"

크리스티아노스 북5
직통기도 직통응답
프란시스 가드너 헌터 지음 | 224쪽 | 국판

당신의 기도가 바로 응답되는 법을 제시한 책!
직접 체험한 직통 기도 응답 간증과 함께
다이렉트 기도의 비결을 알려줍니다!

예수님 능력
갖게 하소서!

지은이 | 송용필
발행인 | 김용호
발행처 | 나침반출판사

초판 1쇄 발행 | 2012년 7월 1일

등 록 | 1980년 3월 18일 / 제 2-32호
주 소 | 110-616 서울 광화문 사서함 1641호
전 화 | 본   사(02)2279-6321
          영업부(031)932-3205
팩 스 | 본   사(02)2275-6003
          영업부(031)932-3207

홈페이지 | www.nabook.net
이 메 일 | nabook@korea.com
          nabook@nabook.net

ISBN 978-89-318-1443-9
책번호 마-1042

값은 뒷표지에 있습니다.